权威·前沿·原创

皮书系列为
"十二五""十三五"国家重点图书出版规划项目

BLUE BOOK

智 库 成 果 出 版 与 传 播 平 台

新媒体社会责任蓝皮书
BLUE BOOK OF NEW MEDIA SOCIAL RESPONSIBILITY

中国新媒体社会责任研究报告 (2020~2021)

REPORT ON THE CHINA'S NEW MEDIA SOCIAL RESPONSIBILITY (2020-2021)

主　编 / 钟　瑛　芦何秋
副主编 / 余　红　李亚玲　孙　亮

社会科学文献出版社
SOCIAL SCIENCES ACADEMIC PRESS (CHINA)

图书在版编目(CIP)数据

中国新媒体社会责任研究报告.2020－2021／钟瑛，芦何秋主编．－－北京：社会科学文献出版社，2021.10
（新媒体社会责任蓝皮书）
ISBN 978－7－5201－9169－2

Ⅰ．①中… Ⅱ．①钟…②芦… Ⅲ．①媒体（新闻）－社会责任－研究报告－中国－2020－2021 Ⅳ．①G219.2

中国版本图书馆CIP数据核字（2021）第202881号

新媒体社会责任蓝皮书
中国新媒体社会责任研究报告（2020～2021）

主　　编／钟　瑛　芦何秋
副 主 编／余　红　李亚玲　孙　亮

出 版 人／王利民
责任编辑／薛铭洁
责任印制／王京美

出　　版／社会科学文献出版社·皮书出版分社（010）59367127
　　　　　地址：北京市北三环中路甲29号院华龙大厦　邮编：100029
　　　　　网址：www.ssap.com.cn
发　　行／市场营销中心（010）59367081　59367083
印　　装／天津千鹤文化传播有限公司

规　　格／开　本：787mm×1092mm　1/16
　　　　　印　张：27.5　字　数：411千字
版　　次／2021年10月第1版　2021年10月第1次印刷
书　　号／ISBN 978－7－5201－9169－2
定　　价／158.00元

本书如有印装质量问题，请与读者服务中心（010－59367028）联系

▲ 版权所有 翻印必究

新媒体社会责任蓝皮书

主办机构

华中科技大学新闻与信息传播学院

中国网络传播学会（CNMCA）

顾问委员

巢乃鹏（深圳大学）	董天策（重庆大学）
杜骏飞（浙江大学）	金兼斌（清华大学）
李双龙（复旦大学）	刘丽群（武汉大学）
彭　兰（清华大学）	韦　路（浙江大学）
谢耘耕（上海交通大学）	熊澄宇（清华大学）
杨伯溆（北京大学）	

新媒体社会责任蓝皮书编委会

主　编

钟　瑛（华中科技大学）

芦何秋（湖北大学）

副主编

余　红（华中科技大学）

李亚玲（中南民族大学）

孙　亮（北京恺华科技有限公司）

编辑委员

包国强（上海大学）	贺建平（西南政法大学）
邓秀军（北京外国语大学）	罗　昕（暨南大学）
李卫东（华中科技大学）	吴世文（武汉大学）
牛　静（华中科技大学）	喻发胜（华中师范大学）
徐明华（华中科技大学）	张　屹（广东技术师范大学）
张淑华（郑州大学）	

本卷执行主编

钟　瑛（华中科技大学）

责任编辑

朱　雪（华中科技大学）

主要编撰者简介

钟瑛 华中科技大学新闻与信息传播学院教授,华中科技大学新媒体实验室主任。华中师范大学汉语言学院本科、硕士,华中师范大学历史文化学院博士,复旦大学新闻学院博士后。1997年在英国北伦敦大学信息传播学院做访问学者,2008年在美国密苏里大学新闻学院做访问学者。涉猎的专业有中文、历史、信息管理、新闻传播,现在主要从事网络传播、媒体政策、传播史等领域的教学与研究工作。在权威及核心期刊上发表论文百余篇。出版独著、合著等学术著作10余部。主持和负责不同类型的科研课题10余项,2007年主持国家社会科学基金重大项目"互联网管理与中国特色网络文化建设研究",结题成果《网络传播管理研究》入选2013年度国家哲学社会科学成果文库。

芦何秋 新闻学博士,湖北大学新闻传播学院副教授,华中科技大学新闻与信息传播学院博士后。主要研究领域为新媒体与社会、新媒体意见领袖。先后在《新闻与传播研究》《国际新闻界》《当代传播》《新闻与传播评论》等刊物上发表论文14篇。主持国家社会科学基金、教育部人文社会科学研究青年基金、湖北省社会科学基金、中国博士后科学基金面上资助、中国博士后基金特别资助项目各1项。

余红 博士,教授,博士生导师,华中科技大学新闻与信息传播学院传播系主任,兼任全国传播学暨网络传播与新媒体专业本科教育联席会议理事、副秘书长，2012 年入选湖北青年学者名录。研究领域为政治传播和网络传播，在《社会学研究》、《新闻与传播研究》、SSCI 等权威学术期刊发表论文 30 余篇，主持国家和省部级课题多项。

李亚玲 传播学博士，副教授，硕士生导师。任教于中南民族大学文学与新闻传播学院，曾赴我国台湾世新大学、美国威斯康星州立大学普拉特维尔分校短期访问。研究领域为新媒体研究和民族文化传播，在《国际新闻界》《当代传播》等期刊上发表多篇学术文章，主持国家社会科学基金项目及参与多项国家社会科学基金重大项目、国家民委科研项目和湖北省社会科学基金项目。

孙 亮 北京恺华科技有限公司 CEO，从事智能化传播在新媒体领域的理论研究和实践转化工作。曾负责百度 TV 视频广告平台、天脉 TV + 融媒体互动平台、华彩指数新媒体监测平台的运营管理，目前致力于人工智能在法治传播领域的理论研究和产品服务。

摘 要

本报告是华中科技大学"新媒体社会责任"课题组2020~2021年度分析报告，由华中科技大学新闻与信息传播学院同中国网络传播学会组织编撰。

本报告以"新媒体社会责任"为主题，通过"新媒体社会责任评价指标体系3.0"对2020~2021年国内主要的新媒体平台进行了系统且全面的考察。2021年新媒体社会责任蓝皮书依然聚焦于过去两年来中国新媒体发展的新问题、新现象和新趋势，这三个方面的"新"体现在：第一，新冠肺炎疫情作为全球性突发事件，给新媒体传播及其社会责任履行带来了新的研究问题；第二，在新冠肺炎的历史传播场景中，出现了诸如县长带货、健康码传播、恐惧谣言传播等新的传播现象；第三，结合过去两年的新媒体发展历程，本报告将国家级主流媒体VLOG新闻、县级融媒体中心、政务抖音等具有标杆趋向效应的研究对象纳入本书的讨论之中。

总报告以媒体信任作为理论切入点，立足于新媒体近几年的发展历程对媒体信任的历史嬗变、类型表现、存在问题与信任重构进行了分析，作为后三个部分研究展开的理论背景。

评价篇使用"新媒体社会责任评价指标体系3.0"对6类典型的新媒体平台进行了社会责任的实证评价与理论分析。评价对象包括：地方新闻网站、国家级主流媒体VLOG新闻、主流媒体微博、县级融媒体中心、短视频平台、音频平台。其中，主流媒体VLOG新闻、县级融媒体中心和音频平台都是第一次作为评价篇的研究对象出现。评价篇的量化分析结果全面呈现了2020~2021年度新媒体社会责任的履行现状，并在此基础上根据不同类别

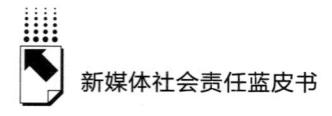

平台的传播特点提出了社会责任优化方案。

专题篇对2020~2021年新媒体发展中的典型现象、热点议题与重点人群进行了研究，研究重点包括：典型现象方面，如在新冠肺炎疫情背景下，分析无罪推定前提下网络谣言的权责认定与澄清机制；突发公共卫生事件网络谣言形成、危害与治理等。热点议题方面，如以健康码为例分析疫情追踪技术的社会建构；在信息生命周期视角下讨论疫情防控移动应用的隐私政策；"死亡提醒效应"下的新闻道德判断与伦理责任感问题；健康类微信公众号女性健康传播；等等。重点人群方面，如专家型微博意见领袖的社会责任评价与治理；弹幕社群的表征、影响与发展策略；"县长抖音"政务短视频运营逻辑与社会责任评估；等等。

案例篇选取了近年来发生的三个典型案例，以"深度伪造"信息，淘宝、京东、拼多多等电商平台，"艾滋病"媒介归因等作为分析对象，探讨了风险传播、媒体责任、企业社会责任、受众污名化感知等问题。

关键词： 新媒体　社会责任　评价指标体系　实证考察　新冠肺炎疫情

目 录

Ⅰ 总报告

B.1 新媒体信任研究（2021）：来源、类型与建构
　　……………………………… 钟　瑛　芦何秋　朱　雪 / 001
　　一　新媒体分类和信任类型 ……………………………… / 002
　　二　新型主流媒体公信力建构 …………………………… / 006
　　三　服务类新媒体信任重塑 ……………………………… / 012
　　四　新媒体社会责任的实证评价 ………………………… / 015

Ⅱ 评价篇

B.2 基于社会责任理论的地方新闻网站责任履行情况实证分析
　　………………………………………… 王　井　谭翔逸 / 021
B.3 国家级新闻网站的 VLOG 新闻的社会责任分析及评价
　　………………………… 李青青　刘利芳　王海亮　周进伟 / 038
B.4 移动社交时代主流媒体微博社会责任及其评价
　　………………………………………… 陈　然　冯馨叶 / 058

B.5　县级融媒体中心在新冠肺炎疫情中的社会责任及评价
　　　　　………………………………… 黄丽娜　刘利芳　郭迪梦 / 074
B.6　短视频平台社会责任的实证考察…… 李　佳　徐　阳　刘煦雯 / 092
B.7　音频平台的社会责任及风险防范研究………… 严　焰　范孟娟 / 116

Ⅲ　专题篇

B.8　"县长抖音"政务短视频运营逻辑与新媒体社会责任研究
　　　　　………………………………………………… 曾润喜　杨　璨 / 133
B.9　无罪推定前提下突发公共卫生事件中网络谣言的
　　　权责认定与澄清机制………………………… 邓秀军　潘德音 / 153
B.10　突发公共卫生事件网络谣言的治理研究
　　　　　………………………………………………… 余秀才　岑　甜 / 172
B.11　疫情追踪技术的社会建构：以健康码为例
　　　　　………………………………………………… 刘　锐　胡婷婷 / 195
B.12　信息生命周期视角下的疫情防控移动应用隐私政策研究
　　　——基于15款App和小程序的文本分析
　　　　　…………………………………… 徐敬宏　侯彤童　杨　波 / 218
B.13　不同提醒效应下的新闻道德判断与伦理责任感探讨
　　　　　………………………………………………… 牛　静　侯京南 / 242
B.14　健康类微信公众号女性健康传播研究
　　　——基于微信公众号"健康时报""丁香医生"
　　　"脉脉养生"的内容分析 ………………… 刘　娟　宋亭亭 / 262
B.15　我国弹幕社群的发展：表征、影响及治理
　　　　　…………………………………… 刘　琼　马文婷　韩文沛 / 282
B.16　专家型微博意见领袖的社会责任评价与治理
　　　　　………………………………………………… 芦何秋　易治成 / 302

Ⅳ 案例篇

B.17 "深度伪造"信息的风险传播与媒体责任治理路径研究
　　………………………………………………徐明华　罗紫菱 / 326

B.18 电商平台企业社会责任履行现状分析与对策研究
　　——以淘宝、京东、拼多多为例…………于婷婷　孔　锐 / 349

B.19 "艾滋病"媒介归因对受众的污名化感知影响研究
　　…………………………………………………廖少康　张　雯 / 373

Abstract ……………………………………………………………… / 401
Contents ……………………………………………………………… / 403

皮书数据库阅读 **使用指南**

总报告
General Report

B.1
新媒体信任研究（2021）：
来源、类型与建构

钟 瑛　芦何秋　朱 雪*

摘　要： 由于新媒体技术和行业的快速发展，以往关于媒体信任的研究已不适用于当前多元的新媒体环境，而新冠肺炎疫情让新媒体信任问题凸显。作为新媒体社会责任建设的内在要求，新媒体信任给其社会责任的履行带来新的问题。在此背景下，新媒体信任来源相较传统媒体的公信力发生哪些嬗变，在此过程中，不同类别新媒体类型的信任表现形式、出现的问题以及用户的信任建构等议题，成为新媒体信任研究的重点。新媒体社会责任评价方面，2020~2021年新媒体社会责任履行情况属于中等偏上水平，总分均值为3.416982，得分率为68.33%，均显著优于2019年的2.496563

---

* 钟瑛，华中科技大学新闻与信息传播学院教授，博士生导师，主要研究方向为网络传播等；芦何秋，新闻学博士，湖北大学新闻传播学院副教授，智媒体研究院院长，主要研究方向为新媒体与社会、新媒体意见领袖；朱雪，华中科技大学新闻与信息传播学院博士研究生。

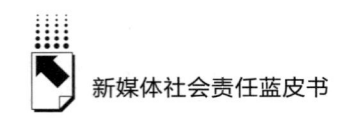

和49.93%。具体来看，四个一级指标得分率由高到低依次为信息生产（81.34%）、价值引导（57.19%）、文化教育（54.27%）和协调沟通（54.18%）。本文的量化分析结果全面呈现了2020~2021年度新媒体社会责任的履行现状，并在此基础上根据不同类别平台的传播特点提出了社会责任优化方案。

关键词： 新媒体　媒体公信力　媒体信任

2020年，新冠肺炎疫情成为最大的"黑天鹅"事件。疫情极大地改变了人们的日常生活和工作实践，而新媒体加速了吉登斯笔下的"空间和时间抽离"，世界和社会的"例外状态"如今已成为常态。在此期间，新媒体以深度媒介化的形式更进一步嵌入人们的日常生活中，形塑着新媒体使用和内容消费习惯。与此同时，用户对新媒体的依赖随之带来的信任问题也尤为凸显。而新媒体的信任建构作为新媒体社会责任建设的内在要求，成为近年来社会责任研究的现实问题。新媒体社会责任的现实履行情况由传播内容和效果来体现，这也是媒体信任的来源所在。尤其对于新兴主流媒体来说，公信力建设是其发展的价值目标之一，被提到前所未有的高度。因此，以信任产生的来源和类型作为划分新媒体的依据，并在此基础上探究新媒体信任的重塑有重要的理论意义和现实意义，成为重要议题。

一　新媒体分类和信任类型

从新媒体实践来看，不同类型的新媒体信任来源不尽相同，从而呈现不同的类型。本文仅从信任研究出发，依据不同类型新媒体的信任产生方式将新媒体分为新型主流媒体和服务类新媒体，并进一步厘清其信任来源和表现。

（一）新媒体分类

新媒体类别对于信任研究乃至社会责任的履行至关重要。新媒体有狭义和广义之分，狭义新媒体特指官方或传统媒体单位所建设的客户端、网站或平台等新媒体形式，具有媒体属性；而广义的新媒体则内容更加广泛。不同类别的新媒体发挥着不同的社会功能和作用，其信任的产生机制以及赋予其社会责任和限度也不尽相同。在新媒体环境下，受众的信息接触渠道日益多元和个性化，包括以算法推荐为主的今日头条，以 UGC 和 PUGC 内容为主的微信、微博和抖音等分发渠道，主流媒体的传播力和舆论引导力不断式微。在"后真相"时代，信息的真实性被重新定义和建构，尤其在新冠肺炎疫情中虚假信息泛滥不断引发舆情事件，并进一步加剧社会风险和互联网治理的难度。因此，新媒体的信任问题需要被重新审视。随着国内新媒体行业的实践发展产生诸多新媒体类型，其信任的产生来源和信任的表现方式皆不相同。因此，厘清新媒体类型对于其信任研究，以及更进一步地对其所要履行的社会责任研究有重要意义。

从当前研究来看，新媒体按照不同的划分标准呈现不同的类型结果，文献中基本按照技术形态、功能或应用以及内容生产等角度划分（见表1）。但随着国内新媒体平台的快速发展和新媒体利基市场的垂直化，以平台为基础设施的新媒体建设正以媒介化的形式日益嵌入用户的日常生活中。已有的不论是从技术还是形态来划分，均不能覆盖所有的新媒体类型。因此，本文立足于研究主题——新媒体的信任，依据不同新媒体类型的信任产生和表现形式不同对新媒体进行划分。

表1 新媒体分类

资料来源	类别	划分依据
刘行芳,2015[①]	自媒体新媒体、工具新媒体、知识新媒体、移动新媒体、社交新媒体与互动新媒体、社群新媒体与公共新媒体	功能或应用
张志安、姚尧,2018[②]	资讯定制类平台(聚合平台)、网络社交类平台(社交媒体)、资讯搜索类平台(搜索引擎)、交易类平台媒体(消费平台)	功能或应用

---

① 刘行芳主编《新媒体概论》，中国传媒大学出版社，2015。
② 张志安、姚尧：《平台媒体的类型、演进逻辑和发展趋势》，《新闻与写作》2018 年第 12 期。

续表

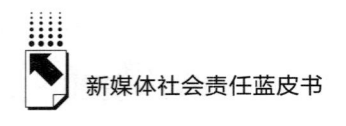

资料来源	类别	划分依据
王松、王洁,2018①	门户网站、新闻客户端、虚拟社区、搜索引擎、电子商务、网络视频、网络出版、网络游戏	功能或应用
曾静平、杜振华,2014②	一类是全新技术载体和全新的传播特征与方式,例如互联网与移动通信;另一类是传统媒体应用高新技术嫁接到新的载体,如手机电视、手机广播、手机报纸和车载媒体、楼宇广场媒体、星空媒体等	形态
谭云明等,2011③	网络新媒体、移动新媒体、新概念广播电视	形态
谢少常,2016④	媒体平台、媒体单元、网站、移动App类媒体	形态
程栋,2019⑤	物质新媒体、平台新媒体、展示性新媒体、社群新媒体、App新媒体、游戏新媒体	形态
曾祥敏、曹楚,2015⑥	专人生产内容(媒体网站)、用户生成内容(公民新闻网站)、混合模式、其他衍生模式	内容生产

媒体信任是社会信任的一种,是受众对媒体行为的预期。就媒体信任的产生机制来看,信任来源于制度、属性和过程的信任。⑦ 而在媒体实践过程中,媒体可信度是媒体信任的操作化路径。在传统媒体时代,主流媒体的公信力来自其制度赋予的权威性和垄断性;进入新媒体时代,由于用户新媒体赋能和媒介化的生存方式,媒体信任的内涵和外延都发生了结构性变化。媒介技术的革新使讯息的生产和分发方式都发生剧烈变革,媒体信任已由传统

---

① 王松、王洁编著《移动互联网时代的新媒体概论》,上海交通大学出版社,2018。
② 曾静平、杜振华编著《中外新媒体产业》,北京邮电大学出版社,2014。
③ 谭云明等:《新媒体信息编辑》,清华大学出版社,2011。
④ 谢少常:《新媒体管理:从战略到布局》,电子工业出版社,2016。
⑤ 程栋主编《智能时代新媒体概论》,清华大学出版社,2019。
⑥ 曾祥敏、曹楚:《专业媒体新闻内容生产创新实践——用户生产与专业生产深度融合的路径研究》,《现代传播(中国传媒大学学报)》2015年第11期。
⑦ 周树华、闫岩:《媒体可信度研究:起源、发展、机会和挑战》,《传播与社会学刊》2015年第33期。

媒体时代的权威性（authority）向新媒体的可靠性（reliability）转变。① 在此过程中，建构于体制和机构等制度基础上的媒体信任，开始向基于过程的信任倾斜，这不仅仅是以专业性和权威性著称的主流媒体以及以其为背书的新闻和讯息的质量，同时，新闻和讯息的生产及分发过程对用户的媒体可信度评估和判断也发挥着日益重要的作用。因此，本文从新媒体信任的产生方式出发，将新媒体分为新型主流媒体和服务类新媒体，分别以制度信任和过程信任为基础。

（二）不同新媒体的信任来源研究

基于新媒体的信任产生类型不同，信任在不同类型新媒体中的表现形式也不尽相同。信任是人们对行为的预期和信念，而按照生活领域的不同，信任可分为公共信任和私人信任。②

公共信任这一概念源自卢曼的系统信任。卢曼认为，随着系统信托的日益复杂，产生于个体情感的信任已被大大拓展，并成为一种新形式的系统信任。这是基于信任的基础发生变化，即从以情感为主向以表象为基础的信任转变。所以，公共信任是现代性的结果，是工业化转型后日益复杂的社会系统的产物。而公共信任是在公共领域产生的信任关系，其信任主体和信任对象都具有公共性。韦伯将公共领域定义为处于国家权力领域和私人领域之间的社会交往和文学领域，是狭义的公共领域概念。与公共性相联系，公共领域应包含公共社会领域和公共权力领域。在此基础上的社会行为指影响行为人的因素，包括主观意图，即顾及他人的感受，并受到他人行为的影响。而以组织作为中介，公信力即建构于公共社会领域和公共权力领域，因机构或组织所具有的权威性和公共性的抽象存在物，从而获得公众普遍信任的资源。③ 传统新闻媒体作为公共机构和组织，也因自身的权威性和公共性获得公众信任，这是制度和体制赋予的结果，也是媒体公信力的合法性来源。因

---

① Lankes, R. D. 2008, "Credibility on the internet: shifting from authority to reliability", *Journal of documentation*, Vol. 64, No. 5, pp. 667–686.
② 曲蓉：《论公共信任：概念与性质》，《道德与文明》2011年第1期。
③ 周治伟：《公信力的概念辨析》，《攀登》2007年第1期。

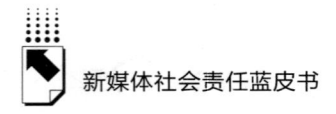

此,新型主流媒体作为传统媒体适应新媒体环境的产物,公共性也是新型主流媒体获得大众普遍信任的前提和保障。

相较于新型主流媒体,服务类新媒体的信任来源不是其所具有的公共属性,而是受众基于信息分发过程中所产生的心理预期。基于公共领域和私人领域的二元划分,韦伯指出,私人领域诞生于日益发达的市场经济中,正是市场的发展和社会再生产领域的交换成为私人之间的事务,最终才会实现市民社会的私人化。因此,私人领域脱胎于政治、法律等功能收于公共权力下的工业革命背景中,并以民法典等私法的形式确立下来。在韦伯看来,市场领域即指私人领域,而阿伦特则把公共领域以外、用以维持个人生活的领域统称为私人领域,私人活动即指谋取私人利益的活动,并以为个人和社会提供私人物品为基本特征。① 因此,受众的个体信任来源于私人领域的个人行动预期。当前,受众对服务类新媒体所呈现的讯息消费行为,已凸显个性化、利基化以及精准推送等特征,真正实现尼葛洛庞帝口中的"Daily me"(我的日报)功能,充分满足了受众的个人需要。因此,对服务类新媒体的信任来自受众个体基于市场领域的自发消费行为和心理预期。

二 新型主流媒体公信力建构

疫情期间,主流媒体以其权威性和公信力备受期待。而在新媒体环境下,作为适应环境的产物,新型主流媒体应如何在情绪和观点泛滥的"后真相"时代提供事实真相、弘扬主流价值观和壮大主流舆论,以至建构新型主流媒体公信力,成为重要历史使命。

(一)新型主流媒体的内涵和类型

2014年8月18日,中央全面深化改革领导小组第四次会议审议通过了《关

---

① 张雅勤:《从"公共性"到"行政公共性"——基于共同体视角的阐释》,《甘肃行政学院学报》2013年第4期。

于推动传统媒体和新兴媒体融合发展的指导意见》。习近平总书记强调，要着力打造一批形态多样、手段先进、具有竞争力的新型主流媒体。2020年9月26日，中共中央办公厅、国务院办公厅印发了《关于加快推进媒体深度融合发展的意见》，进一步要求建成一批具有强大影响力和竞争力的新型主流媒体。新型主流媒体已成为媒体融合发展顶层设计的建设路径。本文从当前媒体实践出发，对新型主流媒体的定义和类型进行界定和划分。相较于主流媒体，新型主流媒体内涵演变体现在三个层面，即新技术、新运营与媒体公信力（见表2）。

表2 新型主流媒体的内涵

资料来源	内　　涵	划分依据
强月新、孙志鹏,2019①	新的传播技术逻辑是当前媒介生态维度的新型内涵	新技术
石长顺、梁媛媛,2015②	推动新型主流媒体的建构,要充分重视技术的核心驱动力	新技术
谭天、林籽舟,2015③	新型主流媒体的构成包括流程再造、高运营水平,以及产业经营、创新商业模式	新运营
童兵,2015④	在主流媒体向新媒体转化的过程中,应适应"新兴媒体发展规律和市场运作规律,满足社会对传媒的需求和传媒集团对各种形态媒体市场行为运作政策支持的需求"	新运营
李良荣、袁鸣徽,2018⑤	传播力、引导力、影响力、公信力是新型主流媒体的评判标准	公信力特征
石长顺、梁媛媛,2015⑥	新型主流媒体要使受众产生"内化"的反应,做到既传播到客户端,又传进用户的心田,就需提高媒体的公信力和权威性	公信力特征

综上，结合媒介技术更新、媒介融合背景与媒体的主流价值传播社会责任，可对新型主流媒体从广义与狭义两个层面做清晰界定。从广义界定来

---

① 强月新、孙志鹏：《媒介生态理念下新型主流媒体的内涵与建构路径》，《当代传播》2019年第6期。
② 石长顺、梁媛媛：《互联网思维下的新型主流媒体建构》，《编辑之友》2015年第1期。
③ 谭天、林籽舟：《新型主流媒体的界定、构成与实现》，《新闻爱好者》2015年第7期。
④ 童兵：《论新型主流媒体》，《新闻爱好者》2015年第7期。
⑤ 李良荣、袁鸣徽：《锻造中国新型主流媒体》，《新闻大学》2018年第5期。
⑥ 石长顺、梁媛媛：《互联网思维下的新型主流媒体建构》，《编辑之友》2015年第1期。

看，新型主流媒体是指新媒体环境下，采用新兴技术且具有较大传播力的所有媒体。从狭义界定上看，新型主流媒体是指能够积极运用大数据、人工智能、5G等新技术进行媒介融合，能够在移动社交语境下熟练运用多种新媒体传播方式进行多渠道矩阵传播，具有适应新媒介生态环境的经营模式和较大经营规模，传播主流社会价值观且具有较大公信力与影响力的媒体。从狭义上可将国内新型主流媒体分为三类：第一类是中央级别、省级的各类型传统主流媒体，如中央电视台、《人民日报》、湖北卫视、《湖北日报》、《楚天都市报》等，以及这些传统主流媒体随着新媒介技术延伸，与新媒体融合所形成的传播渠道与传播样态。第二类是传统主流媒体自己建立的新媒体发布平台，以在微博、微信及今日头条、快手、抖音、哔哩哔哩等新媒体平台上所建立的传播渠道，如央视新闻、人民新闻、人民网、新华社的"15秒"、澎湃新闻、北京时间及各自在微博、微信上的公众号，各个传统主流媒体在新媒体平台上所开的头条号、抖音号等。第三类属于经营规模大、传播力强、传播主流社会价值且以资讯传播与交流为主的商业网络媒体，如新浪网、腾讯新闻、头条新闻等。

（二）新型主流媒体的公信力构建

传统媒体时代，作为兼具事业单位和市场主体双重属性的公共机构，传统媒体的公信力来自公众的政府信任以及内容来源的权威性和垄断性。面对分发渠道的多元化和个性化，传统媒体的内容优势逐渐让位于用户信息渠道的选择，传统媒体影响力逐渐式微，新型主流媒体即传统媒体为适应新媒体环境而采取了媒体融合或新媒体技术手段。面对新媒体环境下新的信息内容生产和分发规律，新型主流媒体如何探索出符合自身定位的发展方向，成为重点和难点。

1. 以事实为基础，弘扬主流价值

新型主流媒体的内容是公信力建设的基础，在当前新媒体环境下，在尊重事实的基础上，尤其要注重社会主流价值的传播和舆论引导，这是新型主流媒体现阶段所肩负的重要使命。在"后真相"时代，由于多元传播主体的存在以及真实性由再现向建构转变，信息的事实性真实被"对话"性真实取代，即立场、观点、价值正日益影响职业新闻信息的结构性真实。① 由此，自媒体的快速发展以及用户内容生产和分发的渠道日渐丰富，在给用户赋能的同时，也带来谣言或虚假信息快速传播、舆论极化、网络舆情事件频繁发生等一系列社会风险。这在疫情期间体现得尤为明显，根据艾瑞咨询和"南方＋"的调查数据，2020年新冠肺炎疫情快速传播后，有超过85%的受众对于主流媒体权威发布的信息需求上升，而其中54.6%的受众需求明显增多，原因在于主流媒体发布的信息"真实、可靠"，切实回应民众的想法，对信息的解读权威有效。②

因此，新型主流媒体应秉持事实真实，不断倡导主流价值、积极引导舆论。一是内容建设上，重视再现和反映事实性真实，例如，在叙事过程中使用直接引语复现新闻场景和人物心理历程，制作数据新闻，用数据说话以提高信息的可信度。③ 在此基础上，进一步发挥传声筒功能，在舆情事件中及时准确传递官方信息，减少由事件的重要性和模糊性所带来的谣言及不实信息蔓延，以及随之带来的次生舆情事件。二是发挥媒体议程设置功能，一方面通过媒体议程设置影响政策议程和公共议程，成为政府和公众沟通的中介；另一方面，通过"情绪议程"设置，及时反映社会舆论、疏导社会情绪，将愤怒、仇恨等负面情绪通过主流叙事结构和话语进行引导和消解，进一步化解社会风险。

2. 打造全媒体矩阵，加强影响力建设

就新型主流媒体如何加强影响力建设，中共中央办公厅、国务院办公厅印发的《关于加快推进媒体深度融合发展的意见》（以下简称《意见》）指出，要建立以内容建设为根本、先进技术为支撑、创新管理为保障的全媒体

---

① 杨保军：《论新媒介环境中新闻报道真实的实现》，《编辑之友》2017年第4期。
② 艾瑞咨询：《中国新型主流媒体发展案例研究报告》，http://report.iresearch.cn/report_pdf.aspx?id=3723，最后检索时间：2021年4月10日。
③ 刘果：《新型主流媒体的叙事嬗变与话语创新》，《武汉大学学报》（哲学社会科学版）2020年第4期。

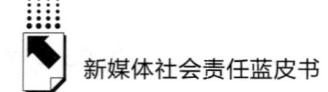

传播体系；同时，要以先进技术引领驱动融合发展，用好5G、大数据、云计算、物联网、区块链、人工智能等信息技术革命成果。《意见》从顶层设计出发，给如何加强新型主流媒体影响力指明了方向，即依靠技术手段和渠道建设，进一步壮大主流舆论，从而构建网上网下一体、内宣外宣联动的主流舆论格局。

一是打造全媒体传播矩阵，充分发挥新媒体的传播优势。主流媒体要利用新媒体平台的传播渠道进行信息的分发。就实践来看，不论是抖音还是微博，主流媒体尤其是中央级媒体的官方账号，因新闻信息的权威性和及时性，依然收获大量关注。更为重要的是，因不同新媒体平台的用户群体、平台特征、内容特点以及分发机制各不相同，尤其注重新媒体环境下不同平台的传播规律。依靠自身所具有的专业采编人才和技术优势，根据不同平台的受众特点和传播属性进行内容分发。二是新媒体技术的发展为新型主流媒体提供更多想象。目前，新型主流媒体已广泛运用一系列新媒体技术，提高新闻叙事的可读性和互动性。例如，新型主流媒体通过大数据、云计算、算法等底层技术的运用，实现机器采写和编辑、AI主播、智能推送等智能生产及分发过程。同时，采取5G、直播、AR/VR/MR、4K/8K高清、数据可视化等技术，实现跨媒介叙事场景的虚拟化和沉浸化。

3. 开展平台化建设，打造现代治理体系

在平台俨然成为基础设施的今天，平台化建设以及随之而来的平台媒介化已经嵌入社会生活中，重塑了社会结构、组织形态和个人生活。当前，现有研究无论从大型商业组织[1]还是技术性基础设施[2]去定义平台，都是通过多元主体的连接[3]来探讨社会关系的空间生产的。而平台化则是在这一过程中数据、资金或社会关系的流动和生产。从这种社会建构主义角度出发，平

---

[1] 易前良：《平台中心化：网络传播形态变迁中的权力聚集——兼论互联网赋权研究的"平台"视角》，《现代传播（中国传媒大学学报）》2019年第9期。

[2] Gillespie, T. 2010, "The Politics of 'Platforms'", *Social Science Electronic Publishing*. Vol. 12, No. 3, pp. 347 – 364.

[3] Rochet, C. & Tirole, J. 2003, "Platform Competition in Two-sided Markets", *Journal of the European Economic Association*. Vol. 1, pp. 990 – 1029.

台的媒介化是平台化所促进的社会空间转型过程。Couldry 和 Hepp 指出，媒介化是用来批判性分析媒介和传播变革以及文化和社会变革之间相互关系的概念，① 而对于平台媒介化，社会建构主义者认为媒介化涵盖了平台所参与当代社会和文化变革的一系列日常活动。因此，传播活动作为媒介化和社会建构主义的桥梁，传播通过媒介化而改变，而传播也是文化和社会建构的主要手段。

所以，作为社会建构的结构性力量，平台在媒介化过程中成为形塑社会的重要力量，而对于新型主流媒体来说，平台化的打造成为重要的建设方向。在此基础上，新型主流媒体在平台化建设以及媒介化的过程中，在重塑自身组织和社会结构的同时，赋予公信力以新的内涵。一是在平台化的建设过程中，新型主流媒体通过中央厨房的建设，在重塑组织结构的同时再造了新闻信息的生产分发流程。从横向看，"中央厨房"建构了新的空间平台和业务平台，使部门、单位之间的横向壁垒被打破；从纵向看，"中央厨房"改变了以往各子媒板块分割的工作模式，其成为新闻生产的中枢部门，具有统一指挥、科学调度、信息汇总交流的功能，实现了"一次采集、多元生成、多渠道发布"的传播格局。二是县级融媒体作为新型主流媒体建设的"最后一公里"，参与社会治理，自身成为基层社会的治理主体和工具。县级融媒体作为平台和中介，联结了政府机构、组织、市场以及受众等多元主体，以其媒体属性和平台化逻辑参与到基层政治和社会治理中，优化了基层社会治理机制，并以其技术可供性为技术治理职能创新提供更多可能。疫情中，县级融媒体不仅是各级党委、政府防疫政策和信息的"扩音器"，更以自身平台属性承担了返乡人员登记报备、信息查询等基层社会治理职能。因此，新型主流媒体在平台化建设过程中以及随之而来的媒介化视域下，以其协同主体的多元化，作为社会公器对社会结构、自身组织的重塑，为公信力的建设提供合正当性分析。

---

① Couldry, N. & Hepp, A. 2013, "Conceptualizing Mediatization: Contexts, Traditions, Arguments", *Communication theory*, Vol. 23, No. 3, pp. 191–202.

三 服务类新媒体信任重塑

当前,服务类新媒体以媒介化的形式深深嵌入用户的生活中,并形塑了我们使用新媒体的习惯。疫情中,囿于固定物理空间的用户更加依赖新媒体所生产的关系空间,并进一步凝聚成卡斯特所述的"网络社会"。在此过程中,服务类新媒体逐渐暴露出一系列问题,进一步影响了用户的信任水平。

(一)"多边市场"视域下服务类新媒体的信任建构

服务类新媒体涵盖商业服务类、娱乐类、知识信息类等类型,在新媒体平台化发展的当下,平台的所指已经从计算机领域中的软硬件中分离出来,指向基于技术架构所进行的信息传播、交互或商业活动。[1] 同时,如前文所述,平台涵盖多元主体,除技术架构的开发者外,还包括用户、广告主、第三方开发者等主体。基于此,有学者将这种多元主体架构称为"多边市场"(multi-sided market)。

基于此,服务类新媒体信任基础,是源自新媒体在已建构多元主体的平台环境下,用户对新媒体所提供的内容或者商业化服务所产生的媒体信任,抑或更广泛意义上的平台信任。这种基于过程的信任是通过利益的反复交换,而不是基于新媒体平台的属性和特征产生的,因此信任随着时间的推移而产生并累积。当然,信任客体的属性也可以促进过程信任产生,但一旦交易活动这种社会关系开始,随后的交换过程就越来越多地被社会关系等内容覆盖,而这些内容承载着对信任的强烈期望[2],利益的反复交换过程也越来越受到保护关系本身的规范制约。[3] 因此,在新媒体环境下,基于"多边市

---

[1] Horrigan, J. 2007, "A Typology of Information and Communication Technology Users", Pew Internet and American Life, 6 May.
[2] Granovetter, M. 1985, "Economic Action and Social Structure: The Problem of Embeddedness", *American Journal of Sociology*, Vol. 91, pp. 481–510.
[3] Thomas, C. W. 1998, "Maintaining and Restoring Public Trust in Government Agencies and Their Employees", *Administration & Society*, Vol. 30, No. 2, pp. 166–193.

场"所进行的商品活动或信息交换是用户对服务类新媒体信任产生的来源，属于过程信任范畴。

（二）服务类新媒体信任存在的问题

在当前新媒体实践过程中，基于市场竞争原则的服务类新媒体在给用户带来便利的同时，由技术工具理性所带来的效率至上、片面追求经济利益等因素，导致在损害"多边市场"下主体利益的同时，极易引发舆情事件，引发用户对服务类新媒体的信任水平普遍下降。平台化视角下，在基于数字基础设施的数据、商品、服务甚至社会关系等要素的生产和流通过程中，服务类新媒体在"多边市场"的建构中呈现诸多问题，势必进一步影响信任水平。

1. 工具理性下算法成为新的权力工具

工具理性和价值理性起源于韦伯的"合理性"思想，他通过社会行为的总结，指出社会行为包括目的合乎理性和价值合乎理性：目的合乎理性即"通过对外界情况和其他人举止的期待，并利用这种期待作为'条件'或'手段'，以期实现自己合乎理性所争取和考虑的作为成果的目的"；价值合乎理性即"通过有意识地对一个特定的举止的、无条件的固有价值的纯粹信仰，不管是否取得成就"。[①] 哈贝马斯谈到韦伯的合目的性社会行为时指出，工具理性行为模式的出发点在于行为者主要关注的是要实现一定的目的，而这种行为是"工具行为"。而工具理性和价值理性最根本的区别在于，前者注重目的和手段，后者注重行动上的无条件价值。[②] 近几年，作为舆论焦点，平台算法正逐渐践行工具理性至上的原则，并成为权力工具规训着平台下的多元主体。

目前，算法在不同类型的服务类新媒体中有着具体的应用场景，但总体

[①] 〔德〕马克斯·韦伯：《新教伦理与资本主义精神》，郑志勇译，江西人民出版社，2010，第13~14页。
[②] 郝雨、田栋：《媒介内容生产取向性偏差及"合理性"调适——基于工具理性、价值理性的辩证视角》，《国际新闻界》2019年第6期。

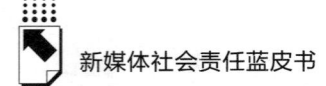

都是为了提高信息、人力、资源分发和配置的精准性及效率。以外卖平台为例，2020年，通过美团获得收入的骑手有470万人，年交易用户数为5.1亿，随之带来的是骑手日均配送里程有所增长，大于50公里的骑手比例从2018年的13.8%增至2019年的18.2%①，而平均配送时长由2015年的38分钟降至2017年的28分钟。② 极高的工作强度、较低的社会保障，使平台在社会责任履行方面部分缺位。在平台经济视角下，基于效率至上的算法所体现出的数字劳工依附性和算法"规训"③，正以技术控制的形式实践工具理性原则。继承了卢卡奇的合理化过程是物化和异化的理性批判思想，霍克海默和阿多诺将理性批判直接转为工具理性和技术理性的批判。正如霍克海默所指出的，"主观理性和客观理性的角度批判工具理性只关注效率、功用、计算、手段，而消解了人生存的价值基础"。④

2. 数据确权成为解决平台数据问题的新路径

党的第十九届四中全会提出"健全劳动、资本、土地、知识、技术、管理、数据等生产要素由市场评价贡献、按贡献决定报酬的机制"，数据成为驱动经济发展的重要生产要素。数据作为生产要素的政治经济学含义是指，数据是投入生产过程中的投入品，其自身是上一生产阶段或生产过程中的产品或商品⑤，因此数据的生产属于人类的劳动过程，成为一种物化劳动，而与之相关的分配属于按劳分配，同样地，数据作为生产要素参与生产过程的分配属于按要素分配。⑥ 但是数据在生产、采集和流通过程中所体现

---

① 美团研究院：《2019年及2020年上半年中国外卖产业发展报告》，https://about.meituan.com/research/report，最后检索时间：2021年4月10日。
② 中国产业信网：《2017年美团外卖在线商家数量、活跃骑手数量及订单平均配送时长》，http://www.chyxx.com/industry/201804/630306.html，最后检索时间：2021年4月10日。
③ 孙萍：《如何理解算法的物质属性——基于平台经济和数字劳动的物质性研究》，《科学与社会》2019年第3期。
④ 倪瑞华：《寻找人生存的价值基础——霍克海默技术批判理论探析》，《国外社会科学》2008年第1期。
⑤ 于立、王建林：《生产要素理论新论——兼论数据要素的共性和特性》，《经济与管理研究》2020年第4期。
⑥ 李政、周希禛：《数据作为生产要素参与分配的政治经济学分析》，《学习与探索》2020年第1期。

出的复杂性，使数据在价值、使用价值的形成以及确权方面仍存争议。同时，数据泄露带来的隐私问题、平台对数据掌握所带来的超权力，都带来了一系列社会问题。

服务类新媒体用户在使用过程中，通过自身数据的让渡来获得免费性产品或平台的使用，这种数据和受众的商品化过程大大强化了平台监视资本主义的力量，由此带来数据隐私泄露、"大数据杀熟"以及平台垄断等一系列问题，侵害了用户的权益，不断影响着用户的信任水平。背后更深层次的问题是数据确权，而其中争议的焦点是数据的所有权问题，只有在数据产权明晰的情况下，才能更好地在保障数据安全的同时，提高数据的开发利用效率。在服务类新媒体视域下，数据的生产主体、所有权归属、性质、交易定价以及数据要素的分配等问题，仍需在进一步的实践中加以探索并给予制度保障。

因此，服务类新媒体信任建构仍是当前理论和实践中亟待探索和解决的议题，对此，要从多元主体协同的角度出发，去思考信任建构的路径。例如，在现代化治理体系下，政府主管部门发挥主导作用，在治理主体、治理机制和治理理念、治理技术等导向上进一步提升治理效能，以应对日益快速的新媒体发展；新媒体平台应在工具理性和价值理性之间寻求平衡，要以人的价值为基础，履行相应的社会责任，重塑新媒体信任；受众应提高自身新媒体素养，注重个人数据和隐私保护，注重新媒体内容真实性的甄别，营造清朗的网络环境。

四 新媒体社会责任的实证评价

（一）平台评价

整体来看，2020~2021年新媒体社会责任履行情况属于中等偏上水平（见表3），总分均值为3.416982，得分率为68.33%，显著优于2019年的2.496563（得分）和49.93%（得分率）。其中，除了典型评价对象的变化导致分数及得分率发生变动外，还在于2020年新冠肺炎疫情的危机环境对网络信息传播提出了更严格的把关要求，客观上促使传播主体更加注重社会责任的履行。在2020年湖北及武汉疫情"封城"期中，谣言等负面信息的传播明显增多，包括主流媒体、新闻网站、微博自媒体、县域融媒体中心等新媒体平台自觉承担了负面信息治理的社会责任，主动解释、澄清谣言等负面有害信息，引导网络舆论。指标得分上表现在：四个一级指标得分率都不同程度呈现上升趋势，其中"信息生产"指标上升超过20个百分点。

表3 2020~2021年新媒体社会责任履行情况（整体）

		信息生产	价值引导	文化教育	协调沟通	总分均值
	权重满分	2.506500	0.880000	0.588500	1.025000	5.000000
均值	得 分	2.038792	0.503350	0.319412	0.555428	3.416982
	得分率	81.34%	57.19%	54.27%	54.18%	68.33%

具体来看，四个一级指标得分率由高到低依次为信息生产（81.34%）、价值引导（57.19%）、文化教育（54.27%）和协调沟通（54.18%）（见表3）。疫情前期，准确、真实、客观地提供有效信息来消解危机条件下的各种不确定性成为各新媒体平台的重任；疫情中后期，在新冠议题被政治化的复杂传播条件下，各新媒体又需兼顾价值引导的社会责任。具体平台得分见表4。

表4 2020~2021年新媒体社会责任履行情况（平台）

序号	评价对象	信息生产	价值引导	文化教育	协调沟通	总分均值
	权重满分	2.506500	0.880000	0.588500	1.025000	5.000000
1	地方新闻网站	2.300967	0.7216	0.443729	0.533	3.999296
	得分率	91.8%	82.0%	75.4%	52.0%	79.98%
2	主流媒体VLOG	2.022975	0.581375	0.347575	0.67125	3.623175
	得分率	80.70%	66.06%	59.06%	65.48%	72.46%
3	主流媒体微博	2.080823	0.478533	0.40418	0.558764	3.5223
	得分率	83.01%	54.37%	68.67%	54.51%	70.44%

续表

序号	评价对象	信息生产	价值引导	文化教育	协调沟通	总分均值
4	县级融媒体中心	2.234887	0.326095	0.126088	0.435056	3.122126
	得分率	89.16%	37.05%	21.42%	42.44%	62.44%
5	短视频平台	1.5764	0.2939	0.2746	0.4393	2.5842
	得分率	62.89%	33.39%	46.66%	42.85%	51.68%
6	音频平台	2.0167	0.6186	0.3203	0.6952	3.6508
	得分率	80.45%	70.29%	54.42%	67.82%	73.01%

（二）专题讨论

1. 典型现象

典型现象的分析主要集中于传统新闻传播学议题在新冠肺炎疫情背景下的新表现，这突出地表现在对于"谣言"这一时辩时新话题的新解读。如将谣言置于突发公共卫生事件的传播语境中，对其形成过程、危害表现与治理对策进行分析；立足于无罪敲定的法理原则，强调根据不同的主体权责来设置不同的谣言认定和澄清规则。前者将突发公共卫生事件中谣言的形成、传播、危害与治理进行整体分析，对明晰突发公共卫生事件谣言治理中的各方责任，科学精准治理网络谣言，助力社会矛盾疏解与社会和谐稳定具有重要价值与意义。后者立足于网络谣言治理的法理分析，认为突发公共卫生事件中网络谣言的认定与澄清，必须坚持无罪推定和信息透明的原则，根据不同的主体权责来设置不同的谣言认定和澄清规则。

2. 热点议题

热点议题方面，本书主要涉及健康码传播、疫情防控移动应用、微信公号健康传播、"死亡提醒效应"等近年来的热点与前沿议题，对社会建构功能、隐私保护政策、社会责任履行、新闻从业者伦理等问题进行了分析。相关研究的核心观点与研究发现，政府、平台和社会共同建构了健康码的驯化网络。政府主导了健康码的知识生产和话语表达，运用自身的权威使健康码的使用成为一种社会制度。平台提供了带宽、算法、管理、API 接口等维系健康码运转的资源,通过软件设计和市场策略保证了健康码的创新性和稳定性,承担了平台的社会责任;健康类微信公众号(典型个案)社会责任履行情况整体较好,公众阅读与互动仍需提升;新媒体运营策略丰富,社会责任功能仍需改进;部分文章同质化严重,科学性较低,社会责任履行缺位;"死亡提醒"下的被试会更加严苛地对不道德新闻行为进行评判、"死亡提醒"使被试出现更低的道德相对主义倾向。在面对死亡威胁时,遵守高伦理标准的媒体工作往往会获得更多的赞誉,这促使新闻从业者更为严谨地做新闻道德判断和承担起传播伦理责任;基于信息生命周期理论视角,从数据创建、数据收集、数据存储、数据共享、数据清理五个阶段对疫情防控移动应用的隐私政策提出建议,并倡导从多角度构建多利益相关方的个人信息保护模式。

3. 重点人群

重点人群方面,主要涉及专家型意见领袖、网络视频弹幕社群、"县长抖音"政务短视频三个研究对象。专家型意见领袖的社会责任履行情况还有明显的提升空间,所选取的专家型意见领袖社会责任平均分值为2.4972分(平均得分率49.95%),不足总分的1/2。其中,专家型意见领袖在"信息生产A1"的得分处于良好水平,但"价值引导A2"、"文化教育A3"以及"协调沟通A4"上的社会责任履行情况还有较大提升空间。

弹幕孕育出了具有青年亚文化气质的网络视频弹幕社群,网络视频弹幕社群传播具有多重价值,不仅折射出个体的情感需要和价值诉求,对媒介内容生产、传统文化传承、主流意识形态传播也产生了深刻影响。对于其发展中存在的问题,本文尝试以完善法律法规、建构疏堵结合的机制、开放用户身份权限、建立自律组织以及普及媒介素养教育等策略来促进网络视频弹幕社群的持续健康发展。

"县长抖音"人物角色以县长本人、内容主题多为文旅推介和扶贫助农、视频场景多为轻松休闲的生活实拍、以建构地域认同和传播乡土文化为主。同时,"县长抖音"普遍存在定位模糊、特色不足、运营管理缺失等问题，扩散力和覆盖面有限，并呈现类似差序格局的特征。"县长抖音"的出现是用户需求、平台生态、基层政府共同转变的结果，本质上是技术驱动和媒介赋能的政务服务转型。

（三）案例分析

本书的案例篇共由 3 个案例构成，主要分为两个部分：以风险社会和议程设置作为理论出发点，关注"深度伪造"信息风险传播和"艾滋病"媒介归因对受众污名化感知影响等理论问题；以电商平台为研究对象，在实践层面考察新媒体在社会责任等维度的现实状况。

"深度伪造"作为一种采用了深度学习和卷积神经网络的智能算法技术，能够对图片、视频以及音频内容进行篡改，轻易实现伪造信息或扭曲真实信息的效果。该技术具有原始材料易得、技术门槛低以及欺骗性高等特性，极易引发隐私泄露、经济损失、谣言泛滥等风险。在面对"深度伪造"信息泛滥时，应当以媒体力量为核心，协同技术、平台、法规以及公众等多方力量共同担负社会责任，在风险管理的同时，引导技术正向发展，努力实现"科技向善"。

当前电商平台存在竞价排名、用户数据泄露、消费主义意识形态建构等内容管理与平台管理乱象。基于以上共性问题以及电商行业实际发展情况，提出技术赋能弥合平台管理漏洞、外在监督加强行业约束、企业提高自律意识自觉履行责任的三方协同共建、同向发力的核心路径共同致力于电商系统与社会系统的良性循环与发展。

受众对艾滋病病毒感染者的污名源于对疾病本身的恐惧，而恐惧又由于不够了解。因此，媒体在构建有关艾滋病的公共议题时应当肩负更多的社会责任，积极发挥议程设置功能向受众塑造一个有利于艾滋病防控、消弭歧视和污名的拟态环境。

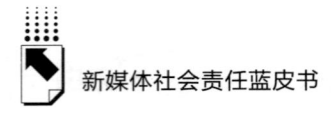

参考文献

〔德〕尼克拉斯·卢曼：《信任：一个社会复杂性的简化机制》，瞿铁鹏、李强译，上海人民出版社，2005。

〔德〕马克斯·韦伯：《经济与社会（第一卷）》，阎克文译，上海人民出版社，2010。

〔德〕尤尔根·哈贝马斯：《公共领域的结构转型》，曹卫东等译，学林出版社，1999。

〔德〕尤尔根·哈贝马斯：《交往行为理论——行为合理性与社会合理性》，曹卫东译，上海人民出版社，2004。

〔英〕齐格蒙特·鲍曼：《流动的现代性》，欧阳景根译，中国人民大学出版社，2012。

钟瑛、芦何秋、刘利芳：《智能互联中的新媒体社会责任：现状回顾与框架调适（2015～2018）》，载钟瑛主编《中国新媒体社会责任研究报告（2018）》，社会科学文献出版社，2018。

钟瑛、邵晓：《新媒体社会责任实践的新形势：场景转换与治理升级》，载钟瑛主编《中国新媒体社会责任研究报告（2017）》，社会科学文献出版社，2017。

钟瑛、芦何秋、朱雪：《技术背景下的新媒体社会责任（2019）：新形势、新挑战与多元治理》，载钟瑛、芦何秋主编《中国新媒体社会责任研究报告（2019）》，社会科学文献出版社，2020。

评价篇

The Evaluation Part

B.2
基于社会责任理论的地方新闻网站责任履行情况实证分析*

王井 谭翔逸**

摘　要： 地方新闻网站作为党和国家的喉舌，发挥着信息传播和舆论引导的重要作用。从社会责任作为媒体立身之本的角度出发，在构建出的较为成熟的媒体社会责任考量指标体系的基础上，采取定性定量相结合的方式对地方新闻网站社会责任的履行进行评估考量。从分析结果可看出所选取的20家重点地方新闻样本网站对社会责任的履行总体概况良好，但是存在缺乏原创性、社会引导风尚不足、娱乐丰富度较低等问题，本文在提出问题的基础上探讨了推进地方新闻网站社会责任履行的有效建议。

---

* 本成果受中共湖北省委宣传部与华中科技大学部校共建新闻学院项目（项目编号：2020E02）经费支持。

** 王井，博士，中共浙江省委党校副教授，硕士生导师，主要研究方向为舆论管理、网络传播学；谭翔逸，华中科技大学新闻与信息传播学院硕士研究生。

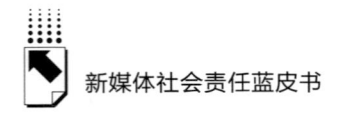

关键词: 地方新闻网站 社会责任 量化评估

  网络空间命运共同体的构建在不断加推进,根据 CNNIC 发布的《第 47 次中国互联网络发展状况统计报告》,互联网的蓬勃发展使中国网民规模不断扩大,其中网络新闻用户规模达到 7.43 亿。网络新闻媒体不仅发挥了信息的传播作用,也承担着相应的责任与使命。自 2020 年新冠肺炎疫情突发以来,网络媒体成为互联网中举足轻重的信息传播渠道,作为国内主流媒体的代表,中央广播电视台承担起了其应当肩负的责任与使命,积极应对疫情,在健康信息的传播与扩散上发挥了关键作用,缓解了民众的焦虑与不安,其推出的"慢直播""云监工"等创新报道形式也受到受众的持续关注与高度认可,媒体转型升级的步伐进一步加快。中央和地方主流媒体百花齐放,国家于 2009 年对重点新闻网站试行转企改制,推动了我国媒体传播能力的提高,在体制上打破了传统的布局,在一定程度上给予地方新闻网站更多自由的发展空间。2015 年中国地方新闻网站联盟的成立,使得全国 31 家地方重点新闻网站联动起来,进一步推动战略合作,形成共建机制。相较于中央重点新闻网站,地方新闻门户网站具有地域特色显著、地缘优势明显、提供服务全面、辐射受众群体广等特点。

  我国互联网历经三个发展阶段,以网站应用和固定 PC 机为终端为代表的传统互联网,以"两微"和客户端、以手机为终端的移动互联网,以及连接一切可以连接的物体的智慧互联网,微信、微博正逐渐取代门户成为第一信息来源。但网站作为我国第一代互联网的产物,虽然其整体影响力有所下滑,但其地位与作用依然是移动端媒体、自媒体不可替代的。地方新闻网站相较于自媒体信息存在信息真实性和把关不足等弊端,其依托中央重点新闻网站,具有一定的公信力与权威性,虽不及中央级新闻网站的辐射范围广,但仍然是各省市对外的宣发门户,尤其是相对不发达地区,地方新闻网站对于该地区的资源整合与文化传承起着至关重要的作用。因此,地方新闻网站应承担哪些社会责任,以及如何对其履行现状进行评估,是一个有价值的研究课题。本文采用量化的方法进行实证分析，考察国内重要的地方新闻网站社会责任的履行情况，并针对其存在的问题提出具有参考意义的治理对策。

一 当前我国地方新闻网站的社会责任概述

（一）关于地方新闻网站

20世纪90年代，随着互联网的正式接入，中国的新闻媒体突破了传统的纸媒，开始在网络传播领域迅猛发展。1999年党中央发布的第33号文件《中央宣传部、中央对外宣传办公室关于加强国际互联网络新闻宣传工作的意见》指出，应将新闻网站的发展纳入国家发展战略中。[①] 2000年以后，地方新闻网站进入了萌芽发展阶段，这一阶段的地方新闻网站联合中央级新闻网站以及行业型媒体逐渐形成了垂直结构、多层次的网络媒体传播结构。经历稳定建设阶段与改革发展阶段，地方新闻网站的影响力与竞争力不断提高。2017年5月2日，国家互联网信息办公室发布《互联网新闻信息服务管理规定》（以下简称《规定》），在进一步完善了网络新闻平台的管理体制，增加了"地方互联网信息办公室"相关职责规定的同时，对互联网新闻信息服务提供者主体责任做出了规定，将许可事项"提供互联网新闻信息服务"重新划分为三类，第一类为新闻单位设立的可登载自采新闻的新闻网站；第二类为非新闻单位设立的，具备转载服务功能的商业网站；第三类为新闻单位的传统媒体网络版。[②] 本文的研究对象属于上述三类中的第一类，聚新闻信息采编发布服务功能为一体的重点新闻网站，这一类新闻网站也分为两小类，分别是中央级新闻网站如人民网、新华网等，以及依托地方重点媒体的地方级新闻网站，而本文主要聚焦于后者而展开相关的

---

① 陶俊培：《打造区域强势新媒体——从四川新闻网实践看地方新闻网站的转企改制之路》，《传媒》2010年第7期。
② 陈凯、徐涛：《国内主流新闻网站发展状况及策略研究》，《新闻战线》2008年第3期。

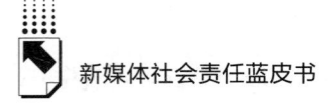

研究。

重点地方新闻网站作为地方政府的宣传窗口，承担着承上启下的新闻资讯宣传工作。相较于中央级新闻网站，具备同样的新闻采编资质，虽然其核心影响力不及中央级别的新闻网站，但其具备较强的能动性，伴随着互联网的"去中心化"的特质，渠道的拓展和建立愈发重要。地方新闻网站在媒介融合的新阶段，可利用资本、技术、渠道等方面的整合，更好地通过流量变现的方式，增强平台的辐射影响力，为民众提供的不再是单一的新闻资讯服务，而是转向以新闻资讯为核心的综合性服务，使得地方新闻网站成为城市居民日常生活的"必需品"。

（二）地方新闻网站责任评价的界定

新闻业务一直是网站资质的重点审核板块。顺应时代的发展以及技术的进步，新闻从业者的身份在不断进行重构，其认同的话语体系中的核心概念已逐渐由"自由"转向"责任"，不论是传统的纸质媒体还是新兴的网络媒体，都应树立起责任观念，承担其社会责任，这也意味着地方新闻网站将经历更加严厉的审视与更加尖锐的质疑。[1] 相较于商业网站在舆论导向的目标选择上的意识淡薄，地方新闻网站承担着主流媒体的职责，需承担相应的政治责任与社会责任。[2] 对于地方新闻网站社会责任的界定首先要从"责任"一词的概念出发，学界已给出了大致的定义与归纳，除最基本的义务、问责与负责这三种内涵，本文强调地方新闻网站的责任归属于第四种，认为这是一种公共价值，强调的不仅仅是最基本道德责任，还包括文化、法律等公共方面的价值和职责。

学者们从社会责任理论的角度切入，对于网络媒体责任的研究成果丰富。而我国网络媒体的责任观念要溯源到始于2001年的中国网络媒体论坛，至今已有20年的发展历程。学者吴廷俊指出，我国网络媒体责任观念的发

---

[1] 常江：《身份重塑：数字时代的新闻从业者职业认同》，《编辑之友》2019年第4期。
[2] 钟瑛、罗昕：《我国主流媒体网站管理现状与建议》，《新闻与传播研究》2012年第1期。

展历程经历了兴起、凸显以及转向三个阶段，这三个阶段印证了网络媒体的责任从最初的政治宣传责任走向更加深入化、多层次化，逐渐架构出一个较为完整的责任体系。[①] 本文将从地方新闻网站作为网络媒介的角度作为切入点，从理论角度出发，在实操的四个层面包括信息生产、教育大众、文化发展以及协调关系来评估考量地方新闻网站的社会责任。

（三）本文的主要研究对象

本文希望通过量化评估的方式，分析比较 20 家重点地方新闻网站的社会责任履行现状。所考察的网站主要为我国境内的 20 家地方主流新闻网站，包括东部、中部和西部地区 16 个省（自治区）和 4 个直辖市的新闻网站——中安在线、北青网、浙江在线、大河网、齐鲁网、长城网、北方网、太原晚报网、东方网、荆楚网（湖北日报网）、华龙网、四川在线网、大江网、大华网、扬子晚报网、东南网、东北新闻网、包头新闻网、西部网和中国甘肃网作为此次网站栏目数据的抓取对象。被选取的 20 个样本均属于省、市级地方主流新闻门户网站，具有一定的代表性和研究价值。且这 20 家被选取的地方新闻网站都被列于国家网信办公布的具备为其他网站提供转载新闻权的新闻单位名单上，区别于一般的商业门户网站只有对信息进行转载的采编权，这些重点地方新闻网站具备提供原创性信息源的资格。Chinaz.com 网站 2020 年 12 月 15 日最新的数据显示，地方网站排行榜上大江网与齐鲁网分别居第 2 位、第 3 位，中安在线排在第 30 位。

另外，本文所选取的 20 家省市级重点新闻网站都属于传统媒体在网络环境下所设立的新型媒体平台。其中，浙江在线于 1999 年 1 月正式开通，是浙江省委、党委的官方新闻平台；荆楚网作为全国首家挂牌资本市场进行资本整合重组的网络媒体平台，最大限度地发挥了资源的合理配置；华龙网作为重庆市委市政府唯一官方新闻门户，是目前西部排名

---

① 吴廷俊、彭广林：《我国网络媒体责任观念的十年发展——以 2001－2010 中国网络媒体论坛为考察点》，《西南民族大学学报》（人文社会科学版）2011 年第 5 期。

第一的全国首批省级重点新闻网站。北方网、北青网、太原晚报网、东方网以及大华网分别是天津市、北京市、太原市、上海市、汕头经济特区的市级主流网站，都具备一定的特殊性。其他均选取的是各省的主流门户网站，具有极大的影响力和较强的代表性，在本研究中都将作为样本来展开分析。

二 研究设计

（一）样本选择与权重指标设计

本文选取了20家省市级重点新闻网站作为研究样本（见表1）。

表1 研究对象分布

序号	网站名称	所属省份	序号	网站名称	所属省份
1	浙江在线	浙江	11	华龙网	重庆
2	北方网	天津	12	四川在线网	四川
3	北青网	北京	13	大江网	江西
4	齐鲁网	山东	14	大华网	广东
5	长城网	河北	15	扬子晚报网	江苏
6	大河网	河南	16	东南网	福建
7	中安在线	安徽	17	东北新闻网	辽宁
8	太原晚报网	山西	18	包头新闻网	内蒙古
9	东方网	上海	19	西部网	陕西
10	荆楚网（湖北日报网）	湖北	20	中国甘肃网	甘肃

本研究共设计三级指标（见表2）。在信息生产、价值导向、文化教育、协调沟通四个一级指标下，分别构建了二级指标和三级指标。权重采用德尔菲法计算。由学者、管理者、从业者和使用者对各指标的重要性进行分配，然后计算出各指标的平均权重。

表 2　各级指标及权重

一级指标		二级指标		三级指标	
信息生产	0.5013	信息质量	0.8300	真　实	0.3653
				权　威	0.1038
				时　效	0.0942
				全　面	0.0836
				深　度	0.0906
				原　创	0.0620
				客　观	0.2007
		流程管理	0.1700	把关信息	0.4472
				规范广告	0.1890
				控制侵权	0.3638
价值引导	0.1760	塑造共识	0.4193	主流价值	0.5176
				社会风尚	0.4824
		社会监督	0.5801	国家治理	0.3849
				社会风险	0.3751
				行为失范	0.2400
文化教育	0.1177	文化传承	0.4605	传统文化	0.5277
				当代文化	0.4723
		传播科教	0.3594	教育传播	0.5225
				科技传播	0.4752
		提供娱乐	0.1810	内容丰富性	0.3662
				内容健康度	0.6291
协调沟通	0.205	协调信息	0.3293	议题公共性	0.7422
				身份多样性	0.2578
		沟通效能	0.6707	公众参与度	0.3331
				公众认同度	0.2815
				平台互动度	0.2356
				平台回复度	0.1505

（二）样本取样方法说明

取样时间：2020 年 4 月 5 日至 2021 年 4 月 12 日。

取样方法：抓取样本网站新闻频道之内容。

浙江在线　URL：http://www.zjol.com.cn/

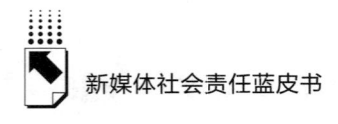

北方网　URL：http：//www.enorth.com.cn/
北青网　URL：http：//www.ynet.com/
齐鲁网　URL：http：//www.iqilu.com/
长城网　URL：http：//www.hebei.com.cn/
大河网　URL：http：//www.dahe.cn/
中安在线　URL：http：//www.anhuinews.com/
太原晚报网　URL：http：//www.tywbw.com/
东方网　URL：http：//www.eastday.com/
荆楚网（湖北日报网）URL：http：//www.cnhubei.com/
华龙网　URL：http：//www.cqnews.net/
四川在线网　URL：http：//www.scol.com.cn/
大江网　URL：https：//www.jxnews.com.cn/
大华网　URL：http：//www.dahuawang.com/
扬子晚报网　URL：http：//www.yangtse.com/
东南网　URL：http：//www.fjsen.com/
东北新闻网　URL：http：//www.nen.com.cn/
西部网　URL：http：//www.cnwest.com/
包头新闻网　URL：http：//www.baotounews.com.cn/
中国甘肃网　URL：http：//www.gscn.com.cn/

本文主要通过内容分析法，利用网络爬虫自动捕获这些网站主页上关键位置的新闻并检索全文。同时，根据词频的频率，考虑到不同单词固有频率的差异，先统计词频再排序，根据排序的频率差异和综合词频确定各项目的实际得分。

三　样本新闻门户网站社会责任履行情况的现实考量

用户根据对 20 个样本网站的观察进行打分，并乘以德尔菲法得到的以下 23 项指标的权重，计算出以下具体分数。经过一致性检验，最终得出样本网站的社会责任履行表现（见表2）。

（一）样本网站一级指标得分情况

根据各指标权重，最后计算出样本网站一级指标得分汇总。

表3　20家新闻门户网站社会责任一级指标得分与排序

网站	一级指标				总分	排名
	信息生产	价值引领	文化发展	协调关系		
扬子晚报网	2.42350	0.84127	0.41662	0.87351	4.55491	1
北方网	2.38550	0.80568	0.47863	0.84921	4.51901	2
东南网	2.32521	0.84387	0.52093	0.65101	4.34101	3
荆楚网（湖北日报网）	2.32231	0.70358	0.47082	0.80540	4.30211	4
四川在线网	2.35761	0.70358	0.34902	0.80870	4.21891	5
中国甘肃网	2.34390	0.67528	0.58073	0.52451	4.12442	6
北青网	2.23991	0.70358	0.56172	0.61272	4.11794	7
大江网	2.23571	0.70618	0.51313	0.64770	4.10271	8
华龙网	2.22821	0.70358	0.37992	0.78170	4.09341	9
浙江在线	2.42740	0.80568	0.55732	0.27003	4.06042	10
齐鲁网	2.45320	0.84387	0.42442	0.27003	3.99152	11
西部网	2.26461	0.63968	0.34462	0.71420	3.96310	12
东方网	2.23221	0.60148	0.47863	0.62442	3.93673	13
大河网	2.39260	0.84387	0.36432	0.27003	3.87082	14
东北新闻网	2.38550	0.80568	0.39182	0.27003	3.85302	15
中安在线	2.37650	0.74178	0.46082	0.27003	3.84912	16
长城网	2.29151	0.84387	0.43003	0.27003	3.83544	17
包头新闻网	2.16082	0.60408	0.44742	0.56220	3.77452	18
太原晚报网	2.02052	0.56328	0.32572	0.39621	3.30574	19
大华网	2.14561	0.46378	0.37992	0.20752	3.19183	20
平均分	2.30062	0.72218	0.44383	0.53771	4.00033	

（二）样本网站四个基本维度的社会责任履行情况

样本网站的平均分为 4.00 分，符合良好标准。此外，样本网站之间的最终得分差距相对较小，总体而言，较好地履行了其社会责任，但在具体指标上存在一定差异，使用 SPSS 22 对各样本网站一级指标得分进行描述统计，结果见表4。

表4　新闻门户网站社会责任一级指标统计量描述

	N	极小值（Min）	极大值（Max）	均值（M）	标准差（Std）
Z（信息生产 A1）	20	4.03	4.89	4.59	0.04913
Z（价值引导 A2）	20	2.64	4.79	4.10	0.13853
Z（文化教育 A3）	20	2.77	4.93	3.77	0.14521
Z（协调沟通 A4）	20	0.99	4.26	2.60	0.25598

1. 信息生产

信息生产这一层面是四个维度中得分最高的一个层面，其样本网站平均分为4.59分，得分介于良好和优秀之间。这说明中国地方新闻网站经过多年的发展，已经能够更好地发挥其信息生产功能。进一步考察三级指标，样本网站在"真实"、"把关信息"和"控制侵权"方面表现接近优秀，而"原创"和"深度"两个指标相较于其他"信息生产"的三级指标存在着一定的上升空间。许多地方新闻网站的新闻来源于新华网、央视网和各地日报等的报道，网站原创新闻所占比例较小，且对某一议题的报道较为单一、表面，对其解读不够。

2. 价值引导

在价值引导这一层面，样本网站的平均得分为4.10分，同样介于良好和优秀之间。地方新闻网站在社会主义核心价值观的宣传与引导方面较为积极，对国家治理、社会风险和行为失范等指标的舆论监督也达到良好标准，但"社会风尚"这一指标的平均得分为3.95分，对于勤俭自强、助人为乐等社会风尚主题的引导仍有较大的提升空间。

3. 文化教育

在文化教育层面，样本网站的平均得分介于一般和良好之间，为3.77

分。样本网站大多拥有一流的文化频道，较好地履行了促进社会文化发展的社会责任。就"娱乐健康度"指标而言，所有样本网站均表现良好。然而，20个样本网站在"内容丰富度"这一指标上样本网站得分偏低，有较大的提升空间。

4. 协调沟通

在协调关系这一层面，样本网站的平均得分为2.60分，为四个维度中最弱的一环。这说明地方新闻网站普遍不太重视与受众的沟通和互动。与一般商业网站不同，商业网站需要适应社交媒体的时代要求，而地方新闻网站以信息单向度的传播为主，与网友互动较多地体现在"问政"这一栏目，在"参与"、"认同"、"互动"与"回复"等指标上还有很大的上升空间。

（三）样本网站社会责任得分状况分析

本研究主要选取了扬子晚报网、大华网、齐鲁网，这三家地方新闻网站的一级指标得分在被选取的20家网站中排名分别居于第1位、末位以及中间。其中扬子晚报网作为江苏省首家获得国务院新闻办批准的新闻网站，其发布的信息得到人民网、新华网、新浪网等中央媒体或商业门户网站的大量转载，可见其影响力辐射范围较广，其得分居于首位的经验值得借鉴。大华网作为粤东地区较具有影响力的新闻门户网站，得分居于末位的缘由也值得详细分析。而齐鲁网虽然在Chinaz.com网站给出的地方网站排行榜上居第3位，但得分排名居于中间，那么对于这样"中规中矩"的地方新闻网站，在社会责任承担上的得与失也是需要进行剖析的。

1. 扬子晚报网（4.55分）

扬子晚报网在样本网站中排名第1，得分达到4.55分的良好水平。其在信息生产、价值引导和协调沟通指标上的得分均排在前列，尤其是协调关系层面的得分处于第1的地位。但当其他样本网站的文化教育二级指标大多为4分（良好）时，公众教育指数的得分仅为3.56分，在20家样本网站中得分偏低。扬子晚报网在文化传承方面没有设置专门的板块，另外，在样本

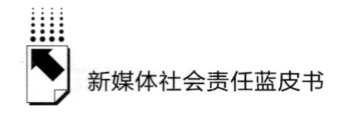

网站的新闻条目抓取中，取样时间内有关传统文化及当代文化的样本比例较小并直接造成了最终结果偏低的情况出现。

2. 大华网（3.19分）

大华网作为样本网站中排名最后的网站，在信息生产、价值引导、文化教育和协调沟通上的得分排序均为倒数，其中在价值引导和协调沟通两个指标上的得分均为最后一名，充分显示出其短板，因此影响了最终得分。大华网在"协调沟通"三级指标中的得分均为0分，即该网站与网民用户完全没有互动，用户参与体验急需提升。在样本抓取过程中得到的数据显示，大华网作为地方新闻网站对于社会监督和社会风尚的引导较差，比其他样本网站低，所以"价值引导"的最终得分是0.46。

3. 齐鲁网（3.99分）

在样本网站中，齐鲁网属于各方面都"中规中矩"的网站，其总分排名处在20家样本网站的中间位置。其信息生产和价值引导的指标得分均排名第1，然而在文化发展和协调关系两个指标上的得分排名均靠后。齐鲁网在新闻真实性、权威性、原创及时效性等方面均有不俗表现，除"深度"、"规范广告"和"社会风尚"外，"信息生产"和"价值引导"下的其他三级指标得分均为5分（优秀）；其主页未设置与文化传承相关的页面。总体而言，涉及中国历史、传统节日或文化节庆等传统文化和历史文化、红色文化、民俗文化等当代文化的内容较少，文化传承指数得分较低。

四 新闻网站社会责任履行状况及问题分析

（一）地方新闻网站履行社会责任效果评估

1. 整体状况较好

依据评价指标体系，本文对样本网站进行了量化评价和分析。省级主流新闻门户网站社会责任履践依据发挥龙头作用，如信息生产方面得分较高，但转载中央权威性比较好，深度调查报告和客观平衡综合各方信息源分析这两点存在不足；在社会监督方面议题方面地域之间差异很大，经济越发达的地区议题越本地化，越民生化；文化教育方面与学区划分高度相关，对乡村民办等教育资源公共服务关注比较少；协调社会公众关系受到重视，但网站邮箱回复还是以自动回复为主，互动效果不太好。

因此以后需要发挥平台优势，在以下方面开拓创新：内容制作方面，守住信息权威生产优势，打造融媒体大平台，发挥内容生产的"中央厨房"模式；社会监督方面议题本地化，推进文化与新闻多维度融合，增强网站教育功能；加大网站上微视频投放，创新沟通方式。

2. 在推广地方文化方面各有长处

在所有的一级指标的得分中，文化教育部分也是得分较低的指标。从省级主流新闻门户网站的内容布局上看，绝大多数网站首页都有文化板块，有的网站还在文化板块下进行了细分，开辟了读书频道和评论专栏，其目前主要形式大致有三：一是在首页头版头条位置设置文化专栏；二是根据主题，属于读书或者科教文卫专栏下面子类目；三是提供外部链接到本地图书馆。其形式虽然多样化，但是大多是以经典名著为主，本地文化资源挖掘不够，对本地的名人、名家以及地方志和口述史等都没有涉及。同时在当前学党史的背景下，对地方红色资源也挖掘不够。省级主流新闻门户网站因地制宜利用地方文化资源吸引大众塑造共识力量有限。

（二）地方新闻网站社会责任履行方面存在的不足

1. 信息生产环节原创力不足，缺乏对新闻的深度解读

作为聚新闻信息采编发布服务功能为一体的网络媒体平台，部分地方新闻网站相较于中央级新闻网站缺乏一定的原创力，选择转载的新闻数量较多，对新闻的舆论解读也不够深入，这样的新闻报道使得地方新闻网站缺乏竞争力与活力。随着微信微博等平台的崛起，短视频传播的影响力迅猛扩大，地方新闻网站需要突破目前传统的信息生产局限，不仅在内容上进行创新，还应在形式上进行拓展，VR 新闻、视频新闻等形式给地方新闻网站以很大的原创空间，这些更具个性化的新闻形式相较于文字表述是更具优势。

而对于新闻的深入解读,则需要地方新闻网站在新闻采编时进行更加深入的寻访调查、背景分析与实时跟进,从而生产出及时性更强、深度更广的动态新闻。

2. 社会风尚引导不足,影响平台公信力提升

新闻网站作为党和人民的喉舌,承担着引导社会良好风尚的重任。其本身作为新闻发布的综合性平台,一方面需要聚焦新思想引领,做好党的宣传工作以及党与民众的联结;另一方面需要聚焦网络安全的治理,健全舆情工作机制。地方新闻平台在两手抓的基础上,还缺乏真实有效的社会监督,以此避免虚假新闻的滋生与传播,增强其公信力。

3. 娱乐丰富度较低,难以满足个性化需求

用户在使用新闻网站时,对于娱乐资讯板块的需求度较高。地方新闻网站不再仅仅是推送资讯、传播知识的平台,用户对于其提供文体娱乐的需求也呈现上升态势。新闻网站提供娱乐的质量与丰富度也是平台吸引更多受众的直接动力。从数据分析可看出,20家样本网站的娱乐丰富度高低不一,这直接影响了该地方新闻网站在文化教育指标的板块的整体评估。随着互联网与电子产品的普及与应用,青少年将成为网络媒体用户的主力军,过去刻板的新闻报道将难以吸引这一受众群体,因此需要提高资讯的娱乐丰富度,在强调客观真实的前提下,塑造富有个人特色、贴合个性需求的软新闻,为新闻提供能够娱乐附加值,从而进一步拉近新闻与用户的心理距离,扩大受众人群。

4. 用户互动比较不理想,需要提高用户的互动参与感

所选样本网站对于协调关系都很重视,但是效果不理想。地方新闻门户网站虽然大都由传统省级主流新闻参与主办或建设,但其仍具有新媒体的互动特质,不是简单的宣传告知。官方门户网站不仅是政务信息发布渠道和政府形象展示窗口,还应该是政府的重要舆论阵地。塑造共识需要润物细无声。因此,地方新闻门户网站在提升用户互动体验舒适度方面需要注意:一是在传达党和国家的政令措施等严肃议题之外,兼顾形象化民生议题,引导公众参与本地社会管理中;二是门户信箱回复应及时且生动,

在回复网友质疑时可以轻松幽默，比如在回复市民对市政工程施工、暑期补习班投诉等议题时，可以编发段子，有图有真相地安抚公众，而不是简单设置自动回复。

五　推进地方新闻网站社会责任履行的建议

互联网的高速发展使得网络社会与媒介社会的联结更为紧密，呈现高度融合的趋向。自2014年起，媒体融合加速发展并取得了阶段性的显著成就，"国家、省、市、县"四级媒体融合体系已基本搭建完成，融合媒体布局初步形成。[①] 然而，互联网对于媒体格局和舆论生态的重构从未停止，仍处于加速进程中。主流媒体面临的竞争将更加激烈多元，同时面临着机遇与挑战的主流媒体不仅应当把握机遇，精准把握媒介生态发展趋势，还应当更加重视相对应的应当承担的社会责任。上文中分析总结的量化结果表明，地方新闻网站对于社会责任的履行完成度较好，除最基本的信息传播功能表现较好，在文化传承这一区块也展现出较强的社会责任感。但是在履职的过程中也存在一些不足，由此对于我国地方新闻网站社会责任履行的推进提出以下建议。

（一）强化主体责任意识，塑造良好网络空间

坚持发挥地方新闻网站作为表率的主导性力量，秉持作为组织化传播者的自律，承担相应的社会责任，利用自身优势促进新闻资讯和当地文化传播，形成优良的文化传承风气。同时应提高信息准入标准并不断完善操作规范，对海量信息进行严格的选择、审核与把关，并准确、全面、客观地进行信息表达与传播，弘扬社会正能量，引领新风尚。

---

① 唐铮：《深度融合时代的媒体格局、发展逻辑与创新路径》，《中国广播电视学刊》2021年第2期。

（二）进一步提升内容生产能力，牢牢占据议程设置和舆论引导的制高点

地方新闻网站应发挥采编人才队伍专业、信息渠道权威、采编流程规范等内容生产上的优势①，以牢牢把握内容质量作为新闻生产的根本，同时顺应时代的发展与信息技术的进步，应用新技术创新信息传播的方式，并抓紧融合传播新形式，扩大传播影响力。推出能引发用户共鸣的优质内容，并在舆论引导的基础上，调动用户开展舆论监督的积极性，从而发挥正本清源、辨别真伪的作用，进一步增强舆论引导的针对性和时效性，加强地方新闻网站对议程设置和舆论引导的制高点的把控。

（三）正视网民的娱乐需求，输出高质量产品谨防"过度娱乐化"

时代发展不断深入，社会群体分化和多元的趋势日趋明显，地方新闻网站应重视用户的受众需求，进行深度的用户研究调查，采集归纳用户需求，正视信息的多元化，以中庸之道来观照信息娱乐化的生存现象，满足网民娱乐需求。与此同时，应控制娱乐内容的比重，把握新闻娱乐化的程度，生产高质量的内容产品，彰显社会主义核心价值观，倡导真善美，从而破解娱乐化下的"虚妄需要"。②

（四）加强用户的引导与管理，积极引导群体互动激发群氓智慧

互联网的高速发展，为网络新闻的发展提供了宝贵的机遇，网络新闻用户规模逐年扩大，然而机遇与挑战并存，相较于商业网站，地方新闻网站往往存在着用户黏度不高、互动性不足等问题。但用户不仅是传播结构中的节点，也是社会网络中的节点③，是信息传播链中的重要环节。因此引导用户

---

① 兰锋、林蔚：《从重组传播要素看党报融媒体新闻改革》，《传媒》2020年第11期。
② 孙洲：《当代中国历史书写"泛娱乐化"现象的批判与纠治》，《思想教育研究》2020年第7期。
③ 彭兰：《新媒体用户研究》，中国人民大学出版社，2020，第397页。

进行积极的创造与分享是地方新闻网站的一项重要职责,在理性的支撑下,对群体的互动的正确引导有利于激发群氓的智慧①,构建良好的互动氛围以及良性的传播生态,营造积极健康、向上向善的网络空间环境。

参考文献

朱贻庭:《伦理学大辞典》,上海辞书出版社,2002。

吕杨:《西方媒介社会责任观念及其流变探析》,硕士学位论文,南京大学,2013。

钟瑛主编《中国新媒体社会责任研究报告(2014)》,社会科学文献出版社,2014。

童兵:《比较新闻传播学》,中国人民大学出版社,2002。

〔英〕巴勒特:《媒介社会学》,赵伯英、孟春译,社会科学文献出版社,1989。

彭兰:《新媒体用户研究》,中国人民大学出版社,2020。

王井:《地方新闻网站的社会责任及其评价探悉》,《现代传播(中国传媒大学学报)》2015年第7期。

林建宗:《网络媒体社会责任推进机制研究》,《科学决策》2010年第12期。

邓为、陈雨:《新闻网站上市对新闻生产的影响及效果》,《湖北社会科学》2016年第2期。

张先国:《走出新媒体时代党代会报道的创新创意之路——荆楚网省党代会及十八大新闻宣传中的创新思考和举措》,《中国记者》2012年第11期。

莫申江、赵瑜:《和合共生:浙江日报报业集团构建融合创新系统的单案例研究》,《浙江大学学报》(人文社会科学版)2020年第6期。

何继良:《从新闻网站向新型主流媒体集团迈进——东方网的思考与探索》,《新闻记者》2018年第9期。

林功成、张志安、曾子瑾:《中国新闻网站内容品质调查——以四家网站为例》,《新闻记者》2014年第6期。

---

① 彭兰:《"信息病毒"的群体免疫研究》,《当代传播》2021年第1期。

B.3 国家级新闻网站的 VLOG 新闻的社会责任分析及评价*

李青青　刘利芳　王海亮　周进伟**

摘　要： 作为最新的新闻传播形态，VLOG 新闻迅速成长为公众喜闻乐见的新闻内容，国家级新闻网站是我国新闻传播与舆论监督的重要载体，国家级新闻网站的 VLOG 新闻内容可以管窥其社会责任的履行情况。本文发现，国家级新闻网站 VLOG 新闻的社会责任履行情况较好：信息质量整体较好，流程管理严谨规范，主流价值、文化传承展示多元化。但是也存在一些问题，如社会监督尚需完善、科技传播尚需强化、平台互动任重而道远。

关键词： 国家级新闻网站　VLOG 新闻　社会责任

根据中国互联网络信息中心发布的第 47 次《中国互联网络发展状况统计报告》，截至 2020 年 12 月，我国网民规模达 9.89 亿，互联网普及率达

---

* 本成果受中共湖北省委宣传部与华中科技大学部校共建新闻学院项目（项目编号：2020E02）经费支持；本文系湖北省教育科学规划课题"湖北省高校舆情的应对与引导研究"（项目编号：2016GB039）的成果；本文系湖北省教育厅人文社科青年项目"新媒体环境下的舆论场博弈与治理研究"（项目编号：16Q080）的研究成果。

** 李青青，博士，武汉纺织大学传媒学院教师，研究方向为网络与新媒体；刘利芳，华中科技大学新闻与信息传播学院博士生，长江大学新闻系教师，研究方向为新媒体与网络传播；王海亮，华中科技大学新闻与信息传播学院在读硕士研究生；周进伟，武汉纺织大学传媒学院 2018 级广播电视学本科生。

70.4%；我国网络视频用户规模达到 9.27 亿，其中短视频用户为 8.73 亿，占网民整体的 88.3%①。从以上数据可以明显看出，网络视频（含短视频）的形式深受我国互联网用户的喜爱。但是，随着我国短视频行业的快速发展，相似内容的增多与短视频逐渐暴露的庸俗化趋势使得受众产生审美疲劳，开始期待新内容与新形式。在这种背景下，VLOG 作为一种新的视频形式出现了。

VLOG 全称是"video blog"，意为"视频博客"或者"视频网络日志"，一般认为其广泛流传于 2012 年的 YouTube 平台。作为一种新兴的短视频形式，VLOG 以视频创作者（VLOGGER）为第一视角的讲述内容，本身就有着独特的受众吸引力。我国 VLOG 整体发展时间较短，一般认为 2018 年是中国 VLOG 的发展元年，到 2019 年，在各方刺激下，VLOG 在各大平台更是呈现了井喷式的增长。艾媒咨询《2019 中国 VLOG 商业模式与用户使用行为监测报告》显示，2019 年中国 VLOG 用户规模达 2.49 亿，占同年短视频总人数（2019 年短视频用户为 6.48 亿）的 38.4%。②中国几大平台或公司相继推出了 VLOG 扶持计划，明星制作 VLOG 多次登上微博热搜吸引粉丝，各大平台头部创作者生产内容逐渐走红，专业新闻机构以 VLOG 作为推送新闻报道的新形式……这一系列的发展都说明 VLOG 正作为一种区别于其他视频的形式获得了越来越多的关注，其传播影响已不容忽视。

一 研究现状

（一）国内研究现状综述

VLOG 在 2012 年时就已经流传于 YouTube 等国外平台，但在我国，受技术操作等门槛的限制，VLOG 使用范围不广，相关研究进展一直比较缓

---

① 中国互联网络信息中心（CNNIC）：《第 47 次中国互联网络发展状况统计报告》，http://www.cnnic.net.cn/hlwfzyj/hlwxzbg/hlwtjbg/202009/t2020092971257.html。
② 艾媒咨询：《2019 中国 VLOG 商业模式与用户使用行为监测报告》，https://www.iimedia.cn/c1020/67460.html。

慢；2018~2020年，随着VLOG实践场景的不断丰富，相关研究在数量上出现了大幅度的增长。在知网以"VLOG"或"视频博客"为"主题"进行搜索，截至2021年1月2日，共得到1267篇中文文献；若以"VLOG"或"视频博客"为"关键词"进行搜索，则能得到370篇中文文献。其中新闻传播类文献分别占到47.09%和70.97%。

从发表文献趋势来看，我国的VLOG研究始于2005年，在之后的数年间，相关研究数量增长缓慢，所涉学科、视角也比较局限；到2019年，VLOG研究数量出现了井喷式的增长。由此可见，我国VLOG研究的数量是随着现象的整体变化而增长的（见图1）。

1. VLOG的概念界定

这一类的研究主要分为两个方面，一是对VLOG做一个定义陈述。YouTube官方给VLOG下的定义是"通过拍摄视频的方式记录自己的日常生活"；隋岩、刘梦琪认为VLOG是指以个人为呈现主体、以其生活里的一段时间或某个事件为拍摄单位的一种短视频形式；[①] 魏抒则认为VLOG是以第一人称视角拍摄，内容以展示个人生活为主，经过剪辑、配乐、特效以及字

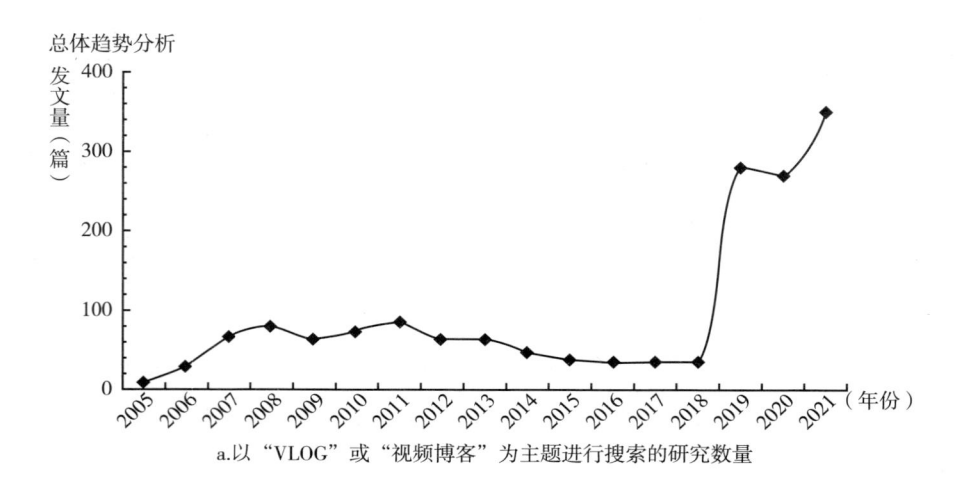

a. 以"VLOG"或"视频博客"为主题进行搜索的研究数量

---

① 隋岩，刘梦琪：《视频博客（VLOG）的内容特点及其治理》，《学习与实践》2018年第11期。

b. 以"VLOG"或"视频博客"为关键词进行搜索的研究数量

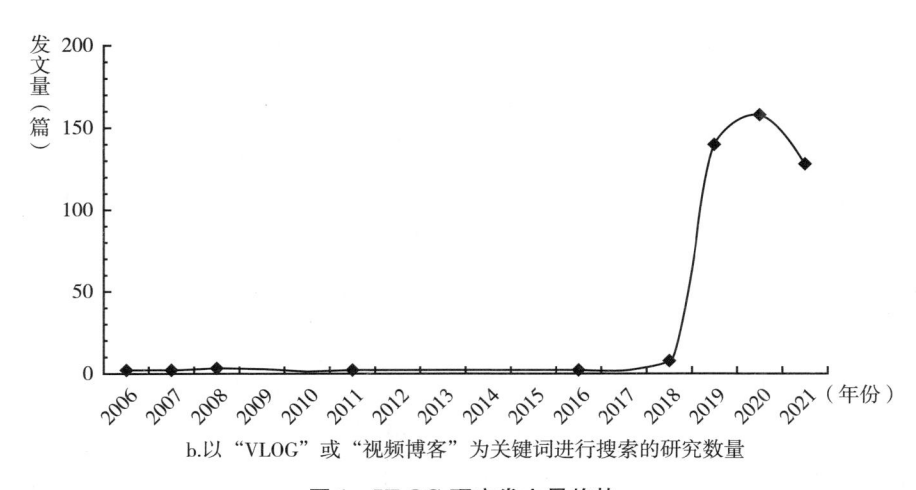

图 1　VLOG 研究发文量趋势

幕制作，形成一种时长在 10 分钟内的视频形态。① 此外，吴洪莉、刘梦娇认为 VLOG 是一种集文字、图像和音频于一体，剪辑美化后，能表达人格化和展示创作者日常生活的视频日记；② 卢伟、张淼则把 VLOG 定义为创作者（VLOGger）通过视频日志的形式，经由拍摄、剪辑后形成一种记录和展示个人日常生活的视频作品。③ 总的来说，国内学者对于 VLOG 的定义侧重点分成两个，一是侧重视频形式，认为日志为视频服务；二是侧重日志内容，认为视频是为日志服务。但无论侧重点如何，VLOG 的定义都离不开"视频""记录"这两个关键词。

第二类研究则是对 VLOG 的特点进行总结，以此将其与其他视频形式进行区分。从 VLOG 的外在属性来看，VLOG 与短视频的不同主要在两个方面，一是 VLOG 时长更长，二是 VLOG 的制作技术门槛更高。④ 从内在属性来看，郑满宁认为具有非虚构、人格化、松圈主义社交与制造"生活神

---

① 魏抒：《VLOG 的受众心理与优化策略探析》，《传媒》2020 年第 11 期。
② 吴洪莉、刘梦娇：《VLOG：短视频下一个爆发点——基于 B 站的热门 VLOG 视频内容生产策略分析》，《湖北第二师范学院学报》2018 年第 35 卷第 6 期。
③ 卢伟、张淼：《记录与纪录：记录性 VLOG 与网络微纪录片的边界探析》，《当代电视》2020 年第 5 期。
④ 张文娟、宫承波：《本质、流变与反思：基于 VLOG 的多维审视》，《电视研究》2019 年第 10 期。

话"四个价值要素;① 高慧敏认为 VLOG 内容上具有生活化、真实化、故事化、个人化等特点;② 余宁认为 VLOG 相较于短视频不仅时长合理(一般 5~10 分钟),还体现出了非虚构性、完整的故事性、第一人称视角、生活流叙事与年轻化语态等特点。③ 综上所述,VLOG 拥有更长的时间与更高的门槛,它体现着 VLOGger 的个人特色,视频内容的完整性与故事性更加突出,作为一种传播工具,在传播效果与传播领域等方面有着极大的潜力。

2. 使用 VLOG 的动机

VLOG 之所以如此受年轻人喜爱,可以在如此短的时间内得到大范围传播,当然依赖于 VLOG 本身的独特性,以及这种独特性为受众带来的独特性的体验。

首先,VLOG 可以打造一种"在场感"。透过 VLOGger 的镜头,传受双方不仅可以在二者共建的社交空间中形成一种虚拟的"面对面沟通"④,粉丝也可以借此"拉近"与偶像的距离;而且,受众也可以通过第一人称叙事的视角,沉浸于"讲述者"所呈现的视觉符号和话语互动之中⑤,短暂地"离开"自己处所的真实场景。

其次,VLOG 可以带来认同感。这里涉及的认同感是多个方面的。VLOGger 本人可以通过创作视频收获粉丝,以此来获得自我认同⑥;受众可以在 VLOG 所带来的"松圈主义"氛围中按照自己的喜爱自行寻找 VLOG 进行观看,通过对 VLOGger 的认同来加固自我认同感,并且为自己寻找同好。⑦ 后一种认同往往开始于兴趣或是情感的短暂共鸣,最终形成一种"是

---

① 郑满宁:《短视频时代 VLOG 的价值、困境与创新》,《中国出版》2019 年第 19 期。
② 高慧敏:《从口语日记到 VLOG:身体视域下的一种自我传播形态演变》,《中国地质大学学报》(社会科学版)2020 年第 20 期。
③ 余宁:《抗"疫"VLOG:第一人称纪录片的叙事探析》,《电视研究》2020 年第 5 期。
④ 隋岩、刘梦琪:《视频博客(VLOG)的内容特点及其治理》,《学习与实践》2018 年第 11 期。
⑤ 张梦晗:《国际视频博客讲述者跨文化传播中的互文性实践》,《社会科学》2020 年第 7 期。
⑥ 卓娜:《VLOG 视域下受众的自我呈现与他者认同》,《传媒》2019 年第 13 期。
⑦ 王德胜、杨园园:《共情抚慰、整合归属与人格赋魅:对年轻群体 VLOG 观看动机的研究》,《中国编辑》2020 年第 Z1 期。

富有持久性的意义经验认同与群体价值认同"。①

最后，VLOG 可以满足受众正大光明的窥私欲，在 VLOG 的具体语境下，窥私欲也可以理解为对后台的开放。戈夫曼提出过"拟剧理论"，认为场景是戏剧舞台，人在幕前、幕后行为不一，并将其分为前台行为与后台行为。但是，在 VLOG 这种独特语境下，后台行为在某种程度上"前置"并进行了与前台行为的融合。但是也有学者对此提出质疑，认为 VLOG 并未将后台前置，而是按梅罗维茨对拟剧理论的拓展重新打造出了"深后台"②，让幕后的真实更难被察觉。总之，VLOG 的出现给了围观者不受责备地查看隐私的方式，并且在某种程度上以此为卖点吸引受众，满足其对他者隐私的窥探欲。事实上，VLOGger 这个职业的诞生就意味着让渡隐私、贩卖日常成为工作本身的一部分。③

3. VLOG 与新闻

随着 VLOG 的发展，VLOG 在很多场景都得到广泛应用。有学者将 VLOG 应用于广告营销，认为品牌可以通过 VLOGger 影响消费者的购买意愿④，因为 VLOG 本身可以以领域的高垂直度化增加用户黏性;⑤ 而且，通过 VLOG 进行品牌营销的手段可以大大减轻受众对于广告的抵触，⑥ 甚至让受众不在意产品暴露类型;⑦ 也有学者将 VLOG 用于传播博物馆文化⑧、进

---

① 吴志远：《离散的认同：网络社会中现代认同重构的技术逻辑》，《国际新闻界》2018 年第 11 期。
② 刘娜、梁潇：《媒介环境学视阈下 VLOG 的行为呈现与社会互动新思考》，《现代传播（中国传媒大学学报）》2019 年第 11 期。
③ 江凌、严雯嘉：《主体与对象：媒介逻辑主导下视频博客媒介化分析》，《中国编辑》2020 年第 4 期。
④ 顾丽琴、高永玲：《VLOGger 对消费者购买意愿的影响研究——以准社会互动为中介》，《商业经济研究》2020 年第 9 期。
⑤ 隋岩、刘梦琪：《视频博客（VLOG）的内容特点及其治理》，《学习与实践》2018 年第 11 期。
⑥ 卓娜：《VLOG 视域下受众的自我呈现与他者认同》，《传媒》2019 年第 13 期。
⑦ 顾丽琴、高永玲：《VLOGger 对消费者购买意愿的影响研究——以准社会互动为中介》，《商业经济研究》2020 年第 9 期。
⑧ 潘佳佳：《浅谈新媒体时代利用视频博客（VLOG）发挥博物馆文化传播作用》，《文物鉴定与鉴赏》2020 年第 12 期。

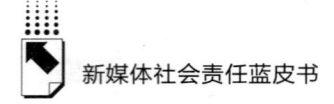

行教学;① 等等。

伴随着VLOG在各行各业掀起的热潮,在媒介融合之路上深耕的主流媒体也开始向VLOG抛出橄榄枝,在两会、阅兵、疫情等重要时期展开以VLOG报道新闻的新形式,并且在新浪微博、哔哩哔哩等社交网站上进行发布。在"VLOG+新闻"的这一类研究中,学者们主要聚焦使用VLOG报道新闻的表现效果、特点、作用及其优缺点。

潇潇认为VLOG具有的第一人称视角、个体呈现的真实性和讲述的故事性特征能够为当前的新闻报道提供新的思路和视角。②"VLOG+新闻"模式可以在重大主题报道中实现微观视角的应用创新,③甚至代替原本的播报模式实现对传统新闻业的颠覆。④而且,VLOG与新闻的结合不仅可以为受众提供有价值的新闻讯息,提高民众政务参与度,还能借助VLOG这种个人叙事向的媒介增强受众的在场感与亲切感,实现对年轻人的精准传播,为主流话语赋能。⑤⑥此外,董颜认为VLOG可以成为缺乏现场采访条件时的新媒体报道形式。⑦与此同时,以VLOG的形式报道新闻也存在有如内容的严肃性和形式的娱乐化、事件的整体性和聚焦的局部性、新闻的真实性和VLOG的表演性以及新媒体专业新闻团队的匮乏等问题。⑧也有学者指出,VLOG可能使新闻报道过于个人化而失去其公共性;需要极高人力、物力成本支撑的优质VLOG难以持续,其内容也会逐渐落入同质化的窠臼。⑨

---

① 李伟容:《VLOG在大学英语教学中的应用研究》,《湖北开放职业学院学报》2019年第18期。
② 潇潇:《VLOG在新闻报道中的应用创新》,《传媒》2019年第22期。
③ 王正友、喻言:《VLOG+新闻:重大主题报道的微观视角——以"央视新闻"微博VLOG报道为例》,《传媒》2020年第18期。
④ 吴果中、陈婷:《视频博客:两会报道最具创新性的应用》,《新闻战线》2019年第19期。
⑤ 詹绪武、李珂:《VLOG+新闻:主流话语的传播创新路径——以"康辉VLOG"为例》,《新闻与写作》2020年第3期。
⑥ 李琳、葛光和:《VLOG在主流媒体新闻报道中的创新运用及思考——以中央广播电视总台〈大国外交最前线〉为例》,《电视研究》2020年第7期。
⑦ 董颜:《浅析国际传播中缺乏现场采访条件时的新媒体报道形式——以新冠肺炎疫情期间CGTN法语频道新媒体报道为例》,《电视研究》2020年第8期。
⑧ 李静:《VLOG创新时政新闻视频化传播的"热"与"冷"》,《电视研究》2020年第4期。
⑨ 藏新恒、刘巍、胡绪颖:《浅析VLOG对新闻报道的影响》,《新闻知识》2019年第9期。

通过对文献的阅读与整理，我们可以发现目前学界对 VLOG 的定义虽然并未统一，但是对真实性、人格化等特点较为认同。与此同时，虽然许多学者都指出如今的 VLOG 发展存在多种缺陷，比如郑满宁认为 VLOG 发展困境在于四个方面。技术困境：专业性强、内容生产成本高；表达困境：表达艺术独特，难以工业化复制；变现困境：盈利模式未明，仍在探索阶段；用户困境：靠平台流量强推。[①] 江凌、严雯嘉也提出 VLOG 带来了个人生活异化、流量资源争夺的问题，甚至可能带来新的数字鸿沟。[②] 但是大多数学者对其发展前景仍持乐观态度，并且期待 5G 技术的加持可能对其带来的影响。

（二）国外研究现状综述

在 VLOG 研究的初期，国外的许多学者从技术方面探讨了 VLOG 发展的可能性。有学者认为 VLOG 若能作为一种不依赖于第三方服务来储存和传播的视频形式会更加方便且意义[③]，也有学者通过对 VLOG 面临技术问题的探究预测了 VLOG 未来发展趋势。[④]

也有一部分学者探讨了 VLOG 本身的作用与意义。有学者探究了 VLOG 的规则，认为它是观看者与创作者在视频平台上进行理解和辩论的各种视觉与社交习惯，并且探究了真实性对话是否仍然存在于在线视频的问题。[⑤] 也有学者通过对 VLOG 进行文本分析认为 VLOG 承担了日记、表达身份、沉迷自恋等功能。[⑥] 而且，有学者发现 VLOG 能够给受众提供活动感与社会关

[①] 郑满宁：《短视频时代 VLOG 的价值、困境与创新》，《中国出版》2019 年第 19 期。
[②] 江凌、严雯嘉：《主体与对象：媒介逻辑主导下视频博客媒介化分析》，《中国编辑》2020 年第 4 期。
[③] Bross. J, Oppermann. J & Meinel. C, "Enabling Video – Blogging without Relying on External Service – Providers", *2009 International Conference on Computational Science and Engineering*, 2009, pp. 515 – 522.
[④] Wen Gao, Yong Hong Tian & Tiejun Huang, "VLOGging: A Survey of Videoblogging Technology on the Web", *ACM Computing Surveys*, 2010, Vol. 42, No. 15, pp. 57.
[⑤] Christian AJ, "Real vlogs: The Rules and Meanings of Online Personal Videos", *First Monday*, 2009, Vol. 14, No. 11, pp. 1.
[⑥] Griffith M and Papacharissi Z, "Looking for you: An analysis of video blogs", *First Monday*, 2010, Vol. 15, No. 1, pp. 1.

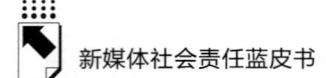

系，对孤独感的缓解作用并不明显。① 此外，相关研究也认为 VLOG 中的开口不一定具有与其他设置中的对话开口相同的功能，它们代表了一种互动元素，可以鼓励观看者通过网站中嵌入的交互式功能做出响应，并致力于构建身份。②

随着 VLOG 的发展，针对 VLOG 的研究也不再仅仅限于 VLOG 本身。国外学者在进行 VLOG 研究时，大多是运用定量研究的方式将 VLOG 这一载体结合不同的群体、不同的研究问题进行大量的样本分析，从而研究其在社会中的实际作用。

在某些学者的研究中，VLOG 可以成为用于进行内容分析的文本。有学者用 VLOG 内容进行文本分析，描述了黑人少女的头发政治，即人种学内容中出现的自我爱恋、护发以及与主流话语相反的叙事信息分析③；也有学者通过分析 VLOG 中内容呈现形式和受众构成来体现性别差异。④

而且，VLOG 作为一种传播手段，其对受众的影响研究也一直是相关研究的重点。在探究 VLOG 的品牌推广的作用研究中，有学者认为 VLOG 可以用于旅游宣传，因为其在创建目标图像方面有很大的潜力与用途⑤，而且顾客对旅游日志的观看体验也会影响到其参与行为以及旅游意愿⑥，有学者认

---

① Gregg Peter B, "Social Responses to and Motivation Involving Knitting VLOG Viewing", *Convergence-the International Journal of Research into New Media Technologies*, 2020, Vol. 9.
② Frobenius M, "Beginning A Monologue: The Opening Sequence of Video Blog", *Journal of Pragmatics*, 2011, Vol. 43, No. 3, pp. 814 – 827.
③ Phelps-Ward RJ & Laura CT, "Talking Back in Cyberspace: Self-Love, Hair Care, and Counter Narratives in Black Adolescent Girls' Youtube VLOGs", *Gender and Education*, 2016, Vol. 28, No. 6, pp. 807 – 820.
④ Molyneaux H, O'Donnell S, Gibson K & Singer J, "New Visual Media and Gender: A Content, Visual and Audience Analysis of YouTube VLOGs", *American Communication Journal*, 2008, Vol. 10, No. 1, pp. 8.
⑤ Peralta RL, "How VLOGging Promotes A Destination Image: A Narrative Analysis of Popular Travel VLOGs about the Philippines", *Place Branding & Public Diplomacy*, 2019, Vol. 15, No. 4, pp. 244 – 256.
⑥ Jun Eun Lee & Brandi Watkins, "YouTube VLOGgers' Influence on Consumer Luxury Brand Perceptions and Intentions", *Journal of Business Research*, 2016, Vol. 69, No. 12.

为受众观看 VLOG 可以加强品牌认知，刺激购买欲；[1] 而且，在受众通过 VLOG 与 VLOGger 保持互动、增强参与感时，会提高品牌的认可度与信任度。[2] 但是与此同时，也有学者对作为广告的 VLOG 提出了相关质疑。这些学者有些是从青少年群体的角度对 VLOG 中广告的公平性与透明性发出质疑，认为如果受众意识不到这是广告[3]，或者影响者本身主动排除商业干扰因素[4]的话，受众自身难以真正形成相应对的广告素养。

此外，VLOG 也可以凭借其对受众和传播者的影响，广泛应用于各个领域。有学者根据社会互动的概念以及社会比较理论探究了营养视频博主本身的特征如何影响消费者对健康以及减肥饮食的依从性[5]；有学者在研究军事类 VLOG 时发现，退伍军人以 VLOG 的方式讲述自己的故事可以极大地帮助其心理缓解，有利于情绪健康；[6] 也有学者提出，用 VLOG 的形式开展社会支持能够给癌症患者提供心理和生理和双重支撑；[7] 当然，VLOG 在教学中发挥的作用不容小觑；[8] 而且，作为数字化流行文化的一种新的表现工具，

---

[1] Cheng, Yusi, Wei Wei & Zhang Lu, "Seeing Destinations through VLOGs: Implications for Leveraging Customer Engagement Behavior to Increase Travel Intention", *International Journal of Contemporary Hospitality Management*, 2020, Vol. 32, No. 10, pp. 3227–3248.

[2] Juha Munnukka, Devdeep Maity, Hanna Reinikainen & Vilma Luoma-aho, " 'Thanks for Watching'. The Effectiveness of YouTube Vlogendorsements", *Computers in Human Behavior*, 2019, Vol. 93.

[3] Hoek RW, Rozendaal E, van Schie HT, van Reijmersdal EA & Buijzen M, "Testing the Effectiveness of a Disclosure in Activating Children's Advertising Literacy in the Context of Embedded Advertising in VLOGs", *Frontiers in psychology*, 2020, Vol. 11.

[4] De Jans S & Hudders L, "Disclosure of VLOG Advertising Targeted to Children", *Journal of Interactive Maeketing*, 2020, Vol. 52, pp. 1–19.

[5] Sakib M. D. Nazmus, Zolfagharian Mohammadali & Yazdanparast Atefeh, "Does Parasocial Interaction with Weight Loss Vloggers Affect Compliance? The Role of VLOGger Characteristics, Consumer Readiness, and Health Consciousness", *Journal of Retailing and Consumer Services*, 2020, Vol. 52.

[6] Hale Brent J, Gonzales Amy L & Richardson Marie, "VLOGging Cancer: Predictors of Social Support in YouTube Cancer VLOGs", *Cyberpsychology, behavior and social networking*, 2018.

[7] Snelson & Chareen, "Vlogging about School on YouTube: An Exploratory Study", *New Media & Society*, 2015, Vol. 17, No. 3, pp. 321–339.

[8] Aldukhayel & Dukhayel, "VLOGs in L2 Listening: EFL Learners' and Teachers' Perceptions", *Computer Assisted Language Learning*, 2019.

VLOG 可以给 VLOGger 们带来数字化的名声,[①] 在许多研究者的眼中,VLOG 也成了一种向青年群体传递公民文化、使其提高社会问题意识的工具[②]。

综观现阶段国内外学者对 VLOG 开展的研究我们可以发现,国外研究者多以定量研究为主,而且 VLOG 多方面的研究均有涉及。对比之下,我国 VLOG 的研究,无论是对理论以及数据分析方法的运用,还是研究的广度、深度都略逊一筹。但是,国内外"VLOG + 广告"的相关研究都是重点。

二 研究设计

(一)研究对象的选择

本文确定 8 家国家级新闻网站(人民网、新华网、央视网、中国网、中青网、中国日报网、中国经济网、国际在线)为研究对象,在样本采集中,考虑到样本的多样性与平台的延展性,每个国家级新闻网站的 VLOG 新闻样本从 5 个平台(官网、新闻客户端、微博、微信、B 站)获取。

(二)研究样本的遴选

本文对 8 家国家级新闻网站进行了样本采集,共进行了连续 17 个月共计 573 天的样本采集,搜集了自 2020 年 1 月 1 日 0 点至 2021 年 5 月 1 日 24 点的 VLOG 新闻,在对整体内容进行跟踪调查的基础上,共采集样本 1258 条,剔除无效样本、重复样本共 180 条,得到有效样本 1078 条,有效样本率为 85.7%。

[①] Smith Daniel R., "The Tragedy of Self in Digitised Popular Culture: the Existential Consequences of Digital Fame on YouTube", *Qualitative Research*, 2017, Vol. 6, pp. 699 – 714.
[②] Caron Caroline, Raby Rebecca, Mitchell Claudia, The wissen – LeBlanc Sophie & Prioletta Jessica, "How are Civic Cultures Achieved Through Youth Social-Change-Oriented VLOGging? A Multimodal Case Study", *Convergence-the International Journal of Research Into New Media Technoligies*, 2019, Vol. 25, pp. 694 – 713.

三 研究发现

在对 8 家国家级新闻网站 VLOG 新闻进行社会责任整体评价的过程中，本文发现，VLOG 新闻社会责任的综合得分为 3.1~4.0 分，社会责任履行情况总体较好。

表 1 为 VLOG 新闻社会责任总体评价及排名。可以看出，国家级新闻网站中 VLOG 新闻的整体社会责任履行存在明显差距，其中，中国网得分最高（3.9830 分），中国经济网得分最低（3.1459 分），VLOG 新闻社会责任评估得分差距为 0.8371 分。

表 1 国家级新闻网站 VLOG 社会责任总体评价及排名

单位：分

VLOG 新闻/ 社会责任总体评价	信息生产	价值引导	文化教育	协调沟通	总分	排名
新华网	2.1038	0.5929	0.4895	0.7721	3.9583	2
人民网	2.0646	0.6086	0.4047	0.6395	3.7174	4
央视网	1.9598	0.5435	0.5312	0.6862	3.7207	3
中国网	2.1553	0.7152	0.5087	0.6038	3.9830	1
中青网	1.9502	0.5926	0.2615	0.6621	3.4664	6
中国日报网	2.1199	0.6417	0.2406	0.6734	3.6756	5
中国经济网	1.8779	0.4445	0.1461	0.6774	3.1459	8
国际在线	1.9523	0.5120	0.1983	0.6555	3.3181	7

表 2 为 VLOG 新闻一级评价指标均分对比。本文发现，①VLOG 新闻在履行"文化教育"功能上的整体表现最好，而在"信息生产"上的整体表现较差；②VLOG 新闻"协调沟通"功能的最高分与最低分差距最小（差值为 0.1683 分），而"文化教育"的最高分与最低分差距最大（差值为 0.3851 分）。

表2　VLOG新闻一级评价指标均分对比

单位：分

一级评价指标均分对比	满分	平均分	最高分	最低分
信息生产	2.5065	2.0229	2.1553	1.8779
价值引导	0.8800	0.5814	0.7125	0.4445
文化教育	0.5885	0.3487	0.5312	0.1461
协调沟通	1.0250	0.6713	0.7721	0.6038

（一）信息生产：信息质量整体较好，流程管理严谨规范

信息生产是信息传播的初始环节，也是最重要的环节，信息生产社会责任的履行情况对于考察国家级新闻网站的内容传播有着举足轻重的作用。本文发现，8家国家级新闻网站信息生产社会责任得分状况良好（平均分2.0229分），且呈现阶梯状分布：第一梯队为中国网、新华网、中国日报网、人民网；第二梯队为央视网、国际在线、中青网、中国经济网（见表3）。

表3　VLOG新闻频道信息生产指标得分及排名

单位：分

VLOG新闻/得分及排名	信息生产	排名
新华网	2.1038	2
人民网	2.0646	4
央视网	1.9598	5
中国网	2.1553	1
中青网	1.9502	7
中国日报网	2.1199	3
中国经济网	1.8779	8
国际在线	1.9523	6
平均得分（M）	2.0229	

在信息质量方面，真实性、权威性、客观性责任履行最好，所有研究对象在这三个指标上的得分不相上下。但是在全面性、深度性方面有待提升，

这主要体现在各 VLOG 更注重微主题的新闻表达，时间多控制在几分钟内，所以全面性和深度性的展示空间有待加大；在原创性上，各网站的原创性比率远低于转载比率。央视网、新华网原创内容被其他几家新闻网站转载率最高，而这其中关于武汉抗疫日记的转载率最高。

在流程管理方面，所有网站在把关信息、规范广告、控制侵权等方面的做法可圈可点，VLOG 相对应的内容基本没有广告植入或弹窗式广告推送，这无疑给受众的完整体验提供了基本条件；控制侵权方面，网站在引用或转载其他网站会平台内容时，非常注重内容的产权保护，均在显著位置标明作者及信源相关信息。

（二）价值引导：多元展示主流价值，社会监督尚需完善

价值引导是信息传播的重要目的，也是国家级新闻网站的传播宗旨，其考察指标有两个：塑造共识、社会监督。本文发现，8 家国家级新闻网站在价值引导指标上表现良好。其中，中国网的得分最高（0.7152 分），中国经济网的得分最低（0.4445 分）（见表4）。

表4　VLOG 新闻价值引导指标得分情况

单位：分

VLOG 新闻/指标得分及排名	价值引导	排名
新华网	0.5929	4
人民网	0.6086	3
央视网	0.5435	6
中国网	0.7152	1
中青网	0.5926	5
中国日报网	0.6417	2
中国经济网	0.4445	8
国际在线	0.5120	7
平均得分（M）	0.5814	

在塑造共识方面，8 家新闻网站在传播主流价值方面表现突出，并相继制作多个 VLOG 新闻专题，如人民网的#武汉日记 VLOG#，央视网的#疫情

下的香港 VLOG#，新华网的#高"数"值体验来了 VLOG#，中青网的#战"疫"VLOG#、中国网的#中国人在他乡 VLOG#等，聚焦社会发展与新冠肺炎疫情，从多元视角展示了主流价值与社会风尚，是当前 VLOG 新闻传播中正能量传递的重要形态。

社会监督方面，8 家新闻网站对社会风险、国家治理层面关注度持续升高。社会风险层面，由于 2020 年以来全球新冠肺炎疫情的肆虐，聚焦社会风险传播的内容日益多元化，以国人眼中的新冠肺炎疫情、外国人眼中的中国抗疫、中国人在外国的抗疫生活三个层面为主，相关内容体现出较强的社会监督意味；国家治理层面，VLOG 新闻以中国梦、两会、科技进步等类型的内容为主，如中国网的#"中国梦·黄河情"VLOG#、人民网的#两会 VLOG#、中国网的#珠峰测绘 VLOG#等。

（三）文化教育：文化传承日益多元化，科技传播尚需强化

文化教育是国家级新闻网站社会责任考察重要指标，主要包含文化传承、传播科教、提供娱乐三个具体指标。本文发现，8 家国家级新闻网站在文化教育责任履行上差距明显，呈现四个梯次：央视网、中国网为第一梯队，新华网、人民网第二梯队，中青网、中国日报网第三梯队，国际在线、中国经济网第四梯队（见表 5）。

表 5 VLOG 新闻文化教育指标得分情况

单位：分

VLOG 新闻/指标得分及排名	文化教育	排名
新华网	0.4985	3
人民网	0.4047	4
央视网	0.5312	1
中国网	0.5087	2
中青网	0.2615	5
中国日报网	0.2406	6
中国经济网	0.1461	8
国际在线	0.1983	7
平均得分（M）	0.3487	

文化传承方面，对传统文化的体现与传承比例为 63.6%（N=1078），对当代文化的传承比例为 70.8%（N=1078），如相关 VLOG 新闻对于红色文化的探寻、对于传统非遗文化的追寻等，都体现出国家级新闻网站对于多元文化的视频化表达与思考。

传播科教方面，教育传播所占内容比例高于科技传播。多数 VLOG 新闻样本（91.9%，N=1078）传播的内容涵盖知识、技能、思想、观念等，仅有 27.5% 的 VLOG 新闻样本侧重科技进步等方面的信息传递。

提供娱乐方面，8 家国家级新闻网站 VLOG 新闻的内容健康度较好，这主要是因为国家级新闻网站重视内容的审核与把关，并且强调信源的权威性与真实性；在内容丰富性上，8 家国家级新闻网站的 VLOG 内容丰富性有待提升，所选取的 1078 条 VLOG 样本中，新闻报道类所占比例最高（51.2%），宣传类所占比例为 23.4%，资讯服务类占比 18.5%，旅游美食类占比 7%。

（四）协调沟通：公众参与认同度中等，平台互动任重而道远

协调沟通侧重新闻传播过程中的信息反馈，也强调线上与线下的互动与参与，其考察指标主要有两个：协调信息、沟通效能。本文发现，8 家国家级新闻网站 VLOG 新闻的协调沟通责任履行情况整体较差，新华网得分最高，中国网得分最低（见表6）。

表6　VLOG 新闻协调沟通指标得分情况

单位：分

VLOG 新闻/得分及排名	协调沟通	排名
新华网	0.7721	1
人民网	0.6395	7
央视网	0.6862	2
中国网	0.6038	8
中青网	0.6621	5
中国日报网	0.6734	4
中国经济网	0.6774	3
国际在线	0.6555	6
平均得分（M）	0.6713	

协调信息方面，VLOG新闻的议题公共性表现较好（M=4.56），主要体现为相关议题涉及社会重大突发事件（如新冠肺炎疫情）、国家重大科技攻关、社会发展热点议题（如两会报道）等，议题的公共性体现完整全面，受到公众的支持与点赞；VLOG新闻的身份多样性表现中等偏上（M=3.69），相关议题在报道时，注重议题涉及社会阶层与人群的多元展示，同时给予多方更多的话语空间。

沟通效能方面，主要从公众、平台两个角度进行考察。

公众层面，参与度是指公众对于VLOG新闻的线上评论、线下传播扩散，公众参与度中等（M=3.16），虽然各个VLOG新闻都设有评论区，但公众仅在微博平台、B站评论区较为活跃，在官网、新闻客户端、微信平台活跃度极低，有的VLOG新闻甚至没有一条网友评论；公众认同度是指公众对于内容的欣赏与认可，从而进行点赞、转发、分享等一系列传播行为。研究发现，公众对于VLOG新闻的认同度一般（M=3.32）。

平台层面，8家国家级新闻网站的VLOG新闻在功能设计上非常注重用户体验，如分享转发至其他平台的无缝对接、点赞与弹幕的主体性体验等等，但是其在平台互动与回复上表现很差，其中平台互动度基本没有（M=2.18），平台回复度基本没有（M=1.95），仅在微博公众号中，会有部分内容稍有互动，但是这种鲜有的互动对于公众而言是微不足道的。

四 对策与建议

（一）提高VLOG新闻的内容质量，拓宽多平台多渠道发展

VLOG新闻的内容质量是其长远发展的关键因素，而当前VLOG新闻在内容质量上存在较多短板，尤其以时效性、深度性、原创性欠缺为主要特征。要在这三个方面进行系统化的提升，并且有针对性地进行多平台多渠道的发展。

在时效性上，国家级新闻网站应当突出VLOG新闻在重大突发事件报道中的作用与地位，不仅要及时应时更新内容，更应该多利用短视频形式

向受众全方位展示事件的来龙去脉，提升新闻内容的可看性与可读性；在深度性上，充分利用短视频形式的技术与视觉优势，将新闻内容的背景、现状、趋势等要素集中体现，注重解释性报道和深度报道的呈现；在原创性上，突破目前各网站的集中转载框架，做好重大新闻的前期组织与策划，重点关注社会事件、社会现象的阐释性表达，形成具有特色的代表性专题与专栏。

拓宽多平台多渠道发展，主要是因为当前国家级新闻网站将更多精力放在官网、新闻客户端、微博三大平台，在微信、短视频平台的渠道拓展度有待提升，如新华网、中国网尚未入驻 B 站，而中国网官网与新闻客户端的 VLOG 内容高度重合，等等。

（二）积极引导塑造社会共识，强化新闻传播的社会监督功效

社会共识需要引导与塑造，VLOG 新闻应充分利用自身优势，对社会主义核心价值观进行多元化视频展示，通过图文互动、VR 全景视频等多元化传播形式，在年轻人群体中引导社会主流价值观与社会风尚。

VLOG 新闻也应该主动承担起社会监督的责任，在集中体现国家治理层面的新闻内容的同时，增加社会风险、伦理失范等层面的内容比例，协助其他媒介形式建构通畅的网络参与渠道，通过对重大突发事件、社会热点事件的持续性关注，强化自身的社会监督功能。

（三）持续传承多元文化，提升内容的丰富性与科技性

持续传承多元文化，不仅包括对传统文化的传播与扩散，还包括对红色文化、现代文化的继承与发扬，借助 VR 技术形式，凸显中华历史文化的博大精深、红色文化的历史延续、现代文化的活力再现，集中展示多元文化形式的碰撞与结合。

单一的内容容易引起受众审美疲劳，而多元化的形式可以提升内容的丰富性与可看性，VLOG 新闻除了讲述严肃新闻以外的内容，应该突出严肃新闻的多元视角，强调人性化的视角，并且增加更多的科普环节，让受众实现

对严肃新闻的"悦读"。此外，VLOG 新闻要多出精品内容、深度内容，避免相同主题的同质化趋势，并且坚决抵制"三俗"内容。

（四）注重协调多元信息，打造互动平台优化用户体验

协调多元信息是 VLOG 新闻的重要责任，而当前 VLOG 新闻在公共性展示、身份多样性展示方面还存在不足。议题的公共性是重要考察指标，而这与社会监督密切相关，VLOG 新闻应更多关注社会热点，尤其是重大突发事件，对社会风险与伦理道德层面的内容进行舆论引导；身份多样性方面，VLOG 新闻应该更加关注社会变迁中的人物命运、社会事件中的人物关系，尤其是对于基层群众的关注，对普通人民群众对美好生活的向往的关注，提升 VLOG 新闻的人情味与吸引力。

打造互动平台，除了完善国家级新闻网站的渠道拓展，更应该突出 VLOG 新闻及新闻频道的公众参与度与认同度，如增加页面外部链接数量与类型，完善点赞转发与评论功能，积极回应用户的评论与质疑，等等；优化用户体验，内容设置上更加注重 VR 技术呈现、360 全景视频展示，提升新闻内容的技术性与拟态体验，引导受众进行沉浸式新闻体验，并且有针对性地根据受众反馈进行自我修正。

参考文献

郭庆光：《传播学教程》（第二版），中国人民大学出版社，2011。

全彩宜：《担当起媒体的社会责任》，《新闻爱好者》2008 年第 8 期。

Tampere and Finland, "Implications of Audio and Narration in the User Experience Design of Virtual Reality", *Mindtrek 2018*, Oct. 10 - 11, 2018, https://doi.org/10.1145/3275116.3275153.

Kang S, O'Brien and Villarreal A, "Immersive Journalism and Telepresence: How Does Virtual Reality News Use Affect News Credibility?", *Digital Jounatism*, 2018, Vol. 7, No. 2, pp. 294 - 313.

Donghee Shin Chung and Frank Biocca: "Exploring immersive experience in journalism", *new media & society*,2018,Vol. 20,No. 8 ,pp. 2800 – 2823.

Jun,Hyung,Park,et al. ,"A Study on VR News – In Recognition of the VR News", *The Journal of the Korea Contents Association*,2016,Vol. 16,No. 12,pp. 50 – 59.

Bekele M K ,Pierdicca R ,Frontoni E ,et al. ,"A Survey of Augmented,Virtual,and Mixed Reality for Cultural Heritage", *Journal on Computing and Cultural Heritage*,2018,Vol. 11,No. 2,pp. 1 – 36.

B.4
移动社交时代主流媒体微博社会责任及其评价*

陈 然 冯馨叶**

摘 要: 社交媒体与短视频的快速发展使人类进入泛众化传播时代,主流媒体正遭遇百年未有之大变局。本文基于当下的媒体生态与主流媒体的时代使命,对2020年我国主流媒体微博履行社会责任的现状及其未来发展进行探讨。整体来看,当前我国主流媒体微博在传播活动中能够较好地履行社会责任,尤其是少数头部媒体微博发挥了重要的示范引领作用,然而存在的问题也不容小觑。部分媒体微博新闻报道缺乏以问题为导向的建设性新闻理念,科学传播缺乏科学价值引导的媒体自觉,协调沟通与价值引导未能产生理想的传播效果,少数媒体微博因忽视核实查证而成为虚假新闻的传播者和制造者。面对新闻场域的话语竞争、圈层传播机制下的社群冲突、关系赋权下的非理性蔓延以及后疫情时代的信任丧失,主流媒体微博需要重新思考自身的功能价值与责任意涵,成为热点议题的权威诠释者、信任重建的积极行动者和建设性新闻理念的实践先行者,在社会治理进程中发挥更大的作用。

---

* 本文为国家社会科学基金重大项目"媒体深度融合发展与新时代社会治理创新模式研究"(项目编号:19ZDA332)的阶段性成果,湖北省教育厅哲学社会科学研究项目"县级融媒体中心创新社会治理的模式与效果研究"(项目编号:20D100)的阶段性成果。
** 陈然,黄冈师范学院新闻与传播学院教授、副院长,主要研究方向为新媒体传播;冯馨叶,华中科技大学新闻与信息传播学院2020级硕士生。

关键词： 主流媒体　媒体微博　社会责任　媒体融合　社会治理

  技术的进步不断形塑着媒体生态与新闻场景，移动化、社交化与圈层化成为民众媒介接触与信息传播的显著特征。2020 年，一项针对新冠肺炎疫情中用户媒介信息接触行为的调查结果显示，各类信息接触渠道中，用户对微信黏性最高，其次是电视和微博，占比分别为 90.8%、78% 和 69.8%，微博成为年轻用户、高学历用户信息接触、社群传播的主阵地。[①] 媒体深度融合发展成为主流媒体实现场域重构与主流再塑的必由之路，而媒体微博作为主流媒体融合发展的早期产物，成为全媒体传播矩阵中的重要代表。如果说发展初期的媒体微博是传统媒体实现品牌延伸、拓展报道功能、重塑传播模式的试验区[②]，那么 2020 年进入发展成熟期的媒体微博面对的媒体生态早已因技术的迭代与赋权发生了日新月异的变化，新闻边界的模糊、新闻内容的泛化、传统新闻基模的颠覆成为媒体微博无法回避的事实。传媒的功能价值与社会责任应该随社会发展的需要而不断更新与拓展。今天的媒体微博肩负着媒体融合发展与社会治理功能的双重使命，承担的社会责任也有了更多、更广的内涵与外延。本文基于当下的媒体生态与主流媒体的时代使命，对 2020 年我国主流媒体微博履行社会责任的情况及其存在的问题进行实证调查，在此基础上对其未来发展进行探讨，以期为主流媒体微博在移动社交时代的良性发展与"四力"提升提供策略参考。

一　文献综述

  以"媒体微博"和"责任"为关键词对中国知网进行文献检索，共获

[①] 曾祥敏、张子璇：《场域重构与主流再塑：疫情中的用户媒介信息接触、认知与传播》，《现代传播（中国传媒大学学报）》2020 年第 5 期。

[②] 蔡雯、闫东洁：《媒体微博：重塑新闻传播的新起点——以〈人民日报〉有关雾霾的微博报道为个案的研究与思考》，《新闻记者》2013 年第 3 期。

得3351篇文献。从主题分布情况来看，媒体微博与"传统媒体""主流媒体""舆论引导""议程设置""媒体融合"等主题紧密相连。检视相关研究成果，媒体微博发展初期，作为新闻传播变革的试验区，媒体微博被学者们赋予了多面向的功能与责任期待。蔡雯认为微博对于媒体的价值不仅在于传播新闻，更体现在通过与公众的平等对话影响舆论，媒体微博具有公共交流和引导舆论的功能。① 陈昌凤指出媒体微博作为微博场域内的专业新闻生产机构，理应成为公共事件中的议程设定者和核心参与者，帮助网民认清事实，正确引导舆论。② 刘鹏飞认为媒体微博在突发事件中应该肩负及时发声、答疑解惑、信息把关和塑造共识的责任，真实、专业、严谨、科学是媒体微博内容产制的基本要求。③ 王君超则强调主流媒体微博是打通"两个舆论场"的理想媒介，应该弘扬社会主义核心价值观，讲究舆论引导艺术，通过舆论热点和多维互动设置议程，同时注重内容生产的时效性、冲突性和趣味性。④ 另外，诸多学者也注意到发展初期的媒体微博为了追时效、博眼球，易受社交媒体场域商业逻辑和娱乐逻辑的影响，在传播实践中出现把关不严、断章取义、内容低俗、新闻失实等责任缺失问题⑤，且传播内容多与社会政治和公共事务无关，忽视传媒的公共性，呈现个体化和娱乐化取向。⑥ 微博场域信息的大量涌现与快速传播给核实带来的压力以及运营者在新闻专业素养层面的缺失被认为是造成媒体微博业务性失实的重要原因⑦，而汹涌的网络舆论也可能影响部分记者在热点事件中的理性判断与客观中立。⑧

---

① 蔡雯：《媒体微博：新闻传播变革的试验区——从地方报纸两会报道中的微博利用说起》，《新闻记者》2011年第3期。
② 陈昌凤：《媒体微博：公共事件中的舆论引导者》，《新闻与写作》2013年第11期。
③ 刘鹏飞：《媒体微博发展中的问题与规范化管理》，《新闻与写作》2013年第8期。
④ 王君超：《主流媒体微博：如何打通"两个舆论场"？》，《中国记者》2013年第10期。
⑤ 李杰琼：《媒体微博报道业务性失实的成因与纠正》，《中国记者》2014年第11期。
⑥ 黄炎宁：《数字媒体与新闻"信息娱乐化"：以中国三份报纸官方微博的内容分析为例》，《新闻大学》2013年第5期。
⑦ 李杰琼：《媒体微博报道业务性失实的成因与纠正》，《中国记者》2014年第11期。
⑧ 张志安：《记者微博的价值和规范》，《中国记者》2012年第5期。

时至今日，随着媒体融合的深度发展以及融合思维的不断强化，学界和业界有关媒体微博及其责任的探讨更多被置于全媒体传播体系的整体框架中予以考察，单独研究媒体微博的文献鲜少出现。在移动社交媒体影响力不断彰显的当下，有学者指出，由"断章取义、夸大事实的'标题党'、耸人听闻的导语、来路不明的引述和简单直接的是非判断"构成的社交媒体新闻基模已经颠覆了传统新闻报道模式，为了争夺话语权，专业媒体在新媒体平台做出了世俗化和潮流化的改变①，形成糅合专业主义、煽情主义等不同范式元素的"杂糅化"传播范式。② 面对信息技术带来的革命性巨变，新闻媒体多年积淀的价值理念和职业共识遭到冲击，甚至出现底线失守。③

整体来看，学界对媒体微博及其责任的关注主要集中在媒体微博发展初期。近年来，随着微信、短视频等新社交应用的兴起，学界对媒体微博的关注开始锐减。媒体的社会责任源于媒体在社会结构中的地位与功能。当我们以今天的媒体微博作为研究对象，观照主流媒体在微博场域的社会责任表现时，不能脱离当下的媒体生态环境以及新时代赋予媒体的社会治理使命。面对百年未有之大变局，主流媒体微博该如何定位自身的功能价值？又该承担怎样的社会责任？媒体微博的社会责任不应仅仅局限在信息生产是否真实、客观、全面等传统媒体时代的价值标准，而应站在新闻的建设性理念、媒体的社会治理使命的高度来考量其责任履行。

二 研究设计

本文以主流媒体微博为研究对象，依据本文构建的媒体微博社会责任评

---

① 蔡雯、凌昱：《从"新冠肺炎"热点传播看新闻边界的颠覆与重构》，《新闻与传播研究》2020年第7期。
② 龙强、李艳红：《从宣传到霸权：社交媒体时代"新党媒"的传播模式》，《国际新闻界》2017年第2期。
③ 张涛甫：《"信息疫情"考验新闻正义》，《新闻大学》2020年第10期。

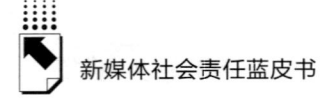

价指标体系，从主流媒体在社会发展中的功能价值入手，以点观面地对2020年主流媒体在社交媒体场域的社会责任履行情况进行实证评估，并对主流媒体微博社会责任履行能力的提升提出对策建议。主流媒体在本研究中指的是"以严肃新闻为主要报道内容，具有专业理念和文化自觉精神，着力弘扬主流价值观，在竞争区域内处于重要地位并占较大市场份额，在社会发展中勇于担当社会责任的媒体"。①

（一）研究对象的确定

《2018新浪媒体白皮书》数据显示，我国主流媒体在新浪微博上的用户数量已经超过5亿，累计覆盖超过15亿人次。② 为保证评估的全面性、代表性和可行性，本研究将新浪微博作为观测平台，并选取报纸微博、媒体网站微博、广播微博和杂志微博四种媒体微博类型进行评估。评估对象的选取依据2020年11月新浪微博平台公布的四类媒体微博矩阵势力榜榜单，选取四份榜单中前五名的媒体微博矩阵，将每个矩阵中影响力最大的微博账号作为最终的评估对象。20个评估对象分别为@人民日报、@环球时报、@成都商报、@新京报、@封面新闻、@人民网、@凤凰网、@环球网、@中国新闻网、@澎湃新闻、@中国之声、@中国交通广播、@环球资讯、@河南交通广播、@中央人民广播电台、@中国新闻周刊、@Vista看天下、@三联生活周刊、@凤凰周刊和@南都周刊。

（二）研究方法与样本选取

本研究综合运用内容分析法、关键词搜索法和人工读网核实法三种方法对媒体微博社会责任各项指标进行测量。关键词搜索借助微博平台在每个账

---

① 强月新、徐迪：《我国主流媒体的公信力现状考察——基于2015年问卷调查的实证研究》，《新闻记者》2016年第8期。
② 新浪数据中心：《2018新浪媒体白皮书》，https://data.weibo.com/report/reportDetail？id = 423。

号主页提供的关键词搜索功能，时间设定为2020年全年。为确保分析的准确性，本研究邀请两名编码员分别对微博讯息进行内容分析，考虑到人力的有限性与研究的可行性，内容分析所需的样本通过构造周抽样法获取，抽样时段确定为2020年7月1日至2020年12月31日。具体方法为：从抽样时段（共27周）的前三周抽取1个星期天（2020年7月5日），之后每四个星期依次随机抽取星期一至星期六（2020年8月3日、2020年9月8日、2020年10月7日、2020年11月5日、2020年11月27日和2020年12月12日），最终组成一个构造周，再将20个评估对象在构造周内发表的全部5314篇微博作为本次内容分析的样本。本次内容分析两名编码员间的信度系数为0.813。

二 主流媒体微博社会责任总体评价

从评估对象2020年整体的社会责任履行情况来看，尽管不同媒体微博的社会责任意识及其表现存在一定差异，但作为微博平台影响力靠前的主流媒体，在媒体面临疫情"大考"和技术迭代的2020年，20家主流媒体微博履行社会责任的情况整体较好，综合评价得分均值为3.5223分，标准差为0.3976，平均得分率为70.45%。20家主流媒体微博中，社会责任综合评价得分排名前三的微博账号依次为人民日报微博、环球网微博和人民网微博，三家媒体微博社会责任综合评价得分率分别为83.84%、83.57%和81.60%。与地方级媒体微博相比，中央级媒体微博能够更好地适应社交媒体传播规律与市场运作规律，具备更强的责任意识与更好的媒体表现。进一步对不同类别媒体微博履行社会责任情况做对比分析，从得分均值情况来看，四类媒体微博的责任履行情况存在一定差异，其中报纸微博和媒体网站微博社会责任履行情况较好，社会责任综合评价得分率均值分别为75.68%和75.31%，而广播微博和杂志微博相对较差，社会责任综合评价得分率均值分别为66.34%和64.45%，都不足70%。整体来看，在信息超载与嘈杂的社交媒体场域，面对多元主体的话语竞争，主流媒体微博并未忘记自己的

"主流"身份与媒体使命,与市场化媒体、自媒体等其他传播主体相比,其行为呈现"守正"与"创新"的双重特点,在"创新"的同时努力坚守主流媒体的政治属性与主流价值观念,坚守信息传播的严肃性与权威性品质,巩固思想文化阵地与壮大主流思想舆论。① 尤其在2020年新冠肺炎疫情期间,以@人民日报、@央视新闻为代表的主流媒体微博成为社交媒体平台重要的权威信源,通过国家话语或政治语汇展现国家意志和决心,通过组织话题讨论凝聚共识,实现价值引导。表1为20个主流媒体微博账号2020年的社会责任综合评价得分情况。

表1 20个主流媒体微博社会责任得分(2020年)

媒体微博名称	信息生产	价值引导	文化教育	协调沟通	总分
人民日报	4.4792	3.4236	4.1430	4.1775	4.1920
环球网	4.4423	4.6833	4.5592	2.8809	4.1784
人民网	4.5174	3.0663	4.5957	3.5839	4.0799
中国新闻周刊	4.2847	4.4112	3.4576	2.6648	3.8775
成都商报	4.2446	2.9689	4.0153	3.3885	3.8176
中国新闻网	3.7915	3.0970	4.6160	3.6648	3.7403
河南交通广播	3.9404	4.3406	3.9816	2.5571	3.7321
澎湃新闻	4.5275	3.2306	2.4376	2.8947	3.7185
环球时报	4.4741	2.7338	3.6675	2.7263	3.7146
封面新闻	4.2929	2.3081	4.4085	2.9150	3.6747
新京报	4.2035	2.9651	3.1402	2.5444	3.5203
凤凰周刊	3.9150	2.7183	3.6979	2.3326	3.3544
中央人民广播电台	4.0574	2.4781	3.1384	2.4572	3.3433
中国交通广播	3.7690	2.2566	4.0749	2.2806	3.2337
中国之声	3.9396	1.7718	2.8601	2.5813	3.1526
环球资讯	4.0364	1.5170	2.8457	2.4335	3.1243
凤凰网	4.2678	1.4046	2.0256	2.3699	3.1109

---

① 蒋晓丽、杨晓强:《从利益相关者理论看传媒的社会责任》,《西南民族大学学报》(人文社科版)2015年第12期。

续表

媒体微博名称	信息生产	价值引导	文化教育	协调沟通	总分
Vista看天下	4.0191	1.7481	2.4697	2.0395	3.0312
三联生活周刊	3.8584	1.7098	2.5901	2.1242	2.9754
南都周刊	3.9563	1.5460	1.9552	1.8969	2.8744

三 媒体微博各维度的责任评估

面对百年未有之大变局，时代赋予主流媒体微博的责任是多元而重大的。对主流媒体微博不同面向的责任履行情况进行对比分析发现，20个主流媒体微博对"信息生产""价值引导""文化教育""协调沟通"四类责任的重视程度和尽责水平并不一致，整体来看，"信息生产"优于"文化教育"，"文化教育"优于"协调沟通"，"协调沟通"优于"价值引导"。

（一）"信息生产"维度的责任评估

作为微博场域的专业信息供给机构，主流媒体微博不仅拥有职业化的新闻从业者，还拥有多年积累的媒体公信力[①]，发展至今一直能够较好地坚守作为专业媒体在"信息生产"方面的社会责任。20个主流媒体微博在"信息生产"责任维度的平均得分率为83.02%，且单个微博账号在"信息生产"方面的责任履行能力相差不大，得分率均超过75%。从"信息生产"指标下"信息质量"和"流程管理"的得分情况来看，20个主流媒体微博在"流程管理"方面的平均得分率高达96.21%，而"信息质量"指标的平均得分率为80.31%。由此可知，流程管理是保障媒体信息质量的必要手段，然而强制性的流程管理并不必然带来好的信息质量，专业媒体在"信

---

① 陈昌凤：《媒体微博：公共事件中的舆论引导者》，《新闻与写作》2013年第11期。

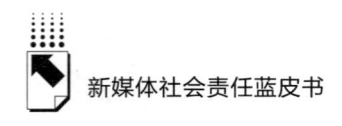

息生产"维度的责任坚守更多需要媒体从业者的内驱力。与他律相比，自律往往更为有效。

整体观照主流媒体微博2020年的行为表现，仍然存在不少老生常谈的问题。早在媒体微博发展早期，就有学者强调，媒体微博原创或转发的新闻也是新闻机构报道的有机构成，而查证与核实是新闻机构维护新闻真实性、实现报道客观公正、体现社会责任的规范化要求。① 媒体作为社会系统的风险感知机制，扮演社会系统风险感应和认知的"先知先觉"角色。② 面对社交媒体平台涌动的纷杂信息，民众对真实、权威信息有着强烈的需求，作为专业媒体机构的媒体微博应该具备及时核实的责任意识和自觉。然而2020年新冠肺炎疫情期间，部分媒体微博为了争夺话语权，忽视了新闻报道核实查证的基本规范，忘记履行坚守新闻真实性的社会责任，因把关不严、缺乏核实而成为谣言的"传声筒""扩音器"，甚至是"制造者"。如2020年1月26日青海卫视官方微博发布"央视新闻频道将播出由白岩松主持、钟南山院士讲解的《防范新型冠状病毒肺炎》专题节目"的虚假收视提醒，2月15日贵州综合广播官方微博发布"中国疾病预防控制中心主任高福涉嫌严重违纪违法"的虚假新闻，2月15日中国新闻网微博发布的"武汉雪地上写巨幅中国加油"的图片报道中出现了对真实图片进行虚假说明的严重失范行为。媒体微博在"真实"方面的责任缺失，一方面是因为部分媒体从业者在泛传播的当下面对残酷的竞争压力丢失了严谨、求真的专业态度，在微博内容产制过程中没有做到与制作电视节目、采写报纸新闻一样的严肃认真；另一方面则是网络空间盛行的媒体间议程设置助长了部分媒体微博从业者的惰性，为了追时效、不失声，部分媒体微博对来自同行发布的内容、权威信源的内容缺乏核实查证的意识，媒体间议程设置客观上造成了媒体行业信息传播的同质化现象。

---

① 李杰琼：《媒体微博报道业务性失实的成因与纠正》，《中国记者》2014年第11期。
② 张涛甫：《"信息疫情"考验新闻正义》，《新闻大学》2020年第10期。

（二）"价值引导"维度的责任评估

作为党和人民的耳目喉舌，新闻媒体应该注重自身在凝聚共识、增进发展合力方面的社会建设功能①，主动承担"价值引导"的责任。本文将"塑造共识"和"社会监督"作为考察主流媒体在微博场域履行"价值引导"责任的两个重要指标。从 20 个评估对象的得分情况来看，主流媒体微博在"价值引导"方面的责任履行能力有待提升，该项一级指标的平均得分率为 54.38%，仅有 7 家媒体微博在"价值引导"指标的得分率超过 60%。20 家主流媒体微博在"塑造共识"和"社会监督"两个维度的平均得分率分别为 54.49% 和 54.35%。分析单个微博账号在"价值引导"方面的得分情况发现，以@人民日报、@央视新闻为代表的中央级主流媒体微博在"价值引导"方面承担了较多的社会责任。一方面，中央级主流媒体微博在内容产制过程中大都将传播"主流价值"与"社会风尚"视为己任。尤其在新冠肺炎疫情这场突如其来的全球公共性危机事件突发后，面对社交媒体场域大规模的社会恐慌和信任危机，中央级主流媒体微博及时发布战疫工作的最新进展，权威解读党中央的工作部署，利用专家解读和现场报道对不实消息及时辟谣，表达官媒立场，促进多元主体相互理解。如@人民日报在 2020 年 1 月 23 日发布的微博讯息《不计生死！#武汉 7 名医生在请战书上按下红手印#》在凝聚社会共识、稳定人心方面发挥了重要作用。另一方面，中国媒体的舆论监督实践由来已久，中央级主流媒体微博在"国家治理"方面大都能较好地发挥监督作用，同时通过曝光"行为失范"发挥社会规范强制功能，并及时引导公众正确应对"社会风险"。如@人民日报 2020 年 2 月 1 日针对民众抢购双黄连口服液的热潮及时发布的《抑制并不等于预防和治疗！特别提醒：#请勿抢购自行服用双黄连口服液#》的微博讯息。

2020 年，尽管头部媒体微博在"价值引导"方面的责任履行情况较好，

---

① 唐绪军：《建设性新闻与新闻的建设性》，《新闻与传播研究》2019 年第 S1 期。

但细思主流媒体微博的整体表现，以下问题不容小觑：一方面，专业媒体的社会责任不应止步于"做与不做"，还应强调"是否有效"。实证评估结果显示，在微博场域海量信息的冲击下，除@人民日报、@央视新闻等少数几家主流媒体微博拥有强大的传播力、影响力、公信力和引导力外，大部分媒体微博以"主流价值"与"社会风尚"为主题的信息传播获得的点赞数、转发数和评论数并不理想，"价值引导"效果亟待提升。另一方面，社会监督过程中，多数媒体微博只呈现问题，却较少为民众提供解决问题的方案和策略，缺乏以问题为导向、以解决问题为出发点的建设性新闻理念。此外，少数媒体微博为了博眼球，存在以"社会监督"之名迎合网民猎奇心理的现象，呈现低俗化和浅薄化倾向。

（三）"文化教育"维度的责任评估

"文化传承"、"传播科教"和"提供娱乐"是社会责任评价体系中用来评估媒体微博在"文化教育"方面责任履行情况的三个指标。其中，"文化传承"指标主要考察主流媒体微博传播"传统文化"与"当代文化"的努力程度与实际效果，"传播科教"指标关注主流媒体微博在"教育传播"与"科技传播"两个方面的表现，而"提供娱乐"指标则考察主流媒体微博践行娱乐功能时的"内容丰富性"与"内容健康度"。评估结果显示，作为微博场域具有专业理念和文化自觉精神的专业媒体，主流媒体微博能够较好地履行"文化教育"的社会责任。20个主流媒体微博在"文化教育"维度的平均得分率为68.68%，仅次于"信息生产"。从具体得分情况来看，20个主流媒体微博在"提供娱乐"和"文化传承"方面的表现优于"传播科教"，3个二级指标得分率均值分别为66.93%、42.18%和21.06%。进一步分析20个媒体微博账号在三级指标的具体表现，结果显示，在@人民日报等头部媒体微博的"行为示范"下，多数主流媒体微博能够较好地利用文化尤其是传统文化的教化、规范和凝聚功能，利用图片、短视频等多媒体手段，用寓教于乐的方式履行文化传承的媒体责任，同时通过@其他媒体微博的方式产生协同传播效果，激发网民的情感认同，促进社会良性发展。

此外，媒体不仅有责任为公众提供准确的科学信息，还应该积极成为科学家与公众平等对话的桥梁和相互理解的协调者，促成科学传播的良性互动。① 对主流媒体微博的内容分析与参与观察结果显示，20 个媒体微博账号在日常的信息生产过程中能够保证一定数量的科技、教育类内容，但整体来看，传播行为多停留在简单的科学知识普及和科教新闻报道，缺乏帮助民众树立科学精神、进行科学价值引导以及组织民众参与科学议题讨论的媒体自觉。在"提供娱乐"方面，作为强调权威性与严肃性的专业媒体，主流媒体微博非常重视娱乐内容的丰富性和健康度。

（四）"协调沟通"维度的责任评估

媒体具有组织、协调和动员功能，能够作为社会网络中的"中间人"联结不同群体，为群体对话和公共协商创造条件。② 面对微博空间多元主体的话语竞争与圈层隔阂，"全面客观地了解不同利益群体关注的重点，凝聚最大公约数，弥合社会缝隙，发挥舆论稳压器、平衡器和压舱石的作用"③，是主流媒体微博无法推卸的责任。整体来看，主流媒体微博在"协调沟通"方面的责任履行情况欠佳。20 个评估对象在"协调沟通"一级指标的得分均值为 2.7257 分，平均得分率为 54.51%。其中，人民日报微博、中国新闻网微博和人民网微博在日常的信息生产与传播活动中发挥了较好的"协调沟通"作用，该项一级指标得分率超过 70%，分别为 83.55%、73.30% 和 71.68%，然而得分最低的媒体微博在该项一级指标的得分率仅有 37.94%。

对"协调沟通"下设的 2 个二级指标得分情况与具体表现做进一步分析发现，20 个主流媒体微博在"协调信息"和"沟通效能"的平均得分率差距较大，分别为 90.46% 和 36.87%。主流媒体微博有着较强的"协调沟通"的媒体自觉与责任意识，信息发布与话题组织中注重议题的公共性、

---

① 王大鹏：《科学传播的责任》，《民主与科学》2015 年第 4 期。
② 罗昕、蔡雨婷：《县级融媒体创新基层社会治理的模式构建》，《新闻与写作》2020 年第 3 期。
③ 阎晓明：《论主流媒体的社会责任》，《中国报业》2015 年第 13 期。

协调信息的丰富性以及阶层呈现的多样性,积极扮演着微博空间协商对话的组织者、参与者和实践者的角色。尤其在新冠肺炎疫情、特大洪灾等关涉民生的问题上,主流媒体微博能够通过持续发布政府工作进展、邀请专家权威解读等方式及时回应民众关切,同时通过发起话题、设置投票、互动提问等方式了解和反映社会舆情,呈现多元观点和态度,推动不同利益群体的协商和对话。然而,积极的协调组织并不必然带来理想的"沟通效能"。算法推荐、圈层传播、情绪分享正在成为社交媒体平台的显著特征。在此背景下,除少数几个头部媒体微博拥有较强的"四力"外,多数媒体微博的"协调信息"难以获得足够的公众参与度与认同度。以2020年的南方洪灾报道为例,检索20家主流媒体微博,无论是中央级媒体微博还是地方媒体微博,在防汛救灾报道和及时危机预警方面都未缺位,然而某些为了流量带节奏的自媒体却在社交媒体场域质疑"南方洪灾专业媒体失声"。这一案例一方面反映出社交媒体时代自媒体的责任缺失,另一方面也暴露出主流媒体在社交媒体场域传播效能的不足。

四 对策与展望

2020年,从主流媒体微博社会责任履行现状的实证评估结果来看,作为微博场域具有专业理念的媒体机构,主流媒体微博在传播活动中能够较好地履行社会责任,然而存在的问题也不容小觑:部分媒体微博新闻报道缺乏以问题为导向的建设性新闻理念,科学传播缺乏进行科学价值引导的媒体自觉,协调沟通与价值引导未能产生理想的传播效果,少数媒体微博因忽视核实查证成为虚假新闻的传播者和制造者。泛众化传播时代的社交媒体平台,新闻由对事实进行报道的职业化行为变成围绕事实的多元主体间协作与竞争的产物[1],新冠肺炎疫情的社会破坏力使不信任的"病毒"在社会流行蔓

---

[1] 蔡雯、凌昱:《从"新冠肺炎"热点传播看新闻边界的颠覆与重构》,《新闻与传播研究》2020年第7期。

延。面对新闻场域的多元话语竞争、圈层传播机制下的社群冲突、关系赋权下的非理性蔓延以及后疫情时代的信任丧失,作为微博场域专业的信息生产与新闻供给机构,主流媒体微博需要重新思考自身的功能价值与责任意涵,在社会治理进程中发挥更大的作用。

(一)热点议题的权威诠释者

在信息纷繁复杂的社交媒体场域,面对真假难辨的海量信息,人们对真实信息与权威解读有着强烈的渴望。正如张涛甫所言,"新闻最核心的价值始终在于它与公共文化之间的关系——它为那些与大多数人的生活息息相关的事务赋予意义,为复杂的世界的运转方式提供解释"。[1] 新闻事实有多种不同的面相,非专业媒体参与新闻生产的范围主要集中在那些表现为动态事件的事实表象,对于那些需要通过更深入的调查才能获取的新闻事实以及隐藏的事实,则需要具有专业知识和专业精神的新闻媒体的梳理和挖掘。作为微博场域的专业媒体,主流媒体微博有责任利用自身的专业资源优势,帮助民众明辨真相,成为公共事件和热点议题的权威诠释者。面对自媒体信息呈现的碎片化与个人化视角,主流媒体微博应该学会接受和适应移动社交和智能传播带来的生态改变,承认"新闻传播的自组织现象",在与自媒体等多元主体的互动中,积极跟进社会热点,通过系统而完整的专业报道和权威解读,揭示真相并促使问题的解决。

(二)信任重建的积极行动者

后疫情时代,"信任重建"成为社会治理的重要任务。[2] 作为社会治理的重要主体,"形成社会信任机制"是传媒以主体性角色参与多元治理的方向之一。在国家治理体系中,传媒可以发挥自身的公共性优势,通过对话和

---

[1] 张涛甫:《"信息疫情"考验新闻正义》,《新闻大学》2020年第10期。
[2] 喻国明:《重拾信任:后疫情时代传播治理的难点、构建与关键》,《新闻界》2020年第5期。

协商，整合多元立场，建立不同社会阶层之间的信任关系。① 主流媒体微博应该成为社会信任重建的积极行动者。当下的社交媒体场域，关系赋权成为信息传播与社会交往的关键机制，非逻辑非理性的关系认同和情感共振成为激活、聚拢和推动关系资源整合的力量，基于"关系渠道"的信息传播因有社会关系的背书而拥有相当的可信性。② 主流媒体微博应充分认识到"关系"在社交媒体时代的重要性，进一步拓展自身在社交媒体场域的关系网络，增加"关系渠道"的多样性，努力成为不同社群之间的"中间人"和连接者，通过线上、线下的活动组织为不同圈层的协商与沟通搭建桥梁，为信任重建创造条件。

（三）建设性新闻理念的实践先行者

随着社交媒体的快速发展以及泛众化传播时代的来临，秉持新闻的建设性理念参与社会治理成为现阶段主流媒体发挥其社会价值的关键所在。建设性新闻成为传统媒体在公共传播时代重塑社会角色的一种新闻理念。③ 戈尔登斯泰德在2016年提出了建设性新闻报道的六大要素，分别为方案性、面向未来、包容与多元、赋权于民、提供语境和协同创作。④ 作为最接近普通民众的媒体触角，主流媒体微博应该成为专业媒体践行建设性新闻理念的先行者。一方面，面对人们对美好生活的向往以及网络空间充斥的负面新闻，主流媒体微博应该以正面报道为主，通过积极健康的正向传播启迪人心，给人以向上的信念；另一方面，面对社会存在的问题，主流媒体微博应该以问题为导向，积极介入和参与社会问题的解决，挖掘事件背后的深层原因并提供充足的背景，揭露问题的同时提供解决问题的方案和策略，成为社会问题的积极参与者。

---

① 李良荣、方师师：《主体性：国家治理体系中的传媒新角色》，《现代传播（中国传媒大学学报）》2014年第9期。
② 喻国明：《重拾信任：后疫情时代传播治理的难点、构建与关键》，《新闻界》2020年第5期。
③ 唐绪军：《建设性新闻与新闻的建设性》，《新闻与传播研究》2019年第S1期。
④ 金苗：《建设性新闻：一个"伞式"理论的建设行动、哲学和价值》，《南京社会科学》2019年第10期。

参考文献

蔡雯、凌昱：《从"新冠肺炎"热点传播看新闻边界的颠覆与重构》，《新闻与传播研究》2020 年第 7 期。

罗昕、蔡雨婷：《县级融媒体创新基层社会治理的模式构建》，《新闻与写作》2020 年第 3 期。

喻国明：《重拾信任：后疫情时代传播治理的难点、构建与关键》，《新闻界》2020 年第 5 期。

钟瑛、芦何秋主编《中国新媒体社会责任研究报告（2019）》，社会科学文献出版社，2020。

B.5
县级融媒体中心在新冠肺炎疫情中的社会责任及评价[*]

黄丽娜　刘利芳　郭迪梦[**]

摘　要： 本文选取20个县级融媒体中心微信公众号作为研究对象，通过新媒体社会责任评价指标体系对县级融媒体中心在新冠肺炎疫情期间的社会责任履行状况进行评价。分析结果显示，浦东发布得分最高，北京海淀与香坊发布位居第二，得分最末三位为锦江发布、今日泖河与大成武昌。县级融媒体中心的政治属性使得各个微信公众号在真实与内容健康度指标上得分均为满分。控制侵权、行为失范与议题公共性指标得分差距较小，而全面、公众认同度与公众参与度指标得分差距较大。多个县级融媒体中心在内容生产上存在的原创性不足、与受众互动不足问题，导致原创、平台回复度得分为0。县级融媒体中心作为地区媒体的集大成者和新闻舆论工作的关键环节，更应做好原创内容生产，提供优质的区域性信息内容以满足本地区公众日常信息需求，同时提升用户互动水平，维系用户关系，以不断完善自身全面发展。

关键词： 县级融媒体中心　微信公众号　社会责任　新冠肺炎

---

[*] 本成果受中共湖北省委宣传部与华中科技大学部校共建新闻学院项目（项目编号：2020E02）经费支持；本文系湖北省教育厅人文社科青年项目"新媒体环境下的舆论场博弈与治理研究"（项目编号：16Q080）的研究成果。
[**] 黄丽娜，贵州民族大学传媒学院副教授，硕士生导师；刘利芳，华中科技大学新闻与信息传播学院博士研究生，长江大学新闻系教师；郭迪梦，贵州民族大学传媒学院硕士研究生。

县级融媒体中心是具有地域性优势，联系与服务基层群众并且作为现代传播体系基础环节的一种基层媒体形态。从2019年始，受中共中央宣传部委托，国家广播电视总局组织编制并审查发布了《县级融媒体中心省级技术平台规范要求》，中共中央宣传部和国家广播电视总局联合发布了《县级融媒体中心规范建设》。此后，全国各区县纷纷建立县级融媒体中心。两年来，县级融媒体中心建设持续、深入推进，并努力探索着切合自身实际的建设路径。作为县域空间大众传播资源的掌握者，它需要将县域内所有的媒体资源加以整合，指挥并调度新闻报道与舆情监管工作，促进党的新闻宣传工作在基层开展。

当前，全国各地县级融媒体中心已完成初步资源整合，正在探索中发展的县级融媒体中心如何实现习总书记提出的"更好引导群众、服务群众"的要求就成为进一步思考的问题。特别是突如其来的新冠肺炎疫情对县级融媒体中心而言，也可谓一场大检阅、大挑战。危机情境下，县级融媒体中心在"最后一公里"舆论引导主阵地建设中是否真正发挥了作用，是否促进了政府与基层群众之间的良性沟通，是否真正贯彻实现了习近平总书记提出的"引导群众、服务群众"的要求，这些问题都关乎县级融媒体中心能否持续和高质量发展，完成其历史使命。因此，本文旨在科学全面地衡量县级融媒体中心社会责任履行状况，通过实证考察来回答上述问题，进而为县级融媒体中心传播功能的发挥提出可供参考的策略。

一　研究设计

（一）平台选择：微信公众平台

一方面，微信公众平台作为县级融媒体中心发布信息的重要平台之一，县级融媒体中心较早地完成了微信公众号的建设。县级融媒体公众号是县级融媒体中心建设的代表性成果。在新冠肺炎疫情期间，县级融媒体中心又多在微信公众平台发布信息。另一方面，微信公众号对研究而言具有抽样与样本获取的便捷性与可行性。基于此，本研究选择以县级融媒体中心微信公众号作为研究平台来实现对县级融媒体中心社会责任情况的实证评价。

（二）样本选择：20个县级融媒体中心账号

1. 账号的选择

本文试图呈现县级融媒体中心在新冠肺炎疫情中的社会责任履责状况。通过对2020年新冠肺炎疫情发展情况进行梳理，分析得出2020年1月下旬至2月上旬为疫情高发期，且多个省市在2020年1月31日被确诊感染新冠肺炎人数达到峰值。故而本文以2020年1月31日累计确诊感染"新冠肺炎"的人数为依据，对全国31个省、自治区、直辖市进行从高到低排序，并兼顾华东、华南、华中、华北、西北、西南、东北地区，挑选出排名前16的省、直辖市。对挑选出的16个省、直辖市同样以2020年1月31日累计确诊感染新冠肺炎人数为依据，选出各省、直辖市当日累计确诊人数最多的区县，并以该县级融媒体中心为样本。湖北省是受新冠肺炎疫情影响最为严重的省份，故而在湖北省选出5个县级融媒体中心。

经由上述样本选取方法选取县级融媒体中心的过程中，部分县级融媒体中心所认证的微信公众号无2020年1月下旬至2月上旬的数据，故而替换为同一市的其他疫情较为严重区县的融媒体中心。

最终选取确定的20个县级融媒体中心公众号分别是：湖北省武汉市武昌区"大成武昌"、黄冈市蕲春县"蕲春网"、随州市曾都区"曾都发布"、孝感市孝南区"孝南融媒"、襄阳市襄城区"襄城新闻"，浙江省温州市乐清市"看乐清"，广东省深圳市南山区"创新南山"，河南省信阳市浉河区"今日浉河"，湖南省长沙市芙蓉区"芙蓉发布"，安徽省合肥市肥西县"肥西融媒"，江西省南昌市西湖区"南昌西湖发布"，重庆市万州区"平湖万州"，四川省成都市锦江区"锦江发布"，山东省济南市市中区"市中头条"，江苏省苏州市工业园区"苏州工业园区发布"，上海市浦东新区"浦东发布"，北京市海淀区"北京海淀"，福建省福州市福清区"壹福清"，陕西省西安市长安区"长安头条",黑龙江省哈尔滨市香坊区"香坊发布"。详情如表 1 所示。

表 1　县级融媒体中心公众号明细

序号	所属地区	微信公众号名称
1	湖北省武汉市武昌区	大成武昌
2	湖北省黄冈市蕲春县	蕲春网
3	湖北省随州市曾都区	曾都发布
4	湖北省孝感市孝南区	孝南融媒
5	湖北省襄阳市襄城区	襄城新闻
6	浙江省温州市乐清市	看乐清
7	广东省深圳市南山区	创新南山
8	河南省信阳市浉河区	今日浉河
9	湖南省长沙市芙蓉区	芙蓉发布
10	安徽省合肥市肥西县	肥西融媒
11	江西省南昌市西湖区	南昌西湖发布
12	重庆市万州区	平湖万州
13	四川省成都市锦江区	锦江发布
14	山东省济南市市中区	市中头条
15	江苏省苏州市工业园区	苏州工业园区发布
16	上海市浦东新区	浦东发布
17	北京市海淀区	北京海淀
18	福建省福州市福清区	壹福清
19	陕西省西安市长安区	长安头条
20	黑龙江省哈尔滨市香坊区	香坊发布

2. 样本取样方法说明

取样时间：2020 年 1 月 23 日至 2020 年 2 月 23 日。

取样方法：抓取样本县级融媒体中心微信公众号在取样时间内每天更新的内容，逐条统计并进行评价。

（三）社会责任评价指标体系的确定

根据新媒体社会责任指标体系的构建，综合县级融媒体中心社会责任评价的具体情况,本文从"信息生产""价值引导""文化教育""协调沟通"4个维度出发,以9个二级指标下的26个三级指标对县级融媒体中心微信公众号社会责任履行情况的现状进行评估。结合县级融媒体中心微信公众号的传播特性与数据易处理性,本研究的各项三级指标测量路径如表2所示。

表2 县级融媒体中心微信公众号社会责任评价三级指标测量路径

三级指标	主要测量路径	备注
真 实	真实样本占比	
权 威	权威信源占比	此处的权威信源指政治属性上的权威性,包括各国家级、省级、市级、县级媒体
时 效	发布时间与事件发生时间差不超过24小时占比	
全 面	内容、形式多样占比	内容多样:包含新冠肺炎疫情情况通报、国家及地方防疫现状、防疫科普、社会民生等;形式多样:包括图片、视频、音频或多种形式组合
深 度	专题类性质文章、深度报道、解释性报道等占比	
原 创	原创内容占比	以推文所标明"原创"为依据
客 观	报道内容观点客观占比	
把关信息	内容被审核占比	以推文文末是否标明审核单位、审核人员为依据
规范广告	不包含广告占比	此处广告分为四类:页底广告、页头广告、植入广告和独立广告
控制侵权	不存在版权侵权占比	以是否明确文章来源、有无编作者姓名为依据
主流价值	符合当下社会主义主旋律占比	
社会风尚	符合疫情期间社会风尚占比	以是否有关社会道德、疫情中的感人事迹、美人美事等为依据
国家治理	报道、转载、解释国家政策、法规、贪污腐败等内容占比	
社会风险	疫情紧急提醒、本地区(区县)疫情情况详细信息、周边地区(区县)疫情情况通报等信息占比	

续表

三级指标	主要测量路径	备注
行为失范	报道社会道德伦理失范等问题占比	
当代文化抗疫精神宣传	内容关于抗疫精神占比	此处的抗疫精神指激励抗疫的文章、歌曲等
教育传播	内容关于学生学习（幼、小、中、大）占比	
科技传播	关于新冠疫苗研究进展情况、新技术、防疫知识、辟谣、日常生活小知识等内容占比	
内容丰富性	内容关于旅游、美食、展览、电影等娱乐信息占比	
内容健康度	不涉及低俗、色情和暴力等不健康内容占比	
议题公共性	关于疫情信息、社会生活、政务等便民类信息内容占比	
身份多样性	报道内容涉及多个对象占比	
公众参与度	记录具体阅读量	
公众认同度	记录具体点赞数和"在看"数	
平台互动度	记录评论数量	
平台回复度	记录回复评论数量	

本文主要采用内容分析法，在具体的数据收集中，以2020年1月23日至2月23日20家县级融媒体中心微信公众号发布的所有推文（共计6928条信息）作为内容分析样本。样本数据的收集与整理由6名经过培训的人员参与完成。每项三级指标满分为5分，首先对逐条推文进行阅读并根据评价指标体系逐项进行评价，统计出每个公众号中符合该项指标的推文数量与总体推文数量的占比，再将其转换为满分5分制。对于指标"公众参与度""公众认同度""平台互动度""平台回复度"，则该项得分＝单项数据具体数值×5/该项指标最高数据具体数值；然后根据三级指标整体权重进行计算，得出各项三级指标得分。

二 研究发现

（一）总体评价

按照表2对20个县级融媒体中心微信公众号进行社会责任评估并算出

三级指标整体权重。对数据进行进一步处理，得到20个县级融媒体中心微信公众号的社会责任评价总分。如表3所示，浦东发布的总体得分最高，为3.936157分，北京海淀和香坊发布分别位居第二、三位，分别是3.463880分和3.457543分，得分最末三位为锦江发布、今日浉河和大成武昌，得分分别为2.769328分、2.693252分和2.672277分。

表3 县级融媒体中心微信公众号社会责任总体得分情况

公众号名称	信息生产	价值引导	文化教育	协调沟通	总分	排名
浦东发布	2.378000	0.407721	0.127435	1.023000	3.936157	1
北京海淀	2.363616	0.353833	0.136674	0.609757	3.463880	2
香坊发布	2.323537	0.499240	0.120175	0.514591	3.457543	3
壹福清	2.215333	0.466279	0.131227	0.543706	3.356546	4
蕲春网	2.202531	0.376970	0.212977	0.561899	3.354378	5
市中头条	2.346933	0.346381	0.107016	0.491240	3.291570	6
襄城新闻	2.300174	0.421762	0.102578	0.460744	3.285258	7
长安头条	2.227132	0.495516	0.225743	0.286541	3.234933	8
平湖万州	2.261388	0.250577	0.105495	0.538877	3.156337	9
芙蓉发布	2.181857	0.396547	0.223707	0.331272	3.133382	10
孝南融媒	2.269693	0.392225	0.117943	0.312422	3.092283	11
曾都发布	2.251818	0.247381	0.092698	0.416271	3.008168	12
南昌西湖发布	2.245352	0.238140	0.093560	0.393641	2.970692	13
苏州工业园区发布	2.365833	0.208026	0.073708	0.313683	2.961251	14
肥西融媒	2.235742	0.263395	0.101096	0.349281	2.949513	15
看乐清	2.110088	0.226311	0.124353	0.394817	2.855570	16
创新南山	2.205282	0.212732	0.096741	0.285437	2.800192	17
锦江发布	2.140078	0.242669	0.107714	0.278867	2.769328	18
今日浉河	2.107452	0.215429	0.093808	0.276563	2.693252	19
大成武昌	1.965898	0.260770	0.127102	0.318507	2.672277	20

为进一步了解这20个县级融媒体中心微信公众号在疫情期间的社会责任履职情况，本文统计了4个一级指标得分具体情况，包括它们在一级指标下的最大值、最小值、均值、标准差、得分率，并与其理想满分进行比较，其结果如表4所示。信息生产指标得分最大值为2.378000，最小值为1.965898，均值为2.234887，标准差为0.099880。价值引导指标得分最大值为0.499240，最小值为0.208026，均值为0.326095，标准差为0.097735。

文化教育最大值为 0.225743，最小值为 0.073708，均值为 0.126088，标准差为 0.042649。协调沟通指标下最大值为 1.023000，最小值为 0.276563，均值为 0.435056，标准差为 0.170901。

表4 县级融媒体中心微信公众号一级指标得分统计值

一级指标	理想满分	最大值	最小值	均值	标准差	得分率(%)
信息生产	2.507000	2.378000	1.965898	2.234887	0.099880	89.15
价值引导	0.879500	0.499240	0.208026	0.326095	0.097735	37.08
文化教育	0.588000	0.225743	0.073708	0.126088	0.042649	21.44
沟通协调	1.025500	1.023000	0.276563	0.435056	0.170901	42.42
总体得分	5			3.122125		

总体而言，这20个微信公众号在信息生产方面履职较好，在价值引导、文化教育、协调沟通三个方面则表现一般，且各公众号之间的发展差距较大。从得分率来看，信息生产得分率最高，为89.15%。这主要因为新冠肺炎疫情属于重大突发卫生公共事件，对内容生产要求较高，特别是对内容真实性、时效性等要求较高。得分率最低的是文化教育，为21.44%，这主要受疫情影响，公众关注点都在疫情发展情况，对文化教育信息需求的减少使得文化教育类报道也随之大幅度减少。价值引导与协调沟通得分率也较低，分别为37.08%、42.42%。

值得一提的是，在各三级指标中，有些县级融媒体中心公众号出现的0分现象，导致各公众号之间差距较大，且反映出各县级融媒体中心在这些指标所涉及的方面发展较差，对于这一问题，本文将在下文的评价分析中一一阐述。

（二）县级融媒体中心微信公众号"信息生产"评价分析

1. 信息生产：真实权威性强，原创深度不足

如表5所示，将20个县级融媒体中心以一级指标进行分类并求出其得分均值与满分进行比较，以"信息生产"下二级指标"信息质量"和"流程管理"进行分类比较得出，在"信息质量"中，各公众号之间得分差距

最小的是"真实"指标，基于所收集的数据均中无虚假信息，故而"真实"指标得分相同，标准差为0。

县级融媒体中心微信公众号所发布的内容多来自县级以上权威部门，故而"权威"指标总体得分次之于"真实"，标准差为0.012418，即各公众号间的权威建设差距较小。以公众号推文标注"原创"为依据对"原创"指标进行测量所得分数普遍较低，蕲春网、南昌西湖发布、平湖万州、锦江发布、市中头条、苏州工业园区发布、浦东发布、北京海淀和长安头条甚至出现0分现象。由各公众号中所统计出的专题类性质文章、深度报道、解释性报道占比数量差异较大，因而"深度"指标所显示各公众号间此类文章发布差异较大，标准差为0.070728。

表5　"信息质量"三级指标得分

公众号名称	真实	权威	时效	全面	深度	原创	客观
大成武昌	0.760000	0.216000	0.196000	0.048045	0.018756	0.031448	0.417500
蕲春网	0.760000	0.216000	0.196000	0.173528	0.014048	0.000000	0.417500
曾都发布	0.760000	0.198450	0.166192	0.154063	0.185358	0.030369	0.358354
孝南融媒	0.760000	0.216000	0.133517	0.171081	0.187235	0.000433	0.417500
襄城新闻	0.760000	0.216000	0.190037	0.174000	0.115853	0.000785	0.417500
看乐清	0.760000	0.216000	0.196000	0.037375	0.059834	0.014778	0.414511
创新南山	0.760000	0.216000	0.196000	0.016301	0.156057	0.017425	0.417500
今日浉河	0.760000	0.216000	0.196000	0.031305	0.077293	0.001619	0.400031
芙蓉发布	0.760000	0.216000	0.065333	0.154280	0.081683	0.061060	0.417500
肥西融媒	0.760000	0.216000	0.196000	0.139866	0.029763	0.050612	0.417500
南昌西湖发布	0.760000	0.216000	0.196000	0.174000	0.055852	0.000000	0.417500
平湖万州	0.760000	0.162258	0.184746	0.122383	0.188500	0.000000	0.417500
锦江发布	0.760000	0.199169	0.185818	0.149143	0.002448	0.000000	0.417500
市中头条	0.760000	0.216000	0.166444	0.174000	0.188500	0.000000	0.417500
苏州工业园区发布	0.760000	0.215143	0.193667	0.165024	0.188500	0.000000	0.417500
浦东发布	0.760000	0.216000	0.196000	0.174000	0.188500	0.000000	0.417500
北京海淀	0.760000	0.216000	0.192581	0.174000	0.178089	0.000000	0.417500
壹福清	0.760000	0.216000	0.163979	0.174000	0.188500	0.002040	0.416950
长安头条	0.760000	0.216000	0.045132	0.174000	0.188500	0.000000	0.417500
香坊发布	0.760000	0.216000	0.144242	0.174000	0.185236	0.000558	0.417500
均值	0.760000	0.211317	0.168615	0.142439	0.129460	0.009457	0.413281
标准差	0.000000	0.012418	0.042398	0.054203	0.070728	0.018031	0.013212

2. 流程管理：整体把关力度强，个别存在差异

如表6所示，在"流程管理"下属的3个三级指标中，数据显示各公众号在"规范广告"指标和"控制侵权"指标得分大多较高，且分值差距不大，标准差分别为0.004394、0.001907，即可看出除个别县级融媒体中心外，大部分县级融媒体中心都较注重广告规范与侵权控制建设。由于县级融媒体中心的政治属性，"把关信息"指标得分整体而言得分较高，但个别公众号，如大成武昌、壹福清得分较低，从而公众号在"把关信息"指标上的差距较大，标准差为0.041707。

表6 "流程管理"三级指标得分

公众号名称	流程管理		
	把关信息	规范广告	控制侵权
大成武昌	0.042649	0.080500	0.155000
蕲春网	0.190500	0.079955	0.155000
曾都发布	0.186531	0.065574	0.146927
孝南融媒	0.148948	0.080500	0.154480
襄城新闻	0.190500	0.080500	0.155000
看乐清	0.190500	0.066091	0.155000
创新南山	0.190500	0.080500	0.155000
今日浉河	0.189703	0.080500	0.155000
芙蓉发布	0.190500	0.080500	0.155000
肥西融媒	0.190500	0.080500	0.155000
南昌西湖发布	0.190500	0.080500	0.155000
平湖万州	0.190500	0.080500	0.155000
锦江发布	0.190500	0.080500	0.155000
市中头条	0.188988	0.080500	0.155000
苏州工业园区发布	0.190500	0.080500	0.155000
浦东发布	0.190500	0.080500	0.155000
北京海淀	0.189946	0.080500	0.155000
壹福清	0.062245	0.080500	0.151120
长安头条	0.190500	0.080500	0.155000
香坊发布	0.190500	0.080500	0.155000
均值	0.173422	0.078927	0.154344
标准差	0.041707	0.004394	0.001907

（三）县级融媒体中心微信公众号"价值引导"评价分析

1. 塑造共识：主流价值突出，社会风尚差距较大

研究发现，在二级指标"塑造共识"下（详细数据见表7），"主流价值"得分普遍较高，大多满分，且各公众号之间差距较小，标准差为0.015284。而"社会风尚"指标数据显示，该指标下整体得分较低，但公众号间的差距较大，标准差为0.047638。统计数据中疫情期间有关社会道德、疫情中的感人事迹、美人美事等数量较少，故而"社会风尚"指标得分普遍较低，且各公众号之间的差距较大，标准差为0.047638。二级指标"社会监督"下"国家治理"指标、"社会风险"指标各公众号间得分差距较大，标准差为分别0.045186、0.0553833。

表7 "价值引导"三级指标得分

公众号名称	塑造共识		社会监督		
	主流价值	社会风尚	国家治理	社会风险	行为失范
大成武昌	0.191000	0.041179	0.019063	0.009527	0.000000
蕲春网	0.191000	0.067534	0.059110	0.055011	0.004316
曾都发布	0.191000	0.041904	0.004503	0.009974	0.000000
孝南融媒	0.184591	0.133799	0.073193	0.000643	0.000000
襄城新闻	0.191000	0.094957	0.033879	0.099440	0.002485
看乐清	0.191000	0.019542	0.009848	0.001828	0.004093
创新南山	0.191000	0.013573	0.001284	0.005007	0.001868
今日浉河	0.183008	0.011172	0.018910	0.000801	0.001538
芙蓉发布	0.191000	0.089000	0.062880	0.044683	0.008983
肥西融媒	0.191000	0.035770	0.001880	0.032986	0.001758
南昌西湖发布	0.191000	0.032230	0.000000	0.013397	0.001512
平湖万州	0.191000	0.012775	0.002821	0.043981	0.000000
锦江发布	0.191000	0.018494	0.033175	0.000000	0.000000
市中头条	0.191000	0.080524	0.074857	0.000000	0.000000
苏州工业园区发布	0.191000	0.016246	0.000780	0.000000	0.000000
浦东发布	0.190705	0.021426	0.195590	0.000000	0.000000
北京海淀	0.187113	0.094174	0.072545	0.000000	0.000000
壹福清	0.190497	0.076453	0.058251	0.138011	0.003067
长安头条	0.120632	0.140526	0.050418	0.183941	0.000000
香坊发布	0.191000	0.178000	0.003403	0.126838	0.000000
均值	0.186292	0.062005	0.039859	0.039818	0.001559
标准差	0.015284	0.047638	0.045186	0.053833	0.002225

2. 社会监督：社会风险与行为失范监督力度欠缺

以疫情紧急提醒、本地区（区县）疫情情况详细信息、周边地区（区县）疫情情况通报等信息占比为"社会风险"指标判断标准，将所涉及地区设定在区县，而导致锦江发布、市中头条、苏州园区发布、浦东发布、北京海淀出现0分现象，非0分公众号所得分也较低。统计数据中关于社会道德失范现象报道较少，"行为失范"指标得分都偏低，甚至20家县级融媒体中心公众号中有11家得分为0。疫情期间对疫情信息的需求导致行为失范类报道数量减少，从而出现了大面积得分为0的现象。

（四）县级融媒体中心微信公众号"文化教育"评价分析

1. 文化传承：抗疫精神宣传力度不足

研究发现，表8中"当代文化抗疫精神宣传"指标得分普遍较低，均值为0.023289分，且各公众号之间的得分差距较大，标准差为0.035188。文化传承是大众传播的一个重要功能，疫情期间的文化宣传主要是对一些抗疫歌曲、抗疫感人事迹进行宣传。然而疫情期间各公众号大部分的版面都用在了疫情基本信息发布上，相应地便减少了文化宣传的发布量。

2. 传播科教：教育传播与科技传播弱化

二级指标"传播科教"下"教育传播"与"科技传播"得分都较低，但各公众号间的得分差距较小，标准差分别为0.021606、0.012717。"教育传播"指标下，公众号曾都发布、南昌西湖发布市中头条、苏州工业园区发布出现的得分为0的现象；在"科技传播"指标下，市中头条出现了0分现象。疫情期间，全国实行全民在家隔离，学校停课，信息源以及信息需求的减少，导致0分现象的存在。

此外，旅游等娱乐信息的缺失导致二级指标"提供娱乐"下"内容丰富性"指标中公众号得分较低，并且出现20家公众号中有7家公众号得分为0的情况。县级融媒体中心的权威度决定了其信息内容的健康度，所以"内容健康度"指标均为满分。

整体而言，"文化教育"指标所涉及的评价内容为文体娱乐新闻，由于疫情因素，对这类信息的需求量大大减少，再者这类新闻发布数量也被大幅度压缩，故而出现低分及 0 分现象。

表 8 "文化教育"三级指标得分

公众号名称	文化传承	传播科教		提供娱乐	
	当代文化抗疫精神宣传	教育传播	科技传播	内容丰富性	内容健康度
大成武昌	0.029930	0.000825	0.029250	0.000097	0.067000
蕲春网	0.127480	0.001946	0.015388	0.001163	0.067000
曾都发布	0.002667	0.000000	0.023031	0.000000	0.067000
孝南融媒	0.017181	0.000742	0.001349	0.031671	0.067000
襄城新闻	0.013241	0.001793	0.020385	0.000158	0.067000
看乐清	0.012831	0.003428	0.040536	0.000558	0.067000
创新南山	0.008087	0.002167	0.019487	0.000000	0.067000
今日浉河	0.009105	0.000462	0.017241	0.000000	0.067000
芙蓉发布	0.123733	0.003683	0.027470	0.001820	0.067000
肥西融媒	0.026335	0.001057	0.005770	0.000933	0.067000
南昌西湖发布	0.021597	0.000000	0.004963	0.000000	0.067000
平湖万州	0.003062	0.001586	0.033660	0.000187	0.067000
锦江发布	0.006649	0.001435	0.032630	0.000000	0.067000
市中头条	0.001016	0.000000	0.000000	0.039000	0.067000
苏州工业园区发布	0.001524	0.000000	0.005185	0.000000	0.067000
浦东发布	0.001778	0.018417	0.001241	0.039000	0.067000
北京海淀	0.003721	0.026661	0.000292	0.039000	0.067000
壹福清	0.029344	0.006115	0.028204	0.000565	0.067000
长安头条	0.012632	0.098141	0.012563	0.035408	0.067000
香坊发布	0.020502	0.000478	0.032195	0.000000	0.067000
均值	0.023289	0.008848	0.016926	0.009972	0.067000
标准差	0.035188	0.021606	0.012717	0.015858	0.000000

（五）县级融媒体中心微信公众号"协调沟通"评价分析

1. 协调信息：议题公共性强，身份多样性弱

如表 9 所示，"协调沟通"所涉及的 6 个三级指标中，除了"议题公共性"得分较高外，其他 5 个指标得分均偏低。融媒体的资源通融、内容通融使得其所发布的信息所涉及的议题多样，因而"议题公共性"指标得分

较高,且各个公众号间的差距也较小,标准差为 0.000136。在收集到的报道中,报道中涉及多个主体的报道相对较少,多数仅涉及一两个主体,以至于"身份多样性"指标得分普遍不高,且各公众号之间存在着差距,均值为 0.027533。

表9 "协调沟通"三级指标得分

公众号名称	协调信息		沟通效能			
	议题公共性	身份多样性	公众参与度	公众认同度	平台互动度	平台回复度
大成武昌	0.249877	0.013851	0.018050	0.022411	0.010217	0.004102
蕲春网	0.250500	0.004244	0.123789	0.079146	0.071719	0.032502
曾都发布	0.250500	0.047669	0.030969	0.032994	0.052247	0.001893
孝南融媒	0.250500	0.055178	0.002249	0.004444	0.000051	0.000000
襄城新闻	0.250500	0.068471	0.023284	0.016304	0.048858	0.053328
看乐清	0.250500	0.008305	0.047486	0.022259	0.043547	0.022720
创新南山	0.250500	0.003033	0.021422	0.008965	0.001517	0.000000
今日浉河	0.250500	0.003640	0.013828	0.008595	0.000000	0.000000
芙蓉发布	0.250500	0.077140	0.002168	0.001363	0.000101	0.000000
肥西融媒	0.250500	0.087000	0.004113	0.006353	0.001315	0.000000
南昌西湖发布	0.250500	0.085210	0.015003	0.042928	0.000000	0.000000
平湖万州	0.250500	0.051617	0.104290	0.041524	0.088106	0.002840
锦江发布	0.250500	0.022597	0.001860	0.002002	0.000961	0.000947
市中头条	0.250500	0.046262	0.086054	0.051729	0.055433	0.001262
苏州工业园区发布	0.250500	0.053512	0.005463	0.003033	0.000860	0.000316
浦东发布	0.250500	0.082972	0.229000	0.195028	0.162000	0.103500
北京海淀	0.250500	0.054375	0.110400	0.089803	0.102470	0.002209
壹福清	0.250500	0.043443	0.119912	0.068438	0.054472	0.006942
长安头条	0.250500	0.027474	0.002658	0.005201	0.000708	0.000000
香坊发布	0.250500	0.058377	0.007521	0.193692	0.004501	0.000000
均值	0.250500	0.046343	0.050077	0.045989	0.036256	0.012024
标准差	0.000136	0.027533	0.059454	0.056239	0.043817	0.025009

2. 沟通效能:整体得分低且差距较大

二级指标"沟通效能"所涉及的 4 个指标不仅得分低,而且各公众号间的差距较大,尤其以"公众参与度"与"公众认同度"较明显,标准差分别为0.059454和0.056239。三级指标"平台互动度"统计数据中今日浉河、南昌西湖发布推文评论数量为0,因而得分为0。收集数据中多个公众号出现平台0回复现象,使得多个公众号"平台回复度"指标出现0分现象,而且非0分公众号的得分也偏低。出现这些情况一是因为县级融媒体中心公众号的受众有限,二是由于县级融媒体平台缺少与受众间的互动。

三 结论与对策

本文通过应用新媒体社会责任评价指标体系对所选择的20个县级融媒体中心微信账号进行了实证评价。研究结果表明,县级融媒体中心微信公众号在新冠肺炎疫情期间承担了信息传播、服务群众的社会职责,各个账号在疫情期间均有信息更新并运营正常,但其社会责任履责状况具有差异性。

首先,就整体社会责任履行状况而言,浦东发布得分最高,北京海淀与香坊发布位居第二,得分最末三位为锦江发布、今日浉河与大成武昌。其次,在不同社会责任评价指标上,县级融媒体中心微信公众号履责状况存在差异。具体而言,在"信息生产"指标上,县级融媒体中心微信公众号真实权威性强,原创深度不足;流程管理方面,县级融媒体中心微信公众号整体把关力度强,但是个别存在差异。在"价值引导"指标上,由于县级融媒体中心本身属性,其传播主流价值的社会责任履责状况突出,但是在社会风尚方面不同账号之间差距较大,此外对社会风险与行为失范的监督力度比较欠缺。在"文化教育"指标上,新冠肺炎疫情期间,县级融媒体中心微信公众号抗疫精神宣传力度欠佳,教育传播与科技传播弱化。最后,在"协调沟通"指标上,协调信息方面,县级融媒体中心微信公众号报道议题的公共性强,主要与新冠肺炎这一突发公共卫生事件相关,但报道中所涉及的身份多样性弱;沟通效能方面,所有账号的整体得分低,同时不同账号之间的差距较大。基于此,本文思考了如何提升县级融媒体中心社会责任履责水平的路径。

（一）结合微信公众平台传播特点提升原创性

本文发现，文章中涉及的微信公众号所发布的推文大多是转载自其他媒体，在被研究的20家公众号中，有8家公众号"原创"指标为0分，非0分的公众号得分也较低。出现这一现象的原因，不能简单归咎于县级融媒体中心社会责任的缺失，更应从目前整个传播生态中进行分析。融媒体建设充分发挥传统媒体与新媒体的优势，将广播、电视、互联网进行整合，从而达到更好的传播效果。在充分利用媒体间合作互补的同时，也要注重自身的原创性建设，从而打造自身的特色，提高受众对平台的认可度。研究发现，县级融媒体中心公众号在"深度"指标上得分也不理想，由此可以结合原创与深度，打造带有自身特色的原创专题。

（二）细化社会风险报道范围满足受众日常需求

在本文中，基于新冠肺炎疫情的特殊情况，在考察社会风险时将社会风险指标所涉及范围控制在本区县内。研究结果显示有5家微信公众号"社会风险"指标得分为0，由此可看出在社会风险信息发布中，对本区县社会风险报道存在着不足。县级融媒体中心所涉及的受众多为本地区公众，因而对本地区社会风险信息有着极大的需求。一般报道新闻致力于消除受众的不确定性，社会风险信息关乎民众生活的日常生活，特别是在受疫情影响的情况下，足量的本地区社会风险信息不仅能让公众了解周边疫情情况，更能让公众在了解信息后做出反应，采取相应的应对措施。

（三）立足实际情况，对文化教育信息进行内容调整

本研究中一级指标文化教育下，教育传播与内容丰富性指标得分较低，且出现个别微信公众号得分为0的情况。赖特在关于大众传播的"四功能说"中提出大众传播有"提供娱乐"的功能，大众传播的一部分内容是为了满足人们的精神文化需求。对于新冠肺炎疫情这一突发卫生公共事件，我

国采取了全民隔离的措施。受疫情影响，学校不能开课，旅游娱乐场所也相应关闭，许多民众无法外出，纷纷选择在家自娱自乐，并将自己的娱乐方式通过网络进行分享。县级融媒体中心便可对民众分享的娱乐信息进行审核，然后将其发布，从而满足人们的精神文化需求。再者，对于无法上课的孩子，多地开启网络教学模式。各县级融媒体中心可根据本地教学实际情况，配合发布教育资讯，满足学生对教育信息的需求。

（四）积极与受众互动、完善内容生产

本研究发现，在"沟通效能"指标下所涉及的4个三级指标"公众参与度""公众认同度""平台互动度""平台回复度"得分偏低且多个公众号出现0分现象，这说明公众对平台的认同度不足且平台与受众互动明显不足。互动也是一种反馈，信息的反馈对信息的再生产产生着重要的作用，平台与受众间的互动能使媒体更了解受众的信息需求，针对受众需求，对信息的生产进行调整，从而更好地达到传播效果。再者，平台与受众的有效互动能增加受众与媒体间的亲密度，进而使受众对平台产生依赖性，提高平台公信力。因而平台要开放留言平台，提高与受众间的互动度，不断完善自身内容生产能力，以改善自身所面对的传播问题。

参考文献

黄丽娜、王忠艳：《商业门户网站社会责任及其评价》，载钟瑛主编《中国新媒体社会责任研究报告（2018）》，社会科学文献出版社，2019。

李亚玲：《中国传媒与政务类微信公众号社会责任及其评价》，载钟瑛主编《中国新媒体社会责任研究报告（2017）》，社会科学文献出版社，2017。

罗昕、蔡雨婷：《参与式治理视角下县级融媒体的角色定位与发展路径》，《新闻与写作》2021年第5期。

邵晓、常洁、周盼：《2018年中国综合类视频网站社会责任评价》，载钟瑛主编《中国新媒体社会责任研究报告（2018）》，社会科学文献出版社，2018。

王井、钱雅纯：《省级新闻网站新闻栏目社会责任履行情况实证分析》，载钟瑛、芦

何秋主编《中国新媒体社会责任研究报告（2019）》，社会科学文献出版社，2020。

叶明睿、吴昊：《重生之困：县级融媒体中心发展的逻辑断点、行动壁垒与再路径化》，《现代传播（中国传媒大学学报）》2021年第4期。

曾润喜、杨璨：《重建本地用户连接融入基层社会治理：县级融媒体发展路径研究》，《新闻与写作》2021年第5期。

钟瑛、邵晓：《技术、平台、政府：新媒体行业社会责任实践的多维考察》，《现代传播（中国传媒大学学报）》2020年第5期。

B.6
短视频平台社会责任的实证考察*

李佳 徐阳 刘煦雯**

摘　要： 随着移动互联网的发展与智能手机的普及，短视频作为一种全新的信息承载方式发展迅速。其传播速度之快、用户基数之多、题材内容之广泛等优势愈加明显，已成大众频繁使用的新媒介之一。本研究选取15家短视频平台，在14天监测周期内共抽取2100条短视频作为样本，参照短视频平台社会责任评价指标体系，从信息生产、价值引导、文化教育、协调沟通四个维度综合考评短视频平台社会责任的实际践履情况。结果显示，15家短视频平台社会责任的综合评分平均值为2.5842分，平均得分率为51.68%，表明目前我国短视频平台履行社会责任的整体水平仍有较大的提升空间。此外，短视频平台在不同的社会责任指标方面表现得也有显著差异。针对短视频平台社会责任履行整体表现不够突出，功能实现不够理想的发现结果。本文拟从政府、平台和用户三个维度提出短视频平台社会责任的提升策略。

关键词： 短视频　社会责任　传播管理

---

* 本文系国家社会科学基金一般项目"参与式文化背景下的网络视频社群研究"（项目编号：18BXW101）的阶段性成果。
** 李佳，华中科技大学新闻传播学博士研究生；徐阳，华中科技大学新闻传播学博士研究生；刘煦雯，华中科技大学新闻传播学硕士研究生。

2021年2月3日中国互联网络信息中心（CNNIC）在京发布的第47次《中国互联网络发展状况统计报告》表明，截至2020年12月，短视频用户规模为8.73亿，较2020年3月增长1亿，占网民总体的88.3%。① 短视频强有力的用户黏性与深厚的流量资源，带动了市场规模进一步扩大，使得触达用户从青少年向中老年群体扩散并带来用户规模不断扩大。尤其在2020年的新冠肺炎疫情期间，短视频推动的带货模式进一步催生其商业变现能力。短视频平台信息传播与消费的功能有目共睹，究其原因在于其涵盖的包括PGC、UGC、PUGC、OGC在内的四种内容生产模式，加上其场景化、碎片化、时尚化、强互动、高参与的媒介技术特点与用户的媒介消费习惯高度契合，在全民休闲文化平台的催生下成为成熟的信息传播方式。

短视频平台成为最受用户欢迎的新媒体类型之一，但在媒体社会责任履行层面也存在诸多不足，如泛娱乐化、虚假信息等问题层出不穷。短视频平台的社会责任传递着一种价值观念，这一价值观念涵盖传者与用户的生存、命运、发展、幸福等基本维度，囊括了该国家与民族所秉持的价值体系，嵌入了媒体在长期运营发展过程中形成的职业道德追求。一旦短视频平台轻视甚至无视社会责任的价值，以利益的驱动和自身的偏好进行短视频传播活动，就容易对用户造成负面影响，破坏原有的传媒生态。因此，短视频平台的发展要与社会责任的感召力、正确价值观的引导力和道德的约束力相勾连。基于短视频平台社会责任研究的必要性，本文采用量化方法进行考察，力图解析国内主要短视频平台社会责任的履行情况，并针对短视频平台存在的问题提出切实可行的治理建议。

一 文献综述

短视频平台研究涉及的角度较多，主题较为分散。但国内对短视频平台并

---

① 中国互联网络信息中心：《第47次〈中国互联网络发展状况统计报告〉》，http://www.cnnic.net.cn，最后检索日期：2021年2月3日。

没有统一的标准定义,而只有笼统的"短视频平台""短视频 App"等称谓。基于《中国新媒体社会责任研究报告(2019)》,短视频平台指呈现短视频内容、以移动端 App 为表现形式的载体。① 结合已有文献和本研究的研究范畴,本文进一步将短视频平台界定为:呈现视频内容体量短小、主题凝练、自带社交属性的移动社交载体,具有垂直化、多元化、娱乐化等属性。本研究在中国知网上以"短视频平台""短视频 App""社会责任"等为关键词进行检索,重点分析近几年的文献。

(一)短视频平台内容生产及其社会责任

部分学者的研究立足于如何将短视频的不良传播效果降到最低,围绕短视频内容生产的社会责任进行探讨。有学者将短视频的内容生产分为"再现"和"创作"两大类,可进一步细分为九种模式,且九种模式混合搭配是现有短视频的特征。② 作为一种新兴媒介,短视频的出现打破并瓦解了记忆生产的垄断性,短视频生产作为一种协作性生产已成为常态。打破时空限制、阶层限制、角度限制的协作性生产根植于日常生活,表现为短视频技术地位解构了权威的绝对性与唯一性,碎片化、小众化的记忆生产成为权威记忆的重要补充,并逐渐嵌入整个社会关系与社会结构当中。③ 然而,这种生产不可避免地存在一系列乱象,从宏观来看,时间限制与内容取舍是我国短视频仍需探索的议题——如何在相对短的时间内尽可能完整、有效地呈现信息,合理地进行内容的选择与取舍。此外,多数媒体机构尚未探索出适合短视频的内容分发模式,对社交平台、新闻聚合类平台的重视程度较低,未能根据不同平台的特色进行个性化生产。④ 具体来看,社会责任履行既要保持平台的开放性,又要维护内容的规范性,内

---

① 朱雪、饶思敏、周一诺:《短视频平台社会责任分析报告》,载钟瑛、芦何秋主编《中国新媒体社会责任研究报告(2019)》,社会科学文献出版社,2020。
② 高崇、杨伯溆:《微视频的内容生产模式解析——基于新浪微博官方短视频应用"秒拍"的研究》,《新闻界》2016 年第 23 期。
③ 夏德元、刘博:《"流动的现代性"与"液态的记忆"——短视频在新时代集体记忆建构中的特殊作用》,《当代传播》2020 年第 5 期。
④ 常江、王晓培:《短视频新闻生产:西方模式与本土经验》,《中国出版》2017 年第 16 期。

容层面需进一步克服真假难辨、同质化、泄露隐私、视听刺激、意义苍白等弊端。

(二)短视频平台商业营销及其社会责任

部分学者认为网络媒体的商业化营销是影响其社会责任履行的重要因素。与传统媒体营销不同的是,短视频平台商业营销的最突出特点在于病毒式营销和强社交营销。目前,短视频平台商业营销模式可分为三种,第一种是"1×N"模式,例如机构找名人明星进行合作,所传播的内容在明星的粉丝中扩散。第二种是"N×1"模式,即 N 个自媒体帮助原创。邀请一个短视频自媒体进行原创设计已不能满足品牌的需求,故品牌会邀请十几个甚至几十个平台同步创造。第三种是"N×N"模式,即前两种模式的结合,通过多个自媒体原创后,再调动更多自媒体去扩散这些优质内容。[①] 内容与社交牵手之后带来的引爆效应让平台与个体获得了实实在在的营销红利。短视频平台商业营销在发挥形象经济,提升品牌形象层面存在很强的战略优势。短视频商业营销是一把"双刃剑",一方面它坚定了产品发展的基础;另一方面也导致了产品低俗化等问题,为引起围观不惜采取多种方式,充满猎奇、炒作、媚俗的内容,社交捆绑严重,用户忠诚度有待提升,亟须规避平台运营过度商业化的严重趋势。[②] 商业性的增强,致使平台的功能性和责任性不断弱化,如何平衡商业营销与公益营销,强化媒体的核心价值导向成为新的研究议题。

(三)短视频平台用户使用及其社会责任

部分学者认为用户使用作为人际传播和大众传播的结合体,在短视频传播中引起了一系列正向和负向的效果。而平台社会责任的履行正是发扬正向效应和规避负向效应的方式之一。短视频平台社会责任的履行落脚于用户使

[①] 王竹君:《短视频时代的营销红利》,《国际公关》2017 年第 4 期。
[②] 吴丽娟:《新媒体时代短视频营销发展现状及应用探究》,《现代营销》2020 年第 1 期。

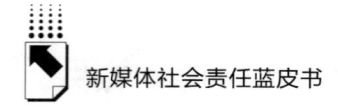

用层面，表现为如何确保健康娱乐。短视频作为一种媒介形式，在用户群体中形成了稳定的媒介依赖。①此外，短视频平台易出现信息壁垒，人们获得信息的维度将被限制在对媒介平台的依赖路径中。②青少年作为短视频平台最大的用户群体，成为诸多学者的研究对象。信息需求、娱乐需求、知识需求、表达需求、社交需求等是青少年成长中的正常需求，然而过度追求单一化娱乐心理需求、放大社交需求甚至从众心理需求来消费短视频，是值得警惕的。③为避免用户深度依赖，规避二次传播失真、传播偏差等问题，短视频平台亟须履行其社会责任。

综上，短视频平台的形态日新月异，行业探索稳步推进，更多的平台、企业、机构、群体、个体借助短视频平台提升了自身的传播力和影响力，导致近年来学界对短视频的相关研究呈直线增长态势。研究交织着喜忧参半的争议和探讨，关于短视频平台社会责任的研究较为稀疏，主要围绕内容生产、商业营销、受众使用等维度进行研究，讨论较为分散，视野不够全面，如缺乏一个统摄性视角进行整合研究；个案研究较多，平台横向对比研究较少。由于短视频平台自身的双重属性不断博弈，失衡问题时有发生，起源于企业社会责任的媒体社会责任逐渐进入主流话语体系，加持媒体良性发展的追求和传播价值的释放等媒介愿景，这些因素推动着媒体社会责任这一统摄性概念逐渐走向研究前台，媒体社会责任涵盖经济利益与社会功能、信息及时与信息真实、信息生产与信息互动、信息传播与用户体验等层面的协调与平衡，是媒体定位、功能、模式与理念的实践化。基于此，本文将立足媒体社会责任视角做出实证评价，并提出短视频平台社会责任的提升策略，以期为我国短视频平台的可持续发展提供有益参考。

---

① 林昱君：《媒介系统依赖下的短视频受众研究》，《编辑之友》2020年第7期。
② Rebecca M Chory, Sara Banfield, "Media Dependence and Relational Maintenance in Interpersonal Relationships", *Communication Reports*, 22 (2009), pp. 41–53.
③ 张开、孙维庆：《短视频文化与青少年受众成长的一些思考》，《青年记者》2019年第33期。

二 研究设计

（一）研究对象选取

根据易观千帆的短视频综合和聚合平台月指数（月度运营能力，2020年12月）排名如表1所示。

表1 各短视频平台月指数统计

单位：万

短视频平台	月指数	短视频平台	月指数
抖音短视频	61282.6	火火视频极速版	1289.1
快手	46977.9	多闪	1021.7
西瓜视频	15589.1	美拍	1432.8
抖音火山版（原火山视频）	13005.1	土豆	689.2
好看视频	8810.2	VUEVlog	276.5
微视	7665.4	快视频（奇虎）	385.7
秘乐短视频	1317.7	小影	281.4
全民小视频	1459.4	秒拍	298.9
波波视频	905.6	爱奇艺纳豆	252.3

根据艾媒咨询《2020－2021中国短视频头部市场竞争状况专题研究报告》中用户最常用短视频平台的排名，2020年受访用户最常使用短视频平台排名如表2所示。

表2 各短视频平台2020年度用户常用指数统计

单位：%

短视频平台	用户常用指数	短视频平台	用户常用指数
抖音	45.2	陌陌	1.8
快手	19.7	美拍	1.8
哔哩哔哩	13.0	抖音火山版（原火山视频）	1.6
西瓜视频	4.3	最右	1.3
微视	4.0	YY	1.3
好看视频	2.7	映刻	1.1
小咖秀	1.8	花椒	0.7

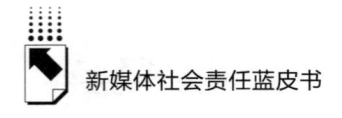

以上述榜单为参考，本研究拟选取可在苹果系统和安卓系统的应用商店中下载使用的抖音短视频、快手、西瓜视频、抖音火山版（原火山视频）、好看视频、微视、全民小视频、波波视频、火火视频极速版、多闪、美拍、VUEVlog、快视频（奇虎）、小影、秒拍和梨视频15个短视频平台作为研究对象。

（二）样本获取路径

本文以2021年1月20日至2月3日为监测周期，选择以上15家短视频平台每日首页随机推荐的10条短视频为样本。根据用户通勤及娱乐习惯，样本选择每日18:00～19:00为监测时间。每日共计150条短视频，14天监测周期共计2100条短视频。

短视频平台受算法推荐影响，采用已有账号进行监测会影响采样的随机性，因此本研究采取无账号监测短视频的途径来进行样本选择，在监测并录屏保存之后，参照已有的评价指标体系进行人工赋分。

（三）指标构造与测量

参照华中科技大学钟瑛教授团队构建的新媒体社会责任评价指标体系，并结合短视频平台特征，本文将依据4个一级指标、9个二级指标和27个三级指标共同组成的短视频平台社会责任评价指标体系，从信息生产、价值引导、文化教育、协调沟通4个维度综合考评短视频平台社会责任的实际践履情况（见表3）。

正式监测前，完成制定编码方案和培训编码员的任务，并进行2天的编码前测。通过SPSS软件进行编码员信度计算，信度为96.31%，说明编码可靠。经过14天正式监测后收集完成三级指标数据，本文以各三级指标中的最大值为参照基准，赋分为5，通过比例折算对其他短视频平台三级指标赋分，此后再依据指标权重分别计算出每个短视频平台的二级指标得分和一级指标得分以及新媒体社会责任综合评价得分。

表3 短视频平台社会责任评分依据

三级指标	实现路径
真　实	样本的真实性比例
权　威	样本的权威性比例
时　效	涉及重大、突发事件的样本比例
全　面	信息来源的多样化程度
深　度	反映重大社会问题和新闻事件的样本比例
原　创	平台原创短视频（包括平台用户和平台官方账号创造内容）比例
客　观	短视频交代消息来源的比例
把关信息	信息审核把关情况
规范广告	不包含广告推广的样本比例
控制侵权	不包含侵权样本比例
主流价值	样本树立主流价值观比例
社会风尚	样本倡导社会风尚的比例
国家治理	样本对国家治理方面（国家层面）进行监督所占的比例
社会风险	样本对社会风险方面（社会层面）进行监督所占的比例
行为失范	样本对个人层面行为失范进行监督所占的比例
传统文化	样本对传统文化进行推广所占的比例
当代文化	样本对当代文化进行宣传所占的比例
教育传播	样本在教育传播方面所占的比例
科技传播	样本在科技传播方面所占的比例
内容丰富性	娱乐信息样本所占的比例
内容健康度	样本中非低俗视频、图像、文字等信息的比例
议题公共性	样本中公共议题所占的比例
身份多样性	样本中社会阶层多样性比例
公众参与度	样本中用户转发数
公众认同度	样本中用户点赞支持数
平台互动度	样本中平台激发公众评论数
平台回复度	样本中平台对用户评论的回复数量

三　研究发现

（一）短视频平台社会责任总体评价

2020年短视频平台社会责任的整体评分如下表所示。根据15家短视频平台社会责任的综合评分，得分平均值为2.5842分，平均得分率（得分/满分5

分）为51.68%，表明目前我国短视频平台履行社会责任的整体水平仍有较大的提升空间。由表4可以看出，15家短视频平台社会责任的整体评分呈现阶梯状分布，其中，梨视频、抖音、快手的社会责任得分位列前三名，梨视频以4.4356分排名第一，快视频（奇虎）得分较低，排名第十五。

此外，短视频平台社会责任的一级指标得分也有差异。在信息生产社会责任方面，梨视频履行情况最好，其次是抖音、抖音火山版；在价值引导方面，梨视频履行情况最好，其次是抖音、快手；在文化教育方面，梨视频表现最好，其次是秒拍、抖音；在沟通协调方面，快手表现最好，其次是抖音、抖音火山版。

对比2019年短视频平台的社会责任履行情况，2020年整体评分普遍有所提升（见表5）。这与视听管理机构在2019年、2020年不断加强短视频平台管理规范密切相关，内容质量、审核水平、技术管控等层面均有显著提升。

表4 短视频平台社会责任整体评分

单位：分

短视频平台	信息生产	价值引导	文化教育	沟通协调	社会责任总分	排名
梨视频	2.4819	0.8624	0.4538	0.6375	4.4356	1
抖音	2.3528	0.5921	0.4107	0.7055	4.0611	2
快手	1.9268	0.6714	0.4106	0.8388	3.8475	3
抖音火山版	2.2856	0.5049	0.3826	0.6500	3.8231	4
秒拍	1.7860	0.3528	0.4303	0.4139	2.9831	5
微视	1.6877	0.3091	0.2117	0.5330	2.7416	6
西瓜视频	1.7773	0.0908	0.2300	0.4596	2.5577	7
火火视频极速版	1.4247	0.1653	0.2361	0.4836	2.3098	8
美拍	1.2877	0.2126	0.3339	0.3553	2.1895	9
VUEVlog	1.2983	0.1133	0.3475	0.2045	1.9636	10
全民小视频	1.3196	0.2212	0.0790	0.3119	1.9317	11
小影	1.1173	0.1600	0.1689	0.3075	1.7537	12
好看视频	1.3883	0.0521	0.0438	0.2096	1.6937	13
波波视频	0.7449	0.0506	0.2708	0.2404	1.3066	14
快视频（奇虎）	0.7670	0.0502	0.1095	0.2386	1.1653	15

表5　2019~2020年短视频平台社会责任整体评分对比

单位：分，%

短视频平台	2019年		2020年评分	
	得分	得分率	得分	得分率
梨视频	3.100	62.00	4.4356	88.71
抖音	2.4835	49.67	4.0611	81.22
快手	2.5796	51.59	3.8475	76.95
抖音火山版(火山小视频)	2.4389	48.78	3.8231	76.46
秒拍	2.1847	43.69	2.9831	59.66
微视	2.1496	42.99	2.7416	54.83
西瓜视频	2.3035	44.80	2.5577	51.15
火火视频极速版	—	—	2.3098	46.20
美拍	2.1781	43.56	2.1895	43.79
VUEVlog	—	—	1.9636	39.27
全民小视频	1.5921	31.84	1.9317	38.63
小影	1.8391	36.78	1.7537	35.07
好看视频	1.7572	35.14	1.6937	33.87
波波视频	0.9884	19.77	1.3066	26.13
快视频(奇虎)	—	—	1.1653	23.31

注："—"为数据缺失，由于短视频平台更新换代较快，一些2019年可以使用的平台2020年已经下架，或一些为2020年上架的新平台，2019年并未被广泛使用。

对15家平台进行的一级指标进行均值计算分析（见表6），可以看出信息生产维度的平均得分率较高，一定程度反映出短视频平台的媒体属性高于社交属性；价值引导、文化教育、协调沟通功能的得分率均低于50%，其中，价值引导的平均得分率最低（33.40%），表明短视频平台社会责任履行整体表现不够突出，功能实现不够理想。

表6　各平台一级指标均值及得分率情况

单位：分，%

一级指标	最大值	最小值	平均值	得分率
信息生产	2.4819	0.7449	1.5764	62.88
价值引导	0.8624	0.0502	0.2939	33.40
文化教育	0.4538	0.079	0.2746	45.92
协调沟通	0.8388	0.2045	0.4393	42.90

（二）信息生产：各平台责任履行两极分化，流程管理高于信息质量水平

在短视频平台信息生产方面，15家平台的平均得分为1.5764分，标准差为0.5156，说明各平台的信息生产履行情况存在较大差异。如表7所示，信息生产总分排名第一的梨视频得分2.4819分，波波视频得分最低为0.7449分，两者分差为1.7370分。梨视频在内容生产层面，采取四审制，资深媒体人的把关审核更是独树一帜，从选题到剪辑层层把关，将深刻的内容以轻解读的方式呈现，确保了信息生产的优质性。

对信息生产两个二级指标"信息质量（B1）"和"流程控制（B2）"进行分析发现，信息质量方面，各平台平均得分率为58.99%，低于流程控制平均得分率83.83%。具体分析各短视频平台，在信息质量方面各平台得分呈现较大差异。其中有6家平台信息质量的得分超过15家平台的平均值，标准差0.4656也证明各平台在信息质量方面存在差距。得分第一名的梨视频超过第十五名波波视频233.19%。

表7 各平台信息生产二级指标评分

单位：分

短视频平台	信息质量 B1	流程控制 B2	信息生产总分	排名
梨视频	2.0607	0.4212	2.4819	1
抖音	1.9394	0.4133	2.3528	2
抖音火山版（火山小视频）	1.8771	0.4085	2.2856	3
快手	1.5107	0.4161	1.9268	4
秒拍	1.4233	0.3628	1.7860	5
西瓜视频	1.3999	0.3774	1.7773	6
微视	1.3031	0.3846	1.6877	7
火火视频极速版	1.0766	0.3481	1.4247	8
好看视频	1.0444	0.3439	1.3883	9
全民小视频	0.9582	0.3614	1.3196	10
VUEVlog	0.9151	0.3832	1.2983	11
美拍	0.9174	0.3704	1.2877	12

续表

短视频平台	信息质量 B1	流程控制 B2	信息生产总分	排名
小影	0.7823	0.3350	1.1173	13
快视频(奇虎)	0.4662	0.3008	0.7670	14
波波视频	0.6153	0.1296	0.7449	15
平均值	1.2193	0.3571	1.5764	—
中位值	1.0766	0.3704	1.4247	—
标准差	0.4656	0.0689	0.5156	—

信息质量下的三级指标包括"真实 C1"、"权威 C2"、"时效 C3"、"全面 C4"、"深度 C5"、"原创 C6"和"客观 C7"七个考察指标。对15家短视频平台信息质量的三级指标得分率情况进行分析发现（见表8），各平台在"真实 C1""原创 C6"方面的平均得分最高，超过80%，说明各短视频平台更加注重控制内容真实，内容生产的原创性更强。但"权威 C2""深度 C5"的得分率较低，表明短视频平台的权威性与内容深度性仍有较大的提升空间，这与短视频平台自身的定位与属性有一定程度的相关性。

表8 各平台"信息质量"三级指标得分率情况

单位：%

短视频平台	真实 C1	权威 C2	时效 C3	全面 C4	深度 C5	原创 C6	客观 C7
梨视频	100	55.61	75.41	97.21	58.86	96.71	94.68
抖音	94.29	53.86	83.57	97.86	32.86	94.29	93.57
快手	90.71	35.71	11.43	57.14	11.43	92.86	89.29
抖音火山版	93.24	50.86	80.57	88.21	30.63	93.58	91.21
秒拍	89.29	6.63	60.81	55.14	15.71	77.81	73.51
微视	90	7.86	40.71	57.86	27.14	85.71	42.86
西瓜视频	88.57	7.51	64.57	67.23	16.56	93.43	56.45
火火视频极速版	87.86	0.71	20.71	31.43	5.71	77.86	40.71
美拍	92.14	0	25	28.57	0	80.71	0
VUEVlog	100	0	0	12.21	0	100	0
全民小视频	87.14	4.28	30.71	34	6.43	82.86	3.57
小影	72.86	0	23.57	32.14	0	80	2.14
好看视频	83.57	9.29	55	67.86	3.57	79.28	1.43
波波视频	58.62	0	4.29	32.21	18.53	32.29	0
快视频(奇虎)	35.31	4.21	5.21	27.51	2.29	84.71	0
平均值	84.24	15.77	38.77	52.44	15.31	83.47	39.29

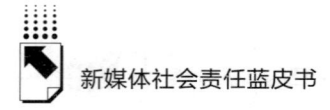

流程控制下的三级指标包括"把关信息C8""规范广告C9""控制侵权C10"三个维度。由表9可知，15家短视频平台流程控制平均得分率为82.83%，三级指标的三个维度平均得分率接近80%，表明各平台在流程控制方面表现良好。而具体到各平台，波波视频与快视频（奇虎）两家平台在流程控制方面得分较低，说明大部分短视频平台能够较好地履行流程控制方面的社会责任职能，少数平台仍需加强流程控制。部分平台存在随意插入广告的现象，或是定时不间断推送广告视频，少数平台在发布该类视频时会打上"广告"一类的标签。

表9 各平台"流程控制"三级指标得分率情况

单位：%

短视频平台	把关信息C8	规范广告C9	控制侵权C10
梨视频	98.23	87.29	90
抖音	97.86	89.29	85.71
快手	96.43	82.14	92.86
抖音火山版	97.86	86.57	84.29
秒拍	76.71	89.26	80
微视	92.86	72.14	83.57
西瓜视频	90.73	85.41	74.57
火火视频极速版	73.57	85	77.14
美拍	70.71	73.57	100
VUEVlog	82.63	88.92	85.56
全民小视频	91.43	69.29	72.86
小影	77.14	80	67.86
好看视频	71.43	85	77.14
波波视频	0	58.61	46
快视频（奇虎）	50	78	80
平均值	77.84	80.70	79.84

（三）价值引导：各平台得分整体水平较低，社会监督职能有待加强

本文从"塑造共识B4""社会监督B5"两个方面对短视频平台在"价

值引导"维度的社会责任履行情况进行评估（见表10）。其中，一级指标的平均得分为0.2939分，得分率仅为33.40%，说明短视频平台的价值引导职能实现不够理想。对比塑造共识和社会监督两个二级指标的得分情况发现，短视频平台的塑造共识功能实现略高于社会监督功能，但从平均得分来看，仍可进一步提升。其中，梨视频追求"即拍即传"的新闻现场，新闻现场往往关乎国家治理、社会风险、行为失范等议题，故得分较高。其他平台大多聚集于视频剪辑美化与特效方面的功能，无形中引导用户在使用中偏向传播娱乐化主题的素材，对于社会监督方面的内容关涉较少。

表10　各平台价值引导二级指标评分

单位：分

短视频平台	塑造共识 B3	社会监督 B4	价值引导总分	排名
梨视频	0.3690	0.4934	0.8624	1
快手	0.2638	0.4076	0.6714	2
抖音	0.2832	0.3089	0.5921	3
抖音火山版（火山小视频）	0.2728	0.2321	0.5049	4
秒拍	0.1251	0.2278	0.3528	5
微视	0.2441	0.0650	0.3091	6
全民小视频	0.1884	0.0328	0.2212	7
美拍	0.2126	0.0000	0.2126	8
火火视频极速版	0.1334	0.0319	0.1653	9
小影	0.1600	0.0000	0.1600	10
VUEVlog	0.1133	0.0000	0.1133	11
西瓜视频	0.0670	0.0238	0.0908	12
好看视频	0.0521	0.0000	0.0521	13
波波视频	0.415	0.0090	0.0506	14
快视频（奇虎）	0.0502	0.0000	0.0502	15
平均值	0.1967	0.1222	0.2939	—
中位值	0.1884	0.0319	0.2126	—
标准差	0.1078	0.1621	0.2450	—

进一步对短视频平台价值引导的三级指标得分分析，结果显示（见表11），在塑造共识方面，15家短视频平台的平均得分率为53.31%，细分到三

级指标,在"主流价值C11"和"社会风尚C12"维度,各平台的情况差异较大,但平均得分均不超过20%,整体处于较低水平。在社会监督方面,15家平台的平均得分率为23.94%,其中5家平台这一维度的得分为0,细分到三级指标时发现,"国家治理C13"、"社会风险C14"和"行为失范C15"三个维度的平均得分率均不超过5%。

表11 各平台"价值引导"三级指标得分率情况

单位:%

短视频平台	塑造共识		社会监督		
	主流价值C11	社会风尚C12	国家治理C13	社会风险C14	行为失范C15
梨视频	42.14	38.83	8.57	15.61	8.21
抖音	31.43	30.71	5	10.71	5
快手	28.57	29.29	5.71	17.14	5.71
抖音火山版	30.14	29.71	3.08	9.31	3.85
秒拍	13.29	14.14	4.25	6.71	3.71
微视	28.57	25	2.14	1.43	0
西瓜视频	8.57	6.14	1.04	0	0
火火视频极速版	15.71	13.57	0	0	2.14
美拍	4.28	42.14	0	0	0
VUEVlog	13.21	11.65	0	0	0
全民小视频	29.29	12.14	1.43	0	0
小影	7.86	27.14	0	0	0
好看视频	6.43	5	0	0	0
波波视频	5.71	3.41	0	0.81	0
快视频(奇虎)	5	6	0	0	0
平均值	18.01	19.66	2.08	4.11	1.91

(四)文化教育:各平台娱乐功能发挥稳定,文化传承与传播科教功能尚待提升

本文将文化教育细分为"文化传承(B5)""传播科教(B6)""提供娱乐(B7)"三个方面(见表12)。从一级指标文化教育总分来看,15家短视频平台的平均分为0.2746分,平均得分率为45.92%,说明短视频平台的文化教育功能发挥不够理想。文化教育评分排名第一的梨视频与最后一名好看视频的得分相差0.41分。在二级指标中，短视频平台在"提供娱乐"方面表现最好，得分率为73.11%，其次是"文化传承"，得分率为42.88%，表现最差的是"传播科教"，得分率为37.11%。

表12 各平台文化教育二级指标评分

单位：分

短视频平台	文化传承 B5	传播科教 B6	提供娱乐 B7	文化教育总分	排名
梨视频	0.1689	0.1825	0.1023	0.4538	1
秒拍	0.2231	0.1345	0.0727	0.4303	2
抖音	0.1478	0.1608	0.1022	0.4107	3
快手	0.1679	0.1470	0.0956	0.4106	4
抖音火山版（火山小视频）	0.1471	0.1362	0.0992	0.3826	5
VUEVlog	0.1745	0.0872	0.0859	0.3475	6
美拍	0.2555	0.0174	0.0061	0.3339	7
波波视频	0.1346	0.1047	0.0338	0.2708	8
火火视频极速版	0.1318	0.0200	0.0843	0.2361	9
西瓜视频	0.0700	0.0687	0.0914	0.2300	10
微视	0.0479	0.0728	0.0910	0.2117	11
小影	0.0400	0.0640	0.0649	0.1689	12
快视频（奇虎）	0.0338	0.0000	0.0757	0.1095	13
全民小视频	0.0000	0.0000	0.0790	0.0790	14
好看视频	0.0000	0.0000	0.0790	0.0438	15
平均值	0.1162	0.0797	0.0775	0.2746	—
中位值	0.1346	0.0728	0.0843	0.2708	—
标准差	0.0769	0.0608	0.0254	0.1294	—

进一步对3个二级指标下的6个三级指标得分情况进行分析，发现在文化传承方面（见表13），各短视频平台在传播传统文化和当代文化维度整体得分率较低，几家头部平台的得分率也低于15%，由此可见短视频平台在文化传承方面表现较差。在传播科教方面，教育传播得分率稍高于科技传播，分别是5.22%、2.69%。在提供娱乐方面，15家短视频平台内容丰富度和内容健康度的平均得分率分别为66.09%和74.14%，反映出短视频平

台以生产分发娱乐信息为主，同时保证了内容的健康度。但具体到各个平台可以看出，有少数几家综合评分较低的平台在内容健康度方面得分率较低，如波波视频和好看视频，内容健康度的得分率分别为25.43%和32.14%，说明短视频行业中内容信息不健康的问题依然存在。

表13 各平台"文化教育"三级指标得分率情况

单位：%

短视频平台	文化传承		传播科教		提供娱乐	
	传统文化 C16	当代文化 C17	教育传播 C18	科技传播 C19	内容丰富度 C20	内容健康度 C21
梨视频	5.12	2.31	13.41	5.21	85.43	98
抖音	3.57	4.29	13.57	3.57	93.57	92.86
快手	1.43	11.42	5.71	7.14	94.29	82.86
抖音火山版	3.57	4.23	10.56	3.57	91.56	89.73
秒拍	3.92	10.14	9.24	4.21	54.14	73.57
微视	1.43	0.71	4	2.86	73.57	88.57
西瓜视频	1.71	1.98	6.86	0.91	75.29	88.14
火火视频极速版	2.14	6.43	0	1.42	85.71	71.43
美拍	7.14	5	2.14	0	27.14	72.86
VUEVlog	4.96	3.21	3.29	4.29	56.21	91.57
全民小视频	0	0	0	0	69.29	73.57
小影	0	3.57	7.86	0	29.29	77.14
好看视频	0	0	0	0.71	28.57	32.14
波波视频	4.82	0	1.61	6.51	33.86	25.43
快视频（奇虎）	1.21	0	0	0	93.43	54.26
平均值	2.73	3.55	5.22	2.69	66.09	74.14

（五）协调沟通：各平台责任履行水平不高，议题公共性与平台互动率较低

本文从"协调沟通（B8）""沟通效能（B9）"两个维度对短视频平台在"协调沟通"维度的社会责任履行情况进行评分。从一级指标的评估来看，15家短视频平台的平均得分为0.4393分，平均得分率为42.90%，平台整体得分

不高（见表 14）。在协调信息方面，15 家平台的平均得分为 0.1151 分，得分率为 34.10%；沟通效能的平均得分为 0.3242 分，得分率为 47.12%，略高于协调信息，表明短视频平台沟通互动功能实现稍好于协调信息。

表 14　各平台协调沟通二级指标评分

单位：分

短视频平台	协调信息 B8	沟通效能 B9	协调沟通总分	排名
快手	0.1527	0.6862	0.8388	1
抖音	0.1849	0.5206	0.7055	2
抖音火山版（火山小视频）	0.1734	0.4767	0.6500	3
梨视频	0.3348	0.3027	0.6375	4
微视	0.1075	0.4255	0.5330	5
火火视频极速版	0.1974	0.2863	0.4836	6
西瓜视频	0.0890	0.3706	0.4596	7
秒拍	0.1750	0.2388	0.4139	8
美拍	0.0486	0.3067	0.3553	9
全民小视频	0.0723	0.2397	0.3119	10
小影	0.0442	0.2633	0.3075	11
波波视频	0.0700	0.1703	0.2404	12
快视频（奇虎）	0.0500	0.1886	0.2386	13
好看视频	0.0274	0.1821	0.2096	14
VUEVlog	0.0000	0.2045	0.2045	15
平均值	0.1151	0.3242	0.4393	—
中位值	0.0890	0.2863	0.4139	—
标准差	0.0847	0.1419	0.1922	—

进一步分析二级指标下的三级指标，协调信息分为"议题公共性 C22""身份多样性 C23"两个维度。从表 15 可以看出，各平台在身份多样性维度的得分率高于议题公共性，表明短视频平台由于用户身份较为多样，其内容涵盖的身份多样性较高，但涉及公众议题的内容信息较少。沟通效能分为"公共参与度 C24""公共认同度 C25""平台互动度 C26""平台回复度 C27"四个维度，从平均得分率可以看出，公共参与度（58.10%）与公共认同度（60.66%）的得分率高于平台互动度（2.29%）和平台回复度

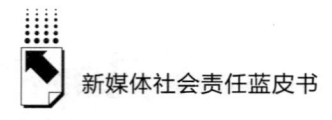

（0.11%）。结果反映出短视频平台注重培养与提高公众的参与度与认同度，但与用户的互动性较弱。

表15 各平台"文化教育"三级指标得分率情况

单位：%

短视频平台	协调信息		沟通效能			
	议题公共性 C22	身份多样性 C23	公共参与度 C24	公共认同度 C25	平台互动度 C26	平台回复度 C27
梨视频	58.51	90	58	69.31	0	0
抖音	22.86	92.86	89.29	85.71	7.14	0
快手	16.43	87.86	88.57	87.14	11.42	1.43
抖音火山版	20.75	90.21	85.21	83.41	5.14	0
秒拍	34.57	28.86	34.41	67.81	0	0
微视	7.14	82.14	51.43	72.86	9.29	0
西瓜视频	5.43	70.14	87.86	65.43	0	0
火火视频极速版	30	73.57	52.86	67.86	0	0
美拍	2.14	42.14	57.86	62.14	1.43	0
VUEVlog	0	0	48.57	29.14	0	0.21
全民小视频	0	77.14	42.14	59.26	0	0
小影	1.42	40.71	50.71	60	0	0
好看视频	0	29.29	40.71	35	0	0
波波视频	10.76	25.58	43.29	26.71	0	0
快视频（奇虎）	6.51	23.67	40.57	38.07	0	0
平均值	14.43	56.94	58.10	60.66	2.29	0.11

四 对策与展望

近年来，随着互联网的发展与智能手机的普及，移动短视频呈井喷式发展态势。移动短视频因场景化、碎片化、时尚化、强互动、高参与的媒介技术特点，逐渐成为最受大众欢迎的新媒介之一。毋庸讳言的是，在短视频社会责任履行层面，政府规制政策不完善、平台审核滞后、传播内容低俗猎奇等问题层出不穷。实证分析的结果显示，在2019年以来短视频平台管理规范不断加强的现实背景下，2020年平台的社会责任整体评分较2019年有所提升；不同平台的社会责任的评分呈现阶梯状分布，头部与尾部相差较大；短视频平台的信息生产功能实现优于其价值引导、文化教育与协调沟通功能，整体表现还有较大的提升空间。

UGC、PGC、PUGC、OGC四种模式与短视频平台共生，形塑了复杂多元的媒介景观，也使得相关治理工作更加困难。事实上，依靠政府治理与平台自治已力不从心，多元主体的治理模式应当成为解决这一问题的钥匙。① 网络短视频行业社会责任治理需要多主体、多模式的协同配合，推动短视频行业所涉各方共同参与、协同治理。因此，结合实证研究结果，本文从政府、平台和用户三方提出短视频平台社会责任的对策建议。

（一）监管层面：持续完善法律结构，不断创新监管方式

实证分析的结果显示，2020年平台的社会责任整体评分较2019年有所提升。近年来，我国网络短视频监管在政策引领的推动下，变得越来越完善，具体表现为内容监管政策日趋严密、监管主体逐渐明确、行政执法力度不断强化。② 近期相关部门发布相关文本对短视频规制进行新探索，例如2019年12月国家互联网信息办公室颁布《网络信息内容生态治理规定》，以治理网络信息内容为主题，强调"政府、企业、社会、网民"等多元主体参与网络生态治理。③ 2019年11月国家互联网信息办公室、文化和旅游部、国家广播电视总局联合发布关于印发《网络音视频信息服务管理规定》的通知，对网络音视频信息服务及其技术的提供、使用、管理等提供行政条文依据，细化了对新技术条件下音视频信息内容监管的制度和措施，对监管

---

① 崔波、李武、潘祥辉、漆亚林：《如影相随的短视频生产与传播》，《编辑之友》2020年第11期。
② 钟瑛、邵晓：《技术、平台、政府：新媒体行业社会责任实践的多维考察》，《现代传播（中国传媒大学学报）》2020年第5期。
③ 国家互联网信息办公室：《网络信息内容生态治理规定》，http://www.cac.gov.cn/2019-12/20/c_1578375159509309.htm。

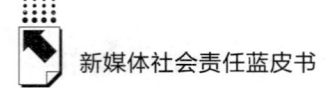

部门、音视频信息服务提供者、使用者提出责任要求，鼓励社会共治。①2019年4月国家广播电视总局发布《未成年人节目管理规定》，指出未成年人节目管理工作应当坚持正确导向，以培育和践行社会主义核心价值观为根本任务，并从节目规范、传播规范、监督管理、法律责任层面明确节目制作、政府管理和社会监督的规定。②2019年1月中国网络视听节目服务协会颁布了《网络短视频平台管理规范》和《网络短视频内容审核标准细则》，要求短视频平台实行节目内容先审后播制度，这两份文件从机构把关和内容审核两个方面为短视频传播秩序的规范提供了依据。其中，《网络短视频内容审核标准细则》聚焦于提升短视频内容质量，遏制错误虚假有害内容传播蔓延，对网络播放的短视频节目及其标题、名称、评论、弹幕、表情包等，规定包括其语言、表演、字幕、背景中不得出现包括分裂国家、损害国家形象、损害英雄烈士形象和侮辱、诽谤、贬损、恶搞他人等21个方面的100项具体内容。③由此可见，国家有关部门在移动短视频治理上持续发力，以有力举措规范短视频生产，营造良好网络生态环境。

但是实证监测15家短视频平台社会责任的综合评分平均值仅为2.5842分（得分/满分5分），可见目前我国短视频平台履行社会责任的整体水平仍有较大的提升空间。从监管角度而言，我国现今涉及网络短视频的规制还处于构建基本法律规定的阶段，尚未建设一个以根本法为主体，以专业法等法规为辅助的完整的法律体系。短视频媒介需要监管，同时需要警惕缺乏法律框架的乱监管，以规避出现管得太多、太宽、太泛的现象。④为提高短视频管理的法治化水平，应加快短视频领域立法进程。此外，涉及短视频规制

---

① 国家互联网信息办公室、文化和旅游部、国家广播电视总局：《关于印发〈网络音视频信息服务管理规定〉的通知》，http://www.cac.gov.cn/2019-11/29/c_1576561820967678.htm。
② 国家广播电视总局：《未成年人节目管理规定》，http://www.nrta.gov.cn/art/2019/4/3/art_1588_46555.html。
③ 中国网络视听节目服务协会：《网络短视频平台管理规范》《网络短视频内容审核标准细则》，http://www.cnsa.cn/home/infomation/dynamic_details/id/68/type/2.html，最后检索日期：2021年3月31日。
④ 崔波、李武、潘祥辉、漆亚林：《如影相随的短视频生产与传播》，《编辑之友》2020年第11期。

的法律法规中还存在系统性不足、可行性较差、条文重复等问题，因此，我国的政府机构和立法部门应结合网络短视频行业的发展情况，注重短视频法律制度规范的针对性和可行性，并及时调整法律规章结构，适当提高短视频部门规章的法律位阶。相关部门还应切实保护好用户的隐私权、名誉权和著作权等，并提倡短视频平台推行实名制和黑名单制度，努力打造一个清朗的短视频网络空间。

此外，短视频是一个动态发展的行业，面对新的短视频业态以及监管难题，相关部门还应创新监管方式，使静态化管理制度跟得上动态化行业发展，对网络传播不良内容的"变体"做出迅速反应，引领行业正确发展方向。

（二）平台层面：增强社会责任意识，实现社会与经济效益统一

随着移动平台的发展及用户规模的扩大，用户的感官体验正成为移动短视频发展的首要衡量标准。若平台过分追求用户流量带来的经济效益，为迎合用户心理，通过算法为用户推送过分个性化短视频，将不可避免地带来视频内容的单一重复、娱乐狂欢和价值内涵的浅薄空洞。

实证研究结果显示，不同平台的社会责任的评分呈现阶梯状分布，头部与尾部相差较大，抖音、快手等头部短视频平台评分较高。快手和抖音平台的日均活跃用户量达到亿万级别，垄断短视频行业大部分市场资金和流量。头部平台在商业模式上拥有核心竞争力，其社会影响力也更大，所以更需要增强社会责任意识，规范平台内容审核。监管部门对头部短视频平台的监管和违规处罚正是敲响了短视频行业规范运营的警钟。

对于移动短视频平台来说，必须牢固树立自律意识，主动承担应尽的社会责任。首先，各大短视频平台需要建立起严格的内容审核及过滤机制。严查内容低俗、价值倾向不正确的短视频，并建立起网络短视频管理责任制。在算法设计方面遵从算法伦理和正确价值取向，并适度公开算法内部分发原理和运作流程。

其次，对于健康向上的原创短视频应给予相应鼓励和支持，扩散优质原

创内容，精准过滤低质短视频内容。实证结果显示，一级指标价值引导的平均得分率最低，仅达到33.40%，可见短视频平台社会责任履行整体表现不够突出，功能实现不够理想。基于此，平台可以利用大数据与算法推荐为用户进行"议程设置"，用主流价值驾驭算法，建立起以价值导向为核心的内容提升体系，利用新兴技术，充分发挥短视频在传播社会主义核心价值观、传播中华优秀传统文化方面的重要作用，使有价值的短视频内容成为传播的意义所在，打造高品位的网络文化空间。而实证结果呈现的"权威C2""深度C5"的得分率较低，表明短视频平台的权威性与内容深度性仍有较大的提升空间。平台应积极构建优质短视频生态圈，加大对正能量内容的扶持力度，自觉主动担负起正向价值传播引导的社会责任，支持鼓励知识传播类、传统文化传播类、社会公益类短视频传播，推动短视频行业健康持续发展。

（三）用户层面：适应治理身份转变，注重媒介素养提升

短视频逐渐呈现"底层化"的特征，这不仅表现在用户规模的普及，还体现在全民参与短视频内容创作。① 因此，除了监管部门和平台，用户是短视频空间的重要参与者、构建者和维护者，是短视频平台履行社会责任的重要一环，也应当在短视频内容生产和把关过程中承担重要的角色。在互联网时代，用户的主体性作用越来越大，自身应适应从治理客体到治理主体的身份转变。

对于短视频的发布者而言，应树立起正确的责任意识。短视频作为互联网时代用户实现自我展示、满足社交需求的工具，不应在市场经济的推动下成为人们获取流量、追逐利益的工具，生产者在利用短视频进行文化自生产、利用原创意识创造出经济价值的同时，必须保持理性，以提升自我能力和丰富精神生活为出发点和落脚点，传播真正有价值的短视频内容。

---

① 喻国明：《洞察中国视频产业的未来发展：机遇、挑战与对策》，《新闻与写作》2021年第7期，第66~70页。

短视频的接受者应该注意提高自身媒介素养，提升对媒介信息的理性判断能力和批判分析能力，在核对多方当事人回应、评估信息完整性和逻辑性之后才能传播信息或对事件发表评价，做到与监管部门和平台共构健康传播生态。此外，在短视频用户规模普及化和内容创作全民化的态势下，培养公民媒介，树立法治意识应成为网络用户的必修课。可用短视频、公益广告等方式宣传《网络音视频信息服务管理规定》《网络短视频平台管理规范》等政策法规知识，提高用户的媒介素养。

参考文献

朱雪、饶思敏、周一诺：《短视频平台社会责任分析报告》，载钟瑛、芦何秋主编《中国新媒体社会责任研究报告（2019）》，社会科学文献出版社，2020。

夏德元、刘博：《"流动的现代性"与"液态的记忆"——短视频在新时代集体记忆建构中的特殊作用》，《当代传播》2020年第5期。

高崇、杨伯溆：《微视频的内容生产模式解析——基于新浪微博官方短视频应用"秒拍"的研究》，《新闻界》2016年第23期。

钟瑛、邵晓：《技术、平台、政府：新媒体行业社会责任实践的多维考察》，《现代传播（中国传媒大学学报）》2020年第5期。

尼罗拜尔·艾尔提、郑亮：《新媒体时代短视频内容生产的特点、趋势与困境》，《中国编辑》2021年第3期。

徐敬宏、袁宇航、侯彤童：《从"十三五"到"十四五"：我国传媒政策的回顾与展望》，《郑州大学学报》（哲学社会科学版）2021年第1期。

张志安、姚尧：《重大公共事件报道与传播视觉化探索——2020中国新闻业年度观察报告》，《新闻界》2021年第1期。

B.7 音频平台的社会责任及风险防范研究*

严焰 范孟娟**

摘　要： 5G 时代来临，音频平台全场景融合能力逐渐增强，其社会责任履行情况备受关注。本文选取月活跃度排名靠前的10个具有代表性的音频平台作为研究对象，通过内容分析法分析并评价音频平台在信息生产、价值引导、文化教育、协调沟通四个方面的社会责任履行情况。研究发现，头部音频平台社会责任评分较高，特色音频平台在个别社会责任方面也有亮点表现。其中喜马拉雅评分最高，猫耳 FM 评分最低。结合本文研究结果，建议音频平台针对不同关键业务进行社会责任风险防范。

关键词： 音频平台　社会责任　风险防范

一　研究现状

（一）音频平台发展现状及其趋势

音频平台通过网络流媒体播放、下载等方式传播多种音频资源。2020

---

* 本成果受中共湖北省委宣传部与华中科技大学部校共建新闻学院项目（项目编号：2020E02）经费支持。
** 严焰，硕士，江门职业技术学院教师，研究方向为新媒体技术；范孟娟，传播学博士，研究方向为网络传播。

年中国音频平台用户规模达到 5.7 亿人,2022 年有望增至 6.9 亿人。① 音频平台主要涵盖新闻资讯、有声小说、人文历史、亲子教育、相声评书、戏曲音乐等类型的音频资源。越来越多的头部节目和精品内容被打造出来,并且内容的种类也愈加丰富,不断刺激用户付费收听意愿。音频平台主要包括有声读物、网络电台、音频直播、音频伴听等传播形式,并不断增强自身媒体融合能力和社交分享能力。各种音频资源嵌入其他新媒体平台之中持续吸引流量,并且音频直播间和语音虚拟社区增加了音频平台的用户黏合度。

从 2010 年豆瓣网推出豆瓣 FM 算起,中国音频平台已发展了 10 余年。音频平台行业正朝着更加规范、优质、活力的方向发展。2019 年 11 月,国家互联网信息办公室、文化和旅游部、国家广播电视总局联合印发了《网络音频信息服务管理规定》;2019 年 12 月,国家互联网信息办公室出台《网络信息内容生态治理规定》,为营造清朗的音频传播空间提供制度保障。同时以中央广播电视总台为代表的主流媒体加快旗下的音频平台建设和升级,筑牢音频领域宣传阵地。政府开展的网络版权保护专项行动以及各平台举办的音频创作活动,在保护音频创作者合法权益的同时也提高了音频创作质量和活力。

未来,音频平台将按四个阶段建构更加稳固的内容生态"护城河"。首先,音频平台进一步稳固自身内容优势,不断打磨精品节目并深入挖掘垂直领域的音频潜力。其次,音频平台组建可持续发展的音频创作团队,在培育明星主播和吸收其他领域特色主播两个途径上同时发力。再次,音频平台拓展内容细分品类,在满足用户个性化需求的基础上激发多层次的潜在市场需求。最后,在 5G、大数据、物联网等信息技术助推下,音频平台业务将从单一场景向全场景转变。相较于以文字、视频为主的新媒体平台,音频平台在车载端、家居端、穿戴设备中能够更大限度发挥音频陪伴优势,缓解用户在视觉通道的疲劳。

(二)音频平台的研究现状

我国音频平台的研究主要集中在两个方面:一是对音频平台的运营管理

---

① 艾媒咨询:《2020 - 2021 年中国在线音频行业研究报告》,https://report.iimedia.cn/repo13 - 0/39382.html。

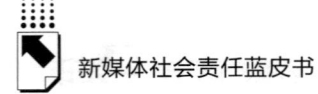

研究；二是对音频平台的传播能力分析。总体来说，学者们对音频平台研究关注度较高。

1. 音频平台的运营管理研究

音频平台运营围绕内容生态建设这一核心，在内容生产模式、盈利模式、智能技术等方向不断发力，并对传统广播领域产生积极影响。[1] 音频平台在 UGC、PGC、PUGC 三种内容生产模式下进行多点布局，内容生产模式的界限逐渐弱化。[2] 随着用户的内容付费意愿提升，泛娱乐付费市场有望增长。音频平台提供会员付费和精品节目付费等多种付费内容，通过跨平台合作和 KOL 代言等方式吸引用户流量，并利用多重优惠刺激用户付费行为，逐渐形成了各具特色的盈利模式。[3] 有学者研究发现，在相同的音频平台中，付费音频的价格、时长和信息呈现形式与用户付费行为呈负相关；音频是否提供试听以及音频作者的简介长度、作品量、粉丝数和认证信息长度与用户付费行为呈正相关。[4] 5G 时代已经来临，音频平台契合移动媒体的传播场景，利用自身内容优势和智能技术构建起密切的远距离异时空传播环境。[5] 音频平台将在车联网、智能家居、智能穿戴设备等领域进一步拓展应用场景。[6] 音频平台蓬勃发展激发了音频传播技术创新的动力和积极性。传统广播电台应积极创设网络电台、移动电台，并与音频平台开展广泛合作；巧妙利用融媒体，增强音频传播的互动性；优化人才培训机制，提高从业人员数字化内容生产能力。[7]

---

[1] 方爱华、金美贞、张解放：《全场景时代移动音频行业的生态变革》，《出版广角》2018 年第 24 期。
[2] 汪勤：《国内移动网络电台内容生产模式研究——以荔枝 FM、蜻蜓 FM、喜马拉雅 FM 为例》，《视听》2018 年第 7 期。
[3] 张依：《知识付费类音频分享平台经营特色分析——以喜马拉雅 FM 为例》，《新闻研究导刊》2020 年第 21 期。
[4] 杨东红、贺红梅、徐畅：《移动音频有声阅读平台用户知识付费行为研究》，《情报科学》2020 年第 7 期。
[5] 王娟、凌文秀：《从媒体试水音频市场看"耳经济"的发展》，《青年记者》2020 年第29 期。
[6] 王传珍：《移动电台构建多元场景"听"生态》，《中国广播》2019 年第 1 期。
[7] 李东、廖小佩：《媒介融合视域下广播新闻传播创新发展路径》，《新闻研究导刊》2020 年第 23 期。

2. 音频平台的传播能力分析

移动互联时代受众的媒介使用方式发生变化。音频平台用户呈现四个新的需求特征：空间场景化、内容定制化、渠道社交化、时间碎片化。① 基于用户的新需求，音频平台在发展过程中逐渐形成四个新特点，即内容生产去中心化、音频资源多元化、互动形式自由化、需求满足个性化。② 音频平台利用其伴随性与交互性优势，结合优质资源，打造知识传播的微场景。音频平台一方面不断与其他新媒体平台合作，逐渐形成矩阵化传播联盟；另一方面增强自身网络社交属性，借助用户之间内容分享提高传播能力。③ 在私人移动、私人固定、封闭公共、开放公共四大场景中，音频平台努力尝试不同传播策略，将音频与日常场景对接、延伸，降低用户视觉交互负担，实现信息、场景、服务三位一体的智能音频传播。④ 然而现阶段，网络音频全场景生态发展的支撑条件尚未成熟。相较于快速崛起的短视频平台，音频平台特色没有充分挖掘，全民音频创作热情略显不足。⑤

二 研究设计

（一）研究对象及样本的选择

研究初期，交叉对比艾瑞 App 指数中独立设备排名和易观千帆的月度运营能力排名，共有 17 个具有代表性音频平台作为研究备选对象，分别是喜马拉雅、蜻蜓 FM、企鹅 FM、荔枝、听听 FM、阿基米德、凤凰 FM、懒人听书、酷我畅听、猫耳 FM、网易云音乐、酷狗音乐、豆瓣 FM、氧气听

---

① 童云、周荣庭：《论有声读物的用户需求及其超媒介生产策略》，《现代传播（中国传媒大学学报）》2018 年第 5 期。
② 张路琼、崔青峰：《移动音频的传播特征及媒介演变》，《青年记者》2020 年第 29 期。
③ 杨杰、蒙浩苇：《微知识视角下移动音频平台的传播分析》，《出版广角》2020 年第 15 期。
④ 宫承波、陈曦：《智能音频传播策略：基于多维场景用户体验的探讨》，《当代传播》2018 年第 4 期。
⑤ 段棒棒：《网络音频借势智能语音构建全场景生态刍议》，《北方传媒研究》2020 年第 2 期。

书、番茄畅听、得到、樊登读书。其中一部分音频平台深耕于音乐播放、科教类有声读本等单一垂直领域，综合性不强。因此，最终确定的研究对象有10个：喜马拉雅、蜻蜓FM、企鹅FM、荔枝、听听FM、阿基米德、凤凰FM、懒人听书、酷我畅听、猫耳FM（见表1）。

表1 研究对象栏目情况

音频平台名称	一级栏目数量	特色栏目名称	是否开设直播间	是否集合传统电台
喜马拉雅	26	小语种、直播微课、党团课、品牌之声、3D体验馆	是	是
蜻蜓FM	31	二次元、蜻蜓之声	是	是
企鹅FM	11		否	是
荔枝	31	睡前减压、明星电台、荔枝精品、正能量、回声计划	是	否
听听FM	21	有声阅读委员会、高招咨询	是	是
阿基米德	14	初心讲堂、开大有课、声音盛典	否	是
凤凰FM	14	凤凰独家、凤凰讲堂	否	否
懒人听书	11	懒人周刊、懒人独播剧场	否	否
酷我畅听	22	酷剧场、佛学心灵	是	否
猫耳FM	12	声音恋人、放松、日抓	是	否

为了避免音频平台推送算法对数据抽样的随机性产生影响，各平台均以无账号登录方式进行采集样本。研究选取2020年12月14日0点至2020年12月20日24点，采用定时定量采集方法，每日从6点到22点间隔4小时采集一次，10家音频平台的各栏目页面前10条内容，以及正在直播推荐的前5个音频直播间10分钟内容。剔除同平台重复音频内容后，样本数量累计13580条。

（二）评价指标体系及测量

根据新媒体社会责任评价指标体系，结合音频平台的传播语境与特点，本文按照表2所示评分依据进行测量。具体评价实施建立在制订编码方案并进行信度验证的基础上进行。整体信度系数为0.92，其中一级指标信息生产的信度系数最高0.95，一级指标协调沟通的信度系数最低0.87。

表2 音频平台社会责任评分依据

三级指标	实现路径
真　实	样本的真实性比例
权　威	样本中来自权威媒体的音频作品数量比例
时　效	相邻两次采集样本更新比例，涉及重大、突发事件的样本比例
全　面	不同信源的数量
深　度	单个音频作品时长，音频系列作品数量
原　创	原创音频作品比例
客　观	清晰准确交代信息来源的样本比例
把关信息	平台信息审核机制建构情况
规范广告	不包含广告信息的样本比例，广告内容情况
控制侵权	不包含侵权内容的样本比例
主流价值	包含"社会主义核心价值观"的样本比例
社会风尚	包含"社会风尚"的样本比例
国家治理	对国家治理方面进行监督的样本比例
社会风险	对社会风险方面进行监督的样本比例
行为失范	对个人行为失范方面进行监督的样本比例
传统文化	涉及传统文化的样本数量
当代文化	涉及当代文化的样本数量
教育传播	是否开设类似"教育"栏目，在音频平台搜索教育类关键词出现的音频作品数量
科技传播	是否开设类似"科技"栏目，在音频平台搜索科技类关键词出现的音频作品数量
内容丰富性	音频平台开设的总栏目数以及细分种类
内容健康度	音频作品出现低俗内容次数和时长比例
议题公共性	样本中公共议题比例
身份多样性	样本中社会阶层多样性比例
公众参与度	人气榜单最高评论数，直播间的送礼总数
公众认同度	人气榜单最高播放量，直播间的粉丝数
平台互动度	音频平台举办主题活动数量
平台回复度	音频平台对咨询的回复情况

根据研究设计的指标体系及实现路径，在对每个音频平台的样本进行内容分析的基础上，对三级指标逐项打分，再根据权重值计算二级指标、一级指标的分数，相应给出最后得分并从高到低排序。在三级指标打分中，将单

个音频平台的统计最高值赋分为 5 分，按照比例计算出其他音频平台的得分。

三 研究发现

（一）音频平台社会责任总体评价

如表 3 所示，按照 5 分制计算音频平台社会责任总分情况，除猫耳 FM 外，其余 9 家音频平台的得分都在 3 分以上，音频平台整体得分较好。其中，喜马拉雅得分 4.6576，蜻蜓 FM 得分 4.2227，分列第 1 名、第 2 名，排名 3~7 名音频平台之间分差较小，说明喜马拉雅、蜻蜓 FM 作为目前国内头部音频平台，其社会责任履行情况在行业中起到了榜样作用。

表 3 音频平台社会责任总体评价

音频平台	信息生产	价值引导	文化教育	协调沟通	总分	排名
喜马拉雅	2.4554	0.8795	0.4192	0.9035	4.6576	1
蜻蜓 FM	2.1560	0.8439	0.3858	0.8370	4.2227	2
企鹅 FM	2.1286	0.7701	0.3774	0.6619	3.9379	3
荔 枝	1.9337	0.7519	0.3757	0.8264	3.8876	4
听听 FM	2.1979	0.6425	0.2913	0.5817	3.7137	5
阿基米德	2.1979	0.6425	0.2958	0.5493	3.6854	6
凤凰 FM	2.1355	0.5687	0.2954	0.6307	3.6302	7
懒人听书	1.6452	0.5051	0.3253	0.6265	3.1020	8
酷我畅听	1.6452	0.4669	0.3033	0.6755	3.0908	9
猫耳 FM	1.6715	0.1146	0.1337	0.6598	2.5796	10

如表 4 所示，对音频平台社会责任一级指标得分情况进行分析后发现，信息生产责任履行情况最好，文化教育责任履行情况较不理想。喜马拉雅在各一级指标得分均最高，信息生产指标得分最低是懒人听书、酷我畅听。价值引导、文化教育指标得分最低是猫耳 FM，协调沟通指标得分最低是阿基米德。

表 4　各平台一级指标均值及得分率情况

一级指标	最大值	最小值	平均值	标准差	平均得分率
信息生产	2.4554	1.6452	2.0167	0.2801	0.8046
价值引导	0.8795	0.1146	0.6186	0.2244	0.7029
文化教育	0.4192	0.1337	0.3203	0.0800	0.5442
协调沟通	0.9035	0.5493	0.6952	0.1186	0.6782

（二）音频平台"信息生产"责任评价

音频平台的信息生产社会责任通过对音频平台信息质量和流程管理两方面，按不同权重综合评价，各音频平台得分及排名如表 5 所示。

表 5　各平台"信息生产"二级指标得分情况

音频平台	信息质量		流程管理	
	得分	排名	得分	排名
喜马拉雅	2.0294	1	0.4260	1
阿基米德	1.8571	2	0.3408	2
听听 FM	1.8571	2	0.3408	2
蜻蜓 FM	1.8313	3	0.3247	3
凤凰 FM	1.7947	4	0.3408	2
企鹅 FM	1.7878	5	0.3408	2
荔　　枝	1.5929	6	0.3408	2
猫耳 FM	1.3629	7	0.3086	4
酷我畅听	1.3205	8	0.3247	3
懒人听书	1.3205	8	0.3247	3
均　　值	1.6754		0.3413	

在信息质量方面，喜马拉雅、蜻蜓 FM、企鹅 FM、阿基米德、听听 FM 均集成传统广播电台栏目，与传统媒体合作使得这些平台在信息权威性、时效性、真实性方面有较明显优势。凤凰 FM 利用自身新闻专业特长，制作大量原创深度新闻音频。猫耳 FM 主打二次元文化，酷我畅听、懒人听书以网

络文学改编的有声读物为主，使得这三个平台在信息生产全面性方面稍显不足。流程管理指标扣分主要原因是启动页面中广告内容容易误导用户错误点击，并且关闭按键设计不明显，有部分语音广告杂糅于有声读物里；以及不同类型音频作品的版权保护力度不同，未能充分激发内容创新动能。音频平台在PGC团队创作和调频广播摘录的有声读物有着明确版权归属标志。例如在喜马拉雅平台的有声小说简介中包含小说原作者、配音员、后期制作团队等信息；阿基米德平台的听书栏目内容均标注有原作者、演播单位或主持人。然而由UGC模式制作的有声读物，版权标注较为模糊。例如荔枝平台的有声书版权标注不规范，其中部分有声书仅在标题中标注对原著改编。甚至有些有声书只有上传账号标志，并未对原著使用权限进行说明。音乐作品主要有音乐主题合集和播客直播。在音乐主题合集中，知名歌手及唱片公司发行的歌曲有一定程度的创作者标志，但大量网络歌曲无有效版权标志。有些播客在营利性直播活动中，存在有可能未经许可的音乐翻唱、音乐改编以及冒充原创等侵权行为。即使在非营利性直播活动中，听众向播客"打赏"的行为也可能被认定为播客对音乐的间接出售，但也有侵犯著作权中发行权的风险。

（三）音频平台"价值引导"责任评价

音频平台的价值引导社会责任通过对音频平台塑造共识和社会监督两方面，按不同权重综合评价，各音频平台得分及排名如表6所示。虽然平均得分率较高，但音频平台之间得分比较，存在明显的断层现象。

喜马拉雅、荔枝、蜻蜓FM在塑造共识方面的一些经验值得借鉴。例如，喜马拉雅开设"党团课"栏目，面向所有用户传播党的理论知识和社会先进事迹；荔枝开设"正能量"栏目，里面包含"青春读书会""湾区之声：粤来粤好""扶贫有我"等多个主题，以纪实、人物专访、广播剧等形式宣传国家发展成绩。蜻蜓FM开设"蜻蜓之声"栏目，主要摘录整理传统媒体时政要闻，并提供大量党的理论知识有声读物。音频平台在社会监督方

表6　各平台"价值引导"二级指标得分情况

音频平台	塑造共识		社会监督	
	得分	排名	得分	排名
喜马拉雅	0.3690	1	0.5105	1
荔　枝	0.3690	1	0.3829	2
蜻蜓FM	0.3334	2	0.5105	1
听听FM	0.2596	3	0.3829	2
阿基米德	0.2596	3	0.3829	2
企鹅FM	0.2596	3	0.5105	1
凤凰FM	0.1858	4	0.3829	2
酷我畅听	0.1528	5	0.3523	3
猫耳FM	0.1146	6	0.3523	3
懒人听书	0.1146	6	0.0000	4
均　值	0.2418		0.3768	

面履行情况不均衡，主要体现在对行为失范监督较少，时政动态新闻多但深度反思力度不足。研究发现一批在音频平台推荐首页的"网络爽文"在内容上延续色情暴力、封建迷信等非主流价值主题，并在展现形式上使用逼真音效、配音刺激用户听觉。而体现社会主义核心价值观的有声小说无论是所占比例还是被推荐的力度均有明显差距。其他具有社会公共议题的、能够反映社会不同阶层现状的音频作品所在页面，深藏于靠后页面或散落于不同栏目的二级以下子目录。音频平台没有充分发挥这类音频作品引领社会风尚、消解不良文化的作用。

（四）音频平台"文化教育"责任评价

音频平台的文化教育社会责任主要体现在对传统文化、当代文化传承，开展全民科学常识普及，满足不同人群自我学习提升需求，所提供的内容丰富且健康度高。各音频平台得分及排名如表7所示。音频平台在文化教育社会责任履行情况分层明显，喜马拉雅、蜻蜓FM、企鹅FM、荔枝与其他音频平台拉开差距。

表7 各平台"文化教育"二级指标得分情况

音频平台	文化传承		传播科教		提供娱乐	
	得分	排名	得分	排名	得分	排名
喜马拉雅	0.2710	1	0.0422	1	0.1060	1
蜻蜓FM	0.2454	2	0.0422	1	0.0982	2
企鹅FM	0.2454	2	0.0338	4	0.0982	2
荔枝	0.2353	3	0.0422	1	0.0982	2
酷我畅听	0.2097	4	0.0342	3	0.0815	4
听听FM	0.1841	5	0.0169	7	0.0904	3
阿基米德	0.1841	5	0.0213	5	0.0904	3
凤凰FM	0.1841	5	0.0209	6	0.0904	3
懒人听书	0.1841	5	0.0378	2	0.0815	4
猫耳FM	0.0768	6	0.0000	8	0.0569	5
均值	0.2020		0.0291		0.0892	

虽然头部音频平台起步较早，投入也较大，相应社会责任履行情况更好，但是音频平台的一级指标文化教育平均得分率最低仅为54.42%，其中一半音频平台得分低于平均分。音频平台在文化传承方面内容同质化严重，其原因可能是优质的文化传承音频作品较为稀缺，在内容选择上限于戏曲、音乐、评书三种形式，而音频平台自身创作能力有限。优质的音频栏目相较于视频栏目制作难度更大，需要利用相关领域的专业人士对所要传播的传统文化、科普知识进行重构，使这些信息便于音频传播；还需要采集更丰富的音频素材以增强用户的临场画面感。音频平台上的这类音频内容创新动力不足。普通用户按现有创作方式参与这类音频制作反而会造成内容参差不齐。学前教育、外语培训、职业技能提升是音频平台努力开拓的三个主要教育内容方向。音频平台的音频直播间、网络文学有声读物、伴听音频素材仍有零星粗俗用语、打情色擦边球的情况，影响传播内容健康度。对于青少年用户，音频平台没有更加充分的分级保护措施以及相应特色服务功能。

（五）音频平台"协调沟通"责任评价

音频平台正在从休闲娱乐工具向个性化信息综合体转变。懒人听书、酷我畅听、猫耳 FM 涉及公共议题的内容不多，这与音频平台运营定位有关。头部音频平台以及特色鲜明的音频平台的公众参与度与公众认同度较高。一些音频平台开设有音频直播间加强了用户之间、用户与音频创作者之间互动。但是音频平台与用户之间仍采用传统的反馈举报方式，没有体现音频传播特色，互动效果一般。各音频平台得分及排名如表 8 所示。

表 8 各平台"协调沟通"二级指标得分情况

音频平台	协调信息		沟通效能	
	得分	排名	得分	排名
喜马拉雅	0.3375	1	0.5660	2
荔枝	0.2874	2	0.5390	3
蜻蜓 FM	0.2657	3	0.5714	1
企鹅 FM	0.2657	3	0.3962	7
阿基米德	0.2657	3	0.2836	10
凤凰 FM	0.2657	3	0.3651	8
听听 FM	0.2657	3	0.3160	9
懒人听书	0.1938	4	0.4817	5
酷我畅听	0.1938	4	0.4327	6
猫耳 FM	0.1437	5	0.5161	4
均值	0.2484		0.4468	

音频平台对于音频作品的页面展示沿用类似于视频网站、新闻客户端的分栏目管理方法，造成栏目种类繁杂，部分栏目名称与音频内容契合度不够等窘境。并且音频选择播放方式依然需要用户上下翻页和点击操作，与用户常用情景不匹配。音频平台除了会员付费、广告营销外，语音直播打赏业务日渐成为音频平台新的盈利增长点。相较于成熟的视频平台，语音直播间互动形式依然以文字交流为主。主播主动参与内容创新、吸引流量的动力不足。用户持续参与互动并付费打赏的意愿不强。音频平台在协调沟通责任方面也做出了一些亮点内容，例如增加类似于朋友圈的社交功能，开设周边主题商城，举办线上主播造星活动和线下读书会等活动，利用智能机器人客服提高平台响应效率。

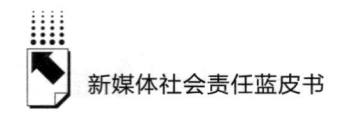

四 对策与展望

音频平台正在尝试利用娱乐放松、情感陪伴、知识分享等特色服务全场景式融入用户生活中。音频平台有必要自觉承担更加重要的社会责任。根据音频平台社会责任的量化分析结果，本文针对音频平台社会责任履行过程中存在的潜在风险，提出以下四点防范建议。

（一）提升信息生产可持续发展动力，坚守知识产权底线

音频平台在竞争激烈的多媒体市场中占据主动权，必须继续坚持"内容为王"方针，切实规范内容生产各环节管理。音频平台上提供大量有声读物，改变着用户阅读方式。然而伴随有声书的兴起，版权纠纷与侵权诉讼等法律问题也日益增多。截至2020年底，在中国裁判文书网以"有声书"为关键词搜索，可查到相关判决、裁定文书共172件。[1] 在对上架更新的有声读物版权管理方面，音频平台应该认真履行版权自查义务，并为用户提供便捷的版权信息查证服务。在有声读物授权获取方面，音频平台应该扩大权利人范围，照顾到普通用户创作者和原书作者；并根据有声读物传播特点，将对应的改编权、表演权、表演者权和录音制作者权纳入有声读物授权方案中。在对有声读物创作者培养方面，音频平台可以搭建有声书创作者协会，对创作者提供规范、专业、系统的版权实践指导，提高创作者版权意识。在对有声读物侵权行为的管理方面，音频平台应该为维权行为提供证据收集、纠纷协调等帮助，利用信息技术高效地阻止潜在侵权行为。

音乐作品是音频平台提供的另一大类传播内容。《信息网络传播权保护条例》第二条规定，任何组织或者个人将他人的作品、表演、录音录像制品通过信息网络向公众提供，应当取得权利人许可，并支付报酬[2]。由于音

---

[1] 中国裁判文书网，http://wenshu.court.gov.cn。
[2] 中央政府门户网站，http://www.gov.cn/zwgk/2013-02/08/content_2330133.htm。

频平台的音频直播没有播客本人出镜,难以界定其直播内容是否为原创内容。因此音频平台应该积极主动配合相关管理部门制定相关法规,促进国家在音频直播领域的版权保护法制建设。同时,音频平台仍需在音频直播活动巡查和播客培训方面加大投入,疏通侵权风险的投诉与应诉渠道,运用内容过滤技术提前规避侵权风险,结合播客岗前培训、资质评级等措施,提升播客专业素养和责任意识。

(二)建设社会主义核心价值宣传新阵地,警惕不良文化侵蚀

不良网络小说一直都是负面价值传播的文化毒瘤。如今这些不良网络小说正从文字向音频转化,污染有声读物市场,其破坏手段更加隐蔽,所造成的危害更大。音频直播间里内容较为单一,主要集中于音乐分享和都市生活分享,其中也不乏歌词粗暴、音效怪癖的音乐以及虚幻堕落的社会假象。音频平台应该借助专业技术优势,对不同类型的音频内容中色情、暴力、恐怖、颓废等负面价值进行严格界定,并采取下架、注销等手段约束用户的负面价值传播行为;定期组织网络道德教育主题活动,建立用户的社会责任评价系统,对良好的传播文化行为加以奖励;加大与传统媒体合作范围和合作力度,引入优秀网络文学作品,邀请专业播音主持人入驻音频直播间。

ASMR(Autonomous Sensory Meridian Response)作为一种由纯听觉引导用户产生连锁感官刺激的新兴音频势力,在音频平台原创内容中占据一席之地。其主要内容有角色对话模仿、器官发声、特殊道具发声,能够满足部分用户各种感官刺激,缓解心理压力。然而部分 ASMR 作品打着心灵按摩的幌子传播软色情内容并牟取暴利。用户一旦沉迷于这类音频之中,对国家大事、社会实践的关注就会逐渐减少,甚至出现听觉成瘾的现象。在本文中,ASMR 作品除了自然环境音、催眠曲以外,还包含虚拟语音伴侣、明星哄睡等人声内容。音频平台将这类作品归于助眠减压栏目管理,并提供定制音效、定时播放等功能。音频平台应该杜绝劣质的 ASMR 音频上架,对 ASMR 音频进行分级分类管理,引导用户健康合理使用 ASMR 音频。同时,音频

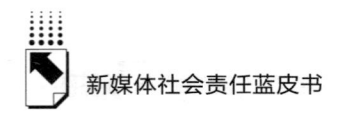

平台还可以帮助用户拓展ASMR音频应用场景，走出猎奇、软色情陷阱，发挥ASMR音频积极作用。

（三）打造文化传承桥梁，提高少儿文教内容质量

传统文化、科普知识类内容具有做成精品栏目的潜质，是音频平台运营的重头戏。音频平台需要抓住媒体技术发展的新机遇，促使传统文化、科普知识类音频内容朝着多元化领域迈进。音频平台一方面在内容题材选择、展现形式方面进行创新，转变陈旧的解说式音频风格，挖掘声音的魅力，声情并茂地传播传统文化和先进科学知识；另一方面在创作方式、创作技术方面进行创新，鼓励普通用户参与这类音频内容的素材制作和二次创作，并提供简易的数字化创作工具降低创作难度。

不少家长允许孩子通过收听音频平台提供的各类有声儿童读物学习课外知识。这种做法既可以达到寓教于乐的目的，又避免了孩子长时间使用手机和电脑容易造成近视的困扰。然而，音频平台争相抢占儿童有声读物市场的同时，却没有做好承担相应社会责任的准备。儿童有声读物相较于其他有声读物，有着更高的内容质量要求和传播技巧挑战。首先，音频平台必须改变陈旧的运营理念，不能再将儿童有声读物等同于"童话故事朗读版""有声教科书"，而需要站在儿童的需求角度，组建一支综合素质过硬并对儿童教育事业熟悉的创作队伍。然后音频平台应该在儿童有声读物的传播技术基础上进行创新，对音量大小、语言技巧、音效音乐混编等音频内容进行科学规范的管理，保护儿童身心健康。最后音频平台在儿童有声读物的分类中应考虑不同年龄段儿童的认知水平和个性爱好，为儿童提供能够简便分享自己体会的渠道，激发儿童学习热情。同时，随着音频平台用户年龄向低年龄段扩展，音频平台都应该提前做好内容分级管理，对低龄用户的使用时间、使用权限进行辅助监督。

（四）加强多场景渗透信息技术开发，优化用户互动体验

对比当下流行的视觉新媒体形式，音频具备伴随性、亲密性等天然优势。

音频平台在开发用户互动技术时，应充分体现声音在多场景的交互作用，解放用户的眼睛和双手。音频平台可以积极与硬件公司合作，将业务服务从手机、电脑上拓展到其他种类智能终端中。例如音频平台可以与汽车厂商合作，依托高性能智能语音服务，兼顾驾驶安全要求和用户伴听需求，精简互动指令流程，增加行驶状况、路线导航等即时语音辅助功能。音频平台也可以与家电、运动品厂商合作，一方面，填补用户在室内工作、户外运动等不方便使用视觉媒体场景下，获取资讯、娱乐的需求空缺；另一方面，可以衔接多场景应用服务，构建多方共赢的新型传播生态圈。音频平台也需要加强自身智能技术实力，加大在音频数字化处理、智能音频识别、音频嵌入、5G通信等高端技术应用投入，通过大数据分析技术，大幅提升音频传播的针对性和有效性。

音频平台在设计用户互动内容时，不能忽视付费和分享这两种重要互动行为的用户体验。无论是有声书籍的知识付费还是语音播客的打赏都是维持音频平台良性发展，激发原创优质音频内容创作的重要动力。因此音频平台应该站在用户角度思考付费行为动因，在保证音频内容质量的前提下，提高音频内容消费的灵活性，补充创作者简介信息和其他用户点评信息，利用文字、配图增加音频内容附加值。对于不同类型的付费内容，音频平台应该有差异化互动设计。其中偏娱乐消遣的付费内容，音频平台可以利用免费虚拟币、限时优惠、充值打折等活动转变用户付费观念；同时也可以打造专属音频文化，培养不同粉丝群体。用户积极分享的行为给音频平台"破壁扩圈"提供更多机会，并促进音频与视频、文字等媒介互相转化。音频平台不应只关注音频内容的分享互动，还应关注用户之间情感共鸣、身份认同等分享互动，营造良好的分享互动氛围。音频平台应该制定完善的用户信息管理制度，保护用户分享互动的安全性，鼓励用户之间互惠互利行为，将更多付费收益回馈给优质的用户。

参考文献

高贵武、丁慕涵：《从广播到音频：听觉文化里的声音生态》，《青年记者》2021年

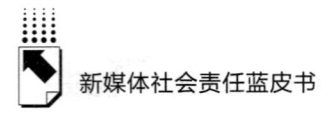

第 11 期。

凌燕、徐震：《论音频新媒体的发展因子》，《中国广播电视学刊》2021 年第 6 期。

赖黎捷、张红霞：《ASMR：音频平台、用户、内容融合的新落点——基于"喜马拉雅 FM""荔枝 FM""蜻蜓 FM"三个平台的用户调查》，《中国广播》2020 年第 11 期。

伍静妍、尹佳林：《机构媒体音频发展现状与路径思考》，《青年记者》2020 年第 1 期。

刘涛：《音频产业的演进特征与场景建构》，《新闻战线》2019 年第 24 期。

尹晶晶：《付费音频平台的发展瓶颈与营销策略》，《青年记者》2019 年第 33 期。

申启武、李颖彦：《融合思维下音频媒体的智能化转向》，《传媒》2019 年第 10 期。

专题篇

The Thematic Part

B.8 "县长抖音"政务短视频运营逻辑与新媒体社会责任研究[*]

曾润喜 杨璨[**]

摘 要: 服务新时代的社会治理是新媒体发展的重要社会责任。近几年来,以县级干部作为政务短视频账号主体的现象悄然兴起,为基层治理和乡村振兴带来新机遇。本文以"县长抖音"为研究对象,运用内容分析法评估其内容生产与账号运营,分析其呈现的新特点和新趋势。本文发现,与其他政务抖音相比,"县长抖音"人物角色以县长本人为主、内容主题多为文旅推介和扶贫助农、视频场景多为轻松休闲的生活实拍,以建构地域认同和传播乡土文化为主。同时,"县长抖音"普遍存在定位模

---

[*] 本文为国家社会科学基金一般项目"新媒体事件对地方政府注意力分配的影响机制研究"(项目编号:18BZZ078)的阶段性成果。

[**] 曾润喜,重庆大学新闻学院教授、博士生导师,新媒体与传媒管理教研室主任,研究方向为公共政策传播、新媒体品牌传播与管理;杨璨,重庆大学新闻传播与社会发展研究院研究助理。

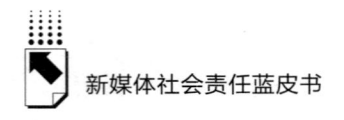

糊、特色不足、运营管理缺失等问题，扩散力和覆盖面有限，并呈现类似差序格局的特征。"县长抖音"的出现，是用户需求、平台生态、基层政府共同转变的结果，本质上是技术驱动和媒介赋能的政务服务转型；也是新媒体积极履行社会责任，为政务新媒体活动提供的政民沟通新形式。

关键词： 政务短视频 乡村振兴 新媒体社会责任

一 引言

新时代的社会治理对媒体融合发展提出更高要求，特别是新媒体的发展需要深度融入社会治理。在参与和融入社会治理的过程中发挥其社会效应，例如增进社会共识、加强舆论引导等[1]，是新媒体最重要的社会责任之一。就政务活动而言，为政府提供信息传播渠道、搭建政民沟通平台等，是新媒体履行相关社会责任的主要方式。现今政务新媒体活动不只是信息发布和回应诉求，更转向为主动加强沟通和积极塑造政府形象。那么新媒体为新形式的政务新媒体活动能够提供哪些服务以更好履行上述所言的社会责任呢？

短视频平台已经成为各级政府部门信息发布、舆论引导和形象宣传的重要途径。以抖音为代表的短视频平台，提供了"新媒体+政务"的新型实践场景，较好地履行了互联网商业平台应当承担的社会责任。[2] 一些偏远、欠发达地区的基层政府，借助短视频平台推介乡村文旅资源和农产品，搭建了"融媒体+电商"的扶贫工作新机制[3]。受新冠肺炎疫情影响，各地普遍

---

[1] 曾润喜、杨璨：《重建本地用户连接 融入基层社会治理：县级融媒体发展路径研究》，《新闻与写作》2021年第5期。
[2] 钟瑛、邵晓：《技术、平台、政府：新媒体行业社会责任实践的多维考察》，《现代传播（中国传媒大学学报）》2020年第5期。
[3] 曾润喜、乔阳阳：《新媒体参与精准扶贫的理论逻辑和实践路径》，《出版广角》2020年第22期。

出现农产品销售困境，不少基层党政干部开始在短视频平台直播带货，一度引发2020年的"消费奇观"。

新时代背景下，媒体融合发展能为社会治理赋予动能①，特别是县级融媒体的建设和发展，对联系、团结和服务基层群众具有重要作用。而县级政务抖音作为县级融媒体矩阵中的新的重要主体，是基层政府积极借助媒介变革推动政务服务转型的体现。基层政府如何在"短视频＋政务"这一新兴政务领域中实现可续持发展，值得进一步思考和探究。因此，在乡村振兴视角下并结合新媒体社会责任，将账号主体为县级干部的政务抖音作为研究对象，具有一定社会价值和现实意义。

二　文献综述

以政务抖音为代表的政务短视频发展迅速，但目前仍处于发展初期，已有研究大多聚焦于分析政务短视频的整体发展态势。整体而言，受我国行政区划数量分布的影响，各级政府部门政务抖音的开通数量自中央到地方呈现"金字塔"形分布，但不同地区、不同领域的开通数量差异较大，地区的人口规模、互联网渗透率、原有政务新媒体数量等因素都会影响政务短视频的开通数量。② 有研究发现，政府部门的行政级别高低对政务抖音号的传播力大小具有显著的正向影响，但与此同时，互联网平台开放、平等的传播特性可能使政务短视频的传播不受地域限制。③ 以公安政务抖音为例，政务短视频的网络府际关系形态呈现相对稳定的态势，应在加强政务短视频建设的同时，推动政务新媒体的集群化发展。④

---

① 曾润喜、张军兴：《媒体融合发展与我国社会治理的关系》，《青年记者》2020年第1期。
② 刘柳、马亮：《政务短视频的扩散及其影响因素：基于政务抖音号的实证研究》，《电子政务》2019年第7期。
③ 巫霞、马亮：《政务短视频的传播力及其影响因素：基于政务抖音号的实证研究》，《电子政务》2019年第7期。
④ 曾润喜、朱迪：《政务短视频平台府际关系结构特征研究——基于公安政务抖音的社会网络分析》，《电子政务》2019年第10期。

随着政务短视频市场竞争加剧,政务短视频的内容质量和传播效果的评估也成为学者关注的重点。有学者构建了含内容生产、组织、传播、消费、运营和规制等要素的政务短视频内容生态,并以此为基础建立政务短视频内容生态评价维度,发现政务短视频在优势凸显的同时存在定位和功能模糊、互动性和协作性差等问题。① 有研究则建构了政务短视频公众参与的影响因素模型,发现不同的信息类型会显著影响政务短视频下公众的点赞量、转发量、评论量。② 还有研究以"爆款"政务短视频为例,提炼热门政务短视频在种类、主题和形式等方面的共性,发现原创类情景剧、同系列或连载短视频更有利于维持用户黏性和获得影响力。③

一些研究发现,不同于政务微信、政务微博等信息发布较为理性和严肃的政务新媒体,政务短视频更多使用人格化的传播手段,发布诉诸情感的信息内容。有研究发现,中央级单位抖音号对于爱国主义的集体情感运用较为普遍,并与正能量故事传播中的自豪、感动等个体情感合力共振,推动形成政民"情感共同体",实现传播效果最大化。④ 此外,政务短视频的拍摄场景、情绪氛围以及语用表达等传播要素,都体现出明显的人格化特征;政务人员通过政务短视频实践,不仅能增强对政务工作的荣誉感、归属感和责任感,还能进一步使其产生主动参与政治传播的内在驱动。⑤

还有一些研究开始关注到基层党政干部"直播带货"扶贫助农的新潮流,从不同视角对基层干部直播带货现象进行了理论阐释。在政治传播视野下,基层干部直播带货具有组织性和公共性,既是经济行为也是行政行为,

---

① 李明德、张园:《政务短视频内容生态的评价维度与优化策略》,《电子政务》2019 年第 10 期。
② 陈强、高幸兴、陈爽、胡君岩:《政务短视频公众参与的影响因素研究——以"共青团中央"政务抖音号为例》,《电子政务》2019 年第 10 期。
③ 王程伟、马亮:《政务短视频如何爆发影响力:基于政务抖音号的内容分析》,《电子政务》2019 年第 7 期。
④ 章震、尹子伊:《政务抖音号的情感传播研究——以 13 家中央级单位政务抖音号为例》,《新闻界》2019 年第 9 期。
⑤ 郎劲松、沈青苗:《政务短视频的人格化传播:呈现与驱动——基于政务抖音号的实证分析》,《新闻与写作》2020 年第 10 期。

本质上是一种政治传播创新实践；① 在社会治理视角下，基层干部直播带货本质上是大数据时代的政务服务范式转型，不仅拓宽了基层政务服务的渠道，也丰富了基层政务服务的内容。② 有研究进一步总结，基层干部直播带货是政府为巩固脱贫攻坚成果、实现乡村振兴，在制度赋权与技术赋能下的主动创新。③ 基层干部直播带货产生了拉近干群距离、增进多方诚信、缓解产销矛盾、促进消费扶贫等多种效用；④ 然而，在实践过程中也出现了不少问题。例如，为追求数字政绩，强行公摊分派、销量数据造假、盲目跟风作秀、耽误正常办公等，甚至引致舆情风险，损害政府公信力，因而需要加强基层干部直播带货的规范与监督。⑤

综上所述，少有研究聚焦县级政务抖音号尤其是以县级干部为运营主体的政务短视频进行内容分析。当前，县域政府干部直播带货又面临能否持久"保鲜"的现实困境。在这种背景下，基层党政干部如何平衡好较重的工作负担和有限的发展资源，积极探索运用政务短视频推动文旅开发、扶贫助农等，以更好地与民众互动交流、提高基层社会治理水平和贯彻落实乡村振兴发展战略，还少有研究涉及。

三　研究设计

（一）样本选择

以"县长"为关键词在抖音平台进行用户搜索：为保证账号真实性，选择经过抖音平台官方认证的账号；为避免数据遗漏，进一步进行同类账号

---

① 赵佩华：《政治传播视野中的官员直播带货》，《新闻爱好者》2020年第7期。
② 邓喆：《政府官员直播"带货"：政务直播+助农的创新发展、风险挑战与长效机制》，《中国行政管理》2020年第10期。
③ 任彬彬、颜克高：《官员直播带货：县域政府实现乡村振兴的新探索——基于基层治理创新视角》，《兰州学刊》2021年第1期。
④ 孟威：《官员直播能否持久生效"保鲜"》，《人民论坛》2020年第Z2期。
⑤ 郑纳：《领导干部直播带货的规范与监督》，《人民论坛》2020年第23期。

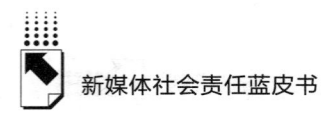

搜索，累计获得经过抖音平台加V认证的"县长抖音"账号9个，分别是账号"贺县长说昭苏""向县长说古丈""陈县长说安化""唐县长爱太湖""金县长爱山阳""蔡县长说金寨""黄河王小帅""陈县长说喀左""玫瑰县长"。在搜索过程中，发现未认证账号"李县说蒙阴"的内容发布与研究对象高度关联，且视频内容质量较优，故也将其纳入研究范围。最终获得全抖音平台注册的"县长抖音"账号10个，并以首条视频发布时间进行排序（见表1）。

表1 县长抖音账号基本信息

序号	账号ID	认证信息	所属省份	账号头像	账号简介	首条视频发布时间
1	蔡县长说金寨	金寨县政府副县长	安徽	本人生活照	分管文旅体、商务（电商）等工作 文旅体相关问题请@金寨旅游 电子商务相关问题请@长寿金家寨 媒体宣传等请@金寨融媒 我是金寨县土生土长的一个土得掉渣的女人 用土得掉渣的语言向您推荐金寨县原汁原味的原风景和土得掉渣的农特产品	2018-06-26
2	陈县长说安化	安化县委常委、副县长	湖南	本人动漫形象	西南民族大学经济学院，安化县原副县长，爱茶，信息化助农。	2018-10-22
3	贺县长说昭苏	雪地策马宣传旅游的副县长	新疆	昭苏天马雕塑	牧歌昭苏 天马故乡 万年高山草甸腐殖黑钙土孕育了昭苏优质的有机食材，即便尝一次，便是忘不了…… 爱昭苏，为昭苏农副产品代言。 招商：13909996075 旅游：18599393261 电商客服：17767602772 注：本人无其他平台账号，请粉丝们注意，谨防上当	2019-01-03

续表

序号	账号ID	认证信息	所属省份	账号头像	账号简介	首条视频发布时间
4	唐县长爱太湖	安徽省安庆市太湖县人民政府副县长	安徽	本人生活照	助农助学 度人度己 所得全部用于资助本地贫困生 欢迎走进朴初故里禅源太湖! 招商政策咨询和线索提供@太湖招商 县电商公共平台商务洽谈@源味太湖 风光欣赏和文旅相关问题@文旅太湖 媒体宣传及其他@太湖融媒+@太湖发布	2019-10-08
5	金县长爱山阳	陕西省山阳县人民政府副县长	陕西	本人生活照	老家苏州,落户北京,挂职山阳北大MPA硕士,阳光向善,富有情怀为天地立心,为百姓谋福,为山阳代言 V♥:jinxuehua1202	2019-11-02
6	黄河王小帅	山东商河县副县长	山东	本人生活照	我是商河县副县长王帅,是一名80后博士,我来推荐家乡好物	2020-01-14
7	玫瑰县长	平阴县政府副县长	山东	本人生活照	我是中国玫瑰之都平阴县副县长游伟民,一名经济学博士,我为大家推荐家乡好物	2020-03-23
8	李县说蒙阴	未认证	山东	本人生活照	山东省临沂市蒙阴县原副县Z大家可以叫我(老李)(李县)(新桃哥) 抖音携手ZF.信息化助农 一诺千金 不忘初心	2020-04-09
9	陈县长说喀左	辽宁省喀左县副县长	辽宁	本人动漫形象	博士,副教授。 县长出品,必是精品。 不定期直播大美喀左美食、美景。 敬请关注!	2020-04-19
10	向县长说古丈	湖南古丈县人民政府副县长	湖南	本人生活照	信息化助农 宣传推荐神秘湘西古丈,让更多人了解古丈,知晓古丈的毛尖茶叶、腊肉、柑橘、羊肚菌、猕猴桃、蓝莓和茶籽油等特色农产品,宣传湘西古丈的美食、美景和民俗文化等	2020-07-12

注:统计时间截至2020年12月18日。

（二）资料来源

"飞瓜数据"是一款针对抖音全场景数据的大数据分析平台，具有数据全面、准确度高和采集速度快的优势。本文选择飞瓜数据对上述10个账号进行数据采集，包括账号粉丝数、作品数、点赞量等运营数据，以及短视频标题、时长、发布时间等内容数据。截至统计时间2020年12月18日，屏蔽已删除视频后，采集到10个账号近90天内发布短视频合计796条，以短视频发布频率进行排序（见表2）。在统计周期近90天内，账号"黄河王小帅"未发布视频，账号"玫瑰县长"仅发布1条视频，故均不再纳入统计。

表2 各账号近90天内短视频发布情况

序号	账号ID	作品数量（条）	发布频率（每月/条）
1	蔡县长说金寨	300	100
2	金县长爱山阳	194	64.7
3	唐县长爱太湖	160	53.3
4	向县长说古丈	43	14.3
5	贺县长说昭苏	37	12.3
6	李县说蒙阴	25	8.3
7	陈县长说喀左	21	7
8	陈县长说安化	15	5
9	玫瑰县长	1	0.3
10	黄河王小帅	0	0
合计		796	265.2
平均		79.6	26.52

注：统计时间截至2020年12月18日。

由于账号近90天发布作品数量差距较大，分别选取账号中传播指数排名前15名的视频进行内容分析。传播指数是飞瓜数据平台对短视频在统计周期内的综合评分，数据维度包含账号粉丝数、点赞数、评论数、转发数、音乐使用数等，数值越高上抖音热门的概率就越大。因此，选择传播指数较高的视频样本比较有代表性。在分析过程中，发现有少数短视频已被账号隐藏无法浏览，最终获得116条短视频作为内容分析的有效样本。

（三）编码和信度检验

在借鉴已有政务短视频实证分析的基础之上，反复观看全部样本后建立了短视频内容分析的归类维度，具体包括：（1）标题文本，例如标题语气、#话题标签#、与平台联动、与同类账号联动等；（2）素材来源；（3）内容主题；（4）剪辑元素，包括字幕使用、旁白语言、背景音乐情绪、视频时长。

研究由两名编码员对 116 条短视频样本进行编码。对编码员进行培训后，抽取 30 条短视频样本进行预编码。两名编码员在互不干扰的情况下编码，预编码检验结果如下：#话题标签#、与平台联动、与同类账号联动、与头部账号联动、字幕使用、旁白语言、视频时长的 Kappa 值均为 1；标题语气的 Kappa 值为 0.89，素材来源的 Kappa 值为 0.93，内容主题的 Kappa 值为 0.81，背景音乐情绪的 Kappa 值为 0.78。信度检验结果表明，两位编码员的归类高度一致。随后编码员进行独立编码与归类，并随时讨论以保证研究结果的准确性。

四 结果与分析

（一）县长个人背景资料分析

收集整理"县长抖音"10 位县长的公开个人资料，发现 10 位县长的职务均为副县长，男性 7 人，女性 3 人，均出生于 20 世纪 70 年代或 80 年代；6 位副县长毕业于国内"211""985"高校，7 位副县长为硕士研究生及以上学历，其中 4 位为博士研究生学历，呈现显著的高学历特征；有 6 位是其他单位派驻到各县的挂职副县长，原工作单位主要包括地区高校、科研院所、国企等。综合来看，"县长抖音"的开通与县长个人知识文化水平和工作经历存在相关性。

（二）县长抖音运营数据对比

统计 10 个账号的短视频运营数据，并按照粉丝总量进行排序，得到表 3。

分析发现，一半账号的首条视频发布时间是在2020年，有2个账号近期并未发布作品，成为僵尸号；粉丝最多的账号是"贺县长说昭苏"，账号之间粉丝总量差距悬殊；单条视频最高点赞量超百万但仅有1条，热门爆款短视频匮乏；点赞总量和平均点赞最高的账号是"向县长说古丈"，其粉丝和作品总量并不是最高，说明该账号端视频整体质量较高、粉丝黏性较强；"蔡县长说金寨"的作品总量和每月发布频率最高，但其账号运营综合评分却居于下位圈，说明投稿频率与账号运营综合评分不一定成正比（见表3）。

表3 各账号所有短视频发布数据分析

序号	账号ID	首支视频发布时间	最新视频发布时间	作品总量（条）	粉丝总量	点赞总量	单条视频最高点赞量	平均点赞	平均评论	平均转发	飞瓜指数
1	贺县长说昭苏	2019-01-03	2020-12-16	176	108.1w	297.6w	110.3w	1.7w	743	230	736.5
2	陈县长说安化	2018-10-22	2020-12-16	91	41.6w	74.7w	2.6w	8209	582	386	672.9
3	向县长说古丈	2020-07-12	2020-12-18	105	35.2w	334.4w	22.8w	3.2w	2382	317	706.7
4	唐县长爱太湖	2019-10-08	2020-12-18	383	19.9w	156w	7.7w	4071	241	49	493
5	金县长爱山阳	2019-11-02	2020-12-18	507	13.5w	113.6w	7.4w	2240	219	17	422
6	蔡县长说金寨	2018-06-26	2020-12-18	980	9.6w	79.8w	1.2w	814	64	8	364.3
7	李县说蒙阴	2020-04-09	2020-12-17	76	8w	23.8w	3.5w	3125	160	35	374.7
8	黄河王小帅	2020-01-14	2020-8-07	107	5.5w	49.1w	7w	4593	194	37	356.5
9	陈县长说喀左	2020-04-19	2020-12-05	46	5.2w	7w	7343	1528	251	32	315.7
10	玫瑰县长	2020-03-23	2020-09-29	35	5384	1.1w	3529	320	152	32	229.3

注：1. 统计时间截至2020年12月18日；2. 抖音平台的数据统计单位为"w"即"万"，高于1万的数据精确到小数点后一位，不足1万的数据才显示具体数值，故上述表格未标明相关单位；3. "飞瓜指数"是指对抖音号近期运营数据的综合价值评分，数据维度包括粉丝总数、粉丝增量、发布作品数、作品互动数据（点赞、评论、转发）等，数值越大说明账号内容越优质和粉丝黏性越强。

（三）县长抖音短视频内容分析

1. 短视频标题互动性不强

短视频标题还具有发起或参加话题，与平台或其他账号互动的功能。据

表4，39.7%标题使用了陈述句，感情色彩较为平淡；71.6%都关联或创建了相关话题，涵盖本县景点、特产、县长本人相关话题和抖音平台官方话题，例如"#湘西腊肉""#贺娇龙""#消费扶贫"等，说明话题意识较好；而86.2%、92.2%、83.6%的标题文本分别未与平台、同类账号、头部账号联动。事实上，与此类账号的联动能够增加短视频的曝光机会。因此，通过分析116条县长抖音号原创短视频的标题文本，发现"县长抖音"的短视频标题普遍不注重互动性。

表4 县长抖音原创短视频的标题文本

类目	编码	数量（条）	占比（%）
标题语气	陈述句	46	39.7
	感叹句	34	29.3
	疑问句	24	20.7
	祈使句	8	6.9
	无标题	4	3.4
	合计	116	100
#话题标签#	关联或创建相关话题	83	71.6
	没有关联或创建相关话题	33	28.4
	合计	116	100
与平台联动	没有@抖音小助手或@DOU+小助手	100	86.2
	@抖音小助手或@DOU+小助手	16	13.8
	合计	116	100
与同类账号联动	没有@同类账号	107	92.2
	@同类账号	9	7.8
	合计	116	100
与头部账号联动	没有@网红、明星、官媒等	97	83.6
	@网红、明星、官媒等	19	16.4
	合计	116	100

2. 短视频素材质量参差不齐

短视频的视频素材来源，往往能够体现账号主体的投入力度和专业水平。据表5，42.20%的短视频素材来源于专门策划拍摄，往往清晰度较高也会经过专业剪辑；25.90%是通过手机自拍获得，素材清晰度较差，画面不稳定；12.10%是由图片、音频、字幕等简单合成；11.2%为县长工作录像。进一步地，账号"向县长说古丈""李县说蒙阴"的素材几乎全部是专门策划拍摄，而其他账号视频素材大多源于手机自拍和由图片、音频等简单合成。整体而言，非专门策划拍摄的视频素材占比57.8%，并且"县长抖音"各账号间的视频素材质量参差不齐。

表5 各县长抖音视频素材来源

单位：条

		视频素材						合计
		专门策划拍摄	工作录像	手机自拍	图片、音频、字幕等简单合成	现成宣传片	直播片段	
所属账号	向县长说古丈	15 (100.00%)	0 (0.00%)	0 (0.00%)	0 (0.00%)	0 (0.00%)	0 (0.00%)	15 (100.00%)
	唐县长爱太湖	4 (26.70%)	2 (13.30%)	8 (53.30%)	0 (0.00%)	0 (0.00%)	1 (6.70%)	15 (100.00%)
	李县说蒙阴	11 (84.60%)	1 (7.70%)	0 (0.00%)	1 (7.70%)	0 (0.00%)	0 (0.00%)	13 (100.00%)
	金县长爱山阳	0 (0.00%)	3 (20.00%)	10 (66.70%)	1 (6.70%)	0 (0.00%)	1 (6.70%)	15 (100.00%)
	贺县长说昭苏	8 (53.30%)	2 (13.30%)	0 (0.00%)	1 (6.70%)	4 (26.70%)	0 (0.00%)	15 (100.00%)
	陈县长说喀左	1 (7.10%)	0 (0.00%)	3 (21.40%)	10 (71.40%)	0 (0.00%)	0 (0.00%)	14 (100.00%)
	陈县长说安化	8 (53.30%)	4 (26.70%)	0 (0.00%)	0 (0.00%)	0 (0.00%)	3 (20.00%)	15 (100.00%)
	蔡县长说金寨	2 (14.30%)	1 (7.10%)	9 (64.30%)	1 (7.10%)	1 (7.10%)	0 (0.00%)	14 (100.00%)
合计		49 (42.20%)	13 (11.20%)	30 (25.90%)	14 (12.10%)	5 (4.30%)	5 (4.30%)	116 (100.00%)

3. 短视频内容主题较分散

政务短视频内容的主题分布，体现了各级政府部门对工作重点和老百姓关切的注意力分配。从图1来看，本县旅游推介（28条）、扶贫助农（22条）以及本县美食、厨艺展示（21条）是"县长抖音"创作的重点领域；

也有不少分享县长个人的工作感悟、生活随拍（20条）；还有少数在平台进行电商经验分享和直播培训（3条），和少量政策解读的短视频（3条）。具体而言，"向县长说古丈""陈县长说安化""贺县长说昭苏"的短视频内容分别主要与美食厨艺、扶贫助农、旅游推介相关，其余账号则没有表现出明显偏好的内容主题。因此，以县级干部为账号主体的政务短视频主题以县域文旅推广为主，大部分账号的内容主题较为分散。

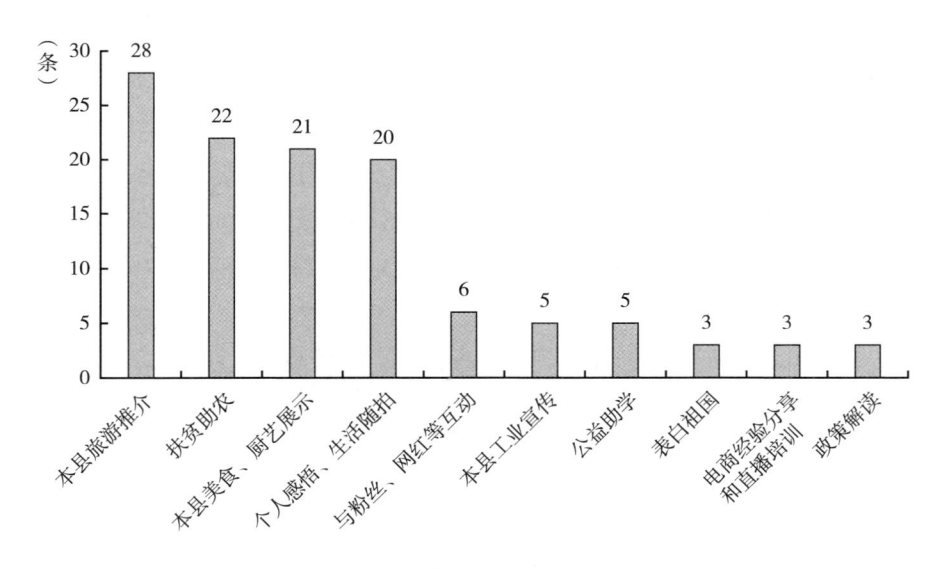

图1 县长抖音原创短视频的内容主题

4. 短视频后期剪辑待提升

短视频的后期剪辑也决定着视频能否成为"爆款"广泛传播。据表6，"县长抖音"短视频的字幕使用率为50%，仍有半数未添加字幕；45.7%的旁白语言是普通话，还有17.2%使用本地方言，但也有37.1%没有配音解说；28.4%的短视频使用欢快动感的音乐、19.8%使用深情感人的音乐和9.8%使用激昂震撼的音乐，但也有27.6%未添加背景音乐。此外，68.1%视频时长控制在0～30秒，60秒以上的视频只占比13.8%。实际上，政务抖音号比个人抖音号拥有更长的视频时长权限，意味着拥有更大的发挥空间。综合分析来看，"县长抖音"短视频的后期剪辑水平仍有待提升。

表6　县长抖音原创短视频的剪辑元素

类　目	编　码	数量（条）	百分比（%）
字幕使用	无字幕	58	50
	有字幕	58	50
	合　计	116	100
旁白语言	普通话	53	45.7
	无配音解说	43	37.1
	本地方言	20	17.2
	合　计	116	100
背景音乐情绪	欢快动感	33	28.4
	无背景音乐	32	27.6
	深情感人	23	19.8
	激昂震撼	11	9.5
	唯美治愈	9	7.8
	励志正能量	8	6.9
	合　计	116	100
视频时长	0~15秒	53	45.7
	16~30秒	26	22.4
	60秒以上	16	13.8
	31~45秒	11	9.5
	46~60秒	10	8.6
	合　计	116	100

（四）县长抖音粉丝互动情况

1. 本省和邻省粉丝居多

账号的粉丝地域分布即账号的辐射范围，反映了该账号的扩散力和覆盖面。对"县长抖音"粉丝占比前十的省份进行统计（见表7），发现每个账号粉丝占比最多的省份均是本县所在的省份，其次是该县所属省份的临近省份。例如，账号"唐县长爱太湖"的粉丝地域占比前十的省份分别是安徽（57.06%）、浙江（9.51%）、上海（6.34%）、江苏（6.22%）、广东

(3.43%)、湖北（1.97%）、福建（1.67%）、北京（1.61%）、陕西（1.45%）、江西（1.29%）。据表7，有9个账号本省加邻省粉丝占比超过50%，其中有6个账号超过70%。这说明"县长抖音"在本地及周边的传播效果较好，但在全国范围内的影响力有限。

表7 县长抖音的粉丝地域分布

单位：%

账号 ID	所属省份	本省占比	邻省占比	本省+邻省占比
蔡县长说金寨	安徽	67.51	16.72	84.23
李县说蒙阴	山东	76.27	7.29	83.56
金县长爱山阳	陕西	74.50	8.77	83.27
玫瑰县长	山东	70.87	9.71	80.58
唐县长爱太湖	安徽	57.06	18.99	76.05
向县长古丈	湖南	39.91	32.74	72.65
陈县长说安化	湖南	40.46	15.52	55.98
黄河王小帅	山东	33.29	21.54	54.83
陈县长说喀左	辽宁	46.19	7.57	53.76
贺县长说昭苏	新疆	37.11	0	37.11

2. 评论突出"县长"一词

短视频下的用户评论，可以帮助账号主体了解短视频的热度趋势和用户反馈。对部分互动数据表现较好的账号进行评论热词分析（见图2），发现出现频率最高的词语是客观描述的中性词，包括职务"县长"、地名"昭苏""古丈"等以及各地特产"腊肉""煎饼"等。可见"县长抖音"评论的内容指向与视频主题的关联度较高，说明"县长抖音"主要借助账号主体的政治身份，即"县长"这一职务进行账号运营。此外，带有认可倾向的动词在评论文本中的出现频率也不低，例如"喜欢""辛苦""感谢""支持"等，说明"县长抖音"获得了较为正面的社会影响。比较显著的是，评论互动中具有较多反映地域认同的内容，进一步验证了表7的粉丝地域分布规律。

(a) 贺县长说昭苏 　　　　　　　　　(b) 向县长说古丈

(c) 陈县长说安化 　　　　　　　　　(d) 唐县长爱太湖

(e) 金县长爱山阳 　　　　　　　　　(f) 李县说蒙阴

图 2　部分"县长抖音"账号的粉丝评论词云

五　结论与讨论

（一）县长抖音的运营特征

在账号风格打造层面，"县长抖音"的"人格化"特征尤为突出。"县长抖音"短视频中的人物角色以县长个人为主，账号注重塑造县长个人亲民、接地气的基层干部形象；而其他政务抖音号则更加倾向于塑造整个部门或群体的职业形象。因而作为账号主角的县长本人，其形象对"县长抖音"的账号定位和风格具有至关重要的作用。县长在短视频中展现的形象气质、言谈举止等个人参与，都会直接影响到用户对账号的喜好。

在内容主题选择层面，县长抖音短视频大多以文旅推广、扶贫助农为主题，内容涉及本地风光、特色美食、农产品、工艺品等，目的是通过发掘和宣传县域文旅和物产资源，培育新的县域经济增长点；而其他政务抖音号的内容多为正能量报道、重大主题宣传、常识科普等。[①] 这种差异背后其实是政务新媒体承担不同政务功能的体现："县长抖音"主要实现的政务服务是文旅休闲、公益扶贫等；而其他政务账号则承担了信息发布、政策解读、思想教育和舆论引导等功能。

在视频场景设计层面，"县长抖音"以实拍视频为主，主要是本地自然风光、乡野田间的生活场景，其视觉画面更偏轻松、休闲；而其他政务抖音号则更多为涉及公共秩序与安全的政务场景，例如检察、司法、公安等领域的政务新媒体。尽管其他政务抖音号的视频场景往往更加丰富，更具有故事性和感染力，但"县长抖音"的视觉呈现更加真实、朴素，有效契合了其账号的主要受众即基层用户的短视频视听偏好。

在情感传播策略层面，"县长抖音"账号主要是通过宣传县域风土人情，建构用户对家乡的地域认同和对农村的乡土情怀。与"县长直播带货"

[①] 李明德、张园：《政务短视频内容生态的评价维度与优化策略》，《电子政务》2019年第10期。

类似,"县长抖音"通过打造风格各异的县长人设,力图将政治资本转化为带有消费力量的情感认同,且倾向于为用户打造"细水长流"式的日常陪伴;而其他政务抖音号主要是宣传业务工作,和建构以爱国主义为基调的国家和民族认同,善于抓住关键时刻和热点事件等来调动民众情感。①

(二)研究讨论与新媒体社会责任评估

"县长抖音"是基层政府积极探索社会治理新模式的有益尝试,其出现是用户需求变化、技术平台生态和基层政府转变共同作用的结果。研究发现,"县长抖音"与其他政务抖音号相比具有以下运营特征:视频人物角色以县长本人为主,注重塑造县长个人形象而非部门、集体形象;视频主题以文旅推介和扶贫助农为主,弱化了部分传统的政务服务功能;视频涉及的政务场景较为轻松、偏休闲,以实拍视频为主;视频主要是建构家乡认同和传播乡土文化,更突出生活感和陪伴感。在数量庞杂的同质化县级政务抖音号中,"县长抖音"的兴起成为一种独特现象引发关注,其中最核心的运营逻辑在于打着"县长"旗号进行短视频传播,因而能够更好地满足用户的"观看"心理、"人设"偏好以及乡土"情怀"。"县长抖音"未来具有较大的发展潜力和提升空间,应该鼓励更多的基层党政机关干部在工作之余,有序探索基于网络平台的干群交流对话新方式。

不过,"县长抖音"本质上是一种以地方政府公信力为背书的公益行为,关系政府和官员个人形象的维护和可持续发展,因而对"网红县长"的出现也需要保持谨慎的乐观。研究发现,"县长抖音"最显著的运营特征就是县长本人作为短视频主角出镜,县长是否接地气、是否幽默、是否真实不做作等,都会被用户纳入对县长乃至县政府的评价维度。结合"县长抖音"普遍存在的特色缺失、定位模糊的问题,一方面,在具体的人格化实践中,"县长抖音"团队应该面向用户需求,结合县长自身特色和特长,致

---

① 章震、尹子伊:《政务抖音号的情感传播研究——以13家中央级单位政务抖音号为例》,《新闻界》2019年第9期。

"县长抖音"政务短视频运营逻辑与新媒体社会责任研究

力于为其打造合理讨喜的"人设",促进基层政务传播向情感化、互动化的转型;另一方面,县长个人参与对"县长抖音"十分重要,县长一旦"翻车",后果不堪设想,这要求县长自身积极转变传统官员心态,努力学习互联网知识和文化,提升自己的网络表达和表演能力。不要为了成为"网红"舍本逐末,也不要因为成为"网红"就沾沾自喜,应该平衡好政务工作者与抖音运营者的双重角色,实时监测用户反应和舆情动向。

根据"县长抖音"的粉丝地域分布,我们还发现其账号影响力的辐射呈现类似差序格局的现象。一般来说,互联网传播具有超越时空的技术优势,政务短视频的传播可以不受制作者所在地域的影响。但实际上,技术变迁仍然会受制于现实资源禀赋和社会文化心理。研究样本中,仅有1条百万级点赞的"爆款"视频,说明目前"县长抖音"的扩散力和覆盖面十分有限。究其本源还在于其短视频质量普遍较差、参差不齐,这与基层政府的工作负担较重和发展资源有限密切相关。而优质短视频的制作,其前期、后期都需要专业的、可持续的人力资源投入。因此,对于部分贫困、偏远地区而言,基层政府不应过分要求"量产"而应追求打造"爆款"。此外,还需要为用户提供该地区的交通位置、服务设施、门票政策等重要信息,便于游客在真正做出旅游决策时参考。

新媒体发展不断"赋能"现代社会治理各个领域。成为创新社会治理模式的有效工具,是新媒体积极履行社会责任的表现。新媒体提供的信息发布、互动交流等功能,尤其是短视频拍摄和网络直播功能,为一种新型政民沟通方式提供了很好的平台,发挥了媒体的良好社会效应。在媒体深度融合发展阶段,以政务抖音为代表的政务短视频,本质上就是"媒介技术赋能"的政务服务转型。而"县长抖音"号的产生,实际上就是传播的信息节点模型,从单一的意见领袖转变为多元主体参与的信息共享。可以预见的是,随着政务短视频的不断扩散和下沉,"县长抖音"的账号数量将不断增加,未来乡镇和村级政务新媒体也或成为新的发展趋势。伴随着县级融媒体中心的建设和发展,政务短视频的触角将广泛延伸到基层社会治理和乡村振兴的应用场景中,这也是需要积极关注的新课题。此外，抖音等新媒体平台也应继续履行商业平台的"社会责任"①，对偏远、贫困地区的政务抖音号主动给予流量扶持、制作升级、话题带动等方面的帮扶，促进更多有潜力的县域景点成为"网红打卡地"，打造更多有风格的"网红县长"。

---

① 曾润喜、顿雨婷：《新媒体社会责任感知对受众品牌忠诚的影响机制——一个有调节的中介模型》，《现代传播（中国传媒大学学报）》2020年第4期。

B.9 无罪推定前提下突发公共卫生事件中网络谣言的权责认定与澄清机制

邓秀军 潘德音*

摘　要： 突发公共卫生事件具有较大的破坏强度和影响范围，因此容易产生网络谣言。突发公共卫生事件中网络谣言的认定和澄清，必须坚持无罪推定和信息透明的原则，根据不同的主体权责来设置不同的谣言认定和澄清规则。在被认定为谣言之前，普通网络用户不需要对言论进行证实和证伪，网络言论指涉者需要证伪以指认谣言，网络言论的传播者需证实言论并排除主观恶意，言论监管机构认定和澄清网络谣言需遵循"无罪推定"原则，既需要证实也需要证伪。

关键词： 突发公共卫生事件　网络谣言　无罪推定　权责　澄清

突发公共卫生事件是指对公众健康可能或已经造成影响的群体性意外突发事件，包括传染病疫情、食品安全事件、大规模传播的不明原因疾病等。1918年的"西班牙流感"、2003年的"非典型性肺炎"（SARS）、2020年的"新冠肺炎疫情"（COVID-19）等，均属于突发公共卫生事件。突发公共卫生事件的突发性和破坏性容易滋生紧张和恐慌的情绪，在信息没有得到充分公开和传播的环境下，人们会因所掌握信息的不平衡产生猜测和怀疑。在

---

* 邓秀军，北京外国语大学国际新闻与传播学院教授、博士生导师；潘德音，华中科技大学新闻与信息传播学院硕士研究生。

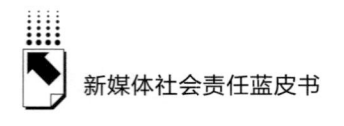

探索事实真相和寻求安全感本能的驱使下，不明真相的人们互相沟通、交流，同时也让不同立场和动机的言论在网络平台上激荡和碰撞，网络谣言就此产生。

相比一般的网络谣言，突发公共卫生事件中的网络谣言更像是一种与疾病本身相伴的"信息疾病"。突发公共卫生事件直接威胁人们的生命安全，这促使个人和社会各界必须迅速做出反应，信息交流需求激增，网络谣言在社会多个领域集中爆发，不断冲击着社会信息系统的"免疫防线"。在这样的环境下，突发公共卫生事件中的网络谣言容易出现在医疗、交通、政策等公共资源领域，给正常的社会信息服务造成干扰，人们受到网络谣言的影响容易做出错误判断和行为，不利于国家迅速地阻止疫情蔓延；此外，由于突发公共卫生事件的核心威胁是疾病，人们出于自保的本能容易相信一些不真实的疫情信息，不利于个人在突发公共卫生事件中保持理性判断、采用科学的防护措施。因此，针对突发公共卫生事件的特性，有必要在"特殊时期"建立网络谣言认定与澄清机制。

突发公共卫生事件中的网络谣言认定与澄清机制需要多方主体共同协调参与，科学合理求证。网络谣言是线上人际交往和社群互动中的常见现象，带有主观恶意的失实言论难免会对个人和特定组织机构带来不良的影响，进而破坏社会秩序、侵害公共安全。与此同时，过度打击网络言论、泛化谣言的认定标准会侵犯公民的言论自由权利，甚至造成"寒蝉效应"。要想构建规范化、现代化的网络言论治理体系，首先需要科学地界定网络谣言，准确地甄别和认定网络谣言，合理有效地澄清和治理网络谣言。突发公共卫生事件中，网络谣言该如何界定和认定？谣言的指涉者应该如何回应？不实言论传播者需要承担什么样的责任？言论监管机构该如何合理地澄清网络谣言？

一　无恶意前提下的表达——普通网络用户的言论边界

突发公共卫生事件发生时，事件的突发性、危机性会直接影响到普通网络用户的信息感知，严重的突发公共卫生事件会使普通网络用户产生不同程度的信息焦虑和认知失调，从而轻信网络谣言。网络谣言是在网络平台上发布的被权威机构认定为内容虚假的言论。然而，信息内容的"不真实"并不是谣言认定的充要条件。突发公共卫生事件语境下，网络平台纷繁复杂的言论真假难辨，带有侵害性的虚假言论往往比非侵害性的虚假言论具有更大的社会破坏力，对言论涉及者的权益、权威机构的公信力、群众的真相知情权以及社会的和谐稳定造成潜在的危害。谣言的认定需要经过官方证伪的程序，在司法实践中更看重谣言的虚假性和侵害恶意，权威机构出面辟谣往往都是因为相关言论产生了较大的侵害，普通网络用户的言论既不需要证实也不需要证伪。

（一）谣言是被官方或权威机构认定虚假的言论

在中国古代，"谣"作为一种民间话语被官方搜集、借鉴，对谣言进行判断是官方了解民情的依据和国家治理的手段。"谣"在汉语语境中，有歌谣、传言之意，《国语·晋语》中，范文公提出"辨妖祥于谣"；《后汉书》记载"民作谣言"；汉代将"举谣言"纳入官僚考核体系，以此作为州郡派员考察民情民意的工作依据。[①]

现代社会中谣言常常与流言相提并论，但谣言并不等同于流言。相对于流言的不确定性和边界模糊特征，谣言是被官方或权威机构明确认定虚假的言论。在我国法律规制的语境下，谣言的本质与"虚假信息"等同，是基于法律规制的真实性甄别和判定：《中华人民共和国刑法》中规定的"造谣"意指捏造虚假事实；《中华人民共和国治安管理处罚法》中的"谣言"指"没有事实根据的谎言"。从言论的内容属性角度而言，流言无法确定真实性，包含"可能为真"和"可能为假"两种情况；谣言则"铁定为假"，是一种主观捏造的虚假信息。从言论的功能价值角度而言，流言有娱乐休闲、信息交换和分享价值等功能；谣言则倾向于解释或阐释社会的重要话

---

① 陈建群：《"举谣言"考辨》，《国际新闻界》2014年第8期。

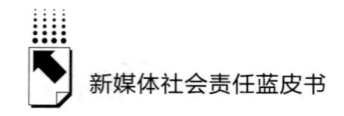

题,提供与重要问题相关的信息。从言论的传播动机角度来看,流言的传播属于无意讹传;谣言则是有目的地捏造且怀有恶意。①

在突发公共卫生事件环境下,大量短期爆发式出现的言论介于流言和谣言之间,短时间内难以准确地判断某一言论是否确实为谣言。"谣言"相较于流言具有更加权威和规范的认定标准,不是所有流言都可以或需要被认定为谣言。卡普费雷认为谣言的尴尬之处在于"可能是真实的",战事情报的泄密和政治内情的曝光都有可能以谣言的形式呈现出来②,这就要求特殊时期需要更为严格的谣言认定标准。在以往突发公共卫生事件的谣言认定历程中,有部分言论在传播前期和中期被认定为"谣言",事后被证明是真实的、不失实的。真实的、不失实的"谣言"严格意义上属于流言和传言,只有被确凿的证据证明与事实不符后,相关言论才可以被确凿认定为谣言。

谣言的流行可以归因于证据(或可靠标准)的缺乏。谣言作为一种"未经官方证实"③、"真实性未经相关主体证实的信息"④的言论,需要被证实和证伪。从言论规制术语的角度来看,只从单一角度看言论是否被"证实"不能作为判断一种言论是否为谣言的依据,当"证实"与"证伪"相结合时,真实的言论被证实为真相,不实言论才可被证伪为谣言。

突发公共卫生事件发生时,在流言四起的环境下,判断某一言论是否为"谣言"的主体需要掌握多方主体的大量信息,在进行多方考证、综合判断后对谣言进行认定,特殊时期具备这种认定条件的主体只有官方或权威机构。因此,"谣言"是经过官方或权威机构认定为虚假信息的言论,谣言的认定的关键是言论的证伪。网络谣言与谣言并无本质区别,网络谣言的本质是网络虚假信息,且存在对社会形成危害的潜在危险,需要被官方或权威机构认定。

---

① 周晓虹:《现代社会心理学——多维视野中的社会行为研究》,上海人民出版社,1997,第427页。

② 〔法〕让-诺埃尔·卡普费雷:《谣言:世界最古老的传媒》,郑若麟译,上海人民出版社,2008,第7页。

③ Knapp R H, "A psychology of rumor", *Public opinion quarterly* 8 (1944): pp. 22 – 37.

④ 王国华、方付建、陈强:《网络谣言传导:过程、动因与根源——以地震谣言为例》,《北京理工大学学报》(社会科学版) 2011年第2期。

（二）普通网络用户的言论表达——无须证实

网络具有公共话语空间的属性，公民在网络空间中有权利针对突发公共卫生事件进行讨论，发表相关言论。言论在信息传递和互动交流中起着重要的作用。《中华人民共和国宪法》第35条规定，中华人民共和国公民有言论自由。公民有合理表达的天赋自由，其表达权受到法律的认可和保障，公民可以使用各种媒介传递观点、意见、情感等内容。网络媒介的普及使得通常没有发言权的群体拥有了发言权，人们能够较为便捷地在网络平台上发表自己的看法。

网络谣言本质上是一种特殊的网络言论，相较于普通网络言论具有更明显的恶意主观动机，因此，客观上可能造成某些侵害性的后果。普通网络言论的发布动机旨在交流分享和自我表达，谣言则有制造不实信息的主观动机，部分谣言制造者甚至带有侵害他人权益的恶意。谣言的发布脱胎于言论表达，多以个人网络账户的形式进行言论发表，文字信息和图像信息均属于言论表达的一部分，在没有明确的证据的情况下，难以在第一时间识别该言论属于普通网络言论还是网络谣言。目前我国网络用户数量逐年增长，但占多数比例的网络用户呈现年龄、学历、收入等方面的"三低"现象，普通网络用户的科学素养和媒介素养还有进一步提升的空间。大部分普通网络用户对卫生常识、医疗知识和相关政策信息的了解不够全面，多数情况下不在现场、不了解事件真相，加之发布言论时较少有举证意识，细节和举证等方面出现错误的陈述是正常现象，宪法并不因言论的真实性不足而放弃对公民言论自由的保护。言论自由不仅保护主流观点的表达，也保护少数的、边缘的、"非正统"的甚至错误的观点和看法的合理呈现，[①] 但"说错话"的自由不得超越法律的约束。带有主观恶意、形成严重后果的错误言论，例如恶意诽谤医护人员、谎称自己是新冠肺炎患者等言论，经过权威机构和司法机关的证伪可以被界定为网络谣言。

---

① 李大勇：《谣言、言论自由与法律规制》，《法学》2014年第1期。

没有被官方或权威机构证伪的网络言论不属于网络谣言。普通网络用户不是谣言认定的责任主体,多数情况下他们都是言论发布者和社会观察者。普通网络用户在没有主观恶意的情况下使用网络发表言论,不需要对自己的言论进行证实;面对其他用户发布的与自身没有利益切关的网络言论,他们也不需要证伪。在普通网络用户的日常网络媒介使用行为中,通常以人际关系作为选择相信或质疑一则信息的依据,较少专门去验证信息的真伪。而在媒介接触中,普通网络用户的信息浏览偏重娱乐消遣,不会过多重视信息的真实性。① 这样的浏览习惯延续到突发公共卫生事件发生时,普通网络用户更在意信息的内容是否对了解疾病真相、自我保护具有参考价值,在恐慌情绪下选择听信不明渠道的消息。在接触到"双黄连可以治疗新冠""某地附近有新冠患者"这样的信息时,普通网络用户的第一反应更倾向于相信该信息是真实的,进而立刻采取应对措施,而不是事先核实该信息的真实性。2016 年 CNNIC 的新闻市场调查显示,转发新闻信息前有意识地对新闻信息进行核实后转发的网络用户仅为 25.7%,大多数网络用户会直接进行转发,不会核实消息的真实性。② 即便普通网络用户有"求证"意识,在自行进行求证时,可能会面临"无效求证"困境,包括求证未果和求证信息有误两种情况,无形中增加了信息证实成本。因此,面对纷繁复杂的公共卫生信息,在一般情况下,普通网络用户不需证实自己的网络言论。

二 通过言论证伪维护自身权利
——指涉者的谣言指认

网络言论指涉者是言论指涉的对象,也就是谣言攻击性的"受害者"。

---

① 张明新:《网络信息的可信度研究:网民的视角》,《新闻与传播研究》2005 年第 2 期。
② 中国互联网信息中心(CNNIC),《2016 年中国互联网新闻市场研究报告》,http://www.cnnic.net.cn/hlwfzyj/hlwxzbg/mtbg/201701/P020170112309068736023.pdf,最后检索时间:2020 年 4 月 30 日。

在突发公共卫生事件中，网络谣言指涉者一般涉及医护人员等专业机构人员、病患等群体，他们对事件真实情况有直接的了解，能够通过提供一手信息来还原事实真相。涉及指涉者的网络言论如果不属实，言论指涉者需要提供充足的证据来证明相关言论的虚假性，通过证伪该言论的方式指认网络谣言，这一过程就叫言论证伪。实施言论证伪的过程中，当言论的指涉者为个体公民时，需要通过证伪谣言来确保自身权益不受不实言论的侵害；当言论的指涉者为组织机构时，需要及时传达真实信息证伪谣言，保障社会机构正确应对危机。

（一）言论指涉者的权利与责任

突发公共卫生事件发生时，网络言论表达失范到一定程度，会对公共利益产生破坏。言论自由不是无限度的自由，当侵犯他人权益的不实言论出现时，言论指涉者必须以法律为准绳，对不实言论进行识别、举证，消除不实言论的不良影响。

言论指涉者可以依据我国现行法律法规对谣言进行指涉。为了保障言论指涉者的合法权益，维护社会良好风气和稳定秩序，我国的言论相关法律规制对网络谣言等不实信息进行了系统的界定。《中华人民共和国刑法》第291条、《中华人民共和国网络安全法》第12条对编造、传播虚假信息的行为有明确规定，《治安管理处罚法》第25条明确规定，散布谣言属于扰乱公共秩序。《中华人民共和国邮政法》第37条，《网络音视频信息服务管理规定》第9条，《网络信息内容生态治理规定》第6条、第9条分别对邮件、音视频信息制品、网络信息生产中出现的虚假信息进行了规定，任何个人、任何组织不得故意制造、传播虚假信息，不得利用信息技术损害他人合法权益。

群体的举证意愿与抑制不实信息传播相关，举证意愿越高，对不实信息传播的抑制效果越好。① 申请人享有举证权，当事人针对网络谣言的举证行

---

① 葛涛、夏志杰、翟玥：《群体智慧影响社交媒体不实信息传播的因素分析》，《情报杂志》2015年第7期。

为适用于"谁主张谁举证"原则。当网络言论对言论指涉者产生利益侵害时，言论指涉者可以且需要举证说明网络言论的侵害性，进行证伪。2013年"两高"发布《关于办理利用信息网络实施诽谤等刑事案件适用法律若干问题的解释》，"诽谤罪"和"寻衅滋事罪"进入网络言论的刑事规制范畴。对公民私人生活的诽谤等言论会切实侵害言论指涉者的权益，私人言论不能免于法律责任。言论指涉者需要在证伪言论前对相关法律规定进行查阅，根据法律法规对照涉及自己的不实言论属于哪一种类型，并对自己的真实情况进行说明。为保证疫情真实信息的及时传递，突发公共卫生事件中的言论证伪应尽快进行，言论指涉者在完成言论比对后，应快速说明情况，指认谣言。

（二）言论指涉者的谣言指认——必须证伪

突发公共卫生事件中被言论指涉的对象既有个体公民也有组织机构，指涉个体公民的不实言论集中在人身攻击、名誉权侵害、疾病情况或死亡情况，指涉组织机构的言论主要包括疾病防控情况、假造政策警情等。在明确谣言是被官方（及其权威机构）认定是不实言论这一共识的基础上，言论的指涉者需要通过向权威机构发起澄清谣言的申请，通过证明言论的不实来认定谣言。网络谣言的认定需要多方对话和协商，指涉者通过提供证据证明言论的非真实性来指认谣言和"造谣者"。

1. 网络言论指涉者为个体公民

网络谣言的认定，首先需要言论指涉者对相关言论进行证伪。2020年2月10日，湖北随州流传"一小区住户因感染新冠病毒厌世撒钱"的谣言，该小区住户看到消息后，在微信群中说明真相：实际上是言论指涉者家中的三岁孩子把钱当纸片撒着玩，并非感染新冠病毒。2020年2月17日，有网友称浙江护士陈颖和武汉方舱医院出院患者张芬是同一人扮演，言论含有人身攻击。为了澄清谣言，张芬的女儿亲自发布母亲张芳的生活照，陈颖爱人在评论中证实陈颖已经22天没有回家了，两个该言论相关的指涉者家属都出面证明两人不是同一个人，各有各的生活。网络言论指涉者及其亲属直接现身说法是最有效的证伪方式，在不涉及侮辱、诽谤的情况下，直接用证据反驳即可。

网络言论中散布的有关公民的不实信息，会对该公民的社会形象造成伤害，个体公民可以按照侵犯名誉权的追诉程序进行谣言指认。2020年1月，一则主题为"上海瑞金医院逃跑患者为武汉市卫健委副主任刘庆香，逃回豪宅看望女儿"的言论在网络上流传，1月22日武汉市卫健委官方微博发布信息进行澄清："刘庆香同志自去年12月底以来，一直坚守武汉市新型冠状病毒感染的肺炎防控一线。她没有女儿，只有一子在武汉市工作。"2020年2月17日，中国科学院武汉病毒研究所的研究人员陈全姣在网上被冒用身份，盗用者"微客铁汁5"以陈全姣的身份发布了"武汉病毒所所长泄露病毒"言论，并公布的陈全姣的身份证号和照片。当天，陈全姣本人发布证伪声明："我从未发布任何相关举报信息"，表示了对冒用身份发布不实言论这一行为的极大愤慨，并声明将诉诸法律追究造谣者的责任。

除了侵犯言论指涉者的名誉权之外，还有网络言论涉及人的"生"或"死"，这类言论有着更强的冲击力和伤害性。2020年3月23日，"援鄂广西年轻护士梁小霞去世"的消息在网络空间广泛流传，随后协和医院多位医生、护士在微博等网络平台发声，说明梁小霞护士仍在抢救中，并非死亡："梁护士没有过世，我们仍在守护着她。"当网络言论指涉者为个体公民时，个体需要对有关言论的真实性和对个人利益的侵害性进行判断，如遇不实信息，需要直接证伪，对名誉权、个人信息安全等合法权益进行保护。

2. 网络言论指涉者为组织机构

当虚假的网络言论侵害组织机构的权益时，这些组织机构需要及时证伪，以维护组织机构的声誉，保障疫情防控工作能够持续平稳运行。在组织机构的权益没有受到严重侵害而对公共利益产生误导和侵害时，相关组织机构有义务主动进行谣言指认和证伪，用事实真相掐灭谣言滋生的苗头。

组织机构受到谣言的攻击和侵害需要通过证伪谣言来保护自身的权益。受山东任城监狱新冠肺炎疫情影响，有关"监狱发生新冠病毒"的谣言在全国流传。2020年4月，一则"湖南女子监狱发生新冠肺炎疫情"的谣言引发大众对监狱的关注和质疑。湖南女子监狱发布证伪公告，陈述已将言论中怀疑的当事狱警送入隔离观察点的事实，并将该狱警的核酸检测结果公布，通过核酸检测为阴性这一"铁证"认定了谣言。

谣言与公共利益密切关联，相关组织机构有义务证伪谣言，保障公共权益不受侵害。突发公共卫生事件中，需要保障粮油、通信、交通运输等基础公共服务。2020年1月24日，针对"禁止医护人员分享消息，武汉将断网"的言论，武汉市网信办、湖北省通信管理局和三大运营商均表示断网言论不实，当前工作重心是全力保障网络供应，断网属于谣言。同时期"武汉断油"谣言流传，中国石油、中国石化加油站正常营业，用实际行动证伪了谣言。国内疫情中后期，福州、防城港等多市出现"断粮"谣言，国家粮食储备局在2020年4月4日召开新闻发布会说明国家粮食储备充足，没有动用中央储备粮，动用地方储备粮也是个别地区的情况，对谣言进行及时证伪，避免了粮食哄抢狂潮。相比个体公民采用"点对点"个人发声的方式指认谣言和造谣者，组织机构更应利用好大众媒体资源，采用"点对面"的辟谣方式，不仅要对某一个不实言论进行指认、澄清事实，更应在此基础上公开其他疫情防控相关信息，避免其他类似的不实言论再次出现。

三 非主观侵害动机的言论发布
——传播者的自证清白

从言论传播者的角度而言，认定谣言不能只是验证言论本身的非真实属性，还需要分析言论的发布动机和侵害效果。突发公共卫生事件中信息庞杂，传播不实言论的动机各种各样，有个人通过发布不实言论获得心理满足，也有企业通过发布不实言论进行宣传营销。即使言论失实，言论传播者不也能单纯与造谣者等同，需要根据传播者的行为动机和言论造成的后果来判定：若存在恶意动机和侵害性后果，可以认定为谣言；反之则不能认定为谣言。

（一）不实言论的侵害性认定

《诽谤信息解释》中将"数量""危害后果""主观恶性"三个方面作为判断"情节严重"的标准，其中，"主观恶性"和"危害后果"与网络言论的主观恶意和侵害性程度分别对应，甄别网络谣言需要将二者结合起来进行分析。

1. 网络言论的传播者是否有主观恶意

恶意是一种主观故意行为，与动机和目的有着紧密的联系，具有"明知故犯"嫌疑，刑法规制惩治的是明知言论是虚假信息仍恶意传播的言论发布者。通过网络谣言实施个人报复、发泄不满情绪、实现心理满足（心理获利）是造谣的重要动机，恶意动机需要官方（或权威机构）经过查证后确认，作为谣言认定的基础。浙江慈溪一男子造谣"有人携带新冠病毒"，后经查证此男子与言论指涉者存在生意合作分歧，该言论系该男子怀恨在心恶意编造。2020年2月初流传于网络的"全国有几十万确诊病例"的视频经查证是经过剪辑的虚假视频，视频制作者将原视频中重要的语境前提剪掉，夸大病例数字，存在恶意编造的动机。

网络平台上有太多无法证明真实的言论，如果没有明确的侵害动机和侵害后果，不需要认定为网络谣言。言论是否具有主观恶意，需要言论发布者自行对权威机构进行说明，还原言论发布时的真实情况。例如，江苏苏州一网友"芊芊小可爱"为宣泄个人情绪，在朋友圈发布"发烧了""传染给男朋友"等疫情相关言论，苏州警方调查后发现该网友发布言论时并没有主观恶意，其主观动机是在朋友圈寻求心理安慰，该网友发烧、咳嗽的症状经医院查证只是普通感冒，民警因而没有对其进行罚款、拘留处分等处罚，只是以口头警告的普法教育方式进行了处理。在没有主观恶意的前提下，言论发布者需要主动配合官方（或权威机构）的调查，以证清白。

2. 网络言论是否造成侵害后果

网络平台的言论多种多样，不实言论发布的动机也是千奇百怪，其中最常见的动机就是"开玩笑"。网民为了"开玩笑"发布不实言论，即使没有明确的主观恶意和侵害动机，如果引起群体恐慌情绪，影响社会稳定，对公民个人权益或公共利益产生了侵害后果，则必须按照发布谣言进行处罚。如果不实言论的传播者被查实既有侵害的主观动机又有切实的侵害后果，则必须依法严惩。

在突发公共卫生事件发生时，部分网友会把疾病作为开玩笑的内容，非常不利于正常的疫情排查、防控工作，严重者会造成人力物力资源的浪费，侵害正常的防疫秩序。2020年1月24日，临淄一女子出于"开玩笑"的目的发布一条视频，内有"从武汉回来传染更多的人"相关内容。警方介入调查后得知女子从未去过武汉，发布视频是为了和朋友开玩笑，即使没有恶意动机，然疫情期间情况特殊，已引起群众恐慌和举报行为，已构成造谣的行为事实。《关于依法惩治妨害新型冠状病毒感染肺炎疫情防控违法犯罪的意见》中明确规定："对恶意编造虚假疫情信息，制造社会恐慌的，要依法严惩。"突发公共卫生事件发生的大背景下，在确认网络言论内容不属实的前提下，如果传播者被查明有传播谣言的恶意动机，或者产生具体的侵害后果，或者既有主观恶意又有侵害后果，则被判定为传播谣言。

（二）言论传播者负有证实的责任

在相关网络言论对他人的权益造成侵害的情况下，言论传播者需要对言论进行证实，若不能充分证明自己言论的真实性和无恶意动机，则可以被认定为谣言。突发公共卫生事件中，烟草行业为提高销售额，需要在销售言论中放大烟草的益处并对其进行证实，疫情期间夸大烟草的预防作用。"非典"疫情期间曾爆发过"烟草能够预防病毒"的谣言，这类谣言在新冠肺炎疫情期间卷土重来。2020年2月，一个名为"姚讲姚说课堂"的公众号发布了"吸烟者不易感染新冠肺炎"的言论，暗示吸烟可以预防新冠病毒，并截取钟南山团队论文中的部分数据作为证据支持，后经北京市控烟协会判定，此号是一个为烟草行业推销的营销号。2020年4月，一商家声称量子共振仪可以准确测量是否感染新冠病毒，提出只要将测量仪器贴在手腕上持续30秒即可检测出结果，谎称该量子共振仪在雷神山医院使用且监测准确率高达100%。英国一家公司借机宣称已经研发出能够防5G辐射的产品，可以保护产品使用者免受新冠病毒的侵害，以每个产品350英镑的价格出售，这家公司正是"5G能传染新冠病毒"流言的支持者。

有充分证据支撑的、可被证实的网络言论不需被认定为谣言。国家卫健委发布的《新型冠状病毒诊疗方案（试行第六版）》中，已明确新冠病毒对紫外线敏感，紫外线灯已被医师证实可以起到消毒、灭活病毒的效果，在无人房间内照射1小时、温度达到56℃半小时有效，因此，紫外线灯商家引用紫外线灯可杀毒的论断进行产品宣传是符合事实的。与之相反，中国科学院上海药物研究所2020年1月31日向媒体提供的"双黄连口服液可抑制新冠病毒"的消息，引起民众抢购双黄连口服液狂潮并引发社会关于"双黄连预防新冠病毒"的讨论，研究所针对质疑回复"科学的事情我们也不想说得太过"，没有给出双黄连有效应用于临床的数据，由于没有充分证明其言论的真实性，上海病毒研究所的"双黄连言论"难以服众，更应该是"谣言"。在能够提供充足的证据证明言论真实性且没有产生实质性侵害时，网络言论即便有获利的动机，也不能认定为谣言。

四 "无罪推定"与证伪程序
——监管机构的谣言澄清

"无罪推定"原则是刑事诉讼程序中的基本原则，网络谣言澄清所遵循的"无罪推定"准则是建立在实事求是基础之上的原则性前提。突发公共卫生事件中的不实言论具有破坏性和迷惑性，网络言论监管机构在网络谣言的认定过程中，需要对网络言论展开系统严谨的甄别，经过调查、取证、公开等证伪流程，方可将该言论认定为网络谣言；澄清网络谣言同样需要遵循完整的证实流程，通过呈现网络言论涉及事件的事实真相来澄清网络谣言。通过严格的证实和证伪流程，避免谣言认定和澄清中出现"朝令夕改"的情况，减少民众因频繁出现"不能确定的危机消息"而引起的群体焦虑或集体恐慌。

（一）言论指涉的职能部门有信息公开的义务

网络谣言的认定需要言论监管机构协调其他相关的职能部门，在无罪推定的原则下展开信息的真实性和侵害性调查，言论涉及的机构或个人必须遵循信息透明的原则，为谣言认定提供准确无误的验证信息和佐证材料。言论指涉的职能部门是指跟网络言论密切相关或网络言论直接评贬到的职能部门，往往涉及的职能部门职能缺失或者效率低下。2017 年，一项实证调查表明我国民众对职能部门发布的信息信任度不高，信息越敏感，对职能部门信息的信任度越低。① 当争议性的网络言论出现时，言论监管部门和政府职能部门应及时响应、合理应对。过度追求稳定、"保乌纱"的消极应对态度不能有效维护社会稳定。2020 年 1 月 22 日，湖北高速交警辟谣"武汉没有封城"，强调高速公路只是部分管制；同时，"微博辟谣"平台关于"武汉封城谣言"的留言中，有网友留言"希望这条谣言是真的"，包含着"封城"政策及时公开的期盼，结果 1 月 23 日武汉全城"封城"，被认定过的"谣言"在一天之内从虚假消息成为历史事实。

按照信息传播的规律，网络言论的透明度越高，谣言传播的可能性就越小，当真实消息得到增强时，虚假信息就会逐渐消散。谣言传播仿真模型研究表明，在谣言爆发初期，增加真实信息的发布数量、提高真实信息受众率能够有效扼杀虚假信息的迅速传播，真实信息发布者的公信力越高，降低虚假信息传播的效果越好。② 回顾"非典"、A 型流感不同时期政府的信息应对策略，A 型流感时期政府信息公开程度明显高于"非典"时期，当出现第一例 A 型流感时，立即启动应急预案，持续向公众通报，没有引起大规模的公众恐慌。与此同时，言论涉及事件的"重要性"和"模糊性"是谣

---

① 王正祥：《媒介使用、权威信息的可信度与民众对传言的信任》，《新闻与传播研究》2010 年第 3 期。
② 郭强、刘新惠、胡兆龙：《真实信息发布在谣言传播中的作用研究》，《计算机应用研究》2014 年第 4 期。

言产生的两个基本要素。① 2020年2月12日，武汉市慈善总会面对脱胎于疫情捐款活动的"27亿善款上缴市财政"谣言时，仅仅发布了否认声明，没有公布财款的具体去向，难以说服不明真相的群众。有关部门需要加大信息公开力度，尽可能让信息公开走在司法认定之前，为谣言认定或澄清提供充分的证据。谣言的澄清需要多方查证，举证澄清谣言时，用语表达需要规范。澄清必须是可信的，需要包括足够多的细节；反驳和否认策略对谣言证伪更加有效。"疑似新冠肺炎患者向门把手吐口水"事件后，警方对视频中的涉事女子一家进行访问，通过回放、慢放的方式反复观看监控录像，确认这名女子没有张嘴，其行为并非吐口水，而是张望，该女子也并没有罹患新冠肺炎，"门把手吐口水"流言随着真相的证实渐渐平息。

（二）言论指涉的职能部门需严格"举证"——证伪且证实

无罪推定要求被指控者在证实有罪之前应当被推定为无罪，证明有罪或无罪的责任方应由指控方承担。② 司法机关作为网络谣言的认定方，需要提供足够多的证据。2020年1月，武汉市公安机关处罚了8名发布"华南海鲜市场确诊7例'非典'"相关言论的社交媒体用户，有关该事件，最高人民法院微信公众号发文质疑处置方式的合理性，表示应变通理解法律，充分考虑言论发布者的认知能力和主观恶性程度。号召人们做好防护并无主观恶意，疫情初期听信"'非典'谣言"的群众很可能采取了戴口罩、严格消毒等措施，有利于新冠肺炎的防控，对这样的"谣言"应该保持宽容态度。在没有确凿的证据证明相关网络言论错误，且相关言论没有明确的侵害后果的情况下，言论监管机构不应该过于急切地认定相关言论为网络谣言。

频繁的政策变化、信息的过度压制和随意的政策执行很容易在网络言论的治理和公共危机管控中导致过犹不及的负面效果。武昌区公安分局中

---

① Allport G W,, Postman L, "An Analysis of Rumor", *Public Opinion Quarterly* 10 (1946), pp. 501–517.
② 陈光中、张佳华、肖沛权：《论无罪推定原则及其在中国的适用》，《法学杂志》2013年第10期。

南路派出所对李文亮开出的"训诫"处分并不完全适用法律,《治安管理处罚法》中并没有关于"训诫"的明确规定。突发公共卫生事件中,部分流言(未经证实的言论)可以在组织中起到预警或"吹哨人"(sentinel)的作用,可以视为事件发生早期的一种预警信号,采取记录流言、风险分析、深入调查、及时应对等步骤或策略应该更为合理。网络谣言的认定与澄清需要多一些谨慎和包容,正如习近平总书记所说:"网民大多数是普通群众……不能要求他们对所有问题都看得那么准、说得那么对,要多一些包容和耐心。"① 网络言论的监管需要明确治理的边界:言论的内容、情境和动机都很重要,需要加强管理细则的制定,进一步明确网络谣言的认定标准。

  司法机关、行政机关可利用媒体进行谣言澄清,通过权威媒体报道增加权威证据,扩大证实范围覆盖面,利用新媒体减少谣言的发酵时间。大量的政务微博、认证的官方机构开通的新媒体账号成为官民对话的重要渠道,有良好的辟谣效果。指出谣言信息中明显的漏洞,或通过令人信服的证据证实,还原事实真相,增强辟谣信息的确定性,可以从专业性角度进行技术性证伪和证实,也可以列举见证者、当事人的回忆。② 重复可以提高纠正错误信息的效率,谣言澄清可以通过多媒体渠道发布辟谣信息,达到重复正确信息的效果。司法机关、行政机关等权威机构澄清真相应实行"举证倒置"原则,发挥权威信源的作用,提供准确的信息证实真相、证伪谣言。双面信息有效帮助提升信息可信度,谣言澄清前需严格遵循流程进行调查求证,谣言澄清既需要"证实"也需要"证伪",找到足够说明事实真相的证据,证实与证伪相结合,让谣言不攻自破。③

---

① 习近平:《在网络安全和信息化工作座谈会上的讲话》,人民网,http://cpc.people.com.cn/n1/2016/0426/c64094-28303771.html,最后检索时间:2020年4月30日。
② 雷霞:《移动终端辟谣模式:众筹式信息拼图的立体表达》,《现代传播(中国传媒大学学报)》,2019年第9期。
③ 刘中刚:《双面信息对辟谣效果的影响及辟谣者可信度的调节作用》,《新闻与传播研究》2017年第11期。

五 结语

突发公共卫生事件中的网络谣言认定与澄清机制建立在多方主体的沟通配合之上（见图1）。普通网络用户是各类突发事件的看客，尽管他们出于自我保护的目的会转发不实言论，但他们不明真相，没有主观恶意，个人影响力不足以达到侵害性后果，他们是谣言认定和澄清的"局外人"。官方和言论认定权威机构是谣言认定的主体，是给谣言"拍板定案"的裁决者。言论指涉者是不实消息的"受害者"，他们亲自举证往往直击要害，具有直接说服力，是指认谣言的"主力军"，官方在将某一言论认定为谣言前必须听取言论指涉者的情况说明。言论传播者必须向言论指涉者和官方说明言论发布动机，证明自己的发言动机没有主观恶意，发布的言论也没有造成侵害后果。在证明发言动机无恶意、言论无侵害后果后，官方和权威机构不能将该言论认定为谣言，反之则可以认定为谣言。在澄清谣言时，官方和权威机构需要汇总言论指涉者和言论发布者的信息，并对事实真相进行调查，将调查结果迅速、细致、翔实地公开，向普通网络用户、言论指涉者和言论传播者澄清谣言。

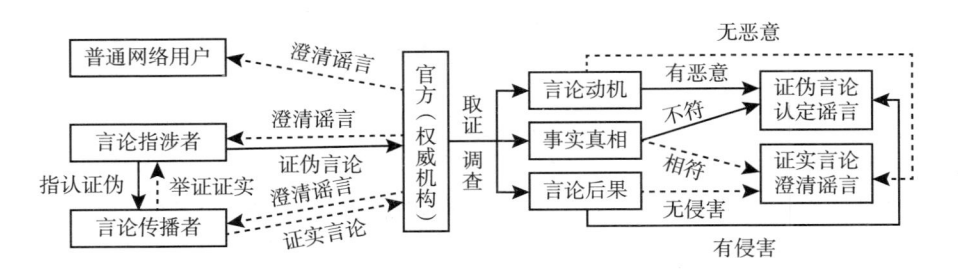

图1 突发公共卫生事件中网络谣言认定与澄清机制

习近平总书记强调，要完善疫情信息发布，依法做到公开、透明、及时、准确。突发公共卫生事件发生时，民众因为恐惧和焦虑，难免会听信或传播不实的言论。此网络言论的监管和治理不需要风声鹤唳、草木皆兵，而是应该针对不同的主体动机和侵害效果，科学地甄别和认定网络谣言，合理地澄清和治理网络谣言。基于无罪推定和信息透明的原则，普通网络用户不承担证实和证伪言论的责任，言论指涉者如果要想指认网络谣言必须证伪，通过发布网络言论获利的言论传播者需要证明言论的真实性和言论发布无侵害动机，言论监管机构的谣言判定既需要证伪也需要证实。总而言之，网络谣言的认定与澄清是一个网络言论相关主体之间的权责认定过程，在明确主体权责的基础上，打通和串联"官方舆论场"与"民间舆论场"，通过事实证据加强对不实言论的疏导，逐步增强网络用户的举证意识，增强网络言论发表的社会责任感，构建科学严谨的网络谣言认定与澄清机制，有效治理网络谣言。

参考文献

〔法〕让－诺埃尔·卡普费雷：《谣言：世界最古老的传媒》，郑若麟译，上海人民出版社，2008。

陈光中、张佳华、肖沛权：《论无罪推定原则及其在中国的适用》，《法学杂志》2013年第10期。

陈建群：《"举谣言"考辨》，《国际新闻界》2014年第8期。

葛涛、夏志杰、翟玥：《群体智慧影响社交媒体不实信息传播的因素分析》，《情报杂志》2015年第7期。

郭强、刘新惠、胡兆龙：《真实信息发布在谣言传播中的作用研究》，《计算机应用研究》2014年第4期。

雷霞：《移动终端辟谣模式：众筹式信息拼图的立体表达》，《现代传播（中国传媒大学学报）》2019年第9期。

李大勇：《谣言、言论自由与法律规制》，《法学》2014年第1期。

刘中刚：《双面信息对辟谣效果的影响及辟谣者可信度的调节作用》，《新闻与传播研究》2017年第11期。

王国华、方付建、陈强：《网络谣言传导：过程、动因与根源——以地震谣言为例》，《北京理工大学学报》（社会科学版）2011年第2期。

王正祥：《媒介使用、权威信息的可信度与民众对传言的信任》，《新闻与传播研究》2010年第3期。

习近平：《在网络安全和信息化工作座谈会上的讲话》，人民网 - 人民日报，http：//cpc. people. com. cn/n1/2016/0426/c64094 - 28303771. html。

张明新：《网络信息的可信度研究：网民的视角》，《新闻与传播研究》2005 年第 2 期。

中国互联网信息中心（CNNIC）：《2016 年中国互联网新闻市场研究报告》，http：//www. cnnic. net. cn/hlwfzyj/hlwxzbg/mtbg/201701/P020170112309068736023. pdf。

周晓虹：《现代社会心理学——多维视野中的社会行为研究》，上海人民出版社，1997。

Allport G W, Postman L, "An analysis of rumor", *Public opinion quarterly* 10（1946），pp. 501 - 517.

Knapp R H, "A psychology of rumor", *Public opinion quarterly* 8（1944）：pp. 22 - 37.

B.10
突发公共卫生事件网络谣言的治理研究*

余秀才 岑 甜**

摘 要： 近年来，随着社会化媒体的普及，人们的生活方式和思想理念发生了巨大变化，在给人们生活带来便利的同时，也为网络谣言的产生提供了空间。突发公共卫生事件频发，网络谣言层出不穷，如不加以控制，将影响社会稳定，造成负面影响。本文采用文献研究法、案例分析法和内容分析法，探究突发公共卫生事件中网络谣言的传播规律和特点，简要概括网络谣言带来的危害，总结我国政府在突发公共卫生事件中治理谣言的具体实践，在此基础上，找出我国治理网络谣言存在的问题及其原因，针对当前我国对网络谣言治理存在的问题，提出相应的优化治理建议。

关键词： 突发公共卫生事件 网络谣言 优化治理

党的十八大以来，习近平总书记强调要重视互联网、发展互联网、治理互联网，统筹协调涉及政治、经济、文化、社会、军事等领域网络安全和信息化重大问题，并做出一系列重大决策、实施一系列重大举措，推动我国网信事业取得历史性成就，走出一条中国特色治网之道。网络安全和信息化事

---

* 本文系湖北省教育科学规划课题《湖北省高校舆情的应对与引导研究》（2016GB039）成果。
** 余秀才，中南财经政法大学新闻与文化传播学院教授；岑甜，中南财经政法大学新闻与文化传播学院硕士研究生。

关国家安全和国家发展，必须加快媒体融合发展，弘扬主旋律、激发正能量，要把握好网上舆论引导的时、度、效，使网络空间清朗起来。

自 2010 年起，微博用户数量呈指数级增长，作为新媒体的代表之一，微博逐渐成为影响舆论的重要工具。微信用户近年来也大量增加，微信成为人们不可或缺的重要社交软件。另外，近年来兴起的短视频社交软件逐渐占据大众视野，成为人们休闲娱乐的重要工具。随着社会化媒体影响范围的进一步扩大，网络谣言的传播渠道增多，造谣成本逐渐下降，社会影响加深。因此，对突发公共卫生事件网络谣言的治理研究势在必行。

一 网络谣言的定义及特征

（一）网络谣言的定义

综合先前学者对网络谣言的研究来看，网络谣言是随着互联网的兴起和发展而出现的一种社会现象，其以新媒体平台为传播媒介，对人们感兴趣的消息、事件或问题，在未经官方证实的情况下在网络上广泛传播，造成恶劣影响。[1]

就谣言和网络谣言的区别而言，国内学者普遍认为网络谣言的实质是谣言，但网络谣言的传播介质不同，是依托互联网进行传播的。互联网技术发展越先进，网络谣言的传播范围就越大，它能跨越种族、国家、语言等壁垒，在互不相识的人之中传播开来，只要互联网能到达的地方，网络谣言就能传播。网络谣言的内容多为网民所普遍关心的问题，通过音频、被剪辑过的视频、被篡改或断章取义的图片等进行传播，具有极大的迷惑性，因此扩散速度极快，造成的影响也是空前的。

但传统谣言和网络谣言的区别绝不仅仅在于传播渠道的不同。严富昌在《网络谣言研究》一书中就明确指出网络谣言无论是内容、主体、受众还是

---

[1] 孙丽、余建华：《网络谣言的特征、成因与治理》，《电子政务》2014 年第 4 期。

载体等都跟传统谣言产生了巨大的差异。因此,在对网络谣言治理时,应该转变传统观念,开拓新思维,探寻新办法。当前传统谣言的很多传播规律仍然适用于网络谣言的相关研究,但不可否认,网络谣言同时也呈现很多新规律,因此,对互联网谣言的研究势在必行。

(二)网络谣言传播的新特征

1. 隐蔽性增强

网络谣言的传播主体存在隐蔽性。由于网络监管不到位,加上造谣者为规避法律责任,网络水军大量存在,对造谣者的身份认定陷入困境。造谣者在网络空间中真实身份信息难以辨别,其发布的谣言信息难以求证,导致网络谣言的隐蔽性进一步增强。另外,网络谣言的传播形式具有迷惑性,随着新媒体技术的不断发展,新闻载体、传播方式等与传统媒体大相径庭。正因如此,网络谣言往往伴随着被恶意篡改的图片、恶意剪辑的视频等,已不再局限于文字造谣这一单一形式,"有图有真相"使得谣言更具"可信度"。[1]

2. 攻击性显著

网络谣言具有发泄性、报复性、炒作性等心理特点。[2] 由于政府对网络谣言的治理方式一般为事后回应,在网络谣言出现之后,权威信息发布之前,公众无法获得有效的真实信息,为了发泄自身的负面情绪,便会在网络上进一步制造、散布网络谣言。另外,与网络谣言相关的人物会遭受巨大的攻击。由于不了解事件真相,公众会将责任归咎于事件当事者,恶意攻击他人,严重损害他人名誉。随着碎片化情绪表达的积累,而真正进行深度调查和验证的记者又很匮乏,在事实缺席的情况下,网络谣言的广泛传播很容易造成群体性攻击。对于利害关系较大的网络谣言,及时地"辟谣"成为有效的控制手段。

---

[1] 马立德、李占一:《重大突发事件中谣言的特点、影响与对策建议》,《新闻战线》2020年第3期。
[2] 夏学銮:《网络时代的谣言变局》,《人民论坛》2009年第23期。

二 突发公共卫生事件网络谣言的形成和传播

（一）突发公共卫生事件网络谣言的形成

1. 起因：信息的不确定性

卡普费雷说过："在每次新的信息都含糊不清的情况下，这个信息就会接受下一个听众对它做出的个人解释。"① 网络谣言的产生与信息的模糊性紧密相关，公众无法获得真实确切的信息，只能通过猜测或想象来补充完整信息，谣言便趁机产生。新冠肺炎疫情最初在武汉华南海鲜市场被发现时，公众并不了解实情，也无法通过其他渠道获取信息，微博等各大新媒体平台上铺天盖地的消息都称华南海鲜市场是新冠病毒的起源地，而这正是信息的缺失导致谣言的产生。

2. 造谣：故意捏造不实信息

突发公共卫生事件发生以后，有少数别有用心者故意捏造不实信息，或对既定的真实消息进行改编夸大，为了博取眼球，或出于娱乐消遣，在网上散布谣言迷惑众人。新冠肺炎疫情期间，大量恶意捏造、夸大、扭曲事实的消息、图片以及视频充斥网络空间，造成人心惶惶、恐慌不安的社会情绪，极大阻碍了疫情防控进程，给疫情防控增加了难度。

3. 信谣："宁可信其有"的心态

面对纷繁复杂的网络信息，公众难以区分其真伪，所以宁愿抱着"宁可信其有，不可信其无"的心态去相信谣言。其主要原因有两个，首先，公众每天在网络上面对的消息是庞杂的，很多消息也只是一眼扫过，如果需要查证他们看过的每条信息的真伪，不仅耗费时间和精力，也会消耗人们观看新闻的耐心，因此，这也是几乎不可能实现的。另外，对于一些对自身利

---

① 〔法〕让·诺埃尔·卡普费雷：《谣言：世界上最古老的传媒》，郑若麟译，上海人民出版社，2008，第42页。

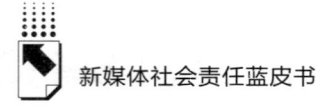

益并没有坏处的谣言，公众很有可能抱着"宁可信其有"的态度，选择相信这些谣言。如新冠肺炎疫情期间，一篇标题为《湖北，你的大米呢？你的大米在哪里？》的文章在网络上流传，引发网民对湖北省粮食储备的担忧，害怕粮食短缺，于是民众纷纷大量购买大米，囤积在家里，通过较低的成本提前预防，换来安心。然而，这种看似并没有什么危害的行为，却具有潜在风险。如果每个人都这么做，将在社会上造成恐慌，对社会造成严重影响。

4. 传谣：出于社交和关心

谣言首先是一种行为，在一个特定的时期内，一小群人被动员起来，开始"传谣"，围绕着某个信息或某个事件，出现了一种传染性行为，即议论纷纷。卡普费雷认为"谣言是一种情感交流，它会煽动道德上的评论，引发个人的意见和感情上的反应"。[①] 这句话同样适用于网络谣言的传播，其典型特征是结尾往往会加上"转给身边亲近的人"类似的语句，这就给看到这则谣言的人一种心理暗示：这些信息对身边的亲朋好友有用处。出于对亲人和朋友的关心，很多人就会把谣言转发至家族微信群或朋友圈，进一步助推了谣言的传播扩散。另外，在和亲人、朋友与同事聊天时，人们总会把自己在网络上看过的消息传递给他人，作为一种社交话题进行交谈，这种形式的交谈也进一步促进网络谣言的扩散。

（二）突发公共卫生事件网络谣言的传播特点

1. 谣言内容的逼真性

网络谣言作为一种社会意识，虽产生于网络这个虚拟空间内，但网络谣言在某种程度上反映社会现实并依赖于社会现实，同时网络谣言对社会现实也有反作用。就这个角度而言，网络谣言之所以能够产生和传播，与谣言内容的逼真性密不可分。同时，新媒体平台具有互动性强、门槛低和直接传播

---

① 〔法〕让·诺埃尔·卡普费雷：《谣言：世界上最古老的传媒》，郑若麟译，上海人民出版社，2008，第63页。

的特点,因此公众既可以是谣言的接收者也可以是谣言的传播者。当公众自身参与到谣言的传播中时,其心理就会发生变化,即大家都认为是真的,那我也相信这是真的,而这种心理又促使网络谣言逼真性加强。新媒体平台诸如微信、微博、抖音等能够以最直接快速的方式传播信息,当然也包括网络谣言。当通过这些平台以图文并茂、音频视频等方式直观生动地传播网络谣言时,往往比传统谣言更为"精准",并能通过一些所谓的权威"证据"增加了谣言的"可信度"。①

2. "谣言营销"推波助澜

"营销号"最初是一种新媒体营销手段,本意是为品牌做宣传推广,但是随着"营销号"的进一步发展,最后演变成恶意制造舆论、博取眼球以获得利益的不良账号。在互联网平台,营销号无处不在,其恶意制造谣言和舆论,对社会环境造成的影响不容忽视。早在 2013 年就有营销号发布"茅台抗禽流感"的谣言,此条谣言甚至被中新网转载;新冠肺炎疫情期间,杭州疫情防控中心曾发布过适当饮酒的建议,本意是让公众保持身心健康,但是一些酒业便借助营销号大力渲染,称"喝酒可以预防新冠";还有"吸烟可以降低感染新冠的概率"这类谣言,后来经查证是烟草公司的营销账号所为。诸如此类网络谣言层出不穷,背后都是营销账号的恶意营销手段。

3. 诱发集群行为

突发公共卫生事件强调"突发"和"公共",这就意味着事件本身与公众息息相关并且来不及提前做好预防准备。而围绕突发公共卫生事件的网络谣言来源于事件,并伴随着事件的发酵,很有可能会重复出现。谣言的扩散会造成公众担忧,进而对政府和相关专家产生怀疑,最终会演变为对政府的不满,更甚之会演变成集体恐慌。集群行为产生的原因之一就是公众的从众心理作祟,他们为了使自己不被孤立而迎合更多人,进而获得心理上的安全感,做出一些迎合大众的行为,即使这些行为在他们看来并非正确。在网络谣言传播中,如果集群行为不能够被很好地控制,将产生严重负面影响。

---

① 柴艳茹:《网络谣言对社会稳定的危害及其治理》,《人民论坛》2013 年第 7 期。

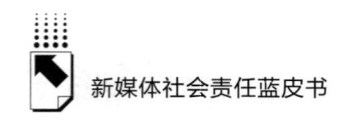

三 突发公共卫生事件网络谣言的危害

（一）新冠肺炎疫情网络谣言的统计分析

本文根据中国互联网联合辟谣平台发布的与新冠肺炎网络谣言的相关信息，收集了从2020年1月23日至2020年2月5日期间在该平台已经被辟谣过的网络谣言，共计100条谣言信息样本。根据中国互联网联合辟谣平台的分类，将辟谣信息整体分为3大类：谣言60条（60%）、事实17条（17%）、误区23条（23%）。本文从此100条信息中选取被明确为网络谣言的60条样本进行统计分析。

随着疫情的实时进展，在2020年1月23日时平台上出现第一条辟谣信息，紧接着1月27日和28日有关新冠肺炎疫情的网络谣言的辟谣信息真正开始大量出现。自2019年12月30日武汉市卫健委在官方网站通报"不明原因肺炎"开始，直至2020年1月20日国务院召开常务会议，会议上确定了此次新型冠状病毒为乙类传染疾病，并需要进行甲类传染病进行管理。1月23日，春节前夕，武汉市正式发布"封城"消息，紧接着网络上各式各样的谣言激增，在1月26日和27日达到顶峰。

1. 发布时间和发生区域

如图1所示，2020年1月23日至2020年2月5日期间，在中国互联网联合辟谣平台上查找的有关新冠肺炎疫情网络谣言的辟谣信息数量呈现波动形态。由图1可见，1月27日和28日，平台上的辟谣信息数量达到顶峰，之后呈现波动式下降。

根据疫情发生的时间，笔者查询了新冠肺炎疫情实时动态图，截至2020年2月4日全国疫情新增病例如图2所示。

根据图1、图2，大致可把1月20至2月5日全国疫情新增趋势和累计趋势整体划分为两个阶段，第一阶段是从1月20日至25日，这个阶段全国新增病例和累计病例处于低增长阶段；第二阶段从1月26日至31日，

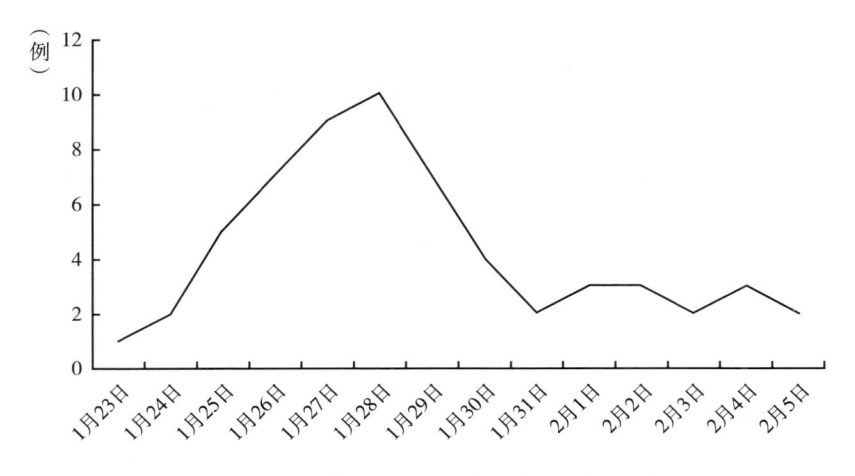

图 1　2020 年 60 条新冠肺炎辟谣信息统计

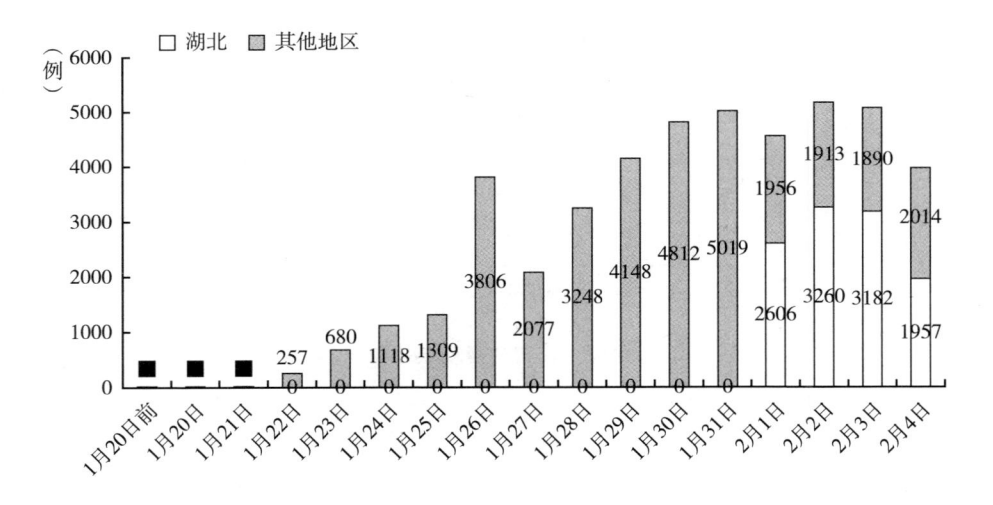

图 2　2020 年全国疫情新增趋势

注：资料来源于卫健委，不含港澳台。

这个阶段处于高增长阶段。第一阶段中，全国新冠肺炎病例数量从 1 月 20 日到 25 日并不算多。相应的在中国互联网联合辟谣平台上在 25 日之前出现与疫情相关的辟谣信息为数不多。第二阶段中，由于新增病例数量攀升，25 日之后，全国新冠肺炎新增病例和累计病例都出现了较大的涨幅。

而此阶段，在中国互联网联合辟谣平台上出现的与疫情相关的网络谣言的辟谣信息数量激增，因此，可以看出疫情相关网络谣言的传播与新增病例数量息息相关。

根据中国互联网联合辟谣平台上的辟谣信息，笔者从60条辟谣信息中筛选出具有明显地域指向的辟谣信息，共37条，如图3所示。在33条辟谣信息中有15条直接指向湖北，其次与浙江相关的有6条、四川4条，与广东、江苏、上海、北京相关的辟谣信息均为2条，其他省份均为1条。

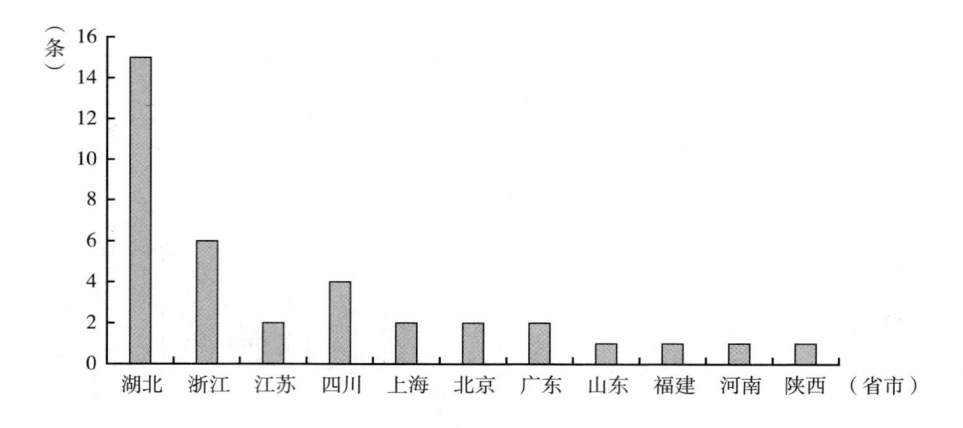

图3 谣言内容地域指向

笔者从丁香医生医学网站上提供的全国疫情地域分布图中可以看出，湖北是此次疫情的重大灾区，其次是浙江和广东，同时南方疫情情况普遍比北方严重，并呈现由湖北为中心向四周扩散的趋势。

2. 内容偏好性分析

词频分析。笔者根据60条样本中的谣言信息进行分类，归纳谣言样本中的关键词，大致将其分为4类，即预防类、成因类、发布来源类、疫情影响类（见表1）。并在对各类别信息分析的基础上，进行简单的解释说明。

表1 谣言内容要素构成解释说明

"新冠"谣言内容要素	解释说明
预防类	谣言内容中涉及预防疫情的方法,如食物、药物等
成因类	谣言内容中涉及疫情产生及传播的原因,如食物、接触等
发布来源类	谣言内容中涉及疫情信息发布的来源,如媒体、专家、当事人等
疫情影响类	谣言内容中涉及疫情产生的社会影响和危害,如封路、"封城"等

通过对谣言样本信息的词频分析（见表2），关于如何防治新冠肺炎和疫情影响危害这两类在样本信息中出现的频率最高。在新冠肺炎疫情期间，相关网络谣言呈现碎片化的特点，而类似的、重复的谣言关键词反复出现，也能说明人们关注的焦点和重心便是新冠肺炎的防治措施和疫情给自身带来的影响。对疫情的防控措施的关注，则说明人们紧张焦虑的心理状态，希望能够找到治疗新冠肺炎的方法，早日回归正常生活。公众对于疫情的影响也比较关注，此次疫情造成的社会影响极大，也一度影响到公众的正常工作和生活，导致公众比较容易产生恐慌心理，因此疫情影响类谣言也最能误导公众。另外，有部分谣言涉及疫情成因类和消息发布来源类，这进一步表明公众迫切需要寻求心理安慰，以缓解外在环境给自身造成的压迫感。

表2 谣言内容要素分类频次分析

"新冠"谣言内容要素	所占比例
预防类	25%（15条）
成因类	18%（11条）
发布来源类	15%（9条）
疫情影响类	35%（21条）
其他	7%（4条）

情绪色彩分析。本文将60条谣言样本中所包含的情绪分为三类：积极、中立和消极。如图4所示，涉及消极情绪的网络谣言占比最大，达到31条之多，而涉及积极情绪的网络谣言为17条，涉及中立情绪的网络谣言最少。

由此可见，在网络谣言的传播过程中，谣言大多是不理智传播，谣言传播者往往带着消极情绪散播谣言。

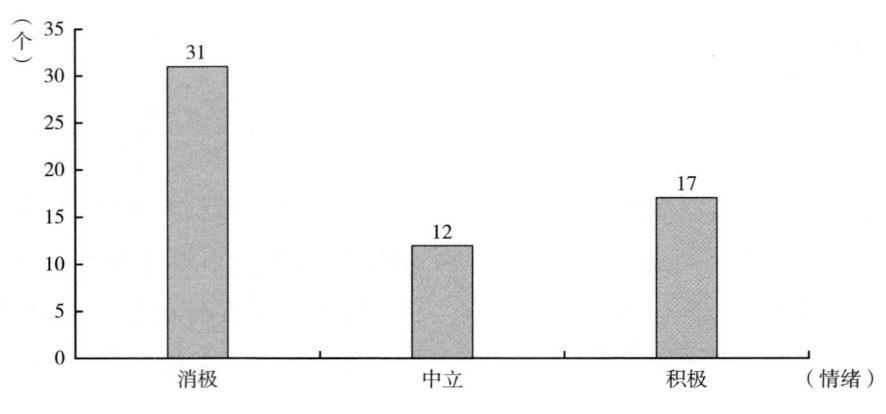

图4 谣言样本情感指向

在60条谣言样本中，涉及消极情绪的谣言大多为成因类谣言，即新冠肺炎是如何形成和如何传染的谣言；其次为疫情影响类谣言，即由于疫情对当地的经济社会、交通运输和个人生活等方面造成的影响。消极类谣言极易引起社会恐慌。而包含积极情绪的谣言主要体现在如何防控和治愈新冠肺炎上，这些谣言充分说明了公众迫切想要了解新冠肺炎的防控和治愈方法。不论何种情绪的网络谣言，背后反映出的一种社会现象就是在新冠肺炎疫情突发的大背景下，公众充满了恐慌焦虑的情绪，在官方没有及时出台相关权威信息时，人们就会用各种各样的方法去寻找答案，从而缓解自己的紧张情绪。

（二）新冠肺炎网络谣言的危害

根据以上关于新冠肺炎疫情的网络谣言及辟谣信息的统计分析，笔者从三个方面总结了新冠肺炎疫情网络谣言的危害，即降低政府公信力、影响社会正常秩序以及加大网络舆情研判难度。

1. 降低政府公信力

新冠肺炎疫情突发初期，网络谣言便开始盛行，从2020年1月初至1月27日，关于新冠肺炎的网络谣言逐日增加，而相应的辟谣信息出现滞后现象，导致相关网络谣言肆虐。当重大突发公共卫生事件发生后，政府如果不能及时公开事件进展，不能及时回应公众所关注的焦点问题，公众的疑问得不到回应，焦虑情绪得不到缓解，对于政府的应对不利，网络谣言便会借机盛行，一旦公众相信谣言，那么政府的公信力将大打折扣，政府的权威性将受到挑战。

根据罗伯特·希斯的4R危机管理理论，政府公信力的下降体现在三个阶段，预备阶段、反应阶段和恢复阶段，对应政府谣言治理中危机前政府形象陷入被动，危机中政府公信力的下降，危机后政府形象恢复难度大。

危机前，网络谣言整体呈现负面态势，当网络上负面舆论主导时，公众极易陷入非理性状态，一旦形成"沉默的螺旋"效应，政府的谣言治理就会陷入被动，也不利于政府形象的建构。危机中，政府辟谣信息出现滞后，很可能导致公众负面情绪的积累，从而产生抵抗、不满政府的行为，使政府陷入"塔西佗陷阱"，降低政府公信力。危机后，受"首因效应"的影响，先前的网络谣言已经在公众心中留下深刻印象，即使政府主动辟谣澄清，也达不到理想的效果，使政府形象修复工作难度加大。

2.影响社会秩序

通过对网络谣言内容的词频分析和情绪色彩分析，我们可以看出，疫情期间，公众的心理和情绪处于高度紧绷的状态，对未知疾病的恐惧造成他们非理性的心理和行为，因而相关的网络谣言也呈现消极的情绪色彩。"群体极化"理论告诉我们，大众情绪积累扩散到一定程度很有可能会往一种极端化现象发展，这无疑会对正常的社会秩序产生负面影响。

美国社会学家莫顿指出，"谣言是一种社会情境，只要很多人相信它，相信的人数就会越来越多，进而对社会结构和社会功能造成影响"。[①] 网络谣言通常以片面的事实为基础，进而夸大、编造虚假信息进行传播，因而其极具迷惑性，公众又缺乏辨别真相的能力，由于其巨大的破坏力，不仅公民

[①] 新冠肺炎疫情防控辟谣专区，http://www.Piyao.org.cn/2020yqpy/，最后检索时间：2021年3月12日。

的人身财产安全将受到重大威胁，整个社会的公共秩序也将被撼动。

3. 加大网络舆情研判难度

中国互联网联合辟谣平台上的谣言信息均是从不同网络平台上收集而来，因此笔者收集的100条谣言样本来源于不同的网络平台，如微博、微信、抖音、网站、论坛等，而谣言的发布者和传播者难以锁定，谣言内容更是五花八门，给网络舆情的研判增加难度。由于网络环境具有其自身的复杂性，网络信息的源头难以查清，传播渠道复杂多样，一旦出现网络谣言，无论是从传播源头还是传播渠道都很难查清。不同于对传统舆情的监管和把握，网络时代的舆情更加复杂，难以把控，导致公众在海量网络信息中迷失自我，相信谣言，从而进行非理性的舆论传播。目前我国对网络谣言的法律惩戒手段并不完善，一旦负面舆论充斥网络，政府根本无法进行逐一排查，在这种情况下，对网络舆情的研判难度进一步加大。

四 突发公共卫生事件网络谣言治理现状

（一）我国应对突发公共卫生事件网络谣言常用策略

1. 及时公开事件信息

随着信息技术的不断成熟，我国应对重大突发公共卫生事件的手段也不断成熟。在突发公共卫生事件发生之后，能够及时在官方平台公布事件的实时进展，与事件相关的数据、应对方案等都公开透明地向公众展示。新冠肺炎疫情突发后，虽然前期的信息公开有所迟缓，但很快扭转了局面。政府及时将疫情进展以及疫情防控工作动态进行实时更新，让公众对疫情状况有充分的了解，相较于其他国家信息的不透明，我国在新冠肺炎疫情信息公开方面的工作应当处于世界先进水平。一方面，信息的公开有助于增强大众的信心；另一方面，对政府的形象树立起到良好的助推作用。

2. 在线辟谣平台不断完善

2013年，北京地区就试运行过简易版的线上辟谣平台，该平台主要是联合网络运营商收集和汇总数据，是我国正式开启线上辟谣平台的开端。2016年，公安部联合微博平台共同开发了"全国辟谣平台"，一大批公安局官方微博纷纷上线，并专门选派在线警察线上巡逻，力求减少网络谣言的危害，打造一个干净清新的网络环境，保障公民的人身安全和财产安全。2017年，我国辟谣平台得到进一步发展。公安部联合百度打造了百度辟谣平台，该平台上吸收了多个网络警察的巡逻账号，24小时不间断对网络环境进行检测。2018年，辟谣平台进一步成熟。中国互联网联合辟谣平台上线了，此平台所包含的内容和范围比以往更广更大，运行的机制也比以往更加成熟，因此平台更具权威性。

近几年我国辟谣平台的发展突飞猛进，在网络谣言的治理之路上也越来越专业。不论是一开始吸纳运营商进行辟谣，还是后来运用信息技术进行联合辟谣，都充分说明了我国政府对谣言治理的重视程度，以及对网络谣言治理的专业化和规范化。

3. 对造谣者惩戒力度更大

我国现有法律中涉及网络谣言治理的代表性法律法规主要有《中华人民共和国治安管理处罚法》《中华人民共和国突发事件应对法》《中华人民共和国网络安全法》等。这些法律法规都明确规定对故意编造、传播谣言并扰乱社会公共秩序进行依法处罚。近年来，我国公安机关对造谣和传谣者的处罚决定包括教育训诫、罚款、行政拘留和刑事拘留，根据情节严重性依法处置。依法对造谣和传谣者批评教育和追责定罪，一方面提高造谣成本，另一方面对潜在造谣者起到警示作用。

（二）突发公共卫生事件网络谣言治理存在的问题

1. 相关法律法规不够完善

虽然我国在法律法规中涉及了对造谣者的惩罚，但是目前我国仍然缺乏一部仅针对谣言制定的专业性法律。目前，我国对谣言的定性主要作为某些犯罪的手法而包含在相关的法律中，并且大部分与侮辱或诽谤罪联系在一起，对谣言并没有明确的定性或量化标准，从而具体量刑。另外，在现有的法律条文中对造谣者和谣言散布者的惩戒力度太轻，而且量刑过于模糊，没有明确的量刑标准。如现有的法律条文中对谣言的表述通常为"严格禁止""严厉打击""严禁传播"等，内容过于模糊，对犯罪者的震慑作用有限。

正是因为现有的法律法规对谣言的量化缺乏标准，所以具体实施起来也有一定的难度。因此在日常处理类似相关案件时，往往都只能利用行政处罚手段，造成的后患是，造谣者有可能重复犯罪，给谣言的治理加大难度。

2. 谣言预防意识欠缺

罗伯特·希斯的4R危机管理理论中，第一个阶段是缩减阶段，即通过风险评估、系统要素优化、人员培训等缩减危机的发生可能性和冲击力。延伸到突发公共卫生事件网络谣言治理中称之为"预防型治理"，是指在相关网络谣言出现之前，政府通过采取一定的手段或措施来遏制住谣言的产生，避免产生严重的社会影响。但目前我国对网络谣言的治理大多是事后回应，即网络谣言扩散并造成了一定影响，政府才会出面澄清谣言，减少负面影响。从这个层面来说，在预防意识上，政府还缺乏主动性。

从我国历史上出现过的几次重大突发公共卫生事件上来看，我国政府对网络谣言的治理都陷入被动的局面。在此次新冠肺炎疫情期间，多数谣言本可以被扼杀在"摇篮"中，但最终还是造成了很多不利影响。如疫情期间又掀起的"抢米风波"，网络上不断出现"湖北省粮食库存不足，即将断粮"类似的网络谣言，而湖北省政府也在网络上发出声明称，湖北省粮食库存充足，市民不需要囤积粮食，同时对造谣者做出了惩罚，但没过多久，同样的或类似的谣言又在别的地区卷土重来。而这充分说明了我国对网络谣言治理的预防性意识需要进一步提高。

3. 地方政府缺乏公信力

古罗马著名政治家与历史学家普布里乌斯·克奈里乌斯·塔西佗说过，"政府一旦失去了民众的信任，做的好事和坏事都会引起民众的厌恶"。后来这一观点成为著名政治学理论之一，称为"塔西佗陷阱"。在社交媒体时代，地方政府的公信力建设难度增加，尤其在突发事件的谣言治理中政府公信力是薄弱环节，也是官方和网络舆论场难以共鸣的表现之一。

政府公信力的建设离不开人民的信任感,而人民对政府的信任感来源于政府的行政管理能力,当政府的依法行政能力能够让人民满意时,政府的公信力就会增强;反之,当政府与人民在信息沟通方面存在差异时,政府的公信力则会大打折扣。随着政府公信力的流失,人民的信任感降低,会进一步影响政府形象,形成恶性循环。因此应当把政府公信力建设放在重要的战略地位,公信力建设好,网络谣言治理将事半功倍。

五 优化突发公共卫生事件网络谣言治理的建议

(一)形成政府主导的多元协同治理

治理理论的核心观点是治理主体多元化,不仅限于政府,还可以是非政府组织或机构。延伸到突发公共卫生事件网络谣言的治理上,我们要形成治理主体的多元化,就要结合多方力量共同应对网络谣言。结合国内实际情况来看,我国政府比其他治理机构具有更强的领导力,因此,应该形成以政府为主导的多元化治理结构,充分发挥政府的主导作用、媒体的引导作用以及加强公众个人的心理建设。

1. 充分发挥政府主导作用

政府要完善日常舆情监测机制,这有利于帮助政府化被动为主动,了解民意,掌握公众关注的焦点,提高自身的行政管理能力。完善舆情监测机制,还能够提前预警,预防网络谣言的爆发,产生舆论危机,将网络谣言及时扼杀。完善舆情监测机制既要提高舆情监测的技术也要各部门积极合作。首先,大数据时代,突发公共卫生事件网络谣言的内容更为复杂,且形式多样,要在海量的网络信息中有效收集分析舆论数据,就必须提高舆情监测技术。这不仅有利于降低谣言治理的成本,更能够缩短对信息过滤的时间,只有精准分析舆情,才能做到提前预警,提前预防网络谣言的产生和扩散。充分掌握舆情监测技术之后,还需要各部门相互配合,这样舆情监测机制才能够更加灵活,舆情监测才会更加准确,互通信息,建立突发事件的及时上报

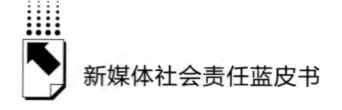

机制，并建设具有可行性的多样化反馈渠道，做到全方位、多样化的舆情监测机制，发挥其最大的效用。

其次，政府需要完善相关法律法规。我国要制定一项针对利用网络谣言进行个人犯罪的专业法律，目前我国在这方面还处于空白阶段。目前我国对网络谣言犯罪的定罪和量刑标准主要依靠谣言是否造成严重的负面影响、谣言制造者和传播者是否为主观故意，笼统的量刑标准不利于网络谣言的治理。在完善法律法规的同时，也要结合道德约束的手段，法律约束属于强制性约束，而道德约束属于思想层面的约束，只有从不同层面对造谣者和传播者进行约束，才能够起到震慑作用，网络谣言的治理才能更加高效。

2. 发挥媒体监督作用

拟态环境下，公众对信息的获取需要通过媒体，因此媒体在政府与公众之间发挥着桥梁或者纽带的作用。公众具有知情权，同时对不确定的、重要的、与自身利益相关的信息具有强烈的求知欲，这个时候政府的权威信息就起到至关重要的作用。但如果权威部门信息公开滞后，公众就会寻找其他途径来弥补信息的不确定性，而使用最多的途径就是媒体，以前是传统媒体，而现在是社交媒体。因此，在网络谣言治理的整个程序中，媒体是不可或缺的重要一环，要正确发挥媒体在舆论中的引导作用。

施拉姆的大众传播三功能说即使在当今时代，在中国的社会环境中，仍然发挥着重要的作用，他认为，大众传播中最不容忽视的便是监督功能。在新媒体的环境中，媒体的监督功能并没有因此削弱，反而增强，甚至被称为监督社会的"第四利器"。当政府或相关部门在应对网络谣言时存在问题或误区时，如信息封闭、消息封锁、回应滞后甚至是"冷处理"，这时就需要媒体发挥自身的监督功能，敦促政府积极回应公众所关注的焦点问题，及时公开事件的处理进展，获取公众的信任感。这样不仅有利于提高政府解决问题的效率，也有利于营造廉洁公正的政府环境。

3. 加强公众心理建设

突发公共卫生事件发生时，公众通常会有三种心理，即紧张焦虑的心理、自我保护心理和从众心理。当产生紧张焦虑的心理时，如果没有得到正确的舒缓或引导,很有可能引发恐慌行为,如居家隔离时,不顾防疫措施,与防疫人员产生冲突。自我保护的心理的产生是由于突发公共卫生事件与个人利益密切相关,当自身的安全得不到保障时,人们就会通过其他途径寻求自我保护的方法,此时,他们就会很轻易地相信网络谣言,从中获得安全感。从众心理的产生是公众迫于群体压力,盲目跟风,在网络上表现为转发谣言,在现实生活中表现为随大溜的行为,从而获得自身的满足感。如疫情期间的抢米行为,看到大家都在争相购买大米,很多人都跟风竞相购买。从众心理如果得不到正确的引导,同样会造成严重的社会影响。

基于以上三种心理,在突发公共卫生事件发生时,缓解公众的心理压力是重要任务。第一,要保证信息的及时公开透明,公众对信息有充分的掌握之后,自然不会轻易相信谣言,也不会轻易产生紧张和焦虑的情绪。第二,注重公众的早期心理预防,引导公众形成正确的价值观和道德观,加强个体的心理素质,这样,在面对网络谣言时能够从容辨别和应对。最后,自我调控也不容忽视,在面对突发公共卫生事件时,能够积极应对,自觉抵御各种不良信息,并带动周围人一起形成健康的生活环境。

(二)人工智能参与网络谣言治理

1. 人工智能参与网络谣言治理的可能性

近年来,人工智能技术不断完善与升级,专家学者也在不断探索利用人工智能技术治理网络谣言的新方法。随着人工智能技术的不断成熟,加上互联网平台的逐步规范,利用人工智能技术治理网络谣言是大势所趋。互联网平台本身就是一个谣言大数据库,通过算法技术的进一步归类整理和计算,有利于进一步识别和预警即将出现的网络谣言。同时,人工智能的算法技术可以利用大量的网络谣言案例进行反复推演与验算,这样就能极大提高人工智能技术的算法识别准确度。将推算成功后的人工智能系统嵌入互联网平台中,就能够对新出现的网络谣言进行精准识别,从而进行拦截,减少网络谣言的传播量。

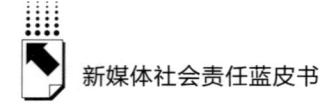

利用人工智能技术还能有效监测网络谣言的传播途径。由于网络环境的复杂性，互联网平台信息传播途径多样化，网络谣言的传播途径难以捉摸。传统治理谣言的方式显然已经不适用于网络谣言的治理。结合以往数据，利用算法技术制定一套专门针对突发公共卫生事件网络谣言的算法程序，这套算法程序能够通过网络谣言关键词的锁定而精准识别潜在的网络谣言，从而预防网络谣言的产生。另外，当网络谣言扩散后，算法程序也能够根据网络谣言的传播路径进行实时追踪，实现精准打击。

最后，人工智能技术的运用可以最大限度地防止网络谣言的重复传播。人工智能技术基于大量的案例数据库，建立一套网络谣言的算法识别程序，在对互联网平台进行监测时，算法识别程序也开始工作，将疑似网络谣言的信息自动放入后台数据库中。这样之后有类似网络谣言出现时，算法程序就自动拦截并收录，同时向用户发送疑似网络谣言的提示，从而使这套人工智能技术越来越完善。

2. 人工智能参与网络谣言治理的模式

如图5所示，人工智能技术参与网络谣言的治理模式分为两个环节，谣言识别和谣言治理。在谣言识别环节中，最关键也是最主要的技术是提高算法识别程序的精准度和覆盖度。本文借鉴任喆和李永凤的《人工智能参与网络谣言治理的未来图景》[①] 一文中Web内容过滤模型，将此模型分为三个主要板块，关键词扫描器、词典扩充器和Web过滤模块，三大板块作用不同，层层递进，从而达到谣言精准识别的效果。

关键词扫描器，即对网络数据库中的谣言信息进行锁定关键词和语法分析的技术处理，提取相关网络谣言的关键词，通过对关键词的技术处理形成一条网络谣言关键词链，为谣言识别功能奠定基础；词典扩充器是为进一步扩大网络谣言识别覆盖面而存在的，通过同义词和近义词的进一步识别，形成一个类似词典的数据库，然后通过查找匹配项的功能，形成一个过滤词链，利用同义词扩充和匹配项查找，形成过滤词汇

---

① 任喆、李永凤：《人工智能参与网络谣言治理的未来图景》，《青年记者》2018年第6期。

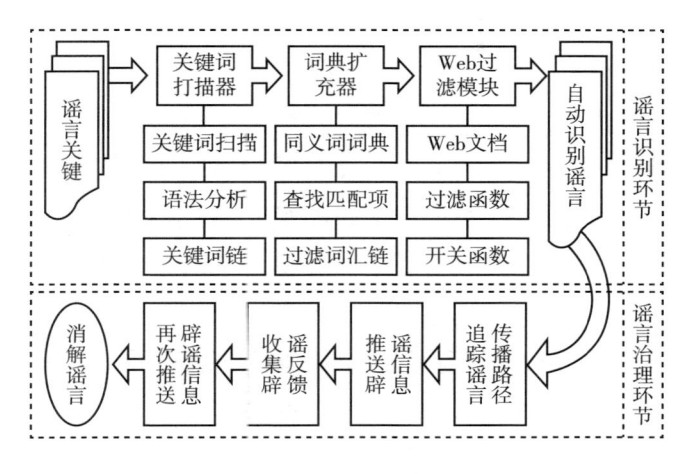

图 5　人工智能参与治理谣言的模式

链并实时发送至 Web 文档；最后，通过事先设定好的算法程序对 Web 文档中的过滤词汇链进行精准计算和判断，从而达到精准识别网络谣言的目的。

在谣言治理环节，人工智能算法程序的优势更为显著。利用人工智能技术能够弥补传统网络谣言治理模式的短板，实现网络谣言的精准打击、传播路径的追根溯源以及传播效果的可测量性。目前我国治理网络谣言存在两大困境，即网络谣言传播路径难以捕捉以及信息反馈机制缺乏，导致在治理网络谣言时存在针对性不强、辟谣信息的传播效果难以测量的问题。通过人工智能技术能够很好地解决上述网络谣言治理的两大困境。算法程序最大的优势在于源头追踪，能够跟踪每条网络谣言的传播路径，并有针对性地推送辟谣信息，实现精准治谣；同时，人工智能算法程序具有信息反馈功能，通过获取用户对推送消息的读取状态以及获取辟谣信息后是否有所行动，如点赞、转发等，来测量辟谣信息的传播效果。

（三）基于区块链技术的网络谣言治理

在网络谣言治理的过程中，区块链系统数据的不可篡改、可追溯以及分布式存储、去中心化特性可以从技术升级和传播机制改善等维度给具体的实践带来新可能。①

1. 追溯谣言源头

传统的谣言治理实践中，对谣言源头的追溯一直是重点和难点，由于网络谣言信息碎片化，内容海量化，用传统方法很难对网络谣言的源头进行追溯，一旦造谣者删除其网络账户中的谣言信息，就很难被追查到。在区块链技术的支持下，网络谣言只要存在于网络中，其源头信息就无法被抹掉，不论是入网节点还是入网时间等信息，都将统一存放于区块链之中，一旦确定消息为网络谣言，便可立即通过区块链找到谣言传播的源头，然后对其进行标记处理，从而降低该用户发布的信息的可信度。Adblock Plus 公司开发的 Trusted News 浏览器插件就是运用区块链技术对新闻信息的传播过程进行溯源，在用户刚接触到信息尚未开始阅读之前提供内容可信度建议或提出预警。② 另外，日本的 Tech Bureau 公司运用区块链技术建立的"猕讯"平台同样开发了这一功能，并为美国部分媒体提供一整套的新闻溯源追踪方案。③ 目前国内很多互联网公司也正在积极探索这一技术。

2. 保存原始数据，还原信息真实度

恶意剪辑视频或图片对真实信息加以篡改，加强了网络谣言的说服力，也给网络谣言的治理造成不利影响。利用区块链技术可以避免这一不利影响的产生。区块链技术治理网络谣言的核心在于，它能够使任何被剪辑和篡改的视频或图片以元数据的形式保存下来，也就是说，用户要查证该信息是否为谣言，只需要点击该信息中的原始数据，查看其原始数据与当前数据是否一致，就能够了解该信息的真实性。其他类型的信息也可以实现这一功能，利用区块链技术，新闻媒体在网站上发布新闻信息或个人在个人账号中发布信息都会以元数据的形式被保存下来，生成一个专属的认证文件，用户点击此文件即可看到原始的数据信息。利用区块链技术治理网络谣言可以极大提高谣言治理的效率。

---

① 喻国明、冯菲：《区块链对后真相的重新建构："分散—聚合"模式的设想》，《现代传播（中国传媒大学学报）》2019 年第 5 期。
② 赵云泽、赵国宁：《区块链新闻的概念、原理和价值》，《当代传播》2019 年第 3 期。
③ 李鹏飞：《基于区块链技术的媒体融合路径探索》，《新闻战线》2017 年第 8 期。

3. 构建信任机制,降低谣言危害

区块链系统可以在互联网中构建一个网民间的信任机制,基于网民数量庞大且互不相识的特点,区块链系统通过智能算法,预先制定一套规则,网民的网络行为需要符合区块链制定的规则,网民能够更加谨慎地发布消息和辨别信息,使得网民间信任机制的建立成为可能。

在区块链信任机制作用下,节点间相互平等、不存在中心节点,数据信息分布式存储在所有链上,并接收所有节点的维护。这一方面使得信息需要经受智能合约的检验、被多节点认同才能写入区块链系统中并传输至其他节点,保证了所传播的信息一定是用户的共识;另一方面使得每个节点中的用户掌握着同样的数据,网民也不再会受到从众心理的驱使充当网络谣言的制造者和传播者。区块链技术的应用,可以从源头上对网络谣言进行治理,最大限度地减少网络谣言的传播扩散带来的社会危害。

区块链技术在网络谣言的治理中也存在一定的局限性,首先,区块链技术应用于突发公共卫生事件网络谣言治理还未足够成熟,且经济成本非常高;其次,存储于区块链系统中的数据不能够被删除,将永久存储于系统之中,随着时间积累,对区块链系统的空间占用会越来越大,这对其储存空间要求很高,且很有可能会重新唤起大众对以往网络谣言的记忆,这是否又会对公众造成影响目前尚未可知;最后,区块链系统的信任机制是基于公众的共识,但这一共识是否正确,目前的区块链技术条件下还不能够完全得到保证。如果在未来此项技术得以普遍应用,那会不会被恶意组织或个人利用,成为他们造谣的工具,甚至最后造成技术支配人性的局面。这些局限性目前还没有得到很好的解决,有待进一步深入探究。

参考文献

陈虹、沈申奕:《新媒体环境下突发事件中谣言的传播规律和应对策略》,《华东师范大学学报》(哲学社会科学版)2011年第3期。

高潚、甘险峰:《谣言在微信中的"圈子"传播研究》,《编辑之友》2016年第8期。

李宗桂:《网络时代谣言传播的特点及其危害》,《人民论坛》2010年第1期。

〔法〕让-诺埃尔·卡普费雷:《谣言——世界上最古老的传媒》,郑若麟译,上海人民出版社,2008。

王颖吉主编《突发公共事件中的谣言传播与治理》,中国传媒大学出版社,2018。

王征、叶长安:《微博谣言识别与预警算法研究》,《情报杂志》2019年第4期。

王国华、王娟、方付建:《基于案例分析的网络谣言事件政府应对研究》,《情报杂志》2011年第10期。

王佳航:《"区块链+"如何重构内容产业生态》,《新闻与写作》2020年第1期。

周裕琼:《当代中国社会的网络谣言研究》,商务印书馆,2012。

B.11 疫情追踪技术的社会建构：
以健康码为例

刘 锐 胡婷婷*

摘　要： 健康码在新冠肺炎疫情期间被运用于风险人群的社会流动轨迹追踪，成为疫情常态化背景下社会秩序治理的数据基础设施。本文运用批判性技术话语分析方法，研究了疫情追踪技术是如何被建构起来并且体制化的，文化、政治和经济等结构性因素如何影响了健康码在中国社会中的"发明"、接受和运用，并且嵌入人们的日常生活。本文认为，健康码是一种偶然产生的多因素共同作用的技术工件，但也经历了漫长的技术积累，二维码、全球地理定位信息系统和云计算集纳于智能手机上，为健康码的产生提供了技术条件。政府、平台和社会共同建构了健康码的驯化网络。政府主导了健康码的知识生产和话语表达，运用自身的权威使健康码的使用成为一种防疫制定要求。平台提供了带宽、算法、管理、API接口等维系健康码运转的资源，通过软件设计和市场策略保证了健康码的创新性和稳定性，承担了平台的社会责任。

关键词： 驯化网络　数据正义　技术的社会建构　话语分析

---

* 刘锐，华中科技大学新闻与信息传播学院副教授；胡婷婷，华中科技大学新闻与信息传播学院硕士研究生。

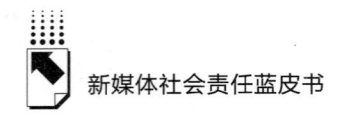

一 研究背景

健康码作为疫情追踪技术在新冠肺炎疫情期间被运用到城市社会治理中,成为安全技术基础设施(Techno-security Infrastructure)。健康码依靠疫情大数据,通过地理信息定位系统对新冠病毒的潜在感染者进行分析和追踪,保障了城市社区的安全,促进了复工复产。它不仅在现实生活中对城市人口的流动性进行弹性管理,同时也具有显著的符号学价值和社会象征意义,证明某人或某地区的安全性,重新建立人际交往中的信任。目前针对健康码的研究已经在逐步出现,如"数码城市""网络化身体""生命政治"等,本文主要从技术的社会建构视角剖析了健康码作为一种数码物的驯化和建构过程。

关于健康码的"发明"存在两种说法,一种说法是杭州市的公安干警率先研发出了杭州健康码,另一种说法是支付宝的工作人员撰写了健康码的第一行代码。不管是谁最先发明了健康码,它既是一种偶然的产物,也是历史的必然。因为健康码产生的技术条件如智能手机、二维码、地理位置定位系统、API、云计算等已经成熟,当在特殊时刻,这些业已成熟的技术就被"装配"起来发挥疫情追踪的功能,成为应对重大社会危机的大型技术系统和数字基础设施。

健康码以小程序的形式镶嵌在数字平台中,通过 API 连接了公民身份、疫情、交通、移动通信等多个数据库,并且以二维码的方式与公民携带的智能手机、社会场所、交通工具进行交互。健康码作为一种准生物识别技术,追踪和锚定了用户的健康身份。生物识别技术在人类社会中早已广泛存在,例如指纹、人脸识别、声纹、步态、虹膜等,都可以作为识别公民身份的技术。疫情期间的生物识别技术则通过核酸和抗体这两种检测结果关联健康码,在智能手机上呈现红、黄、绿三种颜色,用来表征公民的身体健康状况,并且追踪感染者的密切接触人员。

健康码使得个体身份及其健康状况具有了可识别性,而生物识别技术在西方具有较大争议。Darren Ellis(2020)指出,随着技术安全系统变得越来越复杂、多重、规范、难以识别和隐蔽,安全技术日益嵌入人们的日常生活,使得人们对其冷漠、无感又无能为力。① Sanneke Kloppenburg & Irma van der Ploeg（2020）发现当下的生物识别技术研究特别集中讨论了监视、隐私和数据保护问题,但其错误和不确定性没有得到充分讨论。② 人脸识别、虹膜识别等生物识别技术在中国已经得到广泛使用,但在学术界尚未引起充分重视。健康码作为目前使用最为广泛的生物识别安全技术,对于中国社会中的安全技术文化领域而言具有独特的研究价值。

西方国家如欧盟国家、美国试图开发分布式疫情追踪技术来规避健康码应用的烦琐流程和隐私风险。分布式疫情追踪技术利用蓝牙的微广播来进行人工标记,通过智能手机系统提示与患者近距离接触过的人进行自我隔离,避免把病毒传播得更远。但是由于非强制使用和社会制度的不匹配,分布式疫情追踪技术并未在西方大规模使用。

表1 中国与西方的健康码比较

	集中式	分布式
功能定位	给疾控部门使用的传播追踪系统	供个人用户使用的接触报警系统
技术基础	大数据;地理定位系统	蓝牙接触者追踪技术
数据留存方式	中心化数据存储/分析	去中心
标记方式	显性;红、黄、绿三色	隐性;滚动邻近标志符
强制性	强制使用	自愿分享
匿名性	实名	匿名/假名
法律支持	《传染病防治法》《网络安全法》	《通用数据保护条例》(GDPR)
主导部门	政府	企业
适用范围	一定行政区划范围内	跨国

从表1我们可以发现,集中式和分布式的疫情追踪技术虽然目的接近,但技术架构和运作模式存在较大差异。目前我国以健康码为代表的疫

---

① Darren Ellis, "Techno‐Securitisation of Everyday Life and Cultures of Surveillance‐Apatheia", *Science as Culture*, 29:1, 2020, pp. 11–29.
② Sanneke Kloppenburg & Irma van der Ploeg, "Securing Identities: Biometric Technologies and the Enactment of Human Bodily Differences", *Science as Culture*, 29:1, 2020, pp. 57–76.

情追踪技术是一种集中式的治理系统，政府和企业处于主导地位，普通市民的参与空间有限。集中式的疫情追踪技术有利于政府掌握全局，协调社会各部门参与救灾。但市民参与的缺位也使其基本信息权利在疫情防控中受到损害。分布式疫情追踪技术在市民数据搜集方面非常克制，但它因缺少政府的强制性推动和配合而失败，无法被有效地运用到日常生活中的疫情干预实践中去。

本文的研究视角为技术的社会建构，它在西方是较为成熟的研究领域，其英文缩写为 SCOT。SCOT 旨在打开技术的"黑匣子"，从而揭示影响和塑造技术生命过程的多种社会力量（Pinch & Bijker，1984）。它认为技术是由社会群体和参与者之间的社会互动产生的。"我们的技术反映了我们的社会。它们再现并体现了专业、技术、经济和政治因素之间复杂的相互作用。"（Bijker & Law，1992：3）SCOT 的主要分析类目包括"相关社会群体"及其利益的识别。相关概念还包括"行动者网络理论"（ANT）、科学技术研究（STS）和"大规模技术系统"（LTS）。

作为一项全新的技术设施，健康码在社会生活中的采纳存在一个接受过程。本文要回答的研究问题如下。

（1）健康码作为一种疫情追踪技术是如何在中国社会中建构的？

（2）健康码与中国社会的契合度如何？产生了什么样的社会效果？

为了回答上述问题，本文主要运用了批判性技术话语分析（CTDA）展开研究，它是一种多模式分析技术，用于研究 Internet 和数字现象、人工制品和文化。它以文化理论为框架，整合了对技术工件和用户话语的分析，以解开信息和通信技术（ICT）的形式、功能、信念和含义之间的符号和物质联系。主要研究内容包括：健康码的发展历史和版本迭代；健康码的界面、接口、算法逻辑分析；关于健康码的新闻报道和网络讨论。

二 健康码的基础设施化

健康码作为新型数据基础设施，也是一种人工技术产物，具有地理媒介的特征：技术融合、无处不在、位置感知和实时反馈。① 如果将健康码视为一种媒介，它跟传统媒介大相径庭，因为它并不生产内容，只收集、输送和展示数据。它以整体社会结构和信息基础设施作为支撑，通过识别公民生物信息来展示不同颜色的二维码，从空间、时间、人际关系等多个维度来判断用户的健康状况，为新冠肺炎疫情期间的社会治理提供了技术可供性。

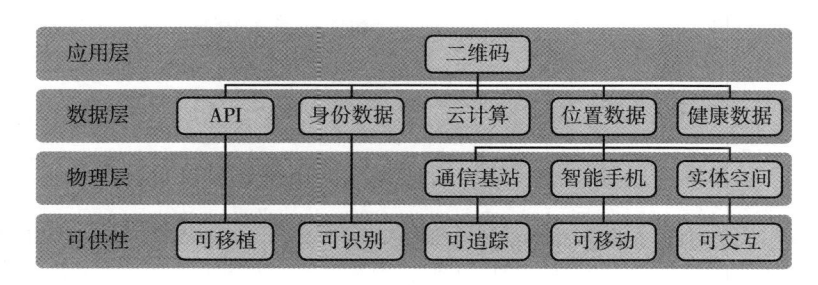

【红码】　　　【黄码】　　　【绿码】

图 1　健康码的技术生态

技术可供性理论由吉布森提出，主要探讨了技术的物理属性如何契合人类的使用需求。社交媒体的可供性包括带宽、社会存在、交流控制、持久性、连接性、个性化和可访问性。② 作为一种疫情追踪工具，健康码与普通社交媒体的技术可供性存在较大差异，并不那么强调社交性、个性化和可编辑性，更强调可识别、可移动、可移植等其他的可供性。具体而言，健康码为疫情安全治理赋予了如下技术能力。

---

① 〔澳〕斯科特·麦夸尔：《地理媒介：网络化城市与公共空间的未来》，潘霁译，复旦大学出版社，2019，第 1 页。
② Jesse Fox & Bree McEwan, Distinguishing technologies for social interaction, "The Perceived Social Affordances of Communication Channels Scale", Communication Monographs, 84: 3, 2017, pp. 298–318.

1. 移动性

健康码的底层运作系统基于通信基站、全球卫星定位系统等智能基础设施所提供的用户数据。健康码依靠算法和地理位置定位系统将病毒、位置、人、时间匹配起来，从而判断一个人的健康风险程度。健康码对用户健康状况进行实时更新，使用手机后台数据来侦测用户14天内的行动轨迹、居住地点、消费场所。健康码还结合政府绘制的"疫情地图"来使用，将全国的所有地区划分为高、中、低三种健康风险档次，并且规定了不同风险地域间的单向流动规则，即只能从低风险区域往中、高风险区域流动，而高风险区域的人口无法流动。健康码与疫情地图相结合，避免了不同风险等级区域之间的疾病传播。但对移动通信基础设施的依赖也会带来健康码的故障，如果手机没电或者失去移动通信信号，健康码都无法正常展示。

2. 可识别性

数字平台主要通过软件设计和市场运营来驯化健康码及其使用者。健康码的交互界面仅以二维码的方式呈现，设计非常简约。健康码通过可视化的方式展示了用户的健康情况，用三种颜色的二维码界定了公民健康/非健康身份。它调用的数据资源极其丰富，前所未有并且为平台期盼已久。如果将健康码视为一种媒介，它跟传统媒介大相径庭，因为它并不生产内容，只收集和输送数据。它以整体社会结构和信息基础设施作为支撑，通过识别公民生物信息来展示不同颜色的二维码，从空间、时间、人际关系等多个维度来判断用户的健康状况，为新冠肺炎疫情期间的智慧城市治理提供了技术可供性。

3. 互操作性

健康码作为一种技术网络，为疫情中城市社会智能化、精细化治理提供了数据接口和操作界面。健康码通常为独立应用程序或基于数字平台的开放应用程序编程接口（API）所接入的第三方（政府）小程序来运作。学界关于数字平台的API接入研究尚处于起步阶段，开放式API通过"调用"这一动作为第三方应用程序提供信息，"调用"是一种在后台在服务器上检索数据的技术,而不会影响网页的显示和功能。①数字平台也通过API与第三方实现了"互操作性",互操作性表现为通过开放的API启用后,人们可以在数字平台上通过连接应用程序与他人进行交互,具体途径包括小部件、社交游戏、桌面、移动应用程序以及社交插件(例如点"赞"按钮)。

健康码通过API数字平台实现了一种可编程性,但数字平台的基础设施化及因此带来的垄断性和复杂性也使API缺乏透明度。② 健康码作为一种小程序,依赖数字平台提供的开放API来运转。API的代码是由供应商预先定义的,因此使用API的编程过程必须遵守特定开放API使用的协议,并且外部开发人员必须遵循特定API的说明才能连接其自己的软件以与开放API一起使用。数字平台对健康码的使用拥有定义权。API降低了构建软件的交易成本和初期资本支出,因为开发人员仅需要处理相对简单的API代码,而不是底层应用程序的复杂源代码。这些便利吸引了许多开发人员,同时加剧了平台与第三方的权力不对称性。一旦用户使用了没有底层实现源代码的API,他们就将与合作伙伴绑定。③

4. 协同性

健康码的实施反映了政府数据治理能力的提升,跨部门合作对于成功实施数字卫生计划至关重要,背后是由社会各部门共同形成的技术网络。如果没有政府的信用背书和强制使用,健康码不可能得到广泛的推行。健康码的跨部门协作既包括政府、公司、公民的协作,也包括中央与地方,以及政府内部的居委会、公安、医疗、通信、交通等不同部门的合作。健康码发挥怎样的效用依赖于其背后的政府数据库,包括全国公民身份信息、医疗健康、交通路况、移动通信数据库等。湖北省的健康码则主要比对了公安、卫健部

---

① Bodle, Robert, "Regimes of Sharing: Open APIs, Interoperability, and Facebook", *Information, Communication & Society* 14.3, 2011, pp. 320 – 337.

② Mackenzie, Adrian, "From API to AI: Platforms and Their Opacities", *Information, Communication & Society* 22.13: 2019. pp 1989 – 2006.

③ Qiu, Yuanbo, "The Openness of Open Application Programming Interfaces", *Information, Communication & Society* 20.11: 2017, pp. 1720 – 1736.

门的"四类人员"数据库。① 健康码通过将公民的身份信息与健康信息相比对，限制公民的社会流动性来达到干预传染病传播的目的。不同来源的数据汇集到应用程序的后台，才能支撑健康码的正常运转。

健康码与政府的网格化治理结合起来，为公民提供更加便利的数字健康服务，也为国家的相关决策提供依据。健康码的运用避免了政府、社区、用人单位等不同层面的管理部门多次重复收集公民健康信息，降低了人为的公民数据外泄和滥用风险。健康码和其他疫情追踪小程序的出现解了基层治理的燃眉之急，节省了基层工作者的精力，使其能更好地投入服务社区邻里工作中。

由于健康码具有移动性、可访问性、互操作性、协同性等技术属性，因而也就具有了嵌入公众日常生活的可能，并为城市治理的新型数据基础设施。城市基础设施是指为城市基础设施系统提供物理支持的系统，如道路、供水系统、铁路、地铁等。实际上，智能基础设施不仅限于城市环境，还可以在农村和城市化程度较低的地区使用。② 健康码也推动了微信和支付宝等数字平台的基础设施化，许多原本不使用数字平台的用户也被强制卷入平台化的洪流，加强了这两款数字平台软件的垄断地位。

三 健康码技术的社会建构

本文采用技术的社会建构理论视角来讨论健康码在中国社会的使用，关注健康码作为一种生物识别安全技术是如何被公众接纳并且日常化的，中国社会的政治、经济、文化结构如何形塑了健康码的技术网络，以及各种文本、实践与物质性话语如何表现驯化过程中的协同、博弈和抵抗，并分析了驯化失败的原因和后果。

驯化理论侧重于探讨技术对用户及非用户意味着什么，以及如何将其嵌

---

① 四类人员为确诊（含临床诊断）、疑似、发热病例、密切接触者。
② Cruz, Carlos Oliveira, and Joaquim Miranda Sarmento, "Reforming Traditional PPP Models to Cope with the Challenges of Smart Cities", *Competition and Regulation in Network Industries*, 2017.

入日常生活中。该理论为个人如何将新技术融入其生存的社会环境提供了解释。[1] 驯化为我们理解新技术被采纳提供了一种新途径，处于媒介研究和科学技术研究（STS）的交汇处。过去学界关注了电视、广播、手机、便携式电脑、智能家居、智能语音助手和国际新闻的驯化议题。这些议题主要讨论了新技术如何进入家庭，并且如何影响个人、家庭、公共空间之间的边界。但随着移动互联网的兴起，学界开始关注家庭以外的一些领域的驯化问题，如劳动和工作领域、跨文化传播领域。同时，还有人研究了在驯化过程的后期摆脱获取的技术的过程，[2] 以及政府驯化电子政务，[3] 这些是驯化研究的发展方向。

以往的技术驯化研究主要关注了个体消费者的技术采纳，但是较少关注类似于国家这样的超级行动者对技术的驯化。后社会主义研究将驯化理解为一个过程，大型政治和社会项目（主要是政治家、专家和社会机构）通过该过程被融入了社会再生产的日常实践和过程中。在国家社会主义和新自由主义的背景下，驯化研究有助于凸显这些项目的理解、谈判、争论和容忍的过程。[4] 在新冠肺炎疫情期间，仅靠政府无法产生一系列新的、协调一致的解决方案，以实现大规模改进并避免大规模的社会生态灾难。公共部门不再是提供公共服务的唯一参与者，公民和其他利益相关者不再被视为被动接受者，而是积极参与公共服务的生产和提供。本文讨论了由国家、平台、社区、居民共同建构的创新网络是如何来驯化疫情追踪技术的，健康码如何成为城市日常治理的一部分。

驯化研究还常常集中在单一的主体上，如家庭、个人、政府是如何驯化

---

[1] Scheerder, A. J., van Deursen, A. J., & van Dijk, J. A., "Internet Use in the Home: Digital Inequality from A Domestication Perspective", *New Media & Society*, 146144481984429. 2019.

[2] Hebrok, M., *Developing A Framework of Disdomestication: The Disdomestication of Furniture in Norwegian Households*. ESST – Master thesis, University of Oslo. 2010.

[3] Lucía Liste & Knut H. Sørensen, "Consumer, Client or Citizen? How Norwegian Local Governments Domesticate Website Technology and Configure Their Users", *Information, Communication & Society*, 18: 7, 2015, pp. 733 – 746.

[4] Koch, R., & Latham, A., "On the Hard Work of Domesticating a Public Space", *Urban Studies*, 50: 1, 2012, pp. 6 – 21.

技术的。后来有人研究了绩效目标下的集体驯化，指出集体驯化需要有共识、协商和组织。① 健康码与以往的商业消费技术不同，作为一种治理网络，它的使用主体较为多元：对于政府而言是数据基础设施和城市治理工具；对于普通市民而言是健康身份证明和出行安全保障；对于企业而言是"装机工具"、竞争利器和智慧城市"入场券"。健康码的驯化也是一种集体共同驯化，技术驯化的主体是政府、企业、市民共同协作而形成的城市治理网络，其驯化过程依赖于各方的配合，不同主体对疫情追踪技术的驯化能力与结果也不一样。

在国家和平台的积极推动下，健康码在中国社会被迅速接纳。西方对消费者和家庭的技术驯化研究较为成熟。驯化过程的原始框架存在四个不同的阶段：占用、客体化、融入和转化。② 后来有研究发现交互式技术被接受一般具有六个阶段：期望、对抗、采用、适应、集成和识别。③ 健康码作为一种强制实施的交互式技术，其驯化过程被压缩到原始框架内。

（一）占用（appropriation）

占用指的是技术获得的过程。健康码作为一款免费的软件应用，虽然隐含商业逻辑，但主要还是为公共利益服务。它的安装和使用由政府强制推行，大型科技企业起到技术支持的作用。移动智能设备的缺失可能带来数字不平等问题，使得一些人群无法享受健康码带来的便利。老人和儿童可能没有智能手机，或者不会安装和使用应用程序。健康码的推广在目前看来也不够智慧，部分数字素养匮乏的城市居民还需要社区干部挨家挨户上门帮助在

---

① Kristine Ask & Knut H. Sørensen, "Domesticating Technology for Shared Success: Collective Enactments of World of Warcraft, Information", *Communication & Society*, 22: 1, 2019, pp. 73 - 88
② Silverstone R, "*Domesticating Domestication: Reflections on the Life of A Concept*. In: Berker T, Hartmann M, Punie Y, et al. (eds) Domestication of Media and Technology. Maidenhead: Open University Press, 2006, pp. 229 - 248.
③ De Graaf, M. M., Ben Allouch, S., & van Dijk, J. A., "A Phased Framework for Long - term User Acceptance of Interactive Technology in Domestic Environments", *New Media & Society*, 20: 7, 2017, pp. 2582 - 2603.

智能手机上安装健康码应用程序。在一些特殊情境下，除展示健康码之外，相关行政部门和医疗机构还为居民提供了更准确的体检和健康证明。

老人反应慢一点，不是很习惯，手机上要按几次，有时候按错键。不如开证明，开证明可以管三四天。（夏××　湖北省鄂州市　84岁　男）

早期健康码上的部分信息依靠用户每天打卡自觉上报，例如体温、是否具有症状等，这省却了烦冗的填表过程。但这种精确的自我测量需要用户有强烈的自我健康监控意识和诚信品质，用户有可能填报虚假信息以获得出行自由，也可能忘记更新数据。因此经常需要社区进行人工补充登记，但是现在各基层社区人手不足，单审核发放健康码就已经使得基层干部疲于奔命，没有余力非常精细地对填报内容进行把关。后来健康码不再需要每日填报，但完全依靠算法和机器来判断用户的健康风险仍然可能存在失误的情况，此时也需要人工介入来进行校对和矫正，健康码界面也预留了用户修改健康信息接口。

健康码只能应付，手机上健康状况是自己写的，又不是医生给你看的，没有保证。自己填的表，没有什么用。量体温更有效。（夏××　湖北省鄂州市　84岁　男）

政府对城市社区的网格化治理为健康码的实施做好了基础设施、人力资源、体制机制准备。如果没有一整套的城市日常网格化管理系统，健康码的使用将无从谈起。在使用健康码之前，社区居委会依靠"表格抗疫"，"上面千根线，基层一根针"。作为基层社会治理机构，社区居委会常常要上报若干套内容类似的疫情数据表格给不同的上级政府部门。日复一日，低效的信息报送机制令基层治理工作人员疲惫不堪。健康码帮助政府直接获得用户的实时数据，替代电子表格成为社区治理的工具。通过健康码来收集居民健康状况、社会流动信息比电话问询、上门查访更加符合现代社会注重隐私、不喜被打扰的生活方式。

政府动员了其领导的若干力量,包括医院、社区、小区物业、公安、交通、移动通信运营商等若干社会部门参与到健康码运作过程中去。健康码为"可编程城市"提供了API接口,将这些部门有机编织到疫情监测网络中去,收集和分析人口流动数据。社会流动在全球化时代空前频繁,健康码通过大数据技术试图将空前规模和速度的社会流动精细地管理起来。基于现代社会的原子化和城市化,很多居民的户籍信息和实际居住地并不匹配,这使得健康状况的实时监控颇具难度,地理定位系统和人口身份数据库的对接使得人口健康情况的实时监测成为可能。城市管理部门运用大数据的方式对每个公民的实际情况进行个性化的研判,借此规划每个公民的活动范围与行动路线。

政府对健康码的态度主要是一种发展主义话语,强调健康码在城市治理中的功能与作用。政府还主导了健康码的知识生产,对健康码的使用进行了解释说明,指导市民正确使用健康码。作为防疫工作的领导者,政府的健康码话语主要表现为告知、科普、警示、辟谣。首先来看告知。

济南市疫情处置工作领导小组再次提醒:村居和公共场所健康码必验。(《山东商报》 2020年06月20日07:13)

国家卫健委:发热门诊就诊患者必须扫"健康码",并核酸检测。(环球网 2020年06月11日17:10)

交通运输部:严格出京旅客信息核查 健康码异常者禁止乘车。(中国经济网 2020年06月19日07:16)

在健康码的知识生产方面,政府也占据了主导地位,积极通过官方媒体和政务媒体来对群众进行宣传,动员下属社会部门来生产和传播健康码使用的相关知识。

"国标"多维度规范各地"健康码"建设运行标准。（新华网客户端 2020年05月23日09：16）

「回应」湖北健康码问答四十条。（平安湖北 2020年03月11日 16：59）

学生开学后如何乘地铁？"健康通行码"出示指南来了！（青岛发布 2020年05月21日17：57）

为何每次进出小区要扫健康码？市防指：有助于精准管控、快速核验。（武汉发布，2020年04月19日07：37）

警示，对于社会中那些不使用或不正确使用健康码的人，政府会进行曝光、警告和提示，并且告知其后果。

重要提醒：海南进出岛全面使用健康码通行！无绿码或寸步难行！（海南交警 2020年03月07日19：41）

最新通报：1000余人不诚信填写"杭州健康码"，多人转红码。（《杭州日报》 2020年02月14日23：45）

（二）客体化（objectification）

客体化指的是信息通信技术在家庭空间中的物质、社会和文化位置。[①] 驯化过程最初发生在家庭中，随着移动技术的发展，驯化也跟家庭外的个体生活相结合，往更广的空间延展。健康码的规范性使用成为社会公德，携带智能手机并且展示健康码成为城市居民出行的义务与责任。

健康码成为社会识别个人"健康"身份的技术途径。移动位置跟踪设备生成的数据不仅是用户获取关于自身健康信息的工具，而且成为与他人联

[①] Silverstone R, *Domesticating Domestication: Reflections on the Life of A Concept*. In: Berker T, Hartmann M, Punie Y, et al. (eds) Domestication of Media and Technology. Maidenhead: Open University Press, 2006, pp. 229-248.

系的媒介。健康码通过展示居民的健康状况，使其与周边的社区建立联系，要么获得承认并放行，要么被排斥甚至驱逐。

健康码协调了个人身体和外部世界的边界，以往人们的流动是无拘无束的，但是在疫情条件下却必须出示健康码才能出行。健康码一方面被嵌入个人的智能手机里，另一方面被打印出来张贴在城市的各个角落，通过二者的交互实现了对流动性的留痕式管理，方便出现确诊病例后进行流行病学调查。健康码实现了对流动性的管理，使得居民的安全出行具有了可能。

健康码的主要应用场景是城市社区治理，如社区、交通工具、医院、超市等城市空间。健康码虽然在家庭中处于隐身的状态，但它是出入家庭的通行证。在小区门口，居民必须扫健康码才允许回家。健康码相当于一块"盾牌"，将存在疾病风险的人排除在一些重要场所之外。但在有的时候，健康码也是一面高墙，将没有或不善于使用智能手机的人拒之门外，形成了新的社会不平等。

在疫情情境下，健康码成为人与人、地方与地方之间交流沟通的基本前提，为沟通双方提供了安全感。健康码也帮助处于防控疾病和恢复生活两难中的国人在流动和封闭间取得了一种动态平衡，既不是无条件的流动，也不是完全封闭，这种有限但能满足基本需求的流动性为社会的秩序稳定提供了保障。

（三）融入

如果说对象化关注了驯化的空间位置，那么融入（incorporation）则体现了时间维度，并且反映了若干与用户体验相关的可用性问题，体现了人与技术的斗争与协商。

健康码的相关数据填写对于老年人等低信息素养人群来说还比较复杂和烦琐的。健康码也曾开设了代为他人填写健康状况的功能，但在"一人一码"、人机合一的使用场景下，信息中下层人士使用健康码遭遇了阻碍。其应对方式是把健康码打印出来，用实体方式进行暂时性的使用，但这样做就损害了健康码的实时性和动态追踪效果。

每次社区进出微信扫码后都必须点下登陆，感觉有些烦琐，应该扫了就自动识别。对老人、小孩不太方便，不会使用。手机不能离身，没了手机寸步难行。（朱××　湖北省武汉市　32岁　女）

我觉得不是很便利，因为我们每次打健康码要进入公众号，后来我妈妈就自己把健康码打印下来，后来可以自己截图什么的。（夏××　湖北省鄂州市　47岁　女）

计算机工程师和用户、政府部门需要加强沟通协作，将健康码设计得更加人性化。当下城市治理的一些场合过度依赖健康码，但数字基础设施也可能发生故障，一旦平台宕机，健康码也会无法正常展示。由于某些地方通信基站信号微弱，识别精度不足，地理位置也无法区分室内室外，可能出现对用户行动轨迹判断错误或失灵的状况。这些技术问题随着通信科技的进步、传感器更广泛的分布、5G和物联网的进一步发展都能够得到解决。

健康码的推行并非一帆风顺，首先是各地的健康码标准不统一为人们使用带来不便。我国行政区划的条块分割格局、属地化管理以及科技企业的多元竞争发展使得健康码在全国范围内的统一存在障碍。这些健康码背后的数据支持系统不同，老百姓可能需要同时持有好几种健康码，安装若干种应用程序，健康码背后的通行标准可能也不一致。

济南酒店不接待湖北人？当地卫健委：健康码尚未互认，需隔离。（澎湃新闻，2020年03月27日20：05）

健康码遭层层"加码"，互认真的这么难吗？（《中国新闻周刊》，2020年04月28日08：23）

各地方健康码系统拥有的技术资源和能力也参差不齐。在某些地方健康码只接入了传染病相关人员数据库，在另一些区域则可以利用手机传感器和移动通信基站获得用户近期的活动轨迹、是否生活在高危区域，以此来判断此人是否具有感染疾病的风险。健康码的标准和适用范围不统一给公民使用带来了不便，后期还需要进一步整合，使得健康码不仅便于居民使用，也便于国家统一管理，防止公民个人数据的外泄和滥用。

健康码的驯化也体现了明确的中国特色，中国的东、中、西部在社会阶层结构、乡土文化、数字技术发展程度都具有较大差异。健康码的采纳在不同省份、城市、地区之间存在巨大差异。健康码主要在城市空间和疫情较严峻的区域使用。由于中央和地方的信息、权力关系不对等和属地责任因素，许多地区在居民社会流动时不仅要求具有"绿码"，同时还要有体检证明、复工证明、通行证、目的地社区接收函等，因此限制了健康居民的正常流动，削弱了健康码所带来的精细治理效果。

与之相对应，健康码可能带来地域歧视和恐慌情绪。健康码标记了个体的健康状态，也具有一种普遍的文化意义。疫情发生后，来自疫区的居民受到其他地区居民的拒绝和排斥，健康码则更加明确将这种歧视标记出来。健康码只能作为一种辅助性的工具，而非一种判断人是否健康的根本性依据，还需要与社会的其他标准和尺度进行配合。

（四）转化（conversion）

转化聚焦于信息通信技术的意义如何被协商，对其认知更深入并扩展到更广泛的社会关系中。社交媒体上对于健康码的讨论非常多，人们分享和交流了自己的使用经验。与其他消费型技术的讨论不一样，人们对健康码的机制和效果并不了解，导致其对健康码的心态复杂。

由于生物安全风险在未来将持续存在，新的病毒及传染病可能会经常出现，不论我们是否愿意，健康码在社会治理中的使用都可能常态化，并且深度嵌入日常生活。健康码和公民身份系统将进一步融合，方便公民在乘坐长距离交通工具、出入境等场景中运用。在疫情后期，政府和平台积极对健康码的功能进行了拓展，将其运用到更多样化的场景中。武汉市提出要在现有基础上完善功能，将健康码建设成为城市公共卫生管理、市民健康管理、出行管理的常用平台。杭州市则更进一步推出了"渐变色"健康码，纳入了更多的第三方数据对用户健康状况进行评估。

健康码还被拓展到文化旅游和疫苗注射应用中，因此还出现了行程码、文旅码、渐变码等多种应用方式。健康码也变得更加智能化和自动化，相关机构积极推动通过技术手段将核酸检测、疫苗接种、是否去过中高风险地区信息自动整合到健康码里，无须本人填报。轻松快速地收集、处理和分析前所未有的数据量。

四 健康码技术驯化的效果与对策

数字平台不仅通过软件设计来规划人们使用应用程序的路线，同时也积极与政府对接推动健康码的采纳。支付宝和微信几乎同时在2020年2月推出了健康码服务。数字平台除了肩负协助"抗疫"的社会责任，更希望能够获得更大的市场份额。健康码是对接公民身份数据库的宝贵机会，对于互联网平台来说至关重要，在此基础上可以衍生出在线医疗保险、药品销售等利润丰厚的健康产业业务。通过对健康码API接入的控制，数字平台控制了未来大健康产业和智慧城市的关键入口和应用场景。健康码是社交媒体基础设施化的最后一步，使得数字平台的城市服务系统生态形成闭环。

数字平台对健康码的驯化取决于平台间的竞争和政府的选择。微信和支付宝作为中国最具实力的数字平台，都是基础设施化的国民级应用。谁在健康码一役中获取胜利，将决定其未来在数字科技市场竞争中的生态位。因此，任何平台都不敢怠慢，甚至美团等实力稍逊的企业也加入竞争，这使本来已经白热化的局势更加混乱。政府需要审时度势，在公共利益和机构、部门利益间寻找平衡，选择更加适合的路径来统筹全国性的健康码使用。

数字平台为健康码的运行提供了基础架构，在健康码的技术研发和持续发展上具有更多的资源和能力，但我们也有必要防止平台（监控）资本主义对公共利益的侵蚀。政府与平台在健康码领域的合作使这些大型数字平台的数据监控能力从虚拟空间延伸到现实社会。大型数字平台固然具有较强的数据保护能力，但其对普通公民隐私的侵害能力也更强。此外，一些地方政府外包给中小型科技公司所开发的数字健康政府服务的安全性也令人忧虑。

相关部门和机构应该在法律框架下开展健康码服务。

健康码驯化的障碍不仅来自国家内部行政区划的分割，平台之间的恶性竞争也带来互操作性阻碍。由于平台之间各自为政且存在竞争关系，形成各自割裂的数据孤岛。不同平台所承载的医疗信息系统无法互操作以共享信息，同时存在大量可用但相互竞争和重叠的健康码标准，其中许多标准和规则甚至相互矛盾，这阻碍了疫情追踪技术或其他设备的有效系统采用。①

数字平台在激烈竞争结束后获得的垄断地位为健康码的使用带来技术风险。平台在利用开放 API 来加强寡头垄断的市场主导地位和供应商锁定，出台违反隐私和用户自治权的社会规范时，就需要新的共享空间和共享制度。基于技术兼容性的互操作性可防止供应商锁定（或依赖一家公司来提供产品或服务）并刺激创新。② 为了保障健康码运行的稳定性，政府应该与两家及以上数字平台展开合作，避免其中一家独大而服务品质下降或出现故障。

健康码不是普通的商业性软件，具有极强的公共性。健康码的开发和使用需要有适度的垄断，这样可以保持标准的统一性。但不能实现绝对的垄断，否则社会公共利益会被一家公司绑架。健康码是数字平台基础设施化的重要一环，数字平台通过健康码获得了智慧城市建设的话语权，对公众的数据操纵能力更强。如果数字平台尝试将通过健康码获得的用户数据商业化运作，可能需要获得用户的授权和同意。

健康码鼓励收集和维护有关公民的身份、位置、健康数据。政府通过平台 API 链接其数据库，通过小程序收集数据，并在政府内部和外部共享其数据，更多的服务和决策流程日益自动化和复杂化。当公民数据变得无限"可知"时，就会产生新的权力结构。大数据使数字健康治理的重点从因果

---

① Kesse‐Tachi, Agyenna, Alexander Ekow Asmah, and Ebenezer Agbozo，"Factors influencing adoption of eHealth technologies in Ghana"，*Digital health* 5：2055207619871425. 2019.

② Bodle, Robert，"Regimes of sharing：Open APIs, *interoperability, and Facebook*"，Information, Communication & Society 14：3，2011，pp. 320–337.

关系转变为相关关系，从预防转变为先发、预测和概率式治理，但并未公开如何收集和使用其数据。

媒体和技术驯化研究用户如何适当地使用技术，使其适应并融入自己的日常生活。当"技术不被认为是冷酷、无生命，而是舒适、有用的工具……可靠且值得信赖的"时，驯化被视为成功。① 相反，随着故障的出现、新技术的获取，或者随着用户的年龄增长、生孩子或搬家，技术总是可以重新注册或注销使用，驯化就永远不可能成功。② 与普通的消费型商业技术相比，健康码具有强制性。因此，在新冠肺炎疫情形势与特定政治经济结构条件下，健康码被强制嵌入国人的日常生活和城市社会治理中。但是一旦疫情结束或替代性技术出现，虽然相关方面依旧强力推行健康码，但若遭到普通市民的抵制或弃用，健康码就可能在人们的生活中消失。

由此事件我们可以发现，健康码驯化失败的可能性来自技术网络中权力和地位的不平等。

（1）使用者的客体化。普通市民在健康码的技术网络中是一种被动的强制参与模式，其个人身体数据和网络行为被建构为数据公民主体。政府以新的方式跨世代、社群、行业、行政和地理区域来了解和追踪公民。在公共服务的管理和运行中，鼓励更多的公私合作关系和公司参与，特别是与科技公司合作。③ 再加上一些群体的数字素养不足以及数字鸿沟的客观存在，使得他们采用健康码出现了一些困难。

（2）公众对隐私问题的担忧。健康码在微信和支付宝平台都采用了第三方小程序的方式，数据只存留在第三方也就是当地政府的数据库，当关闭程序后数据会失效并自动脱敏。但这是相对理想化的状态，只要数据从平台

---

① Juntunen, J. K., " Domestication Pathways of Small-Scale Renewable Energy Technologies. Sustainability", *Science, Practice & Policy*, 10: 2, 2014, pp. 28 – 42.
② Sorensen, K. H., *Technology in Use: Two Essays on the Domestication of Artefacts*. Centre for Technology and Society Working Paper 2/94. Trondheim, Norway. 1994.
③ Redden, Joanna , "Democratic Governance in An Age of Datafication: Lessons from Mapping Government Discourses and Practices", *Big Data & Society* 5.2: 2053951718809145. 2018.

服务器上传必然留下痕迹。健康码作为第三方开发的小程序，可以防止公民身份数据在多次登记排查过程中发生泄露，但也不能完全避免技术提供商截留和抓取用户数据，用户也无权注销或删除个人信息。因此，健康码应该在安全性方面达到相当高的水准。

（3）健康码的操作过于烦琐复杂，人们出入一些场所时需要频繁掏出手机扫码。居民在初次使用健康码时可能感觉新奇和兴奋，长此以往则变得厌烦和倦怠。未来需要改进产品设计使其更加人性化，也可能有更便捷、安全的技术替代健康码。

> 疫情过后，我觉得没有必要用健康码。大家都很健康，用健康码很麻烦，还增加成本，对信息保护也不利。（江××　湖北省鄂州市　49岁　男）

健康码在我国的驯化较为顺利，但距离成功尚存在距离，它还不是一项完美的技术。此次新冠肺炎疫情对我国的现代化治理体系形成了巨大挑战，但也磨炼和提升了国家数字化基层治理能力。在中国国情之下，疫情追踪技术的驯化主体是政府而非普通公民，或者说是驯化网络各主体的协商、妥协和共谋。健康码固然增强了政府的权力，对公民行动进行规训，但它也是对公民的保护，总体说来符合我国国情，得到广泛的接纳和使用。健康码在紧急情况下运用于城市治理，依赖于政府和企业、社区的紧密配合。这种运动式治理能在短时间内集中有限的人力物力，对疫情防控起到积极作用。它作为一种技术网络并不是一成不变的，而是随着形势的变化而衍化，以适应不同情境下国家与社会的需求。

在健康码案例中，技术网络中各主体地位的不对等是驯化失败的重要因素。以往我们讨论驯化的时候一般只关注了技术动因，但是对政治经济动因缺少关注。为了避免技术驯化失败，需要加强普通人在智慧城市治理技术中的参与和监督。就公民参与的程度而言，社会创新有三种共同创造类型：公民作为共同实施者，参与服务；公民作为共同设计者，参与服务提供的内容和过程；公民作为发起者，主动制定特定服务。① 目前我国的健康码服务尚处于公民执行和实施的阶段，未来尚需延伸到公民参与设计和公民定制服务领域。

随着新冠肺炎疫情逐渐得到控制，健康码将不再处于社会运转的核心位置。但由人类社会变迁而产生的各种风险的增多，健康码将完善其功能，在城市治理中扮演一种大数据基础设施的作用。它具有社会治理方面的便利性，也具有较大的安全和隐私风险。我们可以结合全球的疫情追踪技术方案来对健康码背后的技术系统进行修正和改进，使其平衡各方面的利益，更好地发挥治理效果。未来健康码需要在以下两个方面进行改进。

一是透明化。健康码作为技术基础设施和算法支撑的科技产物，对于普通人来说是一个信息黑箱。健康码背后的主导力量是政府和平台，公众很难参与到健康码的政策过程中。这使普通用户产生困惑和无力感，他们无法掌控自己的数字健康信息是否能够满足不同区域之间的旅行要求，更不知道这些数据是如何生成和发生效用的，从而带来了信息迷失和行动不便。因此，健康码的发布方有必要对社会进行公开说明，这些数据的采集机制以及如何使用和注销，是否存在算法歧视等。

二是法治化。我们对健康码的使用需要在法律框架下进行以避免它的负面影响。我国需要立法或者采取其他办法来保证健康码的统一性、互操作性和合法性，使其发生更大的效用。在隐私保护方面，欧盟出台了 GDPR（《通用数据保护条例》）来监管和保护用户数据，我国也有了《网络安全法》，以及正在制定中的个人信息保护法。在法律框架下保障普通公民的信息权利，对非法泄露公民个人数据的机构进行追责。

未来健康码也可能嵌入人类的身体。现在健康码和身体、道路交通等基础设施的关联是相对松散的，也不够自动化。未来它可与手环、智能眼镜甚

---

① W. H. Voorberg, V. J. J. M. Bekkers & L. G. Tummers, "A Systematic Review of Co-Creation and Co-Production: Embarking on the Social Innovation Journey", *Public Management Review*, 17: 9, 2015, pp. 1333–1357.

至植入性芯片等可穿戴设备充分结合。但前提是用户的自愿参与和数据安全，并且政府和商业平台须承诺不将健康数据滥用于其他用途。健康监测系统嵌入人们的身体和生活不能一蹴而就，这次新冠肺炎疫情是一个契机。在身体深度嵌入的情境下，健康码的数据安全管理将更为重要，因为它能收集到更深层次的人类健康数据信息，特别是生物识别信息。政府如欲打造中国国民健康数据库，为国家健康政策提供依据，未来尚需跨越更多的伦理与法律障碍。

Kuntsman 等（2019）提出，应使用以下标准评估数字健康应用程序的条款和条件：要收集什么信息，数据如何存储，该应用程序的隐私政策是什么，患者可以要求查看其数据吗，是否有退出政策，它包含什么。[①] 中国社会需要更加关注数据正义问题，积极推动数据保护立法，限制政府和平台等超级行动者的权力。

结　论

本文通过解读健康码技术网络的复杂性，研究了疫情追踪技术在中国的社会建构以及健康码在中国社会中的驯化。首先，技术驯化研究在西方社会背景下忽视了政府这样的超级行动者的主体性作用，只关注了消费者个体对技术的采纳与适应。实质上国家和平台这两种超级行动者对健康码的驯化起到关键作用。其次，提出了驯化网络的概念。在中国，疫情追踪技术被由政府、企业、居民共同组成的城市治理网络驯化和建构，平台所拥有的技术资源和政府拥有的行政资源在健康码实践中得到精确匹配和联合。最后，运用多重话语分析方法讨论了驯化过程中的知识与话语生产及其背后的权力关系。健康码的知识生产和话语表达主要为官方和数字平台所主导，这种话语景观是被中国本土的政治、经济、文化语境形塑的。

[①] Kuntsman, Adi, Esperanza Miyake, and Sam Martin.，"Re–thinking Digital Health：Data, Appisation and the（im）Possibility of 'Opting out'"，*Digital health* 5：2055207619880711. 2019.

在健康码案例中，疫情期间政府、企业和个人的驯化目标一致，在此过程中集体主义价值观起到关键作用。但各方对技术的驯化能力是不同的，由于技术资本和数字素养的匮乏，普通公民驯化技术需要付出更大的代价。公众在驯化技术的同时，也被政府和企业想要达到的目标所驯化，在此过程中也产生了不服从和抵抗。此外，健康码可能还存在技术故障的可能性以及健康识别的不确定性。因此，疫情一旦好转，人们就可能放弃使用健康码，并且对其给予负面评价。我们使用健康码的目的是终有一天我们会告别它，健康码作为特定时期的特定产物将进入媒体考古的博物馆，成为后世研究当代中国传播技术的数字痕迹。

参考文献

Blouin, Gabriel G, "Data Performativity and Health: The Politics of Health Data Practices in Europe", *Science, Technology, & Human Values*, 45: 2, 2020, pp. 317 – 341.

Hutchby, I., "Technologies, Texts and Affordances", *Sociology*, 35: 2, 2001, pp. 441 – 456

Fairclough, N., *Critical discourse analysis: The critical study of language*, New York, NY: Routledge, 2013.

Matthew Gould, Dr Indra Joshi and Ming Tang, *Technology in the NHS*, Mar. 28, 2020, https://healthtech.blog.gov.uk/2020/03/28/the-power-of-data-in-a-pandemic/.

Morgan and Heather, "'Pushed' Self – Tracking Using Digital Technologies for Chronic Health Condition Management: A Critical Interpretive Synthesis", *Digital health* 2: 2055207616678498, 2016.

Qian Hu and Naim Kapucu, "Information Communication Technology Utilization for Effective Emergency Management Networks", *Public Management Review*, 18: 3, 2016, pp. 323 – 348.

Rainer Kattel, Veiko Lember and Piret Tõnurist, "Collaborative Innovation and Human – Machine Networks", *Public Management Review*, 2019.

Sweeney, M. E. and Brock, A., "Critical Informatics: New Methods and Practices", *Proc. Am. Soc. Info. Sci. Tech.*, 51: 2014, pp. 1 – 8.

李厚辰：《你做好一直使用"健康码"的准备了吗?》，虎嗅网，https://www.huxiu.com/article/348909.html，2020年4月5日。

B.12
信息生命周期视角下的疫情防控移动应用隐私政策研究

——基于15款App和小程序的文本分析

徐敬宏　侯彤童　杨波*

摘　要： 本文基于信息生命周期理论，对15款疫情防控App和小程序的隐私政策进行文本分析，研究发现：用户数据产生前的信息创建阶段，与App端服务相比，小程序端普遍存在隐私政策未制定或未公开、张贴位置不明显、用户查找不便利的情形；用户数据产生后的信息收集、存储与保护、共享与流动和使用四个阶段中，也均有不完全合规的情形出现，大部分应用在信息收集规则、信息存储时限、信息共享与跨境传输问题以及用户的信息支配权方面，存在说明不完整的情况。因此，本文基于信息生命周期理论视角，从数据创建、数据收集、数据存储、数据共享、数据清理五个阶段对疫情防控移动应用的隐私政策提出建议，并倡导从多角度构建多利益相关方的个人信息保护模式。

关键词： 信息生命周期　移动应用　隐私政策　文本分析

---

* 徐敬宏，传播学博士，北京师范大学新闻传播学院，教授、博士生导师，研究方向为互联网治理与新媒体传播研究；侯彤童，北京师范大学新闻传播学院2019级博士研究生；杨波，北京师范大学新闻传播学院2019级硕士研究生。

一 引言

新冠肺炎疫情期间，一批与抗疫防疫直接相关的移动应用得到迅猛的发展，各类疫情服务小程序和 App 在用户访问量激增的同时，也暴露出隐私政策不合规的问题，威胁着用户的个人信息安全。天津市委网信办于 2020 年 3 月 16 日率先启动对疫情防控 App 违法违规收集使用个人信息专项治理，在其发布的《天津市疫情防控 App 专项治理情况通报》中，发现"新冠通"等 7 个 App 与小程序存在无法找到隐私政策、未提供删除或更正个人信息功能等不合规问题。[1] 同时，在 2020 年度开展的"净网 2020"专项行动中，国家计算机病毒应急处理中心通过互联网监测发现 25 款存在隐私不合规问题的应用软件，其中包括春雨医生、平安好医生等多款疫情期间为用户提供在线问诊服务的移动医疗应用。[2]

目前，我国已出台一系列法律法规和国家标准以加强对各类网络用户的个人信息保护。我国 2016 年 11 月通过的《网络安全法》第四章为网络信息安全提供了专门的法律保护，被认为是我国个人信息保护领域最重要且系统的法律规定。[3] 2017 年 12 月，全国信息安全标准化技术委员会（以下简称"信安标委"）出台的推荐性国家标准《信息安全技术 个人信息安全规范》（以下简称《规范》）则在法定规则基础上，提出了最小化收集、合理期间保存等 5 项较高要求。[4]《规范》为各网络平台隐私政策的进一步完善提供了依据，并于 2020 年 3 月进行了版本的更新。

---

[1] 天津市委网信办：《天津市疫情防控 APP 专项治理情况通报》2020 年 3 月 16 日，https://www.tjcac.gov.cn/index.php?m=content&c=index&a=show&catid=87&id=3785。
[2]《国家计算机病毒应急处理中心监测发现 20 余款违规移动应用》，新华网，2020 年 4 月 10 日，http://www.xinhuanet.com/2020-04/10/c_1125838474.htm。
[3] 邵国松、薛凡伟、郑一媛、郑悦：《我国网站个人信息保护水平研究——基于〈网络安全法〉对我国 500 家网站的实证分析》，《新闻记者》2018 年第 3 期。
[4] 冯洋：《从隐私政策披露看网站个人信息保护——以访问量前 500 的中文网站为样本》，《当代法学》2019 年第 6 期。

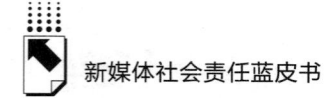

同时，我国正加强管理移动互联网应用程序违法违规收集用户个人信息行为。2019年1月，国家互联网信息办公室秘书局、工业和信息化部办公厅、公安部办公厅、国家市场监督管理总局办公厅联合开展App违法违规收集使用个人信息专项治理，对用户数量大、与民众生活密切相关的App隐私政策和个人信息收集情况进行评估，并于同年12月30日发布《App违法违规收集使用个人信息行为认定方法》①，为监督管理部门认定App违法违规收集使用个人信息行为提供参考。2020年1月15日，信安标委发布《信息安全技术 移动互联网应用（App）收集个人信息基本规范（征求意见稿）》②，明确了App收集个人信息时应满足的基本要求并规范了地图导航、即时通信、新闻资讯等30种常见服务类型可收集的最小必要信息。基于近期疫情防控App发现的问题，2020年3月30日，信安标委发布《网络安全标准实践指南——移动互联网应用程序（App）个人信息安全防范指引（征求意见稿）》③，指出App（含小程序）和疫情防控App违规收集个人信息的10种问题与具体情形，并提供了对应的防范策略。

移动互联网应用程序的隐私政策一方面可视为App运营者保护用户信息的自律举措，另一方面有助于用户了解并保护个人信息安全，在一定程度上可消除用户对隐私泄露的担忧。当前，疫情防控应用因收集大量用户数据而引发普遍的隐私关注，因而，对相关App的隐私政策进行研究具有重要的意义。本文选取15款与抗疫防疫直接相关的App和小程序，依托信息生命周期理论构建研究框架，定性地分析疫情防控App和小程序的隐私政策在信息生命周期各个阶段的实际制定情况，以了解目前我国疫情防控移动应

---

① 中国国家互联网信息办公室：《关于印发〈App违法违规收集使用个人信息行为认定方法〉的通知》2019年12月30日，http://www.cac.gov.cn/2019-12/27/c_1578986455686625.htm。
② 全国信息安全标准化技术委员会：《关于征求〈信息安全技术 移动互联网应用（App）收集个人信息基本规范〉国家标准意见的通知》2020年1月20日，https://www.tc260.org.cn/front/postDetail.html?id=20200121113203。
③ 全国信息安全标准化技术委员会：《关于〈网络安全标准实践指南—移动互联网应用程序（App）个人信息安全防范指引（征求意见稿）〉公开征求意见的通知》，2020年3月30日，https://www.tc260.org.cn/front/postDetail.html?id=20200330091643。

用的隐私政策水平，为运营者完善隐私政策，加强用户信息在全生命周期内的安全保护提供经验参考。

二 文献综述

为了系统性地探究现阶段疫情防控移动应用隐私政策的制定情况，了解运营者们对用户隐私信息保护的理解程度与实践状况，本文从理论和应用两个层面出发，基于信息生命周期理论内涵和网络企业隐私政策的实践应用两部分进行文献梳理。

（一）信息生命周期理论综述

信息是一种具有生命周期的资源，体现着信息运动的规律，霍顿（Horton）认为信息生命周期由需求、收集、传递、处理、存储、传播和利用等一系列逻辑上相关联的阶段组成。[①] 随着数字信息技术的发展，国际科技信息委员会将数字信息生命周期概括为创建、采集、鉴别、存储、长期保存和访问等不同的管理阶段。[②]

信息生命周期理论通常被应用于数据安全领域，包括大数据、政府数据、企业数据、科学数据和个人数据等。例如，朱光等提出大数据流动的信息生命周期，包含数据采集、组织和存储、流动和传播、利用和服务以及迁移和销毁五个环节；[③] 黄静和周锐构建了基于信息生命周期管理的政府数据治理框架，针对数据采集、组织、存储、处理和共享五个阶段分别提出数据治理的集成化、标准化、介质化、流程化和协同化要求；[④] 刘桂峰等分析了

[①] Horton F W（1985）. Information Resources Management. London：Prentice Hall。

[②] Hodge G M（2000）. "Best Practices for Digital Archiving：An Information Life Cycle Approach"，*D - b Magazine*，Vol. 6：15.

[③] 朱光、丰米宁、刘硕：《大数据流动的安全风险识别与应对策略研究——基于信息生命周期的视角》，《图书馆学研究》2017年第9期。

[④] 黄静、周锐：《基于信息生命周期管理理论的政府数据治理框架构建研究》，《电子政务》2019年第9期。

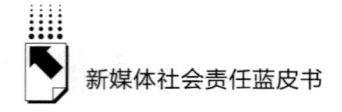

美国排名前50名的高校科研数据，发现大多数高校的科学数据安全管理均涉及数据产生、描述、处理、存储、开放和销毁的全生命周期。① 可见信息生命周期随着信息类型而调整，但总遵循着信息发展运动的规律，内在的基本逻辑较为一致，大部分包括信息创建、信息收集、信息存储、信息利用、信息共享等阶段。

信息生命周期的不同管理阶段具有不同的特征和需求。信息创建阶段，为考虑信息在后续阶段的需要，需保持文档格式、规范以及元数据描述的一致性②，即在数据产生前进行一般规则的制定。信息采集阶段的重要工作是明确信息采集的内容、范围和方法。③ 信息存储阶段则需要将存贮在网络中的信息从不可得状态转存为可得、可用的状态。④ 信息利用是信息生命周期管理的宗旨，是用户对所提供的信息有效运用的过程，信息需方便用户访问和利用。⑤

基于管理的视角，信息生命周期理论普遍被用于考察信息在生命周期内不同阶段的管理方法与策略，⑥ 于是本文通过App隐私政策文本，探究运营者在信息处理的各个环节对用户个人数据保护的理解情况提供理论落点。依照个人信息生命周期发展规律，针对疫情防控移动应用对用户个人隐私信息的采集、云存储、流动等阶段的不同特征，本文将用户信息生命周期划分为信息创建、收集、存储与保护、共享与流动和使用五个阶段。

（二）隐私政策的研究综述

制定隐私政策是国内外互联网企业普遍采用的保护用户隐私的行业自律

---

① 刘桂锋、阮冰颖、包翔：《数据生命周期视角下高校科学数据安全内容框架构建》，《情报杂志》2021年第2期。
② Karen A Shaw, Gene J Hickok（2000）."Life Circle Information Management: A Case Study", *Information Management Journal*, No. 3: 24-36.
③ 粟湘、郑建明、吴沛：《信息生命周期管理研究》，《情报科学》2006年第5期。
④ 罗贤春：《网络信息生命周期》，《图书馆学研究》2004年第2期。
⑤ 粟湘、郑建明、吴沛：《信息生命周期管理研究》，《情报科学》2006年第5期。
⑥ 索传军：《试论信息生命周期的概念及研究内容》，《图书情报工作》2010年第13期。

举措之一。国内多以传统网站为对象，采取内容分析或文本分析的研究方法考察隐私政策的内容。张秀兰分析了100家中文网站隐私政策制定的一般状况，发现中国内地（大陆）网站制定的隐私政策优于政府网站；国外、港澳台地区网站的隐私政策制定情况好于政府网站。[①] 徐敬宏从措辞、句法特点和文本结构对新浪、搜狐、Yahoo、NBA官网等5家中外网站进行考察，发现英文网站的隐私声明更加全面且容易理解。[②] 2017年，徐敬宏等对包含以上5家网站在内的7家网站隐私声明进行比较研究，发现当前网站隐私声明的总体框架与十年前相比略为全面，但具体内容仍流于形式。[③] 周涛从一般情况、信息的收集与存储、信息的使用与共享3个方面对门户、综合购物、网上招聘等5类51家网站的隐私声明进行内容分析，发现各类网站发布的隐私声明存在较大差异，且多数网站的隐私声明并不规范。[④] 申琦运用内容分析法考察了搜索引擎、社交类等6类49家网站隐私保护政策，发现我国各类网站制定的网络隐私保护政策仍存在命名混乱、隐私保护政策查找不便、相关说明不清等问题。[⑤]

除传统网站外，近两年移动互联网应用的隐私政策也逐渐引起研究者的重视。如朱颖选取移动电商、金融理财、生活服务等11类96个App，考察其隐私保护政策的一般情况和具体内容两方面，发现大企业、国际企业、运营时间较长的App隐私保护政策通常比小企业、大部分国内企业、创立不久的App完善。[⑥] 龙红宇对17个中美移动社交媒体的隐私政策进行内容分

[①] 张秀兰：《中文网站隐私政策制定情况调查与分析》，《大连海事大学学报》（社会科学版）2006年第1期。

[②] 徐敬宏：《网站隐私声明的真实功能考察——对五家网站隐私声明的文本分析》，《当代传播》2008年第6期。

[③] 徐敬宏、赵珈艺、程雪梅、雷杰淇：《七家网站隐私声明的文本分析与比较研究》，《国际新闻界》2017年第7期。

[④] 周涛：《基于内容分析法的网站隐私声明研究》，《杭州电子科技大学学报》（社会科学版）2009年第3期。

[⑤] 申琦：《我国网站隐私保护政策研究：基于49家网站的内容分析》，《新闻大学》2015年第4期。

[⑥] 朱颖：《我国移动App隐私保护政策研究——基于96个移动应用App的分析》，《暨南学报》（哲学社会科学版）2017年第12期。

析与比较,发现我国社交媒体隐私政策的详略程度、丰富程度以及人性化程度普遍逊于美国,在数据收集和安全保障说明、用户拒绝和退出权利说明、未成年人隐私保护说明等方面存在不足。① 何培育和王潇睿对 10 款 App 的隐私政策进行了文本分析,发现 10 款应用程序的隐私政策在内容设置和展示形式方面存在一定差异,整体合规性稍显不足,尤其是在未成年人年龄限定方面缺乏可操作性。②

总体而言,目前国内关于传统网站隐私政策的研究较为丰富,而对 App 以及小程序隐私政策的研究尚处于探索性阶段,研究成果不多,且罕有文献结合具体理论对隐私政策进行考察。当前正处于全球疫情胶着的特殊时期,疫情防控 App 和小程序如雨后春笋般冒出,同时也暴露出无隐私政策或隐私政策内容不合规等问题,导致用户的个人信息处于未知的风险中。因此,对疫情防控移动应用的隐私政策进行全面性与系统性考察十分必要,但目前此类研究尚付阙如,这也体现出本文的理论和实践价值。

三 研究方法与研究对象

(一)研究方法

本文主要采用定性的文本分析法。德里达(Derrida)指出:"文本就是一切,文本之外别无他物。"③ 托伊恩·A. 梵·迪克(Teun A. Van Dijk)也表示,对文本进行定性分析的方法,是试图通过观察和阐释所选取文本的句型措辞等内容,达到深层次说明文本意义的作用。④ 当前,与疫情防控密切相关的移动应用程序不多,文本分析更适合这类小样本的研究。本研究

---

① 龙红宇:《中美社交媒体隐私政策比较》,《青年记者》2017 年第 25 期。
② 何培育、王潇睿:《智能手机用户隐私安全保障机制研究——基于第三方应用程序"隐私条款"的分析》,《情报理论与实践》2018 年第 10 期。
③ Derrida, J. (1976). Baltimore: The Johns Hopkins University Press.
④ Teun A. Van Dijk. (1976) Discourse as Interaction in Society. London: Sage.

中，我们选取15个疫情防控App（含小程序）的隐私政策作为文本分析的对象，达到全面、细致地分析这些隐私政策的制定情况与实际意义。

（二）研究对象

本文根据《互联网周刊》和eNet研究院2月17日联合发布的《2020疫情防护应用/小程序推荐》①，并结合国内应用商店用户下载量及排名，考察了15款疫情防控App和小程序新近更新的隐私政策，并将这些App和小程序按性质和用途大致分为本地服务、移动医疗和信息查询三类。其中，本地服务类应用多为政府机构开发，为市民提供自查上报、口罩预约、发热门诊查询等服务，移动医疗类应用向用户提供新型肺炎知识科普、在线问诊和健康信息管理等服务，信息查询类则基于位置等信息，提供周围疫况和定点医院查询等服务（见表1）。

表1 疫情防控类App与小程序隐私政策基本情况

功能	名称	应用形态	有无隐私政策	文件名称	最近更新日期
本地服务	武汉战疫	仅小程序	×	—	—
	穗康	仅小程序	×	—	—
	随申办	小程序	√	《隐私协议》《隐私政策》	2020-01-02
		App	√		2020-03-02
移动医疗	平安好医生	小程序	×	《隐私政策及用户协议》	2019-12-12
		App	√		
	微医	小程序	×	《隐私权政策》	2020-04-03
		App	√		
	好大夫在线	小程序	√	《隐私保护政策》	2019-11-06
		App	√		
	丁香医生	小程序	√	《隐私政策》	2019-12-20
		App	√		
	春雨医生	小程序	×	《隐私政策》	未说明
		App	√		

---

① 《2020疫情防护应用/小程序推荐》互联网周刊，2020年2月17日，http://www.enet.com.cn/article/2020/0217/A202002171091217.html。

续表

功能	名称	应用形态	有无隐私政策	文件名称	最近更新日期
移动医疗	阿里健康	仅App	√	《法律声明及隐私权政策》	2020-01-06
	腾讯医典	小程序 App	√ √	《隐私政策》	2019-09-29
信息查询	疫小搜	仅小程序	×	—	—
	疫况	仅小程序	×	—	—
	掌上高铁	小程序 App	√ √	《隐私政策》	未说明
	高德地图	仅App	√	《隐私权政策》	2019-11-19
	腾讯较真辟谣	仅小程序	×	—	—

注：表格中"√"代表含有该项，"×"代表无该项内容。

本研究于2020年4月3日实际下载上述应用，在实际使用时发现15款移动应用中（含13款小程序、10款App），有5款小程序、10款App含有隐私政策相关内容文本，由于存在同一平台小程序和App共用一份隐私政策的现象，去重后共获取11篇隐私政策进行具体内容方面的文本分析。

四 研究发现

按个人信息生命周期发展规律，从信息创建、收集、存储与保护、共享与流动和使用五个阶段，对疫情防控App（含小程序）进行文本分析，有如下发现。

（一）信息创建

用户数据产生之前的信息创建阶段，运营者需制定并主动公开隐私政策，在征得用户授权同意后再进行数据采集。这一环节主要涉及四个方面的问题：隐私政策的有无情况；隐私政策名称的规范性；隐私政策的可见性与获取便捷性；隐私政策更新提示。

1. 隐私政策的有无情况

在 15 款疫情防控移动应用中，小程序形态的应用普遍存在未制定或未公开隐私政策的问题，将收集、使用个人信息数据的过程置于黑箱状态。如表 1 所示，5 款仅提供小程序服务的应用中，武汉战疫和穗康收集用户个人身份、健康生理等个人敏感信息，疫况和疫小搜收集用户的个人位置信息，腾讯较真辟谣收集用户个人浏览、搜索等信息，却均未制定隐私政策。在 8 款同时提供小程序和 App 服务的应用中，平安好医生、微医、春雨医生 3 款应用在小程序端则未公开隐私政策，仅能在 App 端查看；另 5 款移动应用，除随申办单独制定了小程序隐私政策外，其余应用的隐私政策均同等适用于 App 与小程序平台。值得注意的是，腾讯医典并未制定专门的隐私政策，而是援引腾讯平台统一的隐私政策内容。可见迫于疫情的突发性和小程序本身的简易设计，部分运营者对小程序用户个人信息保护认识不足，忽视了隐私政策制定与公开这一环节。

2. 隐私政策名称的规范性

由表 1 可见，可获取隐私保护文本的 11 款移动应用采取了相对统一且规范的命名，有 5 款 App 采用的是"隐私政策"，2 款 App 为"隐私权政策"，好大夫在线采用"隐私保护政策"，阿里健康采用"法律声明及隐私权政策"，平安好医生采用"隐私政策及用户协议"，随申办小程序采用"隐私协议"。即"隐私政策"和"隐私权政策"成为疫情防控 App 最常使用的隐私保护名称。

在我们 2017 年对国内代表性网站隐私保护的研究中，网站对隐私政策的命名尚比较混乱，"隐私政策""隐私保护""法律政策与隐私声明"皆有出现，可见疫情防控 App 在隐私保护名称规范方面比之从前有较为明显的进步。故本文尊重当前用法，沿用"隐私政策"这一名称。

3. 隐私政策的可见性与获取便捷性

隐私政策的可见性与获取便捷性，具体表现为隐私政策张贴位置的显著程度以及用户获取隐私政策需点击的次数等，可以充分体现出运营者对用户隐私保护的重视程度，在可供查看隐私政策的小程序和 App

中，隐私政策的可见性与获取便捷性存在较大差异。具体情况如表2所示。

表2 各应用小程序和App隐私政策可见性与获取便捷性情况

应用名称	张贴位置	获取隐私政策的点击次数	是否需登录方可查看隐私政策
随申办（小程序）	内页	5次	是
随申办（App）	弹窗	1次	否
平安好医生（App）	弹窗	1次	否
微医（App）	弹窗	1次	否
好大夫在线（小程序）	内页	3次	否
好大夫在线（App）	弹窗	1次	否
丁香医生（小程序）	内页（用户协议内）	6次	是
丁香医生（App）	弹窗	1次	否
春雨医生（App）	弹窗	1次	否
阿里健康（App）	弹窗	1次	否
腾讯医典（小程序）	内页（服务协议内）（超链接）	3次	否
腾讯医典（App）	内页（用户协议内）（超链接）	4次	否
掌上高铁（小程序）	内页	4次	是
掌上高铁（App）	弹窗	1次	否
高德地图（App）	首页底部	1次	否

10款提供隐私政策的App中，8款为主动弹窗提示，1款张贴于首页底部位置，均在用户首次使用时主动提示阅读，点击0次或1次即可触达隐私政策内容；仅腾讯医典将隐私政策以超链接形式暗含在"服务协议"中，用户需要点击3次以上才可获取。相较于App，小程序端的隐私政策展示更加被动。5款可查看隐私政策的小程序中，无一例在首页显著位置张贴隐私政策，均需点击3次及以上方可阅读。另外，随申办、丁香医生以及掌上高铁小程序均需用户先授权登录并绑定手机号方可查看隐私政策，即在获取微信昵称、头像、地区、性别以及联系方式等个人信息后方能查询隐私政策相关内容，存在"先收集后同意"问题，为小程序用户查看隐私政策造成不便。其中，掌上高铁小程序出现默认勾选同意的情形，违背了个人信息收集

的"选择同意"原则。在同款产品服务中，相较于 App，小程序端隐私政策的可见性和获取便捷性普遍较低。

4. 隐私政策更新提示

及时将隐私政策中重要的和变化的信息告知用户，属于必要的版本管理范畴。① 由表1可见，除春雨医生和掌上高铁外，其余应用均在隐私政策开头部分告知用户最新版本的更新日期。且除春雨医生外，其余10款 App 和小程序均将"隐私政策的更新"作为单独项目列出，并说明当重要规则发生变更时，会以主页公告显示、弹窗通知、手机短信、发送电子邮件等显著的通知方式方便用户及时知晓。其中，平安好医生、微医、好大夫在线、丁香医生、阿里健康和高德地图还补充说明了政策所指的重大变更包括的范围，在一定程度上提升了 App 隐私政策的有效性。

（二）信息收集

信息收集阶段，运营商通过特定技术机制收集用户产生的信息数据，为保障信息主体的知情权，在此期间，App 应向用户说明信息收集的主要内容以及 Cookies 等信息收集技术，并对未成年人这一特殊信息收集群体做额外说明。11 份隐私政策在信息收集阶段的说明情况见表3。

表3 各应用隐私政策信息收集情况

	收集内容	Cookies 说明	未成年人保护
随申办小程序	√	√	√
随申办 App	√	√	√
平安好医生	√	√	√
微医	√	√	√
好大夫在线	√	√	√
丁香医生	√	√	√
春雨医生	×	√	√

---

① 李卓卓、马越、李明珍：《数据生命周期视角中的个人隐私信息保护——对移动 App 服务协议的内容分析》，《情报理论与实践》2016 年第 12 期。

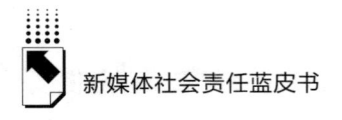

续表

	收集内容	Cookies 说明	未成年人保护
阿里健康	√	√	√
腾讯医典	×	√	√
掌上高铁	√	√	√
高德地图	√	√	√

运营者在收集个人信息时需遵循"选择同意"和"最小必要"原则，并对收集目的和内容进行完整列举，而非笼统的"服务需要"。除春雨医生和腾讯医典外，其余应用均在"我们如何收集和使用您的信息"部分对此展开有效说明。按收集方式分，运营商采集的个人信息主要为两大类：一是在使用过程中直接收集，包括含有个人身份标志的数据以及浏览记录、设备和位置信息等痕迹数据；二是间接获取，可通过接入第三方服务收集或由其他个人信息方提供。疫情防控 App 主要对前一类信息进行了具体说明，除随申办小程序和掌上高铁对收集信息的目的说明较为笼统外，其余 App 均针对具体服务情景完整列举了所需收集的个人信息类型与必要的系统权限，并对个人敏感信息加粗显示。其中，好大夫在线、丁香医生和阿里健康区分了核心业务和附加业务，并告知用户"拒绝提供附加业务所需的信息或权限时，不会影响基本服务的使用"，帮助用户自主控制授权同意的范围。对于间接收集信息进行说明的应用不多，其中仅随申办明确告知了合法的第三方信息来源，用户的知情权在这一部分未得到有效保障。

信息收集方式上，利用 Cookie 技术自动收集是一种十分普遍但又不易被用户觉察的手段，为保障用户权益，App 运营者应向用户说明 Cookie 等相关技术的机制并主动提供限制方法。虽然 11 份隐私政策均对 Cookie 有所提及，但大多数应用对该类技术的解释仅停留在概念层面。同时，部分应用对 Cookie 的使用目的说明也十分笼统，仅表示"借助 Cookie 提升服务/产品质量及优化用户体验。不会将 Cookie 用于本政策目的之外的任何用途"。随申办小程序和 App、春雨医生、丁香医生、微医和阿里健康 6 款应用举例解释了 Cookie 及同类技术的具体用途，清晰易懂。关于 Cookie 的限制方法和禁用后果，除平安好医生、掌上高铁、高德地图外，其余应用均对其进行了说明，但随申办小程序和App、好大夫在线和丁香医生提示用户"如果停用Cookies，您有可能无法享受最佳的服务体验，某些功能的可用性可能会受到影响"，未详细说明"某些功能"的具体内容。

除说明信息收集目的、内容与途径外，运营商还需在信息收集阶段对未成年人这一特殊信息收集群体的隐私保护进行说明。整体而言，疫情防控App均倡导监护人指导未成年人的网上活动。随申办小程序和App、平安好医生、丁香医生和腾讯医典对儿童年龄进行了明确定义，即"未满14周岁的任何人均视为儿童"，好大夫在线和掌上高铁也将未成年人明确定义为18岁以下，其余4款App未对年龄进行明确说明。关于收集未成年人信息后的数据流动和使用，多数App承诺"只会在受到法律允许、父母或监护人明确同意或者保护儿童所必要的情况下使用或公开披露信息"，其中阿里健康还在"我们如何共享个人信息"部分强调"对于涉及儿童个人信息的，我们不允许合作伙伴进行转委托"。腾讯的隐私政策中以超链接的形式提供了专门的《儿童隐私保护声明》，适用于面向14周岁以下的儿童的产品或服务，较为详尽地说明了信息收集、使用与共享的情况。

（三）信息存储与保护

在完成各类数据收集后，信息进入存储与保护阶段。运营商应向用户说明信息存储地点、各类数据的具体保存期限以及信息安全保护措施，以减轻用户对隐私泄露风险的担忧（见表4）。

表4 各应用隐私政策信息存储与保护情况

	存储地点	存储时限	信息安全保护措施
随申办小程序	√	√	√
随申办App	√	√	√
平安好医生	√	√	√
微医	√	√	√
好大夫在线	√	√	√

续表

	存储地点	存储时限	信息安全保护措施
丁香医生	√	√	√
春雨医生	√	×	√
阿里健康	√	√	√
腾讯医典	√	√	√
掌上高铁	√	√	√
高德地图	√	√	√

在"个人信息存储""如何存储和保护信息""存储的地点和期限"等部分，11款疫情防控应用均明确告知了存储地点，一般承诺"除特殊情形外，产生和收集的信息数据将保存在境内服务器上"。同时，除春雨医生外的10款应用也告知了存储时间，但没有注明不同类型个人信息预计保留的具体时长，只提及将在"提供服务期间和法律法规要求的必要时限内保留您的个人信息"，未针对"必要时限"提供有意义的说明。仅好大夫在线承诺，"仅浏览功能下收集的浏览记录、IP信息等存储期限不会超过一个月，对于超出期限的个人信息，会立即删除"。

对数据进行存储的同时，运营商还必须采取可靠的安全保护措施以应对未知的隐私信息风险。在"信息安全""个人信息保护"等部分，11款应用均向用户展现出一定的信息安全保护能力。安全技术措施方面，应用皆表示"会使用符合业界标准的安全保护措施（如SSL、HTTPS等）保护您提供的个人信息"。安全认证方面，随申办小程序和App、平安好医生、微医和高德地图表明程序通过了国家信息安全等级保护等认证。应急预案处理方面，除春雨医生外，其余均说明"如果不幸发生个人信息安全事件，按照法律法规要求及时告知用户"。信息安全管理制度方面，随申办小程序、掌上高铁和腾讯医典概括性地说明了"会建立专门的管理制度、流程和组织确保信息安全"，相较之下，平安好医生、好大夫在线、阿里健康、高德地图、微医和随申办市民云App的声明更为具体，表示将"部署访问控制机制或建立相关内控制度，确保只有授权人员才可以访问个人信息"。用户自我保护方面，随申办小程序和 App、微医、春雨医生、阿里健康以及高德地图进行了相关提醒，建议用户"妥善保管账户、密码等个人信息，仅在必要情况下向他人提供"。

（四）信息共享与流动

与信息收集、存储与保护环节相比，个人数据在共享与流动阶段具备更强的动态性特征，用户不仅与服务提供商存在直接、单一的联系，同时还与数据中间商和数据后续利用者等多重主体关联[①]，也因此削弱了信息的自主控制权，但这一过程往往处于黑箱状态。运营商应在隐私政策中向用户详细说明共享方、共享目的以及数据是否发生跨境流动等，并对共享风险进行提醒（见表5）。

表5 各应用隐私政策信息共享与流动情况

	共享方说明	共享目的说明	共享风险提醒	跨境流动说明
随申办小程序	√	√	×	×
随申办 App	√	√	×	×
平安好医生	√	√	×	√
微医	√	√	√	√
好大夫在线	√	√	×	√
丁香医生	√	√	×	√
春雨医生	√	×	×	×
阿里健康	√	√	√	√
腾讯医典	√	√	×	×
掌上高铁	√	√	×	×
高德地图	√	√	×	√

关于信息共享方的说明，大多数应用只简单介绍了合作方的大致类型，没有向用户提供具体的机构名称和访问地址。随申办小程序和 App 提到"我们的授权伙伴包括如下类型：供应商、服务提供商和其他合作伙伴"，

---

① 范为：《大数据时代个人信息保护的路径重构》，《环球法律评论》2016 年第 5 期。

春雨医生称会向"关联方"和"可信赖的合作伙伴"提供个人信息，平安好医生、丁香医生、阿里健康、腾讯医典、高德地图表示会与"广告、分析服务类授权合作伙伴""供应商、服务提供商和其他合作伙伴"共享信息，都缺少进一步的补充解释。类似地，掌上高铁仅在括号中简单举例了常见的第三方。仅微医和好大夫在线针对不同类型的合作伙伴——列举了第三方名称，好大夫在线更提供了对应的超链接网址以供查看。即仅 2 款疫情防控 App 在这一阶段向用户告知明确的数据流向，满足用户的知情权，体现出友好负责的态度。

共享目的方面，大多数 App 均表示"为实现政策中声明的目的、提供更好的客户服务和用户体验与授权合作伙伴共享信息"。但没有明确表明不会出售个人信息，仅春雨医生向用户明确承诺"不会为满足第三方的营销目的而向其出售或出租您的任何信息"，其余应用均未提及。与之相对地，丁香医生在"我们如何共享、转让与公开披露您的个人信息"部分，表示"我们可能会使用您的个人信息以及您的非个人信息集合形成的间接用户画像与委托我们进行推广的合作伙伴共享"。丁香医生这一共享行为的目的为"促销推广"，数据流向打着委托方名义的广告主，且未单独征得用户同意，给用户的个人信息权益带来风险。实际上，大部分疫情防控 App 未就数据共享和流动期间是否会为个人信息主体带来风险进行提醒，只声明会在事先获取用户主体同意或授权情况下与第三方共享，微医和阿里健康也仅在个人敏感信息部分做出特殊提醒，"如果我们共享您的个人敏感信息，将再次征求您的同意"。

除了信息共享外，信息流动还发生在信息的全球性转移方面。关于信息的跨境传输问题，好大夫在线提出"会以弹窗或邮件的方式告知数据出境的目的、接收方等，并获取用户的授权同意"，明确指出了征得同意的方式以及大致内容。其余 10 款应用都忽略或对该问题一笔带过，仅表明"会将收集的个人信息保存在中华人民共和国境内"或"如需跨境传输，将遵循国家规定或者征得用户同意"，缺少对传输目的、传输内容、接收方以及告知同意方式的具体说明。

（五）信息使用

疫情防控移动应用的信息使用具体包括访问、更正、删除、撤销或改变授权同意范围、自主退出个性化服务以及注销账户的权利。除春雨医生外，其余应用均对这一阶段的用户权利做出不同程度的说明（见表6）。

表6　信息使用阶段各应用隐私政策用户权利说明情况

	访问	更正	删除	撤销或改变授权同意范围	退出个性化服务	注销账户
随申办小程序	√	√	√	√	×	√
随申办 App	√	√	√	√	×	√
平安好医生	√	√	√	√	√	√
微医	√	√	√	√	×	√
好大夫在线	√	√	√	√	√	√
丁香医生	√	√	√	√	√	√
春雨医生	×	×	×	×	×	×
阿里健康	√	√	√	√	×	√
腾讯医典	√	√	√	×	×	×
掌上高铁	√	√	√	×	×	×
高德地图	√	√	√	√	×	√

访问、修改和删除信息的权利是用户信息控制权的基础，除春雨医生外的应用均有不同程度的提及，但仍有部分应用未提供具体的操作说明。随申办小程序和 App 以及腾讯医典分别在"访问与控制""您如何管理自己的信息"部分提到"您访问、修改和删除信息的方式将取决于使用的具体服务"。但未明确说明可供访问、修改和删除的个人信息类型，同时也未提供操作方法。平安好医生、微医、好大夫在线、丁香医生、阿里健康、掌上高铁和高德地图分别在"您的权利""您如何管理您的个人信息""您管理个人信息的权利"等部分，将访问权、更正权和删除权分点独立列出，并针对不同的信息类型如账户信息、浏览记录等提供较为详细的查询、更改和删除说明。

拥有撤销或改变授权同意范围以及退出个性化服务的权利，是用户在信息使用阶段对数据进行自主管理和控制的重要体现，却被大多数应用忽略。春雨医生、掌上高铁和腾讯医典未对此两项权利进行说明。随申办小程序和App提出"您可以自行选择撤回对某些非基本功能或服务对您信息处理的同意"，但未对明确指出某些功能的指向，也未提供撤销办法。阿里健康表示，"对于额外个人信息的收集和使用，您可以与阿里健康客服联系给予或收回您的授权同意"，但较为笼统，失之便捷。微医和高德地图提供了"删除信息、关闭设备功能、进行隐私设置等"改变或撤回授权范围的方式，但仍未涉及退出个性化服务权利的说明。仅平安好医生、好大夫在线和丁香医生3款App向用户介绍了自主选择控制个性化推荐服务的权利和操作方法，"可以通过【我的－设置－消息/推送通知】开启或关闭平台的通知推送服务"，方法简单明了。

注销账户是用户自主控制信息、主导数据进入销毁环节的方式之一，运营商理应主动对其说明并提供简单易操作的注销方法。实际上，与注销权相关的隐私政策不合规问题正成为疫情防控应用的显性问题。春雨医生、腾讯医典和掌上高铁未在隐私政策中提及用户注销权。高德地图未提供具体的注销办法。丁香医生在附件《丁香医生账户注销须知》中向用户列举多项注销后果，并提出注销单个账号则无法使用其他关联服务等不合理注销条件，为用户自主停止数据使用施加压力。在其余提供注销方法的应用中，仅平安好医生提出"您随时可注销此前注册的账户"，与丁香医生偏向保护平台利益的表达相反，表现出为用户权利着想的态度。

五 讨论与对策

制定与公开隐私政策是互联网移动应用自律保护用户隐私的最低层次，通过以上分析我们可以发现，目前我国疫情防控App（含小程序）的隐私政策在用户信息生命周期各个阶段，整体尚未达到较好的合规性和完整性要求。在用户数据产生前后的信息收集、存储、共享与使用过程中，App运营者为降低用户风险感知水平，达到在最大范围内收集信息、在最大限度上利

信息生命周期视角下的疫情防控移动应用隐私政策研究

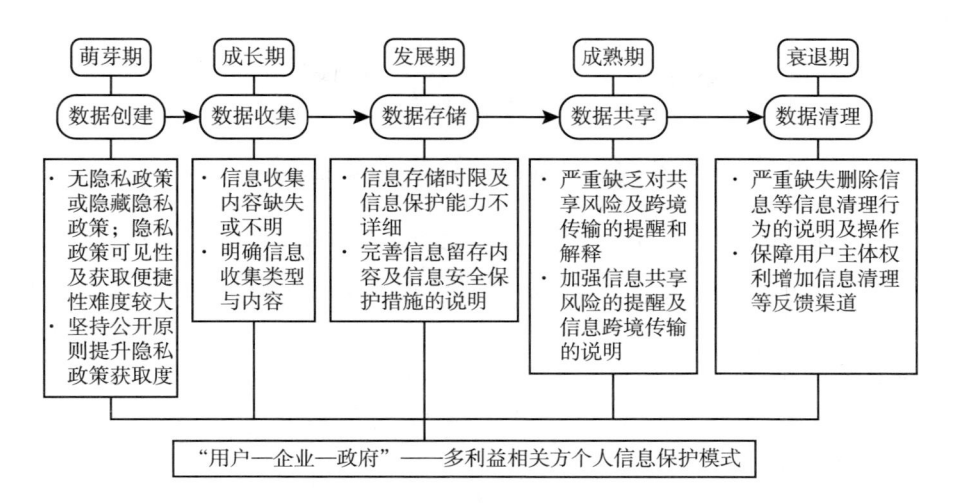

图1 疫情防控移动应用隐私政策的信息生命周期模型

萌芽期	成长期	发展期	成熟期	衰退期
数据创建	数据收集	数据存储	数据共享	数据清理
・无隐私政策或隐藏隐私政策；隐私政策可见性及获取便捷性难度较大 ・坚持公开原则提升隐私政策获取度	・信息收集内容缺失或不明 ・明确信息收集类型与内容	・信息存储时限及信息保护能力不详细 ・完善信息留存内容及信息安全保护措施的说明	・严重缺乏对共享风险及跨境传输的提醒和解释 ・加强信息共享风险的提醒及信息跨境传输的说明	・严重缺失删除信息等信息清理行为的说明及操作 ・保障用户主体权利增加信息清理等反馈渠道

"用户—企业—政府"——多利益相关方个人信息保护模式

用信息的目的，对信息收集规则、信息存储时限、信息共享流向与后果，以及用户的信息支配权方面，仍存在说明模糊、笼统的情况。

因此，鉴于前文的研究发现和问题，本文归纳出如图1所示的疫情防控移动应用隐私政策的信息生命周期模型，并且认为我国相关企业和单位应将疫情防控移动应用的个人信息保护纳入全生命周期管理的理论框架中，依照用户数据各个阶段的不同特征，进一步优化和完善隐私政策内容。

（一）数据创建阶段——坚持公开原则，强化主动意识

目前，多款以小程序形态为主的疫情防控应用尚未履行主动制定并公开隐私政策的责任，存在隐私政策缺失以及隐私政策可见性和获取便捷性差等问题，企业有故意模糊或降低信息保护责任的嫌疑。在同款产品服务中，相较于App，小程序端隐私政策的可见性和获取便捷性普遍较低。因此，在数据创建阶段，运营者应改变对小程序用户个人信息保护的消极态度，始终坚持公开隐私政策的原则，强化主动提示用户的意识，在收集数据前履行企业应尽的告知责任与义务，切实保障保障用户的隐私。被广泛使用的疫情防控小程序应与App应用相同，制定合规的"简版隐私政策"，在注册、登录等

页面，以显著方式主动公开收集使用个人信息的关键规则，避免出现"先同意后查看"的隐私政策获取方式，时刻尊重用户"选择同意"的权利。

（二）数据收集阶段——明晰信息收集类型，给予用户选择权利

在信息收集阶段，目前大部分疫情防控应用对收集内容和收集方式的说明仍较为笼统，所收集的个人信息类型与App提供的业务功能之间尚不能建立对应联系。同时，伴随着全国各地疫情防控常态化以及疫情防控移动应用功能和服务的多样化，疫情防控移动应用所采集的个人信息类型正逐渐增多，可以预见疫情防控移动应用有过度采集用户个人信息的趋势。然而大量被动采集的数据具有隐蔽性强的特点，不易被用户觉察。因此，隐私政策需明确区分核心业务和附加业务所采集的信息种类，并遵循选择同意和最少必要原则，即向用户明示个人信息处理目的、方式、范围等规则并征求其授权同意后，只处理所需的最少个人信息类型和数量①，不收集无关信息、非必要信息，并给予用户自主选择授权收集的信息范围的权利。

（三）数据存储阶段——完善信息留存说明，提升信息安全保护措施

在信息存储与保护阶段，运营者为降低用户对隐私泄露的风险感知，某些疫情防控移动应用的隐私政策未对不同信息预计保留与销毁的时限进行详细说明，也未对信息共享传输的目的及后果做出风险提示并征求用户授权同意，信息主体对信息的控制权被极大弱化，个人数据流动处于黑箱之中。因此，为防止疫情防控App运营者对个人信息，尤其是个人生理健康、行程轨迹等敏感信息的过度保存，疫情防控移动应用的隐私政策应将信息留存情况进一步透明化，包括明确说明不同个人信息类型的保留时限，并对用户自主删除或注销账户后的信息保存措施进行补充说明等。同时，对于信息安全

---

① 全国信息安全标准化技术委员会：《信息安全技术 个人信息安全规范》，2020年3月6日，http://c.gb688.cn/bzgk/gb/showGb?type=online&hcno=4568F276E0F8346EB0FBA097AA0CE05E。

保护的措施方面，一方面，疫情防控移动应用的隐私政策应将具体信息保护的措施做出进一步的明确说明，尽力消除用户对于信息安全保护技术风险的担忧；另一方面，应与相关部门进行合作，通过建立信息安全数据库等方式，发挥数据溯源和数据协议的作用，及时更新并提升对用户信息保护的技术手段。

（四）数据共享阶段——提醒信息共享隐患，保护信息跨境传输安全

在数据共享阶段，目前疫情防控移动应用的隐私政策在共享目的、共享风险提醒以及跨境传输说明等方面均存在不同程度的缺失或模糊。用户很有可能在不知情的情况下，将本以为只被某一移动应用获取的信息权限扩大共享至数个企业。互联网社会中，个人信息具备重要的经济价值，而在全球疫情防控的关键阶段，包含生命健康在内的个人信息更甚，利益驱动的数据共享极容易导致隐私泄露的风险。因此，疫情防控移动应用的运营者在确需共享用户信息时，应对信息共享目的、共享对象进行更细致的公开说明，在营销、广告等用途的数据共享方面给予用户选择退出的权利，并对信息流动期间可能的风险与后果进行显著提醒，加强用户主体的信息控制权。此外，除明确说明共享方和共享目的外，也应充分重视信息流动过程中的风险，尤其是信息跨境传输的风险，完善对跨境传输目的、传输内容、接收方以及告知同意方式的具体说明，充分保障我国公民个人信息安全，降低用户数据在流动与共享过程中的泄露与不合理利用的风险。

（五）数据清理阶段——保障信息主体权利，及时响应用户反馈

信息使用是用户数据流动的结果与目的，也是个人信息生命周期一般意义上的最终阶段。在这一过程中，运营商对收集和存储的用户数据进行合理分析与处理，用户有效使用服务并享有一定的信息控制权。然而，在信息使用及数据清理阶段，目前疫情防控移动应用多居于运营者角度保障平台对数据的使用与处理权利，忽略了用户的部分权利甚至设置不合理条件妨碍用户

对个人信息实行自主控制,表现出对用户信息保护不谨慎的态度。参考《2012年欧盟草案》中提出的"被遗忘权"(right to be forgotten)概念,即"数据主体有权要求数据控制者永久删除有关数据主体的个人数据,有权被互联网遗忘,除非数据的保留有合法的理由"。[1] 运营商在出于合理、适当的目的分析和利用用户数据的同时,更应重视用户作为信息主体的权利,尤其应对用户更改或删除个人信息、注销账户等方面的权利进行详细说明,并提供简单方便的操作方法及有效反馈渠道,在用户完成信息操作后及时响应,充分保障用户知情、获取和控制信息的权利。

(六)构建以"用户—企业—政府"为主体的多利益相关方个人信息保护模式

尽管疫情防控移动应用的隐私政策是企业对个人信息保护的自律行为,但仅仅依靠各疫情防控移动应用企业的单向行为显然力度不足。作为隐私信息提供方的用户与作为疫情防控移动应用监管方的政府,在互联网个人信息保护的过程中也是不可或缺的利益相关方。用户是个人信息保护的主体,用户对于个人信息的使用和授权具有首要且重要的把控权。用户应自觉树立个人信息保护的意识,对于可能泄露个人隐私或个人信息使用不当的潜在行为,应及时向企业及相关政府部门做出反馈与反映。政府虽不直接参与到个人信息保护的具体实践中,但对于企业各项行为具有监管责任。尤其是在目前全球疫情泛滥的当下,疫情防控理应也成为全球命运共同体议题中的重要部分。疫情防控移动应用在全球各企业间的跨国信息传输行为,应在政府相关部门的监管下良好使用与共享。最终,构建为以"用户—企业—政府"为主体的多利益相关方个人信息保护模式,从多维度、多角度对我国个人信息保护构建良性发展环境。

---

[1] European Commission. Proposal for a regulation of the Euopean Parliament and of the Council on the protection of individuals with regard to the processing of personal data and on the free movement of such data, 2012 - 01 - 25, http://ec.europa.eu/justice/data - protection/document/review2012/com_ 2012_ 11_ en.pdf.

诚然，在当前疫情防控 App 数目不多且分类不甚清晰的情况下，作为小样本的文本分析研究，本文难以对疫情防控 App 隐私政策的现实情况做整体性把握，但立足于信息生命周期的理论视角深入理解与分析样本，本文发现疫情防控移动应用的隐私政策存在不少问题，各运营商及各级监管部门应利用全信息生命周期理论，在观念、制度、管理等多方面，对疫情防控移动应用的隐私政策进行主动完善与综合治理。

B.13
不同提醒效应下的新闻道德判断与伦理责任感探讨*

牛 静 候京南**

摘 要： 新闻从业者对悲剧、死亡事件的报道需要进行更多的道德判断。本研究基于恐怖管理理论，探讨"死亡提醒效应"对新闻从业者新闻伦理观念与道德判断的影响。本文运用控制实验法对新闻传播专业的学生进行调查，文章发现："死亡提醒"下的被试会更加严苛地对不道德新闻行为进行评判、"死亡提醒"使被试出现更低的道德相对主义倾向。这一研究结果表明，在面对死亡威胁时，遵守高伦理标准的媒体工作往往会获得更多的赞誉，这促使新闻从业者更为严谨地做新闻道德判断和承担起传播伦理责任。

关键词： 死亡提醒效应 道德判断 新闻伦理 道德相对主义

一 引言

突如其来的新冠肺炎疫情给不同的家庭、个人带来了不同程度的影响，

---

* 本成果受湖北省委宣传部与华中科技大学部校共建新闻学院项目"全球媒体机构伦理规范研究"（项目编号：2020E07）经费支持。
** 牛静，华中科技大学新闻与信息传播学院教授、博士生导师；候京南，华中科技大学新闻与信息传播学院硕士研究生。

不同提醒效应下的新闻道德判断与伦理责任感探讨

许多生命在其间消逝,逝者的朋友家人承受着种种痛苦。为追踪新冠肺炎疫情这一重大突发公共卫生事件中的种种进展,记者常常需要去了解悲剧事件或死亡事件。如当李文亮医生因感染新冠肺炎离世后,无论是面对他已有身孕的妻子,还是面对他曾被感染新冠肺炎的父母,从事采访和报道的记者都在面临着新闻道德判断的巨大难题。在报道此类新闻事件的过程中,新闻记者如何进行道德判断,做出道德选择显得至关重要。

可以说,在日常新闻生产实践中,记者或其他新闻从业者都会常常遇到与死亡相关的新闻报道工作,如撰写有关致命车祸的消息或是报道癌症发病率。这些内容可能让他们联想到身边人乃至自己的死亡。从恐惧管理理论的视角来看,死亡在潜意识层面令人极端恐惧,人们需要找寻意义感(世界观)和价值感(自尊)来"管理"这种潜在的死亡焦虑。[①] 在以往的研究中,研究者们往往针对死亡意识诱发的影响展开研究,而鲜少有研究将恐惧管理理论应用于新闻传播领域。

许多不同的国家和地区都建立了新闻从业者伦理道德规范与守则,但实际上新闻从业者在做伦理道德判断时可能受到各种因素的影响。那么有关死亡的想法是否可以引发新闻道德判断及伦理观的改变?这样的改变是由死亡本身诱发的,还是由恐惧或内疚等消极情绪引起的?面对新闻事件中与死亡相关的悲剧情境,在"死亡提醒效应"(Mortality Salience Effect)的作用下,人们对新闻行业道德抉择是否会产生更严苛的要求?本文以恐怖管理理论为基础,通过唤醒新闻传播专业大学生关于自我死亡或压力的相关想法,检测其新闻伦理观与道德判断的不同。新闻传播类专业的学生与新闻从业者在学识架构和实践训练上有很多相似点,并且他们在将来也很可能从事新闻行业的工作,因此,探究"死亡提醒"对新闻传播类专业学生做道德判断的影响,有利于这些未来的新闻从业者提前了解自身在遇到死亡情境下可能产生的伦理、道德判断变化,以便做出更为合理的道德决定。

---

① 郭永玉、傅晋斌:《死亡提醒效应:概念、测量及来自多领域的证据》,《心理学探新》2011年第2期。

二 文献综述与研究假设

（一）死亡提醒效应

"死亡提醒效应"这一名词是恐怖管理理论中的概念，是指通过运用一些手段，如走入殡仪馆、给人们播放车祸影像等方式来唤起对死亡及与死亡相关事物的思考和认知。① 恐怖管理理论（TMT）来源于文化人类学家厄内斯特·贝克尔在其《死亡否认》（*The Denial of Death*）一书中的核心观点，即每个人生来就有对生的渴求和对死亡的恐惧，人类在潜意识中知道自己必然死亡。② 这种对必死性的知晓会让人们感到恐慌，于是人们通过某种方式建立起对死亡的防御。恐惧管理理论在 Greenberg、Solomon 和 Pyszczynski 三人的总结和发展中得以逐步建立和完善，他们认为，人们在面临死亡情境的威胁时会感到焦虑，进而通过维护自尊以及原有的文化及世界观来对抗焦虑感。③ 具体而言，人们运用了两种心理机制建立起对死亡的防御功能：一种是有意识的近端防御，另一种是无意识的远端防御。国内学者谢晴和颜雅琴认为，近端防御指有意识地去阻止与死亡相关的想法，如通过否认自己的疾病，或夸大自己的健康状况等降低焦虑感。④ 远端防御则包含文化世界观、自尊和亲密关系三种，这是"死亡提醒"研究比较集中的视角。

已有研究证实，当人们被提醒与死亡相关的内容后，会更倾向于维护自己原有的文化世界观。同时，人们运用自尊与亲密关系对死亡信息进行管

---

① Greenberg J, Pyszczynski T, Solomon S, "The Causes and Consequences of the Need for Self-esteem: A Terror Management Theory Public Self and Private Self", *The Causes and Consequences of the Need for Self-esteem: A Terror Management Theory*; ed. R. F. Baumeiste (New York: Springer – Verlag, 1986), pp. 189 – 212.
② Becker, Ernest, *The Denial of Death*. Columbus: Free Press, 1997.
③ 张彦彦：《恐惧管理对道德五基准及道德判断的影响》，《应用心理学》2013 年第 4 期。
④ 谢晴，颜雅琴：《死亡提醒对道德判断的影响》，《科教导刊》2016 年第 11 期。

理，使之成为缓冲死亡焦虑的工具。

其一，在"死亡提醒"与文化世界观关系的研究中，大部分研究都集中在验证文化世界观与"死亡提醒效应"，即在"死亡提醒"条件下，个体的文化世界观防御是否会增强。在"死亡提醒"对文化世界观的影响方面，国外学界的研究重点大多集中在以下几个方面：行为（例如攻击行为，资源分配等）；对个体的态度（包括对个体吸引力的评估、对作者的态度等）和对世界观威胁（不公平事件）的情感反应（如愤怒）等。① 例如当联想到死亡，人们更倾向于关注自己所在的群体。"死亡提醒效应"下，人们更多地乐于奉献，提高为社会捐款或做出其他慈善行为的频率。② 相反，在"死亡提醒"启动后，人们对区别于自身信仰的宗教、国家和威胁自身世界观的人的偏见增加，③④ 对异类的攻击性增强。⑤

其二，对"死亡提醒"与自尊的关系研究主要集中在两个方面：一方面是探讨"死亡提醒效应"下，人们的焦虑增加，是否为了降低焦虑而增强对自尊的寻求；另一方面是探究"死亡提醒"后，自尊是否会成为缓冲"死亡提醒"带来的恐惧和焦虑的工具。Pyszczynski、Greenberg 和 Solomon 等人发现，在"死亡提醒"效应的作用下，个体会更加认同有利于自尊产生的自我方面，同时对那些会威胁到自尊的自我方面会更加不认同。郭娟在研究中发现，个体通过提升自尊源认同缓解了"死亡提醒"诱发的焦虑感，

---

① 薛月冬：《死亡提醒、认知负荷对功利性道德判断的影响》，中国地质大学（北京）硕士学位论文，2015，第158页。
② Eva Jonas, Daniel Sullivan, eff Greenberg, "Generosity, Greed, Norms, and Death – Differential Effects of Mortality Salience on Charitable Behavior", *Journal of Economic Psychology* 35 (2013): pp. 47 – 57.
③ Rosenblatt A, Greenberg J, Solomon S, Pyszczynski T, Lyon D, "Evidence for Terror Management Theory I: The Effects of Mortality Salience on Reactions to Those Who Violate or Uphold Cultural Values", *Journal of Personality and Social Psychology* 57 (1989): pp. 681 – 690.
④ Pyszczynski T A, Solomon S, Greenber J, *In the wake of 9/11: The psychology of terror* Washington, DC: American Psychological Association, 2003.
⑤ McGregor H, Lieberman J, Greenberg J, Solomon S, Arndt J, Simon L, "Terror Management and Aggression: Evidence that Mortality Salience Motivates Aggression Against Worldview-threatening Others", *Journal of Personality and Social Psychology* 74 (1998): pp. 590 – 606.

实验结果表明个体自尊源认同后的焦虑显著低于自尊源认同前。[1]

其三，现有研究中，对"死亡提醒效应"与亲密关系的研究旨在探讨"死亡提醒效应"下，人们是否会增强对亲密关系的寻求，以及亲密关系是否成为缓冲死亡焦虑的工具。国外学者Florian等在这方面进行了多个研究。2000年，他们研究了亲密关系寻求对亲密关系渴望的影响，发现"死亡提醒"下的被试表现出更强的亲密关系渴望。[2] 2002年，他们继续探究了"死亡提醒"对关系承诺意愿的影响，结果发现，"死亡提醒"条件下的被试相对于疼痛组和中性组的被试，更多地表现出了对一段关系给予承诺的意愿。

（二）道德判断与新闻伦理

在道德判断理论中，究竟是直觉与情绪影响了人们的道德判断还是理性认知影响了人们的道德判断是研究者们至今仍在争辩的议题。这一争议性议题进而发展出了几种不同的道德判断模型。其中，理性主义模型认为人们的道德判断来源于一系列的推理：进行道德判断的个体需要寻找各种证据，并通过假设、检验来获取道德推理的结论。理性主义模型的主要代表学者有皮亚杰和科尔伯格。而社会直觉模型聚焦于直觉的重要性，认为影响人们进行道德判断的最重要因素是非理性的，其强调社会直觉和文化影响的重要性，这正是与理性主义模型重点强调道德推理的主要区别。[3] 社会直觉模型认为，当人们掌握道德真理时，他们不是通过推理和反思的过程，而是由一个更接近于感知的过程得到。人们做出道德判断依赖于社会直觉，这种直觉不是一种推理，而是一种满载情感、能够快速地、自动地直接导致道德判断的

---

[1] 郭娟：《缓冲死亡焦虑的自尊机制的初步研究》，东北师范大学硕士学位论文，2003。

[2] Florian V, Mikulincer M, Hirschberger G, "The Anxiety Buffering Function of Close Relationships: Evidence that Relationship Commitment Acts as a Terror Management Mechanism", *Journal of Personality and Social Psychology* 82 (2002): pp. 527 – 542.

[3] Haidt J, "The Emotional Dog and Its Rational Tail: A Social Intuitionist Approach to Moral Judgment", *Psychological Review* 108 (2001): pp. 814 – 834.

一种认知。①

伴随着道德心理学研究的逐渐深入，Green 等学者提出了道德判断的双加工模型（dual process theory），基于扎实的实证研究将以"理"为重的传统理性主义模型和以"情"为主的社会直觉模型进行了融合。② 双加工过程模型认为，道德判断的产生不单单是一种作用的结果，它不仅是快速且直觉的情感过程，也是慢速、深思的认知推理过程。③ 在面临具体的道德判断情境时，二者不断竞争，依照最终的选择结果判定个体在更大程度上是依据了情感还是理性。

在新闻传播业中，新闻从业者在新闻传播活动中产生的道德选择及判断被称为新闻伦理。社会影响如组织规范和法律，在新闻从业者的道德决策过程中起着重要的作用④，但文献也证明了记者内在动机的重要性，如他们受到宗教信仰、家庭和文化影响而发展起来的一套个人价值观。⑤ 在新闻伦理决策中，价值观被认为是非常重要的。

（三）死亡提醒对道德判断的影响

依据"死亡提醒效应"与道德判断的双加工模式，已有研究发现在人们在受到"死亡提醒效应"的影响时，人们更倾向于直接依赖道德直觉，而较少进行理性推理。另外，Greene 等学者的研究表明，非功利主义的道德判断（如不同意牺牲 1 个人去换取其他更多人的生命）是受道德直觉驱动，功利性道德判断（如同意牺牲 1 个人去救其他更多的人）是经由理性

---

① 曾旭红：《"心之近，责之切"：心理距离对道德判断的影响》，广西师范大学硕士学位论文，2015，第 2 页。
② Greene J D, Sommerville R B, Nystrom L E, Darley J M, Cohen J D, "An fMRI Investigation of Emotional Engagement in Moral Judgment", *Science* 293 (2001): pp. 2105 – 2108.
③ 庄童贺、李敬巍：《道德判断的新发展——双加工模型理论》，《吉林省教育学院学报》2014 年第 7 期。
④ Voakes P S, "Social Influences on Journalists' Decision Making in Ethical Decisions", *Journal of Mass Media Ethics* 12 (1997): pp. 18 – 35.
⑤ White H, Pearce R, "Validating An Ethical Motivations Scale: Convergence and Predictive Ability", *Journalism Quarterly* 68 (1991): pp. 381 – 392.

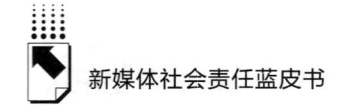

推理的认知加工驱动。① 由此，本文提出研究假设一。

H1："死亡提醒"会更多地使新闻传播类专业学生进行功利性道德判断。

现有的大多数研究表明，"死亡提醒"能够对道德判断产生影响。如Pyszczynski等学者的研究发现，在"死亡提醒效应"的有效作用下，个体倾向于对做出不道德行为的人持有更严苛的态度，而对符合道德规范的人表现更友善②；Florian和Mikulincer的研究发现，"死亡提醒效应"下，人们会更容易反对反社会行为。③ 谢晴、颜雅琴通过"死亡提醒"启动实验发现"死亡提醒"使得人们更趋向于认同自己的不道德行为，同时更贬低别人的不道德行为。④ 由此，本文提出研究假设二。

H2："死亡提醒"使得新闻传播专业学生对不道德新闻行为的态度更加严苛。

不道德的新闻行为存在于新闻传播活动的方方面面。其中，悲剧情境与死亡较为相关，因此，受"死亡提醒"影响大的被试者更难以容忍悲剧事件中的不道德新闻行为。由此提出研究假设三。

H3："死亡提醒"使得新闻传播专业学生对悲剧情境中发生的不道德新闻行为态度更加严苛。

道德相对主义（Moral Relativism）也被称为伦理相对主义，它认为道德信仰是文化和历史的产物，因此"正确"或"错误"是相对的。⑤ 由于"死亡提醒效应"会引发人们对原有一般文化世界观的维护，新闻传播专业学生可能

---

① Greene J D, Morelli S A, Lowenberg K, Nystrom L E, Cohen J D, "Cognitive Load Selectively Interferes with Utilitarian Moral Judgment", *Cognition* 107 (2008): pp. 1144 – 1154.
② Maxfield M, Pyszczynski T, Kluck B, Cox C R, Greenberg J, Solomon S, et al, "Age-related Differences in Responses to Thoughts of One's Own Death: Mortality Salience and Judgments of Moral Transgressors", *Psychology and Aging* 22 (2007): pp. 341 – 353.
③ Florian V, Mikulincer M, Hirschberger G, "The anxiety buffering function of close relationships: Evidence that relationship commitment acts as a terror management mechanism," *Journal of Personality and Social Psychology* 82 (2002): pp. 527 – 542.
④ 谢晴、颜雅琴：《死亡提醒对道德判断的影响》，《科教导刊（下旬）》2016年第11期。
⑤ Gilbert Harman, "Moral Relativism Defended", *The Philosophical Review* 84 (1975): pp. 3 – 22.

会更倾向于坚守他们从小到大被教导的普遍的道德原则，而不论环境或其他因素的变化。因此，在"死亡提醒"条件下，新闻传播专业学生可能在道德判断中降低相对性，而更加认同绝对的道德原则。由此提出研究假设四。

H4："死亡提醒"会使新闻传播类专业学生出现更低的道德相对主义倾向。

三 研究方法与设计

（一）被试

实验被试为华中科技大学新闻与信息传播学院大一的学生，参与实验人数为127人，以实验组与对照组进行问卷回答的字数、内容，以及问卷填写时间等为依据，删除问卷随意填写或所有选项选择过于一致的实验者问卷，最终筛选出95份合格问卷，95名合格被试者中包括实验组47人，对照组48人。

（二）实验设计

本文选用单因素组间设计的控制实验法，自变量为"提醒方式"，并选取两种不同的提醒方式作为对照，分别是"死亡提醒"和"压力提醒"。因变量为道德判断的功利主义频率、相对主义程度以及对不道德新闻行为的严苛程度。

（三）实验材料

1. "死亡提醒"材料

就目前的研究来看，学者对"死亡提醒"材料的选择与使用尚未形成统一的定论。在不同的国家甚至不同的实验中，研究者们可能都选用了不同种类的"死亡提醒"材料。2010年，Burke等对1986年以来有关恐惧管理理论的164篇文章的277项研究进行了分析，发现研究者使用的死亡启动方法主要分为以下几种：（1）经典版死亡诱导问卷；（2）死亡态度或死亡恐惧调查问卷；（3）其他。如给被试者观看与死亡相关的视频、照片、文字故事等。其中79.8%的研究使用的是标准化的经典死亡问题问卷。[①] 国内学者牛伟华比较多种"死亡提醒"操作后也发现，经典版的诱导问卷最有效。[②] 但还有许多其他研究者发现在中国的文化背景下，将经典死亡问题用于实际研究操作时，此问卷难以达到"死亡提醒"的效果。因此不少国内研究者选用了视频影像材料、文字故事材料等方式进行"死亡提醒"。

本文考虑到问卷的有效性和被试对实验的可接受程度，综合使用经典死亡两问题问卷与死亡焦虑量表问卷唤起被试的死亡意识。死亡诱导问卷包括两个问题：(1) 请展开你的想象力，描述一下自己死亡时的情境。并描述一下当死亡发生在自己身上时，自己的情绪（越详细越好）；(2) 想象一下当自己死亡时及死亡后，自己的身体会发生什么变化（越详细越好）。死亡焦虑量表改编自周仁会等编制的大学生个体死亡焦虑量表，该问卷共计20个问题，主要包含四个维度：价值实现焦虑、重要他人焦虑、死后境况焦虑、死时痛苦焦虑。[③] 本研究在四个维度的基础之上，选用其中9道题目（如"我害怕自己死亡的过程非常缓慢""我害怕去世之前尚未实现自己的人生价值"）构成新的量表，并采用李克特五点计分，"1"代表"非常不符合"，"5"代表"非常符合"。

2. 压力提醒材料

国外研究者对非"死亡提醒"组采用的操作方式基本和"死亡提醒"组一致。但在研究中具体的对照操作所使用的主题却不尽相同。一类是让被试者回忆一些消极和负面的内容，如牙痛、头痛等与生理相关的疼痛感受，或公开演讲前的紧张、参加重大考试等压力性事件。另一类则是中性的内容，如让被试者回忆自己平日的休闲活动、观看的电视节目、爱听的歌曲等。

本文选用消极提醒中的压力提醒作为"死亡提醒"的对照，一方面，人们在日常生活中时常能感受到压力性事件，大学生也不例外。另一方面，以

[①] Burke B L, Martens A, Faucher E H, "Two Decades of Terror Management Theory: A Meta-analysis of Mortality Salience Research", *Personality and Social Psychology Review* 14 (2010): pp. 155 – 195.

[②] 牛伟华：《死亡凸显材料比较》，上海师范大学硕士学位论文，2013。

[③] 周仁会、郭成、杨满云、吴慧敏：《大学生个体死亡焦虑量表的编制》，《西南大学学报》（自然科学版）2019年第4期。

消极启动作为对照组能够诱发被试的消极情绪,以此匹配死亡启动过程中的消极情绪,从而能最终筛选出独立于消极情绪之外的死亡成分所导致的效应。① 压力提醒材料包括压力诱导问卷及压力量表。诱导问卷包含两个题目:(1)请展开你的想象力,描述一下自己在怎样的情况下会感受到压力,并描述一下当压力情境来临时,自己的情绪(越详细越好);(2)想象一下当自己处理这些让你感到压力倍增的情况时,自己的身体会发生什么变化(越详细越好)。压力量表选取 Cohen 等编制的压力知觉量表,该量表被证明应用在中国大学生中具有良好的信效度。② 该量表主要包含三个维度:个体压力感知后产生的紧张感、失控感和不可预测感。本文从该量表的 14 个题目中选择 9 个题项(如"我常常生气,因为这些压力性事件超出我的控制""我害怕事情不能按照自己预料的方向发展")等构成新的量表,以激起被试关于压力的感受和意识。

3. 延时分心材料

学界一致认为只有当人们的意识处于潜意识层面时,"死亡提醒效应"才能真正作用成功。③ 因此,为成功启动"死亡提醒效应",一般需要在研究中加入延时操作,被使用较多的延时分心任务是积极消极情绪量表(PANAS, the Positive and Negative Affective Schedule)④ 和它的修订版(PANAS - X)。⑤ 黄丽等也验证了积极消极情绪量表在中国人群中的适用性。⑥ 延时分心任务材料还有如填词、数字谜题、问卷等其他形式。本文采

---

① 赵小淋、沈洋、陈禹、杨娟:《死亡启动影响自我参照记忆的年龄差异》,《心理发展与教育》2018 年第 6 期。
② 侯湘铃:《大学生压力知觉与社交网站问题性使用的关系:有调节的中介模型》,硕士学位论文,西南大学,2017,第 3 页。
③ 陈友庆、李新星:《"死亡提醒效应"研究概况》,《中国健康心理学杂志》2014 年第 3 期。
④ Watson D, Clark LA, Tellegen A, "Development and Validation of Brief Measures of Positive and Negative affect: the PANAS Scales", *Journal of Personality and Social Psychology* 54 (1988): pp. 1063 – 1070.
⑤ Waston D, Clark LA, *The PANAS - X: Manual for the Positive and Negative Affect Schedule-expanded form*. Ames: The University of Iowa, 1994.
⑥ 黄丽、杨廷忠、季忠民:《正性负性情绪量表的中国人群适用性研究》,《中国心理卫生杂志》2003 年第 1 期。

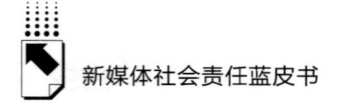

用的延迟操作为改编后的积极消极情绪量表。通过积极消极情绪量表，不仅可以起到延时的作用，还可排除情绪不稳定、波动较大的被试。

4. 道德判断材料

4.1 道德两难情境材料

道德两难情境材料用于测量两组被试的功利主义判断频率。为了确保两组被试受到不同的提醒（死亡 vs 压力），在编制因变量相关材料时排除与死亡高度相关的内容，以避免压力组被试也受到"死亡提醒"的影响。因此，本文选用 Bastien 等人编制并经过薛月冬翻译使用的材料[1]，并询问受试者对于这种行为的接受情况，即是"可以接受的"，还是"不可以接受的"，其材料内容如下。

战争爆发了，Leo 和他的六个孩子躲在自家的地窖中。如果敌人在搜索的时候发现他们，他们就会被逮捕折磨。最小的孩子还是个婴儿。当敌人士兵开始搜查房屋时，这个婴儿开始啼哭。Leo 用手捂住婴儿的口，这样啼哭声就不会引起敌人的注意。对 Leo 来说，自己和孩子不被逮捕的唯一可能就是用手捂住婴儿的嘴巴，但是这样婴儿在几分钟内都不能呼吸，这样将对婴儿的精神和呼吸系统造成严重的后果。为了救其他五个孩子，Leo 让婴儿处于窒息状态，这样的行为是可以接受的吗？

4.2 对不道德媒体行为的严苛程度度量表

本文借鉴 David Cuillier 编制的不道德新闻行为量表，题项主要涉及剽窃、新闻真实、人文关怀、隐性采访等多个方面。[2] 为验证假设 2，本研究在量表中编制两道悲剧情境下的不道德新闻行为题项，运用李克特五级量表提问，从 1~5 分别代表"非常不同意"到"非常同意"。量表包含："记者可以在未经他人允许的情况下采访和调查。""记者可以编造虚假新闻以掩盖事实。""记者可以公布某悲剧事件中受害者的照片、住址等隐私信息。"

---

[1] Bastien Trémolière, Wim De Neys, Jean-François Bonnefon, "Mortality Salience and Morality: Thinking about Death Makes People Less Utilitarian", *Cognition* 124 (2012): pp. 379–384.

[2] David Cuillier, Blythe Duell, Jeff Joireman, "The Thought of Death, National Security Values and Polarization of Attitudes Toward Freedom of Information", *Open Government Journal* 5 (2009).

等题项。

4.3 相对主义量表

本文参考、翻译和改编福赛斯道德立场问卷（Forsyth's Ethics Position Questionnaire）测量被试的相对主义程度。运用李克特五级量表提问，从1~5分别代表"非常不同意"到"非常同意"。题项主要包含："道德判断随着时间、空间及情况的变化而变化。""道德标准是随着个体的变化而变化的。在一人看来正确的道德标准可能不适用于另一人。""'什么是正确的伦理道德'是无法回答的问题，因为对道德或不道德的判断是因人而异的。"

5. 被试随机性检验材料

道德判断与伦理抉择具有个体差异性，为保证研究所的差异是"死亡提醒"或压力提醒的不同提醒类型引起的，而非由被试个体根深蒂固的道德观念不同诱发，在进行正式的操作和测量前，本文首先对两组被试道德判断中的功利主义频率、相对主义程度以及对不道德新闻行为的严苛程度进行随机性检验，因此设置了三道题目。虽然与道德判断材料检验内容相同，但使用的是相异的材料。

实验过程如图1所示，被试被随机分配到实验组或控制组，并首先完成三道测量其道德判断的随机性检验的题目。之后进行实验操作，两组被试分别回答"死亡提醒"材料与压力提醒材料中的问题。随后对刚才的实验操作进行检验，被试需要回答三个题项，包括"在完成第二部分的问题时，你在多大程度上感受到死亡/恐惧/不愉快？"答案选项包含7点积分，从1~7表示程度愈强，其中"1"代表"几乎没有"，"7"代表"完全有"。在经过操作检验和延时分心任务后，被试回答与因变量相关的题目。

随机性检验 ➡ 启动任务 ➡ 操作检验 ➡ 分心任务 ➡ 因变量检测

图1

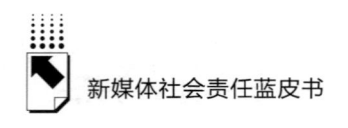

四 研究结果

(一)被试的随机性检验

对被试的随机性检验主要看两组被试固有的道德判断倾向是否足够随机,即两组被试在进行实验前的道德判断倾向应大体一致,无明显的差异。根据卡方检验及独立样本 t 检验的结果,两组被试实验前的功利主义道德判断频率无显著差异(p>0.05)、对不道德新闻行为的严苛程度(p>0.05)及相对主义程度(p>0.05)无明显差异(见表1、表2)。

表1 两组被试功利性道德判断频率的卡方检验

	N	df	Pearson 卡方	P 值(双侧)
压力提醒	48	1	0.23[a]	0.635
死亡提醒	47	1		

注:a. 0 单元格(0.0%)的期望计数少于5。最小期望计数为8.91。
b. 仅对 2×2 表计算。

表2 两组被试对不道德新闻行为的严苛度及相对主义程度

	N	均值	标准差
对不道德新闻行为的容忍度[a]			
压力提醒	48	1.77	0.778
死亡提醒	47	1.89	0.938
相对主义程度[b]			
压力提醒	48	3.75	0.369
死亡提醒	47	3.66	0.484

注:a. 两组数据无显著差异,p=0.49>0.05。
b. 两组数据无显著差异,p=0.35>0.05。

(二)操作检验

以死亡感受程度为检验标准,实验组与控制组在关于死亡的感受程度上应当有显著的差异。在死亡想法感受程度得分上,死亡提醒组显著高于压力提醒组。在恐惧感受性以及不愉快感受性得分上,死亡提醒组与压力提醒组均无显著差异。这可以说明实验组与控制组的差异是由"死亡提醒"操作诱发的,而非恐惧或不愉快的消极情绪。操作检验的结果见表3。

表3 操作检验的描述性统计结果（M±SD）

	提醒方式	样本数	平均数±标准差	t	p
死亡感受程度	压力提醒	48	2.58±1.877	-4.19	0.00
	死亡提醒	47	4.00±1.367	-4.21	
恐惧感受程度	压力提醒	48	3.42±1.99	0.68	0.50
	死亡提醒	47	3.17±1.51	0.68	
不愉快感受程度	压力提醒	48	3.88±1.88	0.85	0.40
	死亡提醒	47	3.53±2.06	0.85	

（三）因变量检验

1. 功利主义道德判断频率的卡方检验

压力提醒组与死亡提醒组相比,两组被试的功利主义道德判断频率无显著差异（$p > 0.05$）。因此假设H1证伪（见表4）。

表4 两组被试的功利主义道德判断频率统计结果

	N	df	Pearson卡方	P值（双侧）
压力提醒	48	1	0.56[a]	0.813
死亡提醒	47	1		

注：a. 0单元格（0.0%）的期望计数少于5。最小期望计数为7.42。
b. 仅对2×2表计算。

2. 对不道德新闻行为严苛程度及对不道德新闻行为严苛程度（悲剧情境下）的独立样本t检验

死亡提醒组与压力提醒组在对不道德媒体行为的严苛程度上总体无显著

差异。但当考虑悲剧情境时，两组对待不道德媒体行为的严苛程度有显著差异，死亡提醒组对待不道德媒体行为的态度更加严苛（见表5）。

表5　两组被试对不道德新闻行为严苛程度及对不道德新闻行为严苛程度统计结果

	N	均值	标准差
对不道德媒体行为的容忍度[a]			
压力提醒	48	1.97	0.537
死亡提醒	47	1.86	0.459
对不道德媒体行为的容忍度（悲剧情境下）[b]			
压力提醒	48	2.13	0.672
死亡提醒	47	1.67	0.503

注：a. 两组数据无显著差异，$p = 0.29 > 0.05$。
　　b. 两组数据有显著差异，$p = 0.00 < 0.05$。

3. 相对主义程度的独立样本 t 检验

在相对主义程度方面，压力提醒与死亡提醒组的均值相差较多，通过检验得到 $p = 0.00 < 0.05$，这说明两组在相对主义程度上有显著差异。经过"死亡提醒"的被试表现出较低的相对主义倾向（见表6）。

表6　两组被试相对主义程度统计结果

	N	均值	标准差
相对主义程度			
压力提醒	48	3.92	0.513
死亡提醒	47	3.26	0.553

实验组（死亡提醒组）与控制组（压力提醒组）相比，在对不道德媒体行为的严苛程度上无显著差异，假设 H2 证伪。但在对不道德媒体行为的严苛程度（悲剧情境下）有显著差异，假设 H3 成立。在相对主义程度上，也表现出了显著差异，假设 H4 成立（见图2）。

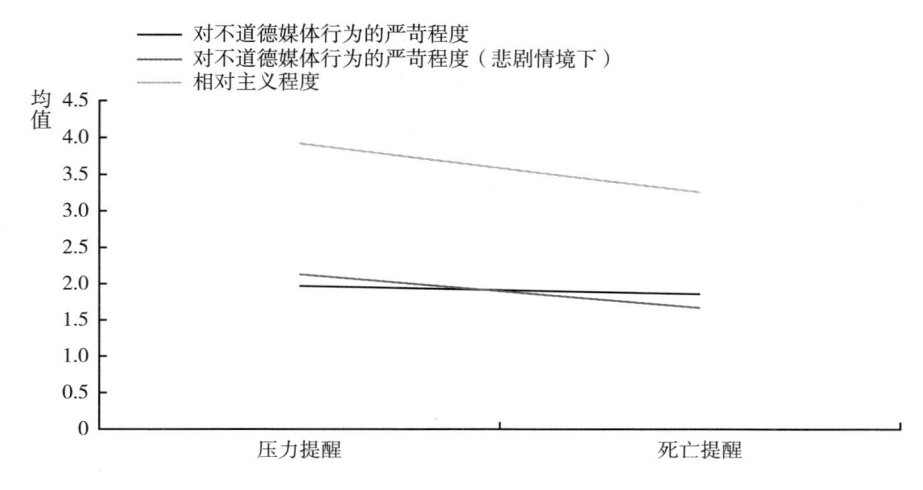

图 2　实验组与控制组不同变量的均值对比

五　讨论

(一)"死亡提醒"对相对主义道德判断的影响

相对主义伦理观在一定程度上与绝对主义伦理观相对，它尊重不同文化或社会、历史条件下的不同道德伦理准则，也允许个人在不同情境下有不同的道德选择。虽然相对主义伦理观促进了社会对不同文化道德观念的接受和道德观念的多样性，但也有学者认为，这种对人们在任何情况下都可做出任何选择的允许是十分极端的。① 本文发现，当被试考虑自己的死亡时，表现出了更低的相对主义倾向。出现这种现象的原因主要是，首先，"死亡提醒效应"使得人们更加遵守一般的文化世界观。这一结论已得到多项研究证实，如"死亡提醒"使得老年人被试表现出更加宽容的心态②；女性被试在

---

① Kim H S, "Universalism vs. Relativism in Public Relations", *Journal of Mass Media Ethics* 20 (2005): pp. 333 – 344.
② Maxfield M, Pyszczynski T, Kluck B, Cox C R, Greenberg J, Solomon S, et al, "Age-related Differences in Responses to Thoughts of One's Own Death: Mortality Salience and Judgments of Moral Transgressors", *Psychology an d Aging* 22 (2007): pp. 341 – 353.

"死亡提醒效应"下表现出了更强的爱国主义[①]等。其次，此次研究的被试大都为20岁左右的大一学生，尚未脱离受教育的阶段。其个人的道德判断和选择被从小所受教育影响较大，而从小接受的美德教育等对学生的影响深刻而持久，其所认同的一般文化世界观就是普遍意义上的道德原则。综上，当学生陷入死亡的想法时，便将普遍意义上的道德原则看得更为重要，从而降低了道德相对主义倾向。

（二）"死亡提醒"对不道德媒体行为严苛程度的影响

以往研究表明，"死亡提醒"使得人们对不道德的行为表现出更加严苛的态度。这与本文的研究结果一致。本研究发现，无论是实验组还是控制组，新闻传播专业的学生对待不道德媒体行为的严苛程度都较高，即对不道德媒体行为的容忍度较低，且两组之间无显著差异。这可能是由于新闻传播专业的学生更了解新闻伦理常识，并受到严格的新闻道德规范教育，在面对各种不道德媒体行为如运用不正当手段采访、剽窃、隐瞒新闻事实等举止时，学生们都会更多地表现出对其不认同的态度。

然而，在可能与死亡高度相关的悲剧情境中，新闻传播专业学生的态度又表现出了些微的不同。本研究发现，当悲剧情境下媒体做出不道德举动时，如记者公布某悲剧事件中受害者或其家属的照片、住址等隐私信息以及记者为了获知更多消息，选择打扰悲剧事件的当事人或其亲属的情况出现时，经受"死亡提醒"的学生比经受压力提醒的学生态度更为严苛。这是由于悲剧情境与死亡具有高度相关性。"死亡提醒效应"下的被试由于沉浸于自我死亡的潜意识中，其可能产生自我同情心理。自我同情心理中包含着"对自身的痛苦保持开放性，并意识到自己的遭遇是人类共同经历的一部分"。[②] 通过将

[①] Arndt J, Greenberg J, Cook A, "Mortality Salience and the Spreading Activation of Worldview-Relevant Constructs: Exploring the Cognitive Architecture of Terror Management", *Journal of Experimental Psychology: General* 131 (2002): pp. 307 - 324.

[②] Neff K D. "Self - Compassion: An Alternative Conceptualization of a Healthy Attitude Toward Oneself", *Self and Identity* 2 (2003): pp. 85 - 101.

自己的经历看成是普遍人的共同经历，自我同情加强了对他人同情的感知。因此，当其再次考虑悲剧情境时，会将此种同情心理转移至悲剧情境下的受害者，从而对新闻从业者的不道德做法表现出严苛的态度。

（三）"死亡提醒"对功利主义道德判断的影响

道德判断的双加工模型既证明了情绪与直觉在人们进行道德困境抉择时的作用，又承认了认知与推理的存在，在竞争中占据优势的一方最终影响人们的道德选择。以往的研究表明，"死亡提醒效应"对人们的道德推理方式有一定的影响。如 Bastien Trémolière 等人及薛月冬均通过研究证实了"死亡提醒效应"使得人们的道德判断表现出较低的功利主义倾向。这与本文的研究结果不一致。本文发现，"死亡提醒效应"并未降低新闻传播专业学生的功利主义倾向。以往许多研究发现，死亡想法的增加并不会引发情绪的增加。[1] 本文这一发现可能是由于"死亡提醒效应"难以诱发被试更多的情绪，从而未能使其从直觉情绪性思维战胜理性分析性思维，最终被试仍然保持较为稳定的功利主义道德判断倾向。

（四）研究价值与未来可拓展的研究空间

本文的价值在于以下几个方面。其一，面对死亡、灾难、悲剧事件时，新闻在从业者应当保持更大的谨慎，应当具有伦理责任感。因为此时的公众与平时相比，对于新闻报道有更高的伦理要求。其二，研究结果启发我们，关于死亡事件、灾难事件、悲剧事件中的伦理规范更应当被新闻从业者遵循，这些伦理规范包括"身份指向性信息的模糊处理、避免拍摄私密性的悲痛画面、正当方式收集信息、对处于悲痛中的人给予同情"等。其三，在面对死亡威胁时，遵守高伦理标准的媒体工作往往会获得更多的赞誉，这也可以促使新闻从业者更为专业地从事本职工作，新闻从业者应当具有较高

---

[1] McGregor H, Lieberman J, Greenberg J, Solomon S, Arndt J, Simon L, "Terror Management and Aggression: Evidence that Mortality Salience Motivates Aggression Against Worldview-threatening Others", *Journal of Personality and Social Psychology* 74（1998）：pp. 590 – 606.

的伦理责任感。其四，国内有关"死亡提醒效应"的研究多局限于心理学领域，本研究将恐怖管理理论的"死亡提醒效应"应用于新闻传播领域，证实了"死亡提醒效应"区别于恐惧、不愉快等消极情绪，展现出死亡意识的特殊作用，并对被试的新闻伦理选择等方面产生了一定的影响，丰富了有关"死亡提醒效应"的本土研究。其五，将认知心理学与新闻伦理判断相结合、将实验法引入媒体伦理的研究之中，探讨伦理情感背后的因素，丰富了媒体伦理研究。

死亡的相关意识是多样的，可能是对自己死亡的想象，也可能是对他人死亡的感受。已有学者质疑传统的死亡诱导问卷仅仅让被试考虑自我的死亡，而忽略了对他人死亡的考虑是否也可能引发"死亡提醒效应"。在新闻传播活动和学习中，媒体从业者与新闻传播专业学生更可能面临的是他人的死亡场景，直接考虑他人的死亡是否能诱发"死亡提醒效应"，是否能够引发新闻伦理与道德抉择的改变仍有待研究；未来的研究可将媒体从业者作为研究对象，增强现实意义；本文仅调查了新闻伦理观念的个别方面，未来的研究可以挖掘更多有意义的变量。

参考文献

郭娟：《缓冲死亡焦虑的自尊机制的初步研究》，东北师范大学硕士学位论文，2003。

牛伟华：《死亡凸显材料比较》，上海师范大学硕士学位论文，2013。

Becker, Ernest, *The Denial of Death*, Columbus: Free Press, 1997.

Pyszczynski T A, Solomon S, Greenber J, *In the Wake of 9/11: The Psychology of terror*, Washington, DC: American Psychological Association, 2003.

Waston D, Clark LA, *The PANAS - X: Manual for the Positive and Negative Affect Schedule-expanded form*. Ames: The University of Iowa, 1994.

傅晋斌：《"死亡提醒效应"：基于中文实验材料的初步验证》，《华中师范大学研究生学报》2010年第3期。

傅晋斌、郭永玉：《"死亡提醒效应"的心理机制及影响因素》，《心理科学》2011

年第 2 期。

田间:《恐惧管理理论综述》,《河套大学学报》2011 年第 1 期。

David Cuillier, "Mortality Morality: Effect of Death Thoughts on Journalism Students' Attitudes Toward Relativism, Idealism, and Ethics", *Journal of Mass Media Ethics* 24 (2009): pp. 40 – 58.

David Cuillier, Blythe Duell, Jeff Joireman, "The Mortality Muzzle: The Effect of Death Thoughts on Attitudes Toward National Security and a Watchdog Press", *Journalism* 11 (2010): pp. 185 – 202.

Onurcan Yilmaz, Hasan G, Bahçekapili, "Meta-ethics and the Mortality: Mortality Salience Leads People to Adopt a Less Subjectivist Morality", *Cognition* 79 (2018): pp. 171 – 177.

Plaisance P L, "An Assessment of Media Ethics Education: Course Content and the Values and Ethical Ideologies of Media Ethics Tudents", *Journalism & Mass Communication Educator* 61 (2007): pp. 378 – 396.

B.14 健康类微信公众号女性健康传播研究

——基于微信公众号"健康时报""丁香医生""脉脉养生"的内容分析

刘娟 宋亭亭*

摘　要： 女性健康是健康传播的重要议题。伴随社交媒体的发展，健康类微信公众号逐渐成为健康信息传播的主要渠道。本文以健康类微信公众号"健康时报""丁香医生""脉脉养生"为例，综合微信公众号社会责任和健康传播效果两种评价指标体系，比较三者女性健康传播内容的信息生产与发布、健康信息与引导、公众阅读与互动方面的差异以及社会责任评价得分。研究发现，"健康时报"社会责任履行情况整体较好，公众阅读与互动仍需提升；"丁香医生"新媒体运营策略丰富，社会责任功能仍需改进；"脉脉养生"文章同质化严重、科学性较低，社会责任履行缺位。同时，本文也发现健康类微信公众号存在女性心理健康科普空缺、女性健康传播主体参差不齐、女性健康问题避重就轻的问题，并给出了增加心理健康传播内容、加强健康类微信公众号监管、注意议题选择多元化和平衡性的解决建议。

关键词： 健康类微信公众号　女性健康传播　"健康时报"　"丁香

---

* 刘娟，西南政法大学新闻传播学院副教授，硕士研究生导师，博士，主要从事科学传播、健康传播与跨文化传播研究；宋亭亭，西南政法大学新闻传播学院硕士研究生。

医生""脉脉养生"

一 引言

2017年10月18日,习近平总书记首次在党的十九大报告中提出"健康中国"发展战略。① 女性作为人类社会的重要组成部分,因为受到生理、社会、文化等因素的影响,面临着比男性更大、更严峻的健康挑战与隐患。② 2017年《中国职业女性健康状况白皮书》调查显示,在上、北、广、深一万多名受访女性中,真正健康的人只占总人群的5%,20%是医生确认患有疾病的,另外75%是亚健康状态。③ 保障女性健康不仅关系女性基本生存和发展,也是衡量一个社会保障体系完善程度的重要指标,更是社会进步的必然表现。④ 2019年6月印发的《国务院关于实施健康中国行动的意见》中明确将妇幼健康促进行动作为"健康中国"的主要任务⑤,标志国家层面对改善女性健康问题的重视。

女性在生理和心理上具有一定的特殊性,关注女性健康、传播女性健康知识和技能、改善女性生活方式和行为、促进女性在不同生理阶段的健康安全,是健康传播的重要内容⑥。虽然,近年来因为女性社会地位的提升和个

---

① 人民网:《健康中国战略》,http://theory.people.com.cn/n1/2018/0823/c413700 – 30246291.html,最后检索时间:2021年6月19日。
② 赵明妍:《传播学视阈下低线城市女性健康信息研究》,《今传媒》(学术版)2020年第7期。
③ 人民网:《〈中国职业女性健康状况白皮书〉调查显示》,https://www.sohu.com/a/136093296_114731,最后检索时间:2021年6月19日。
④ 张琳:《北京市女性健康保障状况与改进路径研究》,《安徽卫生职业技术学院学报》2015年第3期。
⑤ 《国务院关于实施健康中国行动的意见》国发〔2019〕13号,http://www.gov.cn/zhengce/content/2019 – 07/15/content_ 5409492.htm,最后检索时间:2021年6月19日。
⑥ 房琳:《社会性别视角下的健康传播——基于2011~2018年〈健康报〉〈健康时报〉的女性健康报道分析》,载刘利群主编《中国媒介与女性发展报告(2020)》,社会科学文献出版社,2021,第151~159页。

人意识的增强，女性健康传播得到更多的重视，但仍存在社会整体关注度不足、权威性专业渠道缺乏、相关传播内容质量不高等问题。① 伴随社交媒体的日益发展，健康类微信公众号逐渐成为健康信息传播的主要渠道，满足了人们对健康信息的需求与渴望，进一步推动了社会认知的建构、全民健康素养的提升、科学健康观的塑造②，在促进女性健康事业方面也发挥着重要作用。

本文将健康类微信公众号作为研究对象，以微信公众号"健康时报""丁香医生""脉脉养生"为例，通过内容分析的研究方法，总结健康类微信公众号在女性健康方面的传播效果，并对其社会责任的履行情况做出相应评价。

二 文献综述

（一）女性健康概念界定

作为新闻传播学的重要分支，健康传播（health communication）这个概念最早在20世纪70年代被美国学界提出。1996年，美国传播学家埃弗雷特·罗杰斯（Rogers E. M.）对健康传播下了定义，他认为凡是人类传播行为中涉及健康的内容，就是健康传播。③ 其中，女性健康是健康传播研究关注的重要议题，早期的研究将女性健康的重点话题框定在生殖功能之上，而随着时间的推移，这一范围逐步扩大到一系列女性特有或更常见的其他疾病，如宫颈癌、神经性疾病等。④

---

① 张琪、高菲：《女性健康类自媒体的传播策略研究——以公众号"第十一诊室"为例》，《传播力研究》2020年第6期。
② 余秀才、黄静：《健康类微信公众号的传播现状、效果与策略》，载钟瑛、芦何秋主编《中国新媒体社会责任研究报告（2019）》，社会科学文献出版社，2020，第242~258页。
③ Rogers E. M., "The Field of Health Communication Today", *American Behavioral Scientist*, 2 (1994), pp. 208-214.
④ Weisman, C. S., "Changing Definitions of Women's Health: Implications for Health Care and Policy", *Maternal and Child Health Journal*, 1 (1997), pp. 179-189.

相比于西方的女性健康研究,"女性健康"这一概念在中国主要是指女性身体免受疾病的侵扰,同时保持身体和精神的完好状态,性健康、生理健康、心理健康、经济发展与环境健康、因暴力对女性健康产生的影响都被纳入女性健康的研究范畴。其中,心理健康是指女性的思想和精神方面的健康状况,包括具有人格自尊、具有满足自己和家人需要的能力、有积累经验、设法解决自己问题的能力以及与他人建立良好关系的能力。①

本文结合以上定义,将女性健康界定为生理健康和心理健康两方面。其中,生理健康主要指与女性生殖系统、性器官相关的健康,心理健康主要指女性在人格和社会关系层面上的健康。

(二)健康类微信公众号与女性健康

国内有关健康类微信公众号的研究问题主要集中在运营策略及传播效果两个方面,如通过对"丁香医生"微信公众号传播策略的分析,发现合理的分配板块、设置吸睛的标题、多样的表现形式能够显著提升读者的阅读兴趣;②或是通过传播主体、传播内容、传播对象、传播效果设置指标,将健康类微信公众号以传统健康媒体类、医疗机构及相关卫生部门类、移动医疗企业类、非医疗专业的企业类分类,分别选取样本测评其传播能力。③研究方法以内容分析法为主,侧重对推文内容结构的量化解读。

将性别元素加入健康类微信公众号的研究较少。研究对象主要集中于女性健康类微信公众号"第十一诊室",从该微信公众号定位、权威性、传播内容和形式方面分析健康类微信公众号在女性健康知识上的传播策略,并提出以内容为王、以正确的眼光看待女性健康知识等优化路径;④或在此基础

---

① 韩贺南、张健:《女性学导论》,教育科学出版社,2005,第176页。
② 李海敏:《微信公众号"丁香医生"的传播策略》,《青年记者》2020年第5期。
③ 丹娜·巴吾尔江:《健康类微信公众号的传播能力研究》,《青年记者》2018年第3期。
④ 张琪、高菲:《女性健康类自媒体的传播策略研究——以公众号"第十一诊室"为例》,《传播力研究》2020年第6期。

上加入批判视角,搭建新媒体健康传播与女性赋权的桥梁,以费尔克拉夫三维框架理论为基础,对"丁香医生"和"第十一诊室"两家健康类微信公众号发布的文章进行批判话语分析,探究新媒体健康传播所关注的女性议题、叙事视角以及话语实践。[1]

目前,不乏有关针对健康类微信公众号的研究,探究方向主要还是基于受众和影响力层面的传播效果,较少将其承担的社会责任诉诸其中。同时,关注的视角主要仍停留在微信公众号综合性、宏观性、普适性的传播内容上,尚缺少与不同性别、年龄层次受众,以及不同健康领域相联结的微观命题。

三 研究设计

(一)研究对象与研究方法

1. 研究对象

余秀才、黄静将健康类微信公众号按账号主体的不同分为传统媒体类、医疗机构类、互联网类、草根类四大类型,并将"健康时报""四川大学华西医院""丁香医生""脉脉养生"分别对应这四个类别的健康类微信公众号。[2] 出于研究的便捷性和可操作性,本文利用Python数据爬取系统,爬取了四个微信公众号2021年1月1日至3月1日1046篇文章的全部内容,包括标题、阅读量、点赞数、评论数、在看数等信息。经筛选涉及女性健康的内容、剔除部分因删除而无法显示全部内容的文章后,最终获得"健康时报"20篇文章,"丁香医生"215篇文章,"四川大学华西医院"4篇文章,"脉脉养生"20篇文章。因为四个微信公众号发文周期和发文数量不同,文

---

[1] 王刚、顾婉莹:《新媒体健康传播:女性赋权的话语突破与资本困境——以"丁香医生"、"第十一诊室"为例》,北京大学新闻与传播学院,2020。

[2] 余秀才、黄静:《健康类微信公众号的传播现状、效果与策略》,载钟瑛、芦何秋主编《中国新媒体社会责任研究报告(2019)》,社会科学文献出版社,2020,第242~258页。

章数量有差异。其中,"四川大学华西医院"在相同周期内有关女性健康的推文数量较少,不具有代表性。本文仅选择"健康时报""丁香医生""脉脉养生"作为研究对象。

2. 研究方法

本研究采用内容分析法,对"健康时报""丁香医生""脉脉养生"共255篇文章进行内容分析。本研究以"篇"为分析单位,使用SPSS 25.0进行数据统计和分析。

(二)类目构建

钟瑛等在《中国新媒体社会责任研究报告(2014)》中提出了一套基于"信息生产"、"教育大众"、"文化传承"、"提供娱乐"和"协调关系"的5个社会责任一级评价指标。[①] 李亚玲站在微信公众号承担社会责任的角度将这套评价体系改进为"信息生产""社会监督""文化教育""协调关系"四大维度。[②] 在现有健康传播、科学传播效果评价指标的基础上,匡文波、武晓立建立了基于微信公众号的健康传播效果的评价指标,将其分为传播广度和传播深度两个维度。其中,传播广度包括文章发布位置、标题表述方式;传播深度包括多媒体使用情况、原创性、信源可信度、话题选择、趣味度。[③] 本文综合微信公众号社会责任和健康传播效果两种评价指标体系,在社会责任评价指标体系中加入健康传播效果元素,以此构建类目。并在借鉴匡文波、武晓立的"健康传播效果评价指标体系内容编码表"的基础上,对相应类目赋予分值。类目及其分值如下。

[①] 钟瑛、张恒山、芦何秋、王井:《论新媒体社会责任》,载钟瑛主编《中国新媒体社会责任研究报告(2014)》,社会科学文献出版社,2014,第1~22页。

[②] 李亚玲:《媒体微信公众号社会责任及其评价》,载钟瑛主编《中国新媒体社会责任研究报告(2015)》,社会科学文献出版社,2015,第115~132页。

[③] 匡文波、武晓立:《基于微信公众号的健康传播效果评价指标体系研究》,《国际新闻界》2019年第1期。

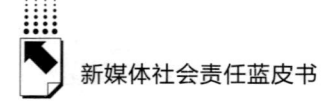

1. 信息生产与发布

（1）文章发布位置：头条位置＝1分；其他位置＝0分。

（2）标题表述方式：疑问反问句、否定对比句＝1分；一般陈述句、感叹震惊句＝0分。

（3）信源可信度：标注＝1分；非标注＝0分。

（4）原创性：原创＝1分；非原创＝0分。

（5）多媒体使用情况：较差（纯文字）＝0分；一般（网络图片）＝1分；较好（漫画、原创图片、视频音频）＝2分。

（6）趣味度：较低＝0分；一般＝1分；较高＝2分。

（7）广告控制：有广告＝0分；无广告＝1分。

2. 健康教育与引导

（1）话题选择

①重症疾病：肿瘤、癌症＝3分。

②一般性疾病和知识：一般妇科疾病；两性知识；心理健康；孕产知识＝2分。

③养生美容话题及其他：健康养生；护肤美形；其他＝1分。

（2）是否塑造社会共识，传递关爱女性观念：是＝1分；否＝0分。

（3）是否体现社会监督，挖掘女性健康问题：是＝1分；否＝0分。

3. 公众阅读与互动

（1）阅读量：0~50000＝1分；50001~100000＝2分；100001及以上＝3分。

（2）点赞数：0~500＝1分；501~1000＝2分；1001及以上＝3分。

（3）评论数：0~500＝1分；501~1000＝2分；1001以及上＝3分。

（4）在看数：0~500＝1分；501~1000＝2分；1001以及上＝3分。

（三）研究问题

（1）"健康时报""丁香医生""脉脉养生"在信息生产与发布、健康教育与引导、公众阅读与互动上有何区别？

（2）三个微信公众号社会责任履行状况如何，反映了女性健康传播中的哪些问题？

四 "健康时报""丁香医生""脉脉养生"内容分析

（一）信息生产与发布

三个健康类微信公众号在信息生产与发布上均有明显差异。其中，在文章发布位置上，"健康时报"头条位置的文章占比55%，而"丁香医生""脉脉养生"更多地将文章放在其他位置。标题表述方式方面，三类微信公众号都倾向于使用一般陈述句和感叹震惊句，"脉脉养生"20篇文章的标题全部使用感叹震惊句，如"女人每天吃一碗这个，比吃阿胶强多了！""后真相"时代，感叹号成为健康谣言最常用的标题修辞策略，它可以加重语气、吸引人注意。[①] 标题修辞中高频使用感叹号，容易让人产生不信任感。信源可信度方面，"丁香医生"有90.2%的文章都标明了作者，信源可信度较高，而"健康时报"和"脉脉养生"非标注作者的文章占比分别高达90%和100%，信源可信度相对较低。内容原创性方面，"健康时报"有50%的内容为原创，"丁香医生"和"脉脉养生"原创内容均未过半。多媒体使用情况上，"脉脉养生"更倾向于使用纯文字和网络图片，"健康时报""丁香医生"除使用网络图片外，还会使用漫画、原创图片、视频音频等，多媒体使用相对丰富。在趣味度上，"脉脉养生"趣味度处于较低水平，"健康时报""丁香医生"趣味度为一般的文章数量最多，三个微信公众号趣味程度较高的文章数量均较少。最后，在广告控制方面，"健康时报""脉脉养生"均无广告，而"丁香医生"有75.3%的文章存在广告推销，且多为护肤、健身类广告（见表1）。

[①] 李彪、喻国明：《"后真相"时代网络谣言的话语空间与传播场域研究——基于微信朋友圈4160条谣言的分析》，《新闻大学》2018年第2期。

表1 健康类微信公众号信息生产与发布特征（N=255）

单位：篇，%

信息生产与发布	选项	微信公众号		
		健康时报	丁香医生	脉脉养生
文章发布位置	头条位置	11(55.0)	38(17.7)	2(10.0)
	其他位置	9(45.0)	177(82.3)	18(90.0)
	$x^2=17.289, df=2, p<0.001$			
标题表述方式	疑问反问句、否定对比句	2(10.0)	103(48.0)	0(0.0)
	一般陈述句、感叹震惊句	18(90.0)	112(52.0)	20(100.0)
	$x^2=26.047, df=2, p<0.001$			
信源可信度	标注	2(10.0)	194(90.2)	0(0.0)
	非标注	18(90.0)	21(9.8)	20(100.0)
	$x^2=138.328, df=2, p<0.001$			
原创性	原创	10(50.0)	61(28.4)	0(0.0)
	非原创	10(50.0)	154(71.6)	20(100.0)
	$x^2=12.634, df=2, p<0.01$			
多媒体使用情况	较差	9(45.0)	1(0.4)	2(10.0)
	一般	3(15.0)	159(74.0)	18(90.0)
	较好	8(40.0)	55(25.6)	0(0.0)
	$x^2=95.481, df=4, p<0.001$			
趣味度	较低	9(45.0)	11(5.1)	20(100.0)
	一般	8(40.0)	155(72.1)	0(0.0)
	较高	3(15.0)	49(22.8)	0(0.0)
	$x^2=138.697, df=4, p<0.001$			
广告控制	有广告	0(0.0)	162(75.3)	0(0.0)
	无广告	20(100.0)	53(24.7)	20(100.0)
	$x^2=82.641, df=2, p<0.001$			

（二）健康教育与引导

1. 话题选择

三类健康类微信公众号在话题选择上有明显差异（$x^2=161.215$，df=14，$p<0.001$）。其中，"健康时报"有关"健康养生"、"一般妇科疾病"的内容较多，"一般妇科疾病"多涉及女性卵巢、子宫、内分泌等疾病。

"丁香医生"有68%的文章有关"护肤美形",主要介绍如何保养皮肤和锻炼良好身形。同时"丁香医生"也关注"肿瘤""两性知识""孕产知识"等领域,其中,"肿瘤"涉及乳腺癌、宫颈癌等女性常见癌症,"两性知识"涉及性生活、避孕方法和性教育,"孕产知识"涉及孕期身材管理、饮食禁忌、产后恢复。在关注女性健康问题之余,"丁香医生"还曾针对女性社会问题进行探讨,如就"佛山23岁女孩被公司主管用麻醉药强奸致死"一案科普"迷药"是否存在,麻醉药如何管理。"脉脉养生"除一篇文章有关"一般妇科疾病"中的月经调理外,其余全部内容均与"健康养生"相关,如关于女性如何通过中药材补气血。三者有关女性心理健康的文章均较少,仅"健康时报"有两篇文章在讨论女性情绪处理和男女情感维护(见表2)。

表2 健康类微信公众号话题选择(N=255)

单位:篇,%

微信公众号	重症疾病	一般性疾病和知识				美容养生话题			总计
	肿瘤癌症	一般妇科疾病	两性知识	心理健康	孕产知识	健康养生	护肤美形	其他	
健康时报	3(15.0)	4(20.0)	0(0.0)	2(10.0)	2(10.0)	5(25.0)	3(15.0)	1(5.0)	20(100.0)
丁香医生	6(2.8)	21(9.7)	6(2.8)	0(0.0)	21(9.8)	11(5.1)	146(68.0)	4(1.8)	215(100.0)
脉脉养生	0(0.0)	1(5.0)	1(5.0)	0(0.0)	0(0.0)	18(90.0)	0(0.0)	0(0.0)	20(100.0)

注:$x^2 = 161.215$,$df = 14$,$p < 0.001$。

2. 社会共识与监督

在社会共识与监督方面,三个微信公众号均有明显差异。其中,"健康时报"有90%的文章塑造了社会共识,传递关爱女性观念,如科普宫颈癌的防范措施。有80%的文章体现了社会监督,并且挖掘了女性现存的健康问题,如总结现代女性卵巢早衰产生的原因。相比之下,"丁香医生"塑造社会共识、体现社会监督的文章相对较少,分别占比32.1%和29.3%。而

"脉脉养生"的文章中均未体现出对社会共识的塑造和对社会问题的监督（见表3）。

表3 健康类微信公众号社会共识与监督（N=255）

单位：篇，%

社会共识与监督		微信公众号		
		健康时报	丁香医生	脉脉养生
是否塑造社会共识	是	18(90.0)	69(32.1)	0(0.0)
	否	2(10.0)	146(67.9)	20(100.0)
		$x^2=38.536, df=2, p<0.001$		
是否体现社会监督	是	16(80.0)	63(29.3)	0(0.0)
	否	4(20.0)	152(70.7)	20(100.0)
		$x^2=31.852, df=2, p<0.001$		

（三）公众阅读与互动

三个微信公众号除"点赞数"和"在看数"无明显差异外，"阅读量"和"评论量"均有明显差异。其中，在阅读量方面，"健康时报""脉脉养生"阅读量多在50000人次以下，分别占比95.0%和70.0%。"丁香医生"受众阅读量相对较高，有54.4%的文章阅读量超过10万人次。"健康时报"没有文章阅读量超过10万人次。脉脉养生仅2篇文章阅读量超过10万人次，这两篇文章均与抗衰养生相关。点赞数和在看数方面，"健康时报"和"脉脉养生"点赞数和在看数都低于500个。"丁香医生"点赞数和在看数超过1000个的文章分别占比12.6%和11.6%。最后，在评论数上，"健康时报"和"脉脉养生"评论数都低于500条，其中，"脉脉养生"并没有开放评论，因此评论数均为0条。"丁香医生"评论区相对较为活跃，并且会选取部分评论进行回复，有9.3%的文章评论数超过1000条（见表4）。

表 4 健康类微信公众号公众阅读与互动（N = 255）

单位：篇，%

公众阅读与互动	选项	微信公众号		
		健康时报	丁香医生	脉脉养生
阅读量 （单位：人次）	0～50000	19(95.0)	45(20.9)	14(70.0)
	50001～100000	1(5.0)	53(24.7)	4(20.0)
	100001及以上	0(0.0)	117(54.4)	2(10.0)
	$x^2 = 64.882, df = 4, p < 0.001$			
点赞数 （单位：个）	0～500	20(100.0)	177(82.3)	20(100.0)
	501～1000	0(0.0)	11(5.1)	0(0.0)
	1001及以上	0(0.0)	27(12.6)	0(0.0)
	$x^2 = 8.308, df = 4, p > 0.05$			
在看数 （单位：个）	0～500	20(100.0)	185(86.1)	20(100.0)
	501～1000	0(0.0)	5(2.3)	0(0.0)
	1001及以上	0(0.0)	25(11.6)	0(0.0)
	$x^2 = 6.326, df = 4, p > 0.05$			
评论数 （单位：条）	0～500	20(100.0)	171(79.5)	20(100.0)
	501～1000	0(0.0)	24(11.2)	0(0.0)
	1001及以上	0(0.0)	20(9.3)	0(0.0)
	$x^2 = 9.893, df = 4, p < 0.05$			

五 健康类微信公众号女性健康传播社会责任评价

这一部分结合类目构建中的相应分值，通过计算三个微信公众号在所有样本范围内相应指标得分的总和平均值，得出社会责任评价一级指标与二级指标得分。从信息生产与发布、健康教育与引导、公众阅读与互动等角度，对女性健康微信公众号的社会责任进行评价。

（一）社会责任评价一级指标得分

在社会责任评价一级指标得分中，"丁香医生"在"信息生产与发布"与"公众阅读与互动"中得分最高，分别为4.52分和6.19分。"健康时报"

在"健康教育与引导"中得到最高分3.40分。"脉脉养生"在"信息生产与发布""健康教育与引导""公众阅读与互动"得分均最低（见表5）。

表5 微信公众号社会责任评价一级指标得分

单位：分

微信公众号	一级指标		
	信息生产与发布	健康教育与引导	公众阅读与互动
健康时报	3.85	3.40	4.05
丁香医生	4.52	1.89	6.19
脉脉养生	2.00	1.15	3.40

（二）信息生产与发布二级指标得分

在信息生产与发布二级指标得分上，"健康时报"更多地将女性健康的文章放到头条位置，并且拥有较多的原创内容，因此在"文章发布位置""原创性"上获得了最高分。"丁香医生"标注作者的文章高达90.2%，并且使用了漫画、视频音频等不同形式的多媒体，在"信源可信度""多媒体使用情况""趣味度"上面分数最高，但因为文章中有较多的广告推销，"广告控制"方面表现不佳。"脉脉养生"和"健康时报"均无广告，二者在"广告控制"上得分最高，"脉脉养生"其余指标均为最低分（见表6）。

表6 微信公众号信息生产与发布二级指标得分

单位：分

微信公众号	二级指标						
	文章发布位置	标题表述方式	信源可信度	原创性	多媒体使用情况	趣味度	广告控制
健康时报	0.55	0.10	0.10	0.50	0.95	0.70	1.00
丁香医生	0.18	0.48	0.90	0.28	1.25	1.18	0.25
脉脉养生	0.10	0.00	0.00	0.00	0.90	0.00	1.00

（三）健康教育与引导二级指标得分

在健康教育与引导二级指标得分上，"健康时报"文章话题涉猎广泛，有90%的文章传递了关爱女性的观念并挖掘了女性健康问题,因此在"话题选择""社会共识""社会监督"方面均取得了最高分。"丁香医生"有大量文章关注护肤美形,"脉脉养生"几乎全是健康养生内容,较少体现社会共识与监督,因此得分相对较低,其中"脉脉养生"在"社会共识"和"社会监督"上得分均为0分(见表7)。

表7 微信公众号健康教育与引导二级指标得分

单位:分

微信公众号	二级指标		
	话题选择	社会共识	社会监督
健康时报	1.70	0.90	0.80
丁香医生	1.28	0.32	0.29
脉脉养生	1.15	0.00	0.00

(四)公众阅读与互动二级指标得分

在公众阅读与互动二级指标得分上,"丁香医生"阅读量和与公众互动频次较高,4个二级指标均获得最高分。"健康时报"在"阅读量"上取得最低分。"脉脉养生"没有开放评论区,评论数为0条,因此"评论数"得分为0分(见表8)。

表8 公众阅读与互动二级指标得分

单位:分

微信公众号	二级指标			
	阅读量	点赞数	在看数	评论数
健康时报	1.05	1.00	1.00	1.00
丁香医生	2.33	1.30	1.26	1.30
脉脉养生	1.40	1.00	1.00	0.00

六 结论与讨论

（一）研究结论

通过对三个微信公众号的内容分析和社会责任履行情况的测评，得出以下结论。

1. 健康时报：社会责任履行情况整体较好，公众阅读与互动仍需提升

从社会责任评价一级和二级指标得分来看，作为传统健康媒体类公众号代表的"健康时报"在社会责任履行上的整体情况较好。"健康时报"是人民日报社旗下的官方科普报刊，拥有官方背景使该报能够更好地站在公众立场，担当健康教育与引导的社会功能。[①] 在信息生产与发布方面，"健康时报"将更多关于女性健康的文章放在头条位置，体现了对女性健康问题的重视。其次，依靠传统媒体采编团队优势生产的原创作品数量较多。在纯文字报道之余，"健康时报"顺应移动互联网的发展趋势，重视多媒体使用，将图、文、视频、直播相融合，实现从纸媒到新媒体的过渡与转型。健康教育与引导上，"健康时报"话题涉猎广泛，关注女性常见、多发疾病，尤其是乳腺癌、宫颈癌等重症疾病，并结合病因科普预防措施，在塑造社会共识、体现社会监督方面起到重要作用。但在公众阅读与互动上仍需提升，"健康时报"文章质量虽高，但对受众吸引度和实际分享价值不足，阅读量、在看数较少。从评论区来看，"健康时报"忽视了对受众评论的回复与反馈，未形成良好的互动反馈机制。这一情况在传统媒体衍生的新媒体账号中比较普遍，传统媒体在新媒体融合发展过程中，应当调整运营手段，注重强化服务意识，建立用户反馈机制并对用户的问题采取有效解决措施，以此

---

① 李乐辰：《健康科普媒体对"禁烟"议题的报道特征研究——以〈健康时报〉为例》，《新闻传播》2020年第22期。

增强用户的体验感，在新媒体环境下获取更大竞争优势。①

2. 丁香医生：新媒体运营策略丰富，社会责任功能仍需改进

创办于2014年的"丁香医生"是丁香园旗下一个为公众传播健康知识的服务平台，根据清博指数，"丁香医生"在三个健康类微信公众号中微信传播指数（WCI）位列第一。作为移动互联网领域健康类公众号的代表，相比从传统媒体转型的"健康时报"和非医疗领域的"脉脉养生"而言，"丁香医生"在新媒体运营上具有巨大优势。信息生产与发布方面，"丁香医生"重视用户个性化需求，如绘画漫画进行叙事和科普、采用简单明了的海报加深受众印象、链接微信视频号对相关话题进行延伸讨论。因此，其文章趣味度较高，并且"丁香医生"重视与读者的互动，评论区回复率较高，拥有较好的用户黏性。但是，从社会责任履行来看，"丁香医生"对女性健康问题关注度不够，有关女性健康的头条文章数量较少，且话题多集中在"护肤美形"等领域，名为科普，实为推销广告产品。正如鲍德里亚所说："身体是最美的消费品。"②"丁香医生"正是抓住了女性对美貌、身形的需求，将与此相关的养生、饮食、健身知识套上医学、营养学的光环，诱导受众付费。将粉丝关注量和公众号影响力作为招商资本，实现流量变现，已成为自媒体微信公众号的盈利模式之一。③一旦内容与销售挂钩，其权威性就会遭受质疑。以腾讯新闻和今日头条为代表的商业化新媒体，在运营的过程中出现了过度娱乐化、低俗化、"标题党"等现象。因此，新媒体在发展和扩张的过程中必须考虑社会影响，承担社会责任，平衡好平台扩张与经济利益的关系，正确引导社会舆论，营造良好的社会风气，促进社会进步。④

---

① 陈武林：《融媒体环境下传统媒体与新媒体的融合发展》，《新闻研究导刊》2020年第15期。
② 〔法〕让·鲍德里亚：《消费社会》，刘成富、金志刚译，南京大学出版社，2014，第120页。
③ 周晨芳：《自媒体型微信公众号盈利模式的观察与思考》，《东南传播》2018年第10期。
④ 郝雨、李晶：《品牌商业化新媒体的社会责任论》，《新闻爱好者》2017年第10期。

3. 脉脉养生：文章同质化严重、科学性较低，社会责任履行缺位

"脉脉养生"公众号简介为"中医养生知识、百病调理方法、秘方偏方大全"。正如其简介所说，"脉脉养生"有90%的内容关于"健康养生"，如宣传中药材补气血的方法，如何进行针灸理疗疏通经络。其文章标题多为感叹震惊句，夸大养生知识的重要性。叙事中常引用《黄帝内经》《神农本草经》中的内容，并借助"中医云"等口吻，内容风格较为相近，同质化严重。丹娜·巴吾尔江在余秀才、黄静的基础上将"草根类"健康微信公众号进一步定义为非医疗专业的企业公众号。[①] 我们通过分析发现，"脉脉养生"因为缺乏医疗专业背景，大量发布内容并非原创，且没有标注明确信源。其所谓的健康养生方法缺乏权威科学依据，可信度和科学性较低，真伪度以及准确性难以判断、辨别。除此之外，"脉脉养生"全部文章都没有涉及社会共识和社会监督，无法谈及社会责任的履行。由于"脉脉养生"关闭了评论功能，单向闭环的传播方式使其放弃了与受众协调沟通中自我纠错的可能。截至2021年6月24日，清博大数据平台中国健康类微信公众号100强排行榜上，与"脉脉养生"类似的"草根类"健康微信公众号数量有55个。因其"草根"属性，运营者的职业操守和专业素养无法探知，受众也无法评估内容发布者是否具备专业医学知识，这些问题都会影响健康类微信公众号传播信息的可信度，[②] 进而成为新媒体健康传播的阻碍因素。这类账号，内容不过关，传播力却较高，成为新媒体内容监管中不可忽视的"盲区"。

（二）问题及建议

在比较三个微信公众号传播效果和社会责任履行的差异后，本文也总结出当前健康类微信公众号女性健康传播中的问题。

---

① 丹娜·巴吾尔江：《健康类微信公众号的传播能力研究》，《青年记者》2018年第3期。
② 孟渍渍：《微信公众号健康传播分析——以20个健康类公众号为例》，《新闻传播》2019年第17期。

1. 女性心理健康领域科普空缺

有关女性心理健康的文章数量较少，仅"健康时报"有两篇文章从情绪角度谈及女性的心理健康。疾病通常涉及身体健康，但心理健康也是现代社会需要引起重视和持续关注的问题。1995年，联合国在全球妇女大会上将女性健康的定义扩大为"不仅仅指没有疾病或不虚弱，而是指身体、精神和社会等方面完全健康的状态"。① 随着社会的发展和妇女解放，现代女性不仅承担家庭角色，也要面临职场压力，在超负荷运转环境下，女性更容易出现抑郁、焦虑等心理健康问题。② 2019年《中国职场女性心理健康绿皮书》调研结果显示，约85%的职场女性在过去一年中出现过焦虑或抑郁的症状，其中约三成女性"时不时感到焦虑和抑郁"，7%的女性甚至表示自己"总是处于焦虑或抑郁状态"。③ 作为健康传播的渠道和载体，健康类微信公众号不能只是单纯在生理层面宣传疾病的预防和治疗，还应该从社会层面关注女性面临的心理健康问题，实现女性生理健康和心理健康的交融。为此，健康类微信公众号可以适时增加心理健康方面的传播内容，或开辟一个心理健康专栏。如"丁香医生"一样拥有庞大粉丝群体的互联网类健康微信公众号，可以结合推文内容对受众进行一个简单调研，了解女性在不同年龄、收入、职业层面的心理健康现状，以此对症下药，为女性普及心理健康知识，弥补现存心理健康科普缺位。

2. 女性健康传播主体参差不齐

从社会责任评价得分来看，三个类型健康类微信公众号主体参差不齐。传统健康媒体类公众号"健康时报"更具社会公共卫生视角和社会问题意识，文章在一定程度上起到健康教育与引导作用。互联网类健康公众号"丁香医生"是以盈利为目的的企业，发布的文章不可避免地会受到商业资

---

① 黄丹、刘潇雨：《社会性别视角下的女性健康政策：我国台湾地区经验及其对大陆的借鉴》，《社会福利》（理论版）2018年第4期。
② 来潇嘉：《维护与增进都市职业女性心理健康的对策研究——以杭州市为例》，浙江工商大学硕士学位论文，2017，第27~30页。
③ 戴先任：《谁来呵护职场女性心理健康》，《健康报》2019年12月24日，第2版。

本的控制，出现广告植入的现象。"草根类"健康微信公众号"脉脉养生"没有医疗专业背景，其传播的健康的内容存在失真、夸张、不科学的情况。目前，微信公众号运营门槛较低，对信息发布者的信源权威性和真实性没有严格的限制，只要是通过微信公众号认证的发布者都可以发布专业信息。受众可能因为受到标题和话语叙述方式的吸引而关注，或因为急于求医被危言耸听的内容误导。对此，微信公众平台应该加强对健康类微信公众号的监管机制，可以邀请具有医学专业背景的人员，或与卫生健康部门进行联合，建立相应规章制度，调高健康类微信公众号准入门槛，并对公众号内容进行定期的审核，确保信息来源的权威性及信息真实性。其次，受众自身也应该加强健康素养和媒介素养，提高健康信息选择能力、理解能力以及质疑和评估的能力。

3. 女性健康问题避重就轻

本文选取的1012篇微信推文中，关于女性健康的文章仅255篇，占总样本的25%。在女性健康话题的选择上，三者都较少涉及女性重症疾病、常见疾病以及两性知识，而是把目光放在以及女性健康养生、护肤美形的领域。如乳腺癌、宫颈癌的重症疾病是女性身上常见的妇科恶性肿瘤，且发病率比较高，需要及时地进行预防和筛查。[1] 虽然过多地发布恶性疾病的议题有可能会让受众产生恐惧压力，但适当的科普宣传也会帮助受众建立起对妇科疾病的风险认知和合理态度。一项关于中国女性常见妇科恶性肿瘤认知度调查显示，非医务工作者对于宫颈癌、子宫内膜癌、卵巢癌、乳腺癌、结直肠癌（"五癌"）认知度普遍较低，科普宣传教育需要加强。[2] 健康类微信公众号的选题不能仅追逐热点和流量，还要提高常见、高发疾病的曝光度和能见度。注意议题选择的多元化和平衡性，将乳腺癌、宫颈癌等女性常见疾病作为定期宣传议题，促进妇科疾病预防知识的常态化传播。当然，从适应新媒体特性角度考虑，可以在保证文章科学性和专业性的前提下，适当加入

---

[1] 杜密兰：《妇女宫颈癌及乳腺癌筛查结果及影响因素调查分析》，《临床研究》2020年第5期。
[2] 王青等：《中国女性常见妇科恶性肿瘤认知度调查》，《中国妇产科临床杂志》2020年第4期。

条漫、表情包、视频等多媒体元素，帮助受众了解妇科疾病病理、致病原因、预防和治疗知识。

（三）研究局限

本文存在的研究局限有二。一是样本选取时间上仅选取 2021 年 1 月 1 日至 3 月 1 日三个月的内容，时间跨度较小，可能不能精确反映总体趋势。二是经筛选非女性健康传播相关文章后，样本数量锐减，"四川大学华西医院"因样本数量极少而未列入研究对象范围。由于发布周期和数量差异，其余三个微信公众号之间的样本数量差距较大。这也是本次研究中的局限之处，值得在未来进行深化和完善。

B.15
我国弹幕社群的发展：
表征、影响及治理*

刘 琼 马文婷 韩文沛**

> **摘 要：** 作为一种新型的互动交流手段，弹幕孕育出了具有青年亚文化气质的弹幕社群。进入门槛的设置、传受角色的混合、独特的语言风格及"吐槽"文化使弹幕社群与其他网络社群区别开来。弹幕社群传播具有多重价值，不仅折射出个体的情感需要和价值诉求，而且对媒介内容生产、传统文化传承、主流意识形态传播产生了积极影响。但其发展过程中也出现了鬼畜视频"戏谑万物"、UGC"二传二创"内容不断触碰版权界限、不良弹幕文本扰乱舆论生态及语言环境、网络民粹主义聚集破坏力量等消极影响。对此，本文尝试以完善法律法规、建构疏堵结合的机制、建立自律组织以及普及媒介素养教育等治理策略来规范、促进弹幕社群持续健康发展。
>
> **关键词：** 弹幕社群 表征 多重价值 消极影响 规范治理

弹幕作为一种新兴的媒介技术与文本形态为网民提供了互动交流的新方

---

* 本研究为国家社会科学基金一般项目"参与式文化背景下的网络视频社群研究"（项目编号：18BXW101）的阶段性成果。

** 刘琼，华中师范大学新闻传播学院副教授，硕士生导师，主要研究方向为网络传播；马文婷、韩文沛，华中师范大学新闻传播学院2019级硕士研究生。

式，其开放、自由的文本形式成功吸引了早期 ACG（Animation、Comic 和 Game 的缩写，即动画、漫画和游戏）爱好者的目光，这些 ACG 文化的拥趸通过弹幕构建了一幅崭新的亚文化图景，并不断实践弹幕亚文化的风格创生。基于弹幕这一共同纽带，ACG 爱好者建立起风格鲜明的新的网络虚拟社群——弹幕社群。

2006 年 12 月 12 日，日本 Niconico 动画网站在全球最早开始提供弹幕服务。2007 年 6 月大陆一家最初为动画连载的网站 Acfun（A 站）成立，2008 年 3 月其模仿 Niconico 推出弹幕功能，转型为国内第一家弹幕视频网站。2009 年 6 月 26 日，由于 AcFun 长期无法访问，其资深会员"⑨bishi"（徐逸）创立了 Mikufans 作为替代品。2010 年 1 月 24 日，Mikufans 更名为 Bilibili（B 站），作为独立的弹幕视频网站运行，影响力逐渐超过 A 站。随后，国内主流视频网站也将目光投向弹幕：2012 年 8 月，土豆网推出"豆泡"，这是主流视频网站对弹幕功能的首次尝试。2014 年开始，以爱奇艺、优酷、腾讯视频等为代表的主流视频网站纷纷推出弹幕功能，接着新浪视频、搜狐视频等也加入弹幕视频网站大军。

与上述两类弹幕视频网站相对应，弹幕社群可分为原生弹幕社群和次生弹幕社群。原生弹幕社群围绕具有 ACG 背景和泛二次元文化特征的 Niconico、Bilibili 和 Acfun 等专业弹幕视频网站生成，社群结构稳定、成员黏性高。次生弹幕社群则伴随优酷、腾讯、爱奇艺等主流视频网站对弹幕功能的引入而生成，社群结构相对松散，成员流动性较高。无论是原生还是次生弹幕社群都具备独特的青年亚文化气质，社群成员较传统受众群体更具主动性，社群内部的参与式文化生产已然成为网络时代的新景观，弹幕社群研究有助于加深对网络亚文化群体的认识。本文将从表征、影响及治理三个方面对弹幕社群生态进行描摹，期望能为互联网生态治理的重要议题——社群治理做出一定贡献。

一 弹幕社群的表征

在十余年的发展中，弹幕社群因其准入门槛的降低、传受一体及鼓励用

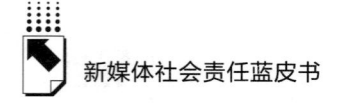

户创作分享的成员角色认知、风格化的社群语言文化氛围吸引着越来越多的用户加入，社群规模持续扩大，社群边界日益清晰。频繁的弹幕互动又反过来强化社群特色，使得弹幕社群在诸多网络社群中成为一道独特的景观。

（一）由高到低的准入门槛

目前国内最大的弹幕视频网站B站采用会员制进行管理。早期的B站会员注册门槛较高，仅在节假日不定期开放注册名额，用户需密切关注B站滚动公告栏上的注册通知。在这种半开放注册机制下，B站早期会员多为ACG文化狂热爱好者。

2013年，B站放宽注册限制，但注册会员所能浏览的内容十分有限，正式会员则可浏览B站内所有免费内容，写评论、发弹幕，进行投币、点赞、收藏、分享等活动，还能以up主身份上传内容。从注册会员升级到正式会员有两种方式：一种是得到LV 5或LV 6用户发出的邀请码；另一种是通过B站的答题测试——用户需在两小时内完成100道以动画、游戏、鬼畜等二次元内容为主的题目，达到60分方可成为正式会员。该测试难度较大，只有十分熟悉B站文化的用户才能通过，因而被称为"中国御宅学高考"。可见此时B站的定位虽仍是二次元小众网站，但注册门槛降低使其会员群体开始逐渐扩大，也为日后会员整体素质和弹幕质量下降等问题埋下隐患。

2015年B站再次改革会员答题制度。注册会员需要完成两个步骤的测试才能成为正式会员：第一步是"弹幕礼仪"测试，须全部答对才算过关，目的旨在提高会员遵守社区道德规范的自觉性；第二步是在B站扩充内容板块的基础上，允许注册会员从动漫、音乐、电视剧、科技、文理综等十几个细分板块中挑选板块进行答题，随机生成的20道题答对一半即可成为正式会员。这一改革折射出B站对ACG专业素质要求的降低以及对会员道德素质的重视。

爱奇艺、腾讯视频等主流视频网站在弹幕社群的准入设置上更宽松，只需用手机号或QQ、微博等社交账号注册会员即可发送弹幕，对用户没有任何专业素质上的考核，因此其弹幕用户身份更为复杂。

（二）传受混合的角色扮演

在传统视频网站的传受关系中，传者和受者之间界限分明，为单向的"网站播放—用户观看"关系。而弹幕网站以视频分享为主，正式会员可通过上传视频成为 up 主。up 主的稿件一般分为三类：搬运视频，以转载国外博主或快手、抖音等国内网站的视频为主；二次创作视频，需要 up 主具备一定的视频剪辑技能，通过裁剪、拼接等方式对原视频进行加工创作；原创视频，对 up 主要求更高，原创能力、拍摄技术和视频后期技术缺一不可。这些 up 主既是传播者，在浏览他人传播内容时又转换为受传者，在传受角色自由切换的过程中，用户的自主权得到提升。

弹幕互动是弹幕视频网站最大的特色，也是弹幕社群最具有仪式化色彩的活动。根据内容不同，弹幕可分为打卡弹幕、刷屏弹幕、闲聊弹幕、科普弹幕、空耳弹幕①等。按弹幕出现的位置则可分为滚动弹幕、顶部弹幕、底部弹幕和高级弹幕。随时间流逝，持续发送的弹幕与原视频组合成一支意涵不断更新的新视频，早期用户发送的弹幕作为视频内容的一部分传播出去，又成为后来者的观看内容。弹幕社群成员在生产和观看弹幕的过程中成功融合了传受两种角色，打破了传统视频网站固化的角色定位。

（三）异于主流的语言风格

群体的身份认同建构是以某种共同的兴趣、利益或价值为基础，并通过某种外显的符号形式来体现群体边界。② 在弹幕社群中，这一"外显的符号形式"被称为弹幕术语，是成员间交流时所倚赖的特有且约定俗成的一套语言体系。弹幕术语充满创造力，以无厘头、跳脱并富有 ACG 亚文化风格的气质与主流语言表达方式区隔开来。弹幕术语作为仅在弹幕社群内部流通

---

① 空耳：该词源自日语中的"幻听"，是对原有声音或意义的有意歪曲，以达到恶搞或双关的目的，如将日语中的"爱してる"（我爱你）译为"阿姨洗铁路"。
② Tajfel, H. E., "Social Psychology of Intergroup Relations", *Annual Review of Psychology* (1982): p. 33 (1).

的语言介质，只有成员才能对其表面含义与内涵熟稔于心，社群外部的人因为对这些内部行话的熟悉程度低于社群内部的人，难以与社群内的成员产生共鸣，融入社群对话之中。① 表1中所列为B站评选出的2020年度弹幕，除了特殊时期出现的"武汉加油"外，这些弹幕文本均有其特定意义与使用规范，若非长期浸淫于弹幕社群的"圈内人"，很难真正理解其含义，更遑论在合适的场景中使用了。

表1　B站年度弹幕（2020）

弹幕文本	弹幕含义
爷青回	是"爷的青春回来了"的缩写。指看到某样熟悉的事物时，感觉自己的青春又回来了
武汉加油	新冠肺炎疫情在武汉突发后，B站用户用"武汉加油"来表达对武汉的关心和支持
有内味了	源于游戏主播大司马和电棍（otto）的一次直播，是"有那味了"的北方口音版本，指有那种味道或感觉了（味道或感觉需根据具体情境来体会）
双厨狂喜	"厨"意指某个人物或东西的狂热粉丝。当自己喜爱却互不关联的两个事物罕见地出现在同一个画面时，可以用此弹幕来表达激动之情
禁止套娃	"套娃"原为俄罗斯传统玩具，后代指某些人一直用一个素材、话题来无限循环的行为。"禁止套娃"就是禁止这种无限循环行为，多用于调侃

除了弹幕术语外，弹幕的字体大小、颜色、位置、功能等都是弹幕社群异于主流的交流模式的体现。在实践过程中，弹幕社群逐渐衍生出形态各异的弹幕类型。如前所述，弹幕根据位置不同可分为滚动弹幕、顶部弹幕、底部弹幕和高级弹幕。滚动弹幕一般用于发表对视频的观点、看法，在画面上从右至左飘过，为视频增添动感效果；顶部弹幕常用于对视频进行补充、解释，多出现于科普、历史或外语类视频中，可短暂停留于视频顶端；底部弹幕的位置与字幕出现的位置相似，适合在无中文字幕的视频中制造字幕效果，通常是"野生字幕"的据点；高级弹幕一般出现于视频画面中央，是B站大会员的专属特权，能以其多变的形态为原视频画面"加特效"。此外，用户还可以变换弹幕颜色来"表白"up主和角色人物，形成颇具仪式

---

① 潘曙雅、张煜祺：《虚拟在场：网络粉丝社群的互动仪式链》，《国际新闻界》2014年第9期。

感的狂欢场面。

弹幕社群成员通过对弹幕内容和形式的特殊使用来表露自我身份并确认彼此身份,在与其他成员的线上互动中,交流观影情绪,共享观影体验,形成网络时代的"想象共同体"。①

(四)以娱相抗的"吐槽"文化

"吐槽"一词源于日本传统幽默节目"漫才"和漫画《银魂》,传入中国后最初指从对方的言语中找出漏洞或关键词作为切入点,发出带有调侃意味的感慨或疑问。后"吐槽"的使用范围进一步扩大,表达"不满"的同时,也表达"调侃或揶揄"。② 依托于视频文本存在并实时滚动的弹幕无疑成为"吐槽"的最佳舞台,弹幕社群成员能敏锐地捕捉视频文本中的关键性事物,用诙谐且一针见血的语言进行吐槽。在这种吐槽文化面前,视频文本成为恶搞、改写的对象,主流意识形态、精英文化中象征着权威的符码成为娱乐、调侃的素材。在"发送弹幕"这一仪式性消解和抵抗的过程中,弹幕社群成员用近乎温和的、娱乐性的、草根式的网络语言对主流文化和审美进行了颠覆③,以满足社群成员摆脱压抑情绪和娱乐化的诉求。

2020年6月12日,B站上线"四大名著"电视剧版,其中1987年版《红楼梦》里林黛玉与贾宝玉闹别扭的情节引发了弹幕狂欢,社群成员纷纷发送"当青铜遇上王者""追妻火葬场""丝血反杀"等弹幕进行吐槽。"青铜""王者"本是手游《王者荣耀》中的段位称号,网民将宝玉和黛玉分别比作"青铜"和"王者",暗指黛玉的手段在宝玉之上。"丝血反杀"也是网络游戏用语,原意为"在濒死之际将敌人反杀的高超操作",借指黛玉扭转局势,使宝玉道歉的行为。"追妻火葬场"源于网络文学,指"男主前期虐女主,后期艰难挽回女主"的故事情节,借指宝玉先责怪黛玉,后又哄黛

---

① 王蕊、刘瑞一、矫立斌、徐静怡:《走向大众化的弹幕:媒介功能及其实现方式》,《新闻记者》2019年第5期。
② 张怡春:《流行词"吐槽"语义泛化解析》,《语言教学与研究》2019年第6期。
③ 杜洁、刘敬:《新媒体语境下弹幕亚文化的社群建构》,《青年记者》2018年第2期。

玉的行为。网民将游戏、网文中的标签化短语挪用至弹幕评论中，在弹幕社群中引发了广泛的共鸣，经过加工的"弹幕版"《红楼梦》与其在主流视角解读下的意涵相去甚远，弹幕的"吐槽"文化无形中与主流文化形成对抗之势。在弹幕社群眼中，经典正统的主流作品只是用来调侃的对象，以往"高高在上"的权威如今触手可及。这些吐槽行为在"引人发笑"的氛围中解构了原视频文本意义，消解、对抗主流文化，实现"万物皆可娱"的效果。

二 弹幕社群传播的多重价值

由上述弹幕社群的表征不难发现，弹幕社群传播使得传统的影像生产及消费方式发生变革，催生并不断强化着弹幕社群异于主流的青年亚文化气质。这不仅折射出个体的情感需要和价值诉求，对媒介内容生产、传统文化传承、主流意识形态传播也产生了积极影响。

（一）个体价值：社群成员表达情感，实现自我价值

在信息过载的社交媒体时代，人们的信息焦虑心理持续放大，孤寂感也在不断加剧，会主动寻求共同体来获取归属感与认同感。传统意义上的网络视频观看互动性较弱，弹幕视频网站则提供了具有交流互动作用的即时弹幕功能，用户与视频、用户与弹幕文本、用户与用户之间通过弹幕视频这一"社交场所"进行信息交换，弹幕视频成为用户表达情感、实现自我价值的工具。

围绕不同弹幕视频还会分化出不同的小群体，如围绕一些资深 up 主所形成的各类小圈子。在这些圈子内部，拥有共同语言风格、价值观和兴趣爱好的弹幕社群成员聚集成一方小天地，在具有自由性、开放性、平等性、包容性的"理想言语情境"中以理性对话较为真实地表达了自己的思想态度、审美观念和价值立场。[1] 弹幕所营造的开放的对话氛围满足了青少年自我表

---

[1] 陈志娟、丁靓琦：《狂欢与理性：青年群体弹幕使用研究——以网络综艺类节目〈创造101〉为案例》，《中国青年研究》2019 第 11 期。

现、自我认同的需要，他们在弹幕对话中收获了人际互动的情感体验，获得了强烈的归属感，由此所带来的情感能量在青少年社会化过程中发挥着重要作用。

除了一般的弹幕发送者之外，作为弹幕视频制作者的 up 主也是弹幕社群成员的重要组成部分。他们生产与分享视频，享受弹幕流带来的视觉快感，并为自己发布的内容获得大量点击与评论而欣喜，这是一个在虚拟空间中追求话语权、获得自我存在感、实现自我价值的目的性行为过程。

（二）媒介价值：用户互动提升文本生产积极性

在弹幕社群内部，普通成员与 up 主之间的互动方式主要有两种：其一是通过发送弹幕和评论等进行交流；其二是通过转发、点赞、投币、收藏等方式对 up 主表示喜爱和支持。过去点赞、投币、收藏行为需要单独点击操作，2018 年 B 站设计了"一键三连"功能：在 up 主的作品下方长按点赞图标 3 秒钟，可一键实现点赞、投币和收藏三个操作。"一键三连"虽不能直接转化为 up 主的收益，但有助于其提升人气，作品有更多机会得到首页推送，获得更多流量，是对 up 主的一种鼓励措施。

在提供实际经济收益方面，2016 年 1 月 15 日，B 站上线"充电计划"功能，2018 年 2 月 1 日又推出了"bilibili 创作激励计划"。前者旨在鼓励用户对喜爱的 up 主"打赏"表示支持；后者保证 up 主投递的优质稿件达到一定播放量后，可以获得 B 站提供的相应收益，二者都在一定程度上减小了 up 主的经济压力。

弹幕社群用户间的密切互动带来了良好的内容生产氛围和富有协作感的社群环境，让社群成员较之传统主流视频网站的用户更有意愿与行动力去贡献、分享内容。在社群内部，浏览完视频却没有"一键三连"的用户会被冠以"白嫖党"的名号，可见在这种隐性规训下，自觉维护健康的内容创作生态圈已经成为社群成员自觉遵守的潜在规范。这为更多优秀的 up 主保持高质高效创作的动力，创作更加优质、贴合主流价值观的原创作品提供了可能，最终有助于整个弹幕社群内容生态的稳定与良性循环。

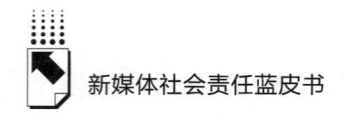

（三）文化价值：青年亚文化助推传统文化焕发新活力

iMedia Research（艾媒咨询）数据显示，超八成的哔哩哔哩 App 用户年龄在 30 岁以下，其中 24 岁以下的用户占比为 66.87%，主力用户年轻化特征明显。① 弹幕社群成员平均年龄约为 21 岁②，多为"90 后""00 后"。以青年为主的弹幕社群并未中断与传统文化的联结，青年群体将传统文化内核包裹于二次元文化的外壳之下，根据自己的审美趣味来传承发展传统文化。

目前 B 站中所显现出的传统文化现象大致可分为两类：一类是技艺性的，人们运用现代媒介传播技术更新传统文化的表达形式，即将传统文化及其符号移植到二次元文化的意义系统中，如《中国唱诗班》《拜年祭》等，以国漫的形式呈现对传统文化以及历史典故的叙述；③ 另一类是观念性的，青年群体在《国家宝藏》《中国诗词大会》《见字如面》《经典咏流传》等传统文化类节目中感受中华优秀传统文化中的传统美德与人文精神，并以发送弹幕与评论的方式表达在观看中所体验到的情感冲击与共鸣。

亚文化与传统文化并不互斥。在传统文化的接受过程中，青年亚文化群体抗拒刻板说教，其实他们只是抗拒不符合网络文化习惯的宣传形式，并非从内容上抵触传统文化本身。虽然亚文化群体对圈层外的议程有准入机制，但是在核心价值观的传播上，群体兴趣所带来的文化壁垒不是不可逾越的。④ 当历来被贴上严肃、厚重、深远标签的传统文化走下"神坛"，以当代青年喜闻乐见的方式进行传播时，传统文化便在与青年亚文化的碰撞融合中爆发出了新的生命力。

---

① 艾媒研究：《2019H1 哔哩哔哩运行状况与行业趋势研究报告》，https：//www.iimedia.cn/c1000/65499.html。
② 新浪科技：《B 站月活用户突破 2 亿 用户平均年龄在 21 岁左右》，https：//baijiahao.baidu.com/s?id=1683756130041986193&wfr=spider&for=pc。
③ 吴佩婷：《主体·拼贴·创新——青年在场视角下 B 站青年的传统文化传承样态》，《当代青年研究》2020 年第 6 期。
④ 付晓光、林心可：《圈层文化的大众化路径探析——bilibili 2019 年度跨年晚会分析》，《新闻与写作》2020 年第 2 期。

（四）社会价值："二次元民族主义"增强主流意识形态情感魅力

弹幕社群作为二次元亚文化青年群体的聚集地，在公众普遍认知中往往具有回避严肃政治话语、对现实政治持疏离态度的特征。但事实上，上述青年群体传承传统文化这一行为背后的思想内核正是爱国主义。对民族历史文化深深的自豪感、通过挖掘我国深厚的文化内涵中的爱国主义情怀以发扬民族精神与凝聚民族力量的自觉性，成为当代青年传承和发展传统文化的内在动力。弹幕社群成员虽然在文化趣味及表达方式上表现出某种叛逆和断裂，① 但其话语表达及行为方式仍然附着在爱国情感和民族文化的巨大基底之上。

改编自同名漫画的爱国动漫《那年那兔那些事儿》于 2015 年正式在 B 站播出，《那兔》通过"国拟人"的手法以及"二次元"世界的语言表达，将主流叙事中向来严肃沉重的历史讲述变得活泼而轻盈②，常有观众发布"科普弹幕"详细解释叙事中所涉及的历史事件、人物或武器，帮助其他受众更好地理解视频文本。此外，"此生无悔入华夏，来生还在种花家""干了这杯黄河水，来生还做中国人！"等凝聚影像文本情感、凝结当代青年爱国共识的刷屏弹幕广为传播。虽然爱国动漫通过剧情、台词所进行的意识形态宣传是相对隐性的，但是在弹幕的加持下，这种隐性的情感表达被显性化了，主流意识形态的情感魅力转化成传播力，达到成风化人的效果。③ 在情绪感染及情感共振中，弹幕社群成员实现了对"中华儿女"这一集体身份的认同，社群内的爱国表达通过集体仪式生成了持续性情感能量。

学术界将这种在中国动漫/游戏爱好者社群中形成的以动漫/游戏等媒介

---

① 曲春景、张天一：《网络时代文化的断裂性和连续性："B 站"传统题材作品的"爆款"现象研究》，《现代传播（中国传媒大学学报）》2018 年第 9 期。
② 林品：《青年亚文化与官方意识形态的"双向破壁"——"二次元民族主义"的兴起》，《探索与争鸣》2016 年第 2 期。
③ 陈从楷：《二次元文化对主流意识形态传播力的挑战及其应对》，《学校党建与思想教育》2020 年第 21 期。

形式表达的爱国主义情感归纳为"二次元民族主义"。① 在"二次元民族主义"的背后，青年文化和主流意识形态之间的壁垒被打破，青年给出了自身对爱国主义的创新表达，主流意识形态也在青年群体中找到相耦合的传播路径。②

三 弹幕社群传播的消极影响

随着弹幕功能的普及，弹幕社群已冲破早期技术壁垒所构建的"虚拟高墙"，在与外部环境的互动中逐步增强影响力。但与此同时，其成员行为、文化活动与公共秩序甚至法律法规不断发生摩擦，产生了不良后果。以下将从视频创作、弹幕文本及社群成员三个层面来阐述弹幕社群的消极影响。

（一）鬼畜视频消解经典影像严肃性

鬼畜视频是通过将高频率重复画面和高度同步音频剪辑在一起，以达到荒诞的喜剧效果的影像创作方式。③ 鬼畜视频滥觞并兴盛于弹幕视频网站，通过将原视频的文本打碎、拼贴与糅合，或对原文本进行挪用、戏仿的方式，解构人物原有意义，制造强烈反差，配合弹幕符号的特殊效果，最终达到颠覆经典、解构传统的目的。在此过程中，作为鬼畜素材的经典影视剧本身往往不再是观影的主体对象，影片原本的背景及意义也不再重要，观赏的重心不再是戏剧情节本身，观影活动成为一种精神上的消遣娱乐，经典影像凸显为弹幕视频的附庸物。④

---

① 赵菁：《爱国动漫〈那兔〉粉丝群像与"二次元民族主义"》，《文艺理论与批评》2019年第5期。
② 吴佩婷：《主体·拼贴·创新——青年在场视角下B站青年的传统文化传承样态》，《当代青年研究》2020年第6期。
③ 孙振虎、赵甜：《参与式文化视角下的弹幕视频分析》，《当代传播》2018年第6期。
④ 熊晓庆、高尚：《经典影视剧的沦陷：弹幕狂欢下的审美嬗变及伦理反思》，《电影文学》2018年第22期。

在 B 站，鬼畜视频与视频中的弹幕存在互文关系。一些经典影片被改编为鬼畜视频后与原来的意符与所指大相径庭，其恶搞特质所引发的弹幕狂欢源源不断地催生出新的"槽点"和"梗"，弹幕反过来成为放大视频本身戏谑感的"催化剂"。

鬼畜视频不仅突破了公共审美的边界，还颠覆了原有经典的文化价值观，长期浸淫于重复洗脑式的鬼畜视频及碎片化宣泄式表达的弹幕中，很可能影响、扭曲、误导年轻人的审美观，导致审美标准的模糊及审丑化倾向，甚至产生价值观的灰色地带，进一步助长低俗内容的生成和传播。[①]

（二）视频"二传二创"引发版权危机

弹幕视频网站早期凭借 ACG 内容聚集起一批核心用户，后来发展为以原创视频为主体，二次元文化为特色的创作型视频分享社区，并逐步建构起一个由用户主导、自下而上实现自我生长的"涌现"型网络社区[②]，UGC成为其核心生命力。虽然 UGC 模式鼓励了用户创作，但内容喷涌带来的管控难题与用户版权意识薄弱等问题导致 B 站数次被推上版权侵权的风口浪尖，也使得弹幕社群的创作环境难以保护优质的原创内容。

"二传"即二次上传。用户从其他网站搬运视频并上传至弹幕网站，以及弹幕网站未经原视频版权方许可就提供在线播放服务的行为，会对拥有视频版权的原网站造成侵权。2014 年，爱奇艺诉 B 站"二传"作品侵害了其享有独家信息网络传播权的电视剧《悬崖》《像火花像蝴蝶》及综艺节目《快乐大本营》的版权。2015 年，B 站因未经乐视网授权便播放《男人帮》《甄嬛传》等多部影视作品而被起诉。2016 年，B 站因未经搜狐视频许可播放电视剧《张小五的春天》而被告侵权。2017 年 7 月 16 日，B 站对站内影视剧内容进行审查，将大量用户私自搬运的影视剧下架。然而版权纠纷风波并未平息，2021 年，爱奇艺又因其自制内容《中国有嘻哈》被 B 站擅自播

[①] 胡娜：《B 站的产品生态和伦理价值风险研究》，《同济大学学报》2019 年第 3 期。
[②] 周笑：《网络用户自主权的价值结构解析与实践案例研究》，《新闻大学》2020 年第 10 期。

出,以侵害作品信息网络传播权为由将 B 站诉上法庭。

"二创"即二次创作。B 站鼓励 up 主积极分享与创作,社群成员创作热情高涨,其中很大一部分作品是二次创作的改编类视频。以影视区为例,在 B 站所有分区中,影视区稿件占比 5.99%,播放量占比 4.91%,全站排名第六①,影视混剪视频在其中占据了很大比例。我国《著作权法》第 13 条明确规定:"改编、翻译、注释、整理已有作品而产生的作品,其著作权由改编、翻译、注释、整理人享有,但行使著作权时不得侵犯原作品的著作权。"但现实中绝大多数混剪视频创作者并未取得原作品著作权持有者的授权许可。此外,我国《信息网络传播权保护条例》第 23 条规定:"网络服务提供者为服务对象提供搜索或者链接服务,……明知或者应知所链接的作品、表演、录音录像制品侵权的,应当承担共同侵权责任。"可见在混剪视频的版权纠纷案中,这类视频的存储和播放平台也难逃干系。在现行法律规定下,弹幕社群的混剪视频创作依旧是"戴着镣铐起舞"。

(三)引战弹幕扰乱舆论生态

2021 年 2 月 25 日,up 主"机智的党妹"在 B 站发布视频《一人成团! K/DA〈More〉翻跳》,网友指出该视频与韩国男团 seventeen 的 *Falling Flowers* MV 相似,党妹还被网友质疑进行了删评操作。这一事件迅速引发粉丝骂战。尽管措辞激烈、充满挑衅的违规弹幕后被清理,舆论空间依然存在许多引战弹幕,如"断章取义你 biss""不用专业视角分析,就直接看,看不出来抄袭吗?选择性眼瞎""现在 MV 风格大同小异!这点相似就说抄袭!网友真是玻璃心!"弹幕社群成员在相互攻讦中"站队",并将战火引向整个社交舆论场。2 月 26 日,"党妹 More Seventeen 落花"话题登上微博热搜,3 月 4 日,党妹发布视频《我抄袭???》回应此事件,再次登上热搜。

在争议性视频中,弹幕常成为社群成员宣泄非理性情绪、互相攻击的工具。社群成员通过发送"刺耳"弹幕来表达立场,甚至以挑起战火为乐,

---

① 火烧云数据,http://www.hsydata.com? source = bilibili。

故意发布引战弹幕搅弄舆论场，虚拟世界较轻的惩罚措施也放纵了此类弹幕的肆虐。引战弹幕在实时滚动中不断刺激着社群成员的神经，不良情绪在其中持续碰撞、发酵，最后，失控的情绪沿社交网络蔓延，极大破坏了网络舆论生态，违背了政府构建清朗网络空间的理念。

（四）不良弹幕对语言实践造成负面影响

作为一种新兴的网络语言，弹幕语言丰富了新生代网民的表达方式，为传统语言注入了新活力。但值得注意的是，不良弹幕也威胁着语言实践的规范化发展：首先，弹幕语言对视频文本的依赖性很强。弹幕常会结合视频槽点创造出大量"语言梗"或自造词汇，这些词汇一旦离开弹幕视频便无实际意义。其次，弹幕语言浅显碎片化。以短语、散句、省略句等为主，甚至几个标点符号、数字就能构成一条弹幕，这使得弹幕难以容纳细节和深刻的思想。第三，弹幕语言多无视常用语法规则。弹幕随时间线的推进"转瞬即逝"，发布者会不自觉地契合弹幕即时性的特点来选择恰当的行为和言语[①]，力图用最少的文字、最短的时间去实现最快速的信息表达，追求简单实用、朗朗上口、易于传播，不会对语法结构进行深思熟虑，语义传达并不精确。最后，弹幕语言实践不够文明。为哗众取宠，一些弹幕发送者倾向于使用潜藏着性、暴力等不健康的因子的反常规另类语言进行表达，故弹幕中语言粗俗甚至语言暴力的情形频频发生。

当下弹幕语言的影响力不断扩大，甚至有走出互联网、走向寻常生活的趋势，这在一定程度上丰富了语言表达。但若放任大量颠覆传统语言规则或含有各类语病的弹幕在语言世界中流通，不仅会对国家通用语言文字的使用规范形成冲击，影响语言文字的标准化和信息化，而且会影响语言的使用者特别是青少年语言生活观的形成。[②]

---

① 陈志娟、丁靓琦：《狂欢与理性：青年群体弹幕使用研究——以网络综艺类节目〈创造101〉为案例》，《中国青年研究》2019 年第 11 期。
② 刘昌华：《社会和符号的互动：弹幕语言场域的反思和治理》，《东南学术》2018 年第 6 期。

（五）网络民粹主义聚集破坏性力量

当前中国的网络民粹主义由民粹主义思潮与网络技术融合衍化而成，如任其发展，将可能弱化民众对主流意识形态的认同感，消解社会主义核心价值观，制约和谐网络生态建设，甚至侵蚀社会主义意识形态。① 开放性、平民化的弹幕视频网站向大众敞开了意见表达的大门，也为极端蔑视权威、仇视精英和成功者的网络民粹主义提供了隐身的空间。借由热点议题，网络民粹主义者在弹幕视频网站这一公共空间里完成身份确认，在弹幕匿名性保护和法不责众的心理驱使下，用碎片化、偏激性的弹幕语言不断掀起网络民粹主义的浪潮。

2020年，up主"曹译文iris"去自家工地体验打工生活后，发布视频《累吗？累就对了，舒服是留给有钱人的。早安，打工人！》调侃"打工人"，激起网民的愤怒与嘲讽，纷纷以"接地府吧""凡尔赛蠢驴""丑女还挺自恋""希望人有事"等弹幕对其进行谩骂，后又发起"人肉搜索"，曝光其私生活。最后该up主删除所有动态，退出了B站。在这一事件中，up主以"炫富"姿态蹭"打工人"热度的行为确有不妥，但网民发起这场看似"正义"的讨伐，让弹幕像子弹一样成为"弱者的武器"，对"资本家"进行道德审判和惩罚，其背后隐藏的是"仇富"心理，本质上是群体性网络暴力行为。

视频创作门槛的降低使得弹幕视频质量参差不齐，其中不乏上述具有争议性的视频内容。由于生活阅历的欠缺，以青少年为主的弹幕社群更易受到极端言论的影响，在未深入思考的情况下随波逐流，做出传播谣言、人身攻击或人肉搜索等具有法律风险的行为。在"沉默的螺旋"效应下，社群成员一边倒的情感宣泄和网络暴力使得网络民粹主义难以控制，甚至走向群体极化，成为一股破坏性的力量，不利于社会的和谐稳定。

---

① 路晓锋、刘鹏茹：《网络民粹主义对意识形态安全的挑战及应对策略》，《河北学刊》2020年第1期。

四 弹幕社群的规范治理

目前弹幕社群发展过程中所衍生的各类问题对社会造成了消极影响，作为网络社群在承担社会责任方面有所缺失，长此以往必然影响其自身成长。下文将从法律法规、弹幕规范、自律组织和媒介素养教育等方面提出建议，以期有助于弹幕社群未来的持续健康发展。

（一）完善法律法规，使弹幕社群治理有法可依

法律法规等成文规则体现了基于理性的社群治理法则。2018 年 3 月 22 日，国家新闻出版广电总局下发《关于进一步规范网络视听节目传播秩序的通知》，规定"所有视听节目网站不得制作、传播歪曲、恶搞、丑化经典文艺作品的节目；不得擅自对经典文艺作品、广播影视节目、网络原创视听节目作重新剪辑、重新配音、重配字幕，不得裁取若干节目片段拼接成新节目播出。严格管理包括网民上传的类似重编节目，不给存在导向问题、版权问题、内容问题的剪拼改编视听节目提供传播渠道"。该《通知》的出台向鬼畜视频及相关播出平台敲响了警钟，表明了政府在行业发展规范及价值观念引导方面对鬼畜类视频的鲜明态度，以及对网络平台监管的强化。

2019 年 1 月 9 日中国网络视听节目服务协会发布《网络短视频平台管理规范》和《网络短视频内容审核标准细则》，规定网络短视频平台实行节目内容"先审后播"制度，平台上播出的所有短视频均应经内容审核后播出，包括节目的标题、简介、弹幕、评论等内容，正式将弹幕划入"先审后播"的范畴。但现有法律法规依旧有疏漏之处，存在适用局限性。

《著作权法》第 24 条规定："（一）为个人学习、研究或者欣赏，使用他人已经发表的作品；（二）为介绍、评论某一作品或者说明某一问题，在作品中适当引用他人已经发表的作品"，"可以不经著作权人许可，不向其

支付报酬"。"二创"视频通常援引上述条例,以"对原作的合理使用"为由逃脱法律追责,但在实践中,何为"个人欣赏与学习用途"因缺乏清晰界定常存在争议。很多 up 主积累一定粉丝后就会与品牌方合作在视频中穿插软广告,这类"二创"视频明显是以盈利为目的,超出了正常的学习研究或欣赏范畴,无法构成"合理使用情形"。

法律界定的模糊导致相关侵权事件发生时,侵权主体及侵权行为的认定、平台的责任认定等问题在现行法律的概括性规定下存在过多的自由裁量空间。因此要有针对性地完善相关法律条款,明确规定在著作权法保护范围内"二创"作品的定义、类别与构成,必要时可借鉴美国版权法中的"四要素检验法",在判断是否构成合理使用时考虑"使用行为的目的、被使用素材的性质、使用的比例、使用行为可能会对被使用作品带来的潜在影响"四个方面。增强短视频侵权判别的可操作性,使考量因素更明晰、更具包容性及灵活性,以减少侵权行为的发生。

(二)疏堵结合,营造良性弹幕环境

弹幕社群门槛的降低使社群成员的身份逐渐多元化,新成员的加入有助于不同观点的交汇碰撞,但也导致弹幕质量参差不齐。目前弹幕网站已推出相关的弹幕行为规范,B 站的"弹幕礼仪"对弹幕做出了专门规定,除了倡导弹幕应"阳光、理性、平和、友善"之外,还禁止发布"违反法律法规、剧透、引战、恶意刷屏"等弹幕。A 站的《AcFun 社区管理条例》从禁止"违法、违规内容"和禁止"不利于社区氛围及秩序的内容或行为"两方面对弹幕行为进行约束。其他视频网站也推出了针对用户信息内容的相关规范,如腾讯视频的《信息内容规范》、爱奇艺"用户协议"中对用户行为规范的规定等。但上述视频网站仅仅对用户行为进行了笼统的规定,对弹幕规范的重视不足。未来引进弹幕功能的网站均应对弹幕行为做出明文规定,为用户自律行为提供明确的参照。

在上述主要倚赖用户自律的弹幕行为规范基础上,大部分弹幕平台针对刷屏、违规或其他不适宜的弹幕,已设置画面防挡、自定义屏蔽关键词

等功能,但屏蔽的速度远远跟不上新弹幕的生产步伐。可见,在"堵"的基础上,弹幕平台还需从弹幕本身着手,用"疏"的方式引导用户的弹幕行为。

弹幕网站可以建立弹幕奖励机制,通过用户点赞筛选出优质弹幕,以为弹幕加特效、奖励弹幕用户积分等方式来激励优质弹幕的生产,逐渐在弹幕社群中形成良性循环。弹幕奖励机制还应覆盖自觉维护弹幕社群环境的用户,鼓励社群成员互相监督,举报违规的弹幕。相应地,弹幕网站也需提高反馈速度,完善自动评判程序,并加大人工审核力度,从而调动社群成员维护社群健康发展的积极性。另外,弹幕网站还可设置弹幕意见领袖,使其入驻具有争议性的视频中,通过发布理性、健康及友善的弹幕来帮助厘清事实,引导弹幕情绪走向,营造良好的弹幕舆论生态。

(三)建立用户自律组织,提高成员社会责任感

当下发布弹幕已不仅仅是弹幕社群内部的一种语言实践,引战弹幕扰乱舆论生态、不良弹幕破坏传统语言规则等现象表明弹幕对虚拟和现实社会均造成消极影响。因此,借助用户自律组织管理弹幕环境已成为弹幕社群成员履行社会责任的重要组成部分。

在作为情感共同体的粉丝社群中,较之易给成员带来压力的理性法则,情感的调节作用显得尤为重要。社群成员对社群本身具有强烈的情感依赖,在责任心的驱使下,他们以维护良好的社群风气为己任,体现了社群治理中的自律原则。2017年,B站设立"风纪委员会"对弹幕社群进行管理。与平台培养的官方管理团队不同,风纪委员会由社群成员毛遂自荐产生,他们自愿参与B站的管理运营,对违反社区制度的社群成员进行仲裁,使其受到相应的惩罚,最低封禁期为7天,最高可实现账号永久封禁。长期以来,B站以社群秩序井然、弹幕风气文明和谐而闻名于各大视频网站,这与其承担"参与社区众裁,共创良好环境"职责的风纪委员会的设立是分不开的。

对于已推出弹幕功能的主流视频网站,设立类似的用户仲裁制度来管理

弹幕环境是可借鉴的经验。但现存的风纪委员会仍需进一步完善。目前弹幕社群成员只需满足三项条件便可成为 B 站的风纪委员：会员等级达到 LV 4、90 天内无违规操作记录、完成实名认证。较低的参与门槛虽然能在一定程度上保证风纪委员的数量，但易得的管理机会加大了人们滥用私权的可能性，误判和错判的情形屡屡出现。因此需要提高风纪委员会的现有门槛，如定期围绕 B 站《社区规范》与《"众议观点"使用守则》对现有风纪委员进行测试，考核风纪委员的个人投票决议结果，开除长期与众议结果相悖的风纪委员的监察审核资格等。

（四）推动媒介素养教育通识化、常规化

在媒介与人们日常生活水乳交融的当下，媒介素养作为衡量个人能力和素质的重要标准之一，其重要性不言而喻。弹幕社群成员以青少年为主，可以尝试将媒介素养教育纳入学校通识课程，建立系统性、普及性的媒介素养教育体系，引起青少年群体对媒介素养的重视。润物无声的教育有利于增强青少年群体对信息的辨别和使用能力，避免他们被鱼龙混杂的虚拟世界操纵情绪，也能帮助他们建立较为理性的媒介使用观念，树立正确的价值观。此外，还应进一步培养青少年群体的媒介使用习惯，使其将媒介道德规范内化于心，做到自觉遵守弹幕礼仪，规范弹幕用语，监督低俗不雅的言语行为，使弹幕社群能够良性发展。

参考文献

Tajfel, H. E., "Social Psychology of Intergroup Relations", *Annual Review of Psychology* (1982): p33 (1).

潘曙雅、张煜祺：《虚拟在场：网络粉丝社群的互动仪式链》，《国际新闻界》2014 年第 9 期。

王蕊、刘瑞一、矫立斌、徐静怡：《走向大众化的弹幕：媒介功能及其实现方式》，《新闻记者》2019 年第 5 期。

杜洁、刘敬：《新媒体语境下弹幕亚文化的社群建构》，《青年记者》2018年第2期。

孙振虎、赵甜：《参与式文化视角下的弹幕视频分析》，《当代传播》2018年第6期。

周笑：《网络用户自主权的价值结构解析与实践案例研究》，《新闻大学》2020年第10期。

B.16
专家型微博意见领袖的社会责任评价与治理*

芦何秋 易治成**

摘　要： 本文以20个典型的不同专业领域的专家型微博意见领袖作为观察对象，对其发布的2808条微博内容进行量化统计分析，考察专家型微博意见领袖的社会责任履行情况。通过研究发现，专家型微博意见领袖的社会责任履行情况还有明显的提升空间，所选取的专家型微博意见领袖社会责任平均分值为2.4972分（平均得分率49.95%），不足总分的1/2。其中，专家型微博意见领袖在"信息生产A1"得分处于良好水平，但"价值引导A2"、"文化教育A3"以及"协调沟通A4"上的社会责任履行情况还有较大提升空间。

关键词： 专家　微博意见领袖　社会责任

第45次《中国互联网络发展状况统计报告》显示，截至2020年3月，我国网民规模已达9.04亿，互联网普及率达64.5%。其中，微博使用率为

---

* 本研究为2018国家社科基金"社会责任视角下网络意见领袖传播效能的实证评价"（项目编号：18BXW111）的阶段性成果。
** 芦何秋，新闻学博士，湖北大学新闻传播学院副教授，华中科技大学新闻与信息传播学院博士后，主要研究方向为网络传播；易治成，湖北大学新闻传播学院2019级研究生。

42.5%，较 2018 年底上升 0.2 个百分点。① 庞大的网民数量给新媒体的发展提供了坚实的用户基础。3 月 12 日，新浪微博发布的《2020 年用户发展报告》显示，2020 年 9 月，微博的月活用户达到 5.11 亿，日活用户 2.24 亿。另外，在微博认证的媒体机构账号数量超过 3.8 万个，媒体机构全年所发布微博累计被转评、评论和点赞超过 66.8 亿次，总阅读量超过 2.4 万亿。② 随着互联网的不断发展，各类媒体积极利用新媒体平台进行内容发布，吸引受众。微博在这样一个"人人都是麦克风"的时代下，逐渐成为网民讨论热点、自由发声的舆论中心。

2020 年初突发的新冠肺炎疫情是近年来最为重大的公共卫生事件，基于信息的时效性和广泛性，微博成为各类主流媒体发布新闻报道、讨论抗疫话题的主要传播阵地，同时也成为政府部门信息公开、谣言澄清的重要渠道。在新冠肺炎疫情的相关报道中，以不同领域专家为代表的微博意见领袖成为公众了解、预防、治疗疫情的重要信息来源，能够通过主动设置议题进行舆论引导，促进健康信息的有效传播。针对疫情引发的各类社会问题，专家型微博意见领袖以更为专业的理论视角进行对策解读，在消解民众负面情绪的同时帮助政府进行社会治理决策部署。但是，随着疫情的不断发展，部分专家型微博意见领袖存在信息发布失实和舆论监督不到位等缺乏职业道德修养的行为，导致专家型微博意见领袖的影响力和公信力下降。作为微博意见领袖中的重要群体，专家型微博意见领袖的社会责任问题成为目前备受关注的焦点。

一　研究综述

（一）国外研究

1944 年，拉扎斯菲尔德在《人民的选择》中首次提出了意见领袖这一

---

① 中国互联网络信息中心：第 45 次《中国互联网络发展状况统计报告》，http://www.cnnic.cn/gywm/xwzx/rdxw/20172017_7057/202004/t20200427_70973.htm，最后检索时间：2021 年 3 月 12 日。

② 新浪微博数据中心：《微博 2020 用户发展报告》，https://finance.sina.com.cn/tech/2021-03-12/doc-ikkntiak9143019.shtml，最后检索时间：2020 年 3 月 12 日。

概念。拉扎斯菲尔德等人通过研究相关政治选举行为，发现大多数选民获取信息并产生影响的主要来源并不是大众传媒，而是以部分其他选民为代表的意见领袖。来自媒介的信息和观点首先传向意见领袖，然后再从意见领袖流向人群中不活跃的一般受众，这个过程称为"两级传播"。1955年拉扎斯菲尔德与卡茨等人对不同领域中意见领袖的影响力进行研究，认为意见领袖在信息传播领域中扮演十分重要的角色。① 在随后的研究中，国外学者通过对两级传播中意见的找寻和规避问题进行研究，指出了意见领袖理论中存在的不足。② 有国外学者进一步补充和发展拉扎斯菲尔德的两级传播理论，认为部分选民只是对大众媒体的反应稍慢，并不是受到来自意见领袖的影响。③ 与此类似，还有部分学者对大选中面对舆论压力下的意见领袖进行研究，发现舆论同样会对意见领袖产生影响，舆论压力会改变意见领袖的观点和看法。④ 国外学者通过研究发现，意见领袖能够加速信息的传播，并且信息传播效率与政治、经济地位的差距密切相关。学者认为，如果意见领袖的政治、经济地位优于其他人，那么他对信息的传播能力同样优于其他人。⑤ 国外学者对意见领袖相关理论的研究具有创新性和持续性，从理论的证实到发展，体现出国外研究者对意见领袖相关理论的补充与深入。

随着互联网的不断发展，国外学者开始将网络舆论引导中的意见领袖作为研究的重点。有学者重申精英型意见领袖对舆论发展的作用和影响，认为精英型意见领袖能够影响大众对新闻媒体的态度。⑥ 以突发公共卫生

---

① 〔美〕伊莱休·卡茨、保罗·F. 拉扎斯菲尔德：《人际影响：个人在大众传播中的作用》，张宁译，中国人民大学出版社，2016。
② Charles R. Wright and Muriel Cantor, "The Opinion Seeker and Avoider: Steps beyond the Opinion Leader Concept", *The Pacific Sociological Review*, 10 (1967): pp. 33 – 43.
③ Black Joan S, "Opinion Leaders: Is Anyone Following?", *The Public Opinion Quarterly*, 46 (1982): pp. 169 – 176.
④ R Colin, T Michael, "Elections and Public Opinion: Leaders Under Pressure", *Parliamentary Affairs*, 57 (2004): pp. 380 – 395.
⑤ Gershon Feder, Sara Savastano, "The role of Opinion leaders in the Diffusion of New Knowledge: The case of Integrated Pest", *Management World Development*, 34 (2006): pp. 1287 – 1300.
⑥ Polit Behav, "The Neglected Power of Elite Opinion Leadership to Produce Antipathy Toward the News Media: Evidence from a Survey Experiment", *Jonathan McDonald Ladd*, 32 (2010): pp. 29 – 50.

事件——新冠肺炎疫情为例，有学者通过建立数学模型考察疫情突发的不同阶段，意见领袖如何影响舆论和信息传播，并以此设计有效的舆论和信息传播策略来应对疫情和未来可能面临的突发公共危机。① 还有学者对疫情期间微博意见领袖相关数据进行分析，发现在微博领域中，意见领袖会利用他们的影响力重建相关话题，不断发布健康信息，引导网民专注积极情绪，加强社会群体的沟通与共识从而提升疫情防控的主动性。② 意见领袖作为舆论引导的中坚力量，对事态的发展和演变有着重要影响，因此需要加强媒介素养，提升社会责任感。③

国外学者对意见领袖的应用性研究，主要沿用量化研究方法，通过模型建立与数据挖掘结合具体事例进行分析，研究视角大多集中在网络舆论传播领域，具有较强现实意义。但该类研究在意见领袖领域细分化程度较低，缺乏从"精英型意见领袖"等类似不同维度对意见领袖进行垂直类别划分，研究结果较为单一，不具代表性。

（二）国内研究

国内学者对于意见领袖的研究主要集中在网络传播，大部分学者研究社交网络中的意见领袖，其中又分为网络意见领袖的识别、网络意见领袖的特征与分类、网络意见领袖的影响力和网络意见领袖的培养与引导四个研究主题。

1. 网络意见领袖的识别

网络意见领袖的识别主要是通过大量数据分析，结合指标体系和相关理论进行建模来完成。研究发现，在不同的社交网络语境下对意见领袖的界定

---

① Fulian, Y., Xinyu, X., Nan, S., et al., "Quantify the Role of Superspreaders-opinion Leaders-on COVID-19 Information Propagation in the Chinese Sina-microblog", *PloS One*, 15 (2020).
② Fang, W., Ligao, B., Li, N,, "Analysis of the Influence of Opinion Leaders on Public Emergencies through Microblogging", *Open Journal of Social Sciences*, 08 (2020): pp. 154 - 158.
③ Jingxiong, G., "Research on the Communication of Opinion Leaders in Public Crisis", *Scientific Journal of Intelligent Systems Research*, 02 (2020): pp. 22 - 25.

是不同的。曹慧丹认为由于网络传播的不断发展，论坛、博客、SNS、微博等网络社交应用的崛起，推动了网络意见领袖的研究。① 禹建强和李艳芳通过对意见领袖概念的理解，从传播力、互动性、活跃度和中心性四个维度来构建微博意见领袖识别体系。② 刘志明和刘鲁以用户的影响力和活跃度作为考察因素设计出微博意见领袖的指标体系。③ 丁汉青和王亚萍通过文献研究法和观察法甄选出以影响力、发言频率、发文质量和效果为参考要素的意见领袖指标体系来分析 SNS 中的意见领袖，并发现意见领袖的影响层次与话题的类别相关。④ 陈雪奇和刘敏认为互动频率、亲密程度、感情深度和互相回报是衡量微信意见领袖的重要指标，并以此构建强弱关系指标体系来研究微信中的意见领袖。⑤

国内学者大多通过构建指标体系来识别网络意见领袖，研究方法趋同，具有一定的共性。但以论坛、博客为代表的网络社区信息流动相对闭塞，意见领袖多各自为政，话题关注趋向明显，意见传播较为局限，在信息发散的网络舆论生态中无法呈现新的价值。

2. 网络意见领袖的特征与分类

随着互联网的不断发展，国内的研究侧重于总结网络环境中意见领袖出现的新特征。刘雨农和刘敏榕对知乎社区进行研究，发现网络意见领袖具有一定的知名度和影响力并且能够积极参与各种话题讨论。⑥ 陈然和莫茜通过对网络意见领袖的分析，认为网络意见领袖具有出色的表达能力和某种专长，在特定的领域中拥有丰富的经验和知识，行为表现十分活跃。⑦ 刘锐通

---

① 曹慧丹：《网络传播中的意见领袖研究》，硕士学位论文，湖南师范大学，2015。
② 禹建强、李艳芳：《对微博信息流中意见领袖的实证分析：以"厦门 BRT 公交爆炸案"为个案》，《国际新闻界》2014 年第 3 期。
③ 刘志明、刘鲁：《微博网络舆情中的意见领袖识别及分析》，《系统工程》2011 年第 6 期。
④ 丁汉青、王亚萍：《SNS 网络空间中"意见领袖"特征之分析——以豆瓣网为例》，《新闻与传播研究》2010 年第 3 期。
⑤ 陈雪奇、刘敏：《微信场域中的意见领袖》，《当代传播》2015 年第 3 期。
⑥ 刘雨农、刘敏榕：《社会化问答平台的社区网络形态与意见领袖特征——以知乎网为例》，《情报资料工作》2017 年第 2 期。
⑦ 陈然、莫茜：《网络意见领袖的来源、类型及其特征》，《新闻爱好者》2011 年第 24 期。

过研究发现微博意见领袖具有聚积性、集权性、圈群化和跨界化以及亲和力等特征。① 根据这些特征，国内学者开始通过不同视角对网络意见领袖进行分类。王国华等人根据不同的文化背景，将突发事件中的网络意见领袖分为文化批评型、司法关注型、社会批判型、文艺创作型和传媒放大型五类；依据不同社会地位，将网络意见领袖分为公共知识分子、专业领域知识分子和因特殊原因掌握信息的内容发布者三类。② 生奇志等通过对网络意见领袖的相关特征进行归纳分析，将微博意见领袖分为精英型、明星型、政务型、专业型、公益型、宗教型等。③

意见领袖在网络舆论传播中发挥着至关重要的作用，通过不同视角对其进行类型划分，能有效提升信息传播能力，充分发挥舆论引导作用，构建积极健康的舆论环境。但相关研究并未在具体事件中进行定量分析，缺乏实践性。

3. 网络意见领袖的影响力

王佳敏等通过对微博意见领袖指标体系进行加权分析，发现网络意见领袖的影响力与粉丝基础和发文质量有关。④ 杨长春等以广度因子、深度因子、强度因子和效度因子为主要维度建立微博意见领袖影响力评价指标体系，并采用定性与定量相结合的方法对微博意见领袖的影响力进行实证分析。⑤ 王艳华等通过多元线性回归分析，研究了意见领袖的身份与事件的相关性是否对网络舆情传播产生影响。根据实验结果，发现影响网络舆情传播的五个变量分别是评论数、点赞数、粉丝量和是否进行个人认证以及是否开

---

① 刘锐：《微博意见领袖初探》，《新闻记者》2011年第3期。
② 王国华、张剑、毕帅辉：《突发事件网络舆情演变中意见领袖研究——以药家鑫事件为例》，《情报杂志》2011年第12期。
③ 生奇志、高森宇：《中国微博意见领袖：特征、类型与发展趋势》，《东北大学学报》（社会科学版）2013年第4期。
④ 王佳敏、吴鹏、陈芬、王曰芬、丁晟春：《突发事件中意见领袖的识别和影响力实证研究》，《情报学报》2016年第2期。
⑤ 杨长春、王天允、叶施仁：《微博意见领袖影响力评价指标体系研究——基于媒介影响力视角》，《情报杂志》2014年第8期。

通微博会员。① 薛可和陈晞通过实证分析建立了"虚拟舆论领袖"的影响力传播模型用于探讨网络意见领袖在舆论形成过程中的作用机制。② 于美娜和钟新通过大量的数据统计，掌握网络意见领袖在传播过程中的具体表现，从而总结出不同类别的微博意见领袖在网络舆论中的影响力现状和原因。③

综上所述，目前学术界对于微博意见领袖的影响力研究主要通过构建评价指标体系来完成，这为本文后续研究提供了一定理论基础和研究思路。但是，该类研究缺乏将影响力要素与舆情事件各个阶段相关联，无法有效利用意见领袖的影响力构成和作用机制来对相关事件进行舆情治理和舆论引导。

4. 网络意见领袖的培养与引导

国内研究者通过具体实例，对突发公共事件中出现的意见领袖进行分析，进而研究意见领袖的培养和引导问题。刘亚娟和展江以医学和社会学视角考察新冠肺炎疫情中医学意见领袖在互联网时代下的特质，并从公共服务视角探讨医学意见领袖应该如何发声。④ 王平和谢耘耕以"温州动车事故"为例，对该事故中涌现的微博意见领袖特质和影响力进行分析，并就如何管理和引导突发公共事件中的微博意见领袖提出相关建议。⑤ 李波结合网络意见领袖的传播特征，分析微博意见领袖在网络舆情发展不同阶段中的作用，探讨如何认识、培养和正确引导微博意见领袖并提出相应建议。⑥

基于以上研究发现，国内学者大多通过具体案例探讨意见领袖在网络舆

---

① 王艳华、刘岩芳、韩瑞雪：《网络舆情传播中微博意见领袖的影响因子研究》，《情报科学》2018年第6期。
② 薛可、陈晞：《BBS中的"舆论领袖"影响力传播模型研究——以上海交通大学"饮水思源"BBS为例》，《新闻大学》2010年第4期。
③ 于美娜、钟新：《微博意见领袖的舆论影响力现状及原因分析——以新浪微博环境传播为例》，《现代传播（中国传媒大学学报）》2015第8期。
④ 刘亚娟、展江：《国民"保命大神"如何发声？——疫情中医学意见领袖的支配角色与多重身份分析》，《新闻界》2020年第5期。
⑤ 王平、谢耘耕：《突发公共事件中微博意见领袖的实证研究——以"温州动车事故"为例》，《现代传播（中国传媒大学学报）》2012年第3期。
⑥ 李波：《网络舆情中微博意见领袖的培养和引导》，《新闻大学》2015年第1期。

情传播中的作用,并针对研究结果提出相应的引导和培养策略。总体而言,此类研究大多以描述现象为主,缺乏定量分析。通过分析网络意见领袖在突发公共事件中所扮演的角色,有助于政府对突发公共事件中意见领袖的管控和引导。

二 研究设计

本文以新冠肺炎疫情为背景,旨在对微博中的专家型意见领袖社会责任履行情况进行考察,具体研究步骤如下。第一,以专业性、活跃度与影响力为标准,结合对公共话题的关注与讨论,在不同领域选取具有专业代表性的意见领袖观察样本。最终选取20个符合要求的微博意见领袖账号作为研究对象(见表1),所包含的专业领域包括医疗类、评论类、科普类、法律类、互联网类、学术类、媒体类和政府类。第二,采用构造周抽样法对被观察对象发布的微博进行抽样,选取观察对象在2020年1~6月中的两个构造周内的微博作为研究样本,其日期分别为2020年1月5日、1月12日(周日);2月3日、2月17日(周一);3月3日、3月24日(周二);4月1日、4月15日(周三);4月30日、5月14日(周四);5月22日、6月5日(周五);6月20日、6月27日(周六)。共计得到2808条微博样本。第三,根据新媒体社会责任评价指标体系对微博研究样本进行实证研究,并针对结果提出相应的改进对策。

表1 研究对象

序号	用户名	地域	粉丝数(万人)	微博数(条)	认证简介
1	北大呼吸发哥	北京	378	3913	北京大学第一医院呼吸内科主任医师
2	胥荣东主任医师	北京	213	119325	中医科主任医师
3	clion_700	浙江	201	4471	宁波市鄞州人民医院副主任医师
4	急救医生贾大成	北京	288	43313	北京急救中心资深急救专家

续表

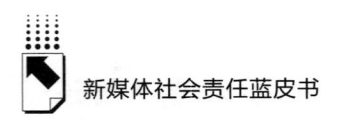

序号	用户名	地域	粉丝数（万人）	微博数（条）	认证简介
5	樊建川	四川	416	14871	四川省人大常委会委员
6	陈sir在线	福建	192	73357	厦门市公安局集美分局调研员
7	刘五一	河南	206	56013	政协第十二届河南省委员会常委
8	中一在线	浙江	128	61563	新浪政务新媒体学院教授、专家团成员
9	刘仰	北京	55	40989	作家、评论家
10	北京郭译仁	北京	332	8554	国媒网权益法律研究院院长
11	科学未来人	上海	184	24735	科普作家
12	中科大胡不归	安徽	248	54484	中国科学技术大学副研究员、知名科学科普博主
13	张颐武	北京	923	23548	北京大学中文系教授
14	董藩	北京	208	52513	经济学家、北师大管理学院教授
15	曹景行	上海	428	11365	资深媒体人、新闻评论员
16	张国庆看天下	北京	155	13961	中国社科院国际问题专家
17	刘兴亮	北京	235	24559	DCCI互联网研究院院长、互联网专家
18	法职_庞九林律师	北京	1082	31687	北京春林律师事务所主任
19	徐付群	北京	246	37715	《中国社会报》副总编辑
20	我是西蒙周	广东	276	64123	前《香港商报》副总编辑

三 研究发现

如表2所示，专家型微博意见领袖的社会责任平均得分为2.4972分（平均得分率49.94%），接近总分的一半，社会责任履行情况处于中等水平。从4个一级指标来看，社会责任得分情况最好的是"信息生产A1"，平均得分为1.7427分（平均得分率为69.53%），处于良好水平。这说明在"内容为王"的时代下坚持创作和输出优质内容是专家型意见领袖在微博中达成的普遍共识。其余3个指标"价值引导A2"、"文化教育A3"

和"协调沟通 A4"整体得分情况较差，仍有较大提升空间，详细情况见表 3。

表 2 专家型微博意见领袖社会责任评价得分情况

单位：分，%

用户名	社会责任总分	得分率
clion_700	3.2539	65.08
樊建川	3.1129	62.26
徐付群	3.0719	61.44
中科大胡不归	2.9617	59.23
北大呼吸发哥	2.9279	58.56
科学未来人	2.8812	57.62
我是西蒙周	2.5978	51.96
法职_庞九林律师	2.5683	51.37
急救医生贾大成	2.5206	50.41
刘五一	2.4339	48.68
刘仰	2.4268	48.54
刘兴亮	2.3471	46.94
陈 sir 在线	2.3388	46.78
张颐武	2.2503	45.01
北京郭译仁	2.2350	44.70
董藩	2.1702	43.40
胥荣东主任医师	2.0562	41.12
曹景行	2.0529	41.06
中一在线	1.9912	39.82
张国庆看天下	1.7462	34.92
平均分及得分率	2.4972	49.94

表 3 专家型微博意见领袖一级指标得分情况

单位：分，%

用户名	信息生产 A1	价值引导 A2	文化教育 A3	协调沟通 A4
大呼吸发哥	2.0037	0.3609	0.0670	0.4963
胥荣东主任医师	1.6633	0.0734	0.1099	0.2096
clion_700	2.0238	0.6395	0.1346	0.4560
急救医生贾大成	1.6990	0.3208	0.3072	0.1936

续表

用户名	信息生产 A1	价值引导 A2	文化教育 A3	协调沟通 A4
樊建川	2.0096	0.1231	0.2989	0.6813
陈sir在线	1.7028	0.1012	0.2214	0.3134
刘五一	1.7376	0.2748	0.1360	0.2855
中一在线	1.5252	0.1612	0.1112	0.1936
刘仰	1.7489	0.2440	0.1445	0.2894
北京郭译仁	1.5712	0.3313	0.1253	0.2072
科学未来人	1.9532	0.2327	0.1596	0.5357
中科大胡不归	2.1495	0.2736	0.2697	0.2689
张颐武	1.5345	0.2388	0.1069	0.3701
董藩	1.4495	0.2345	0.1273	0.3589
曹景行	1.5642	0.0570	0.2483	0.1834
张国庆看天下	1.3646	0.1088	0.1439	0.1289
刘兴亮	1.6398	0.1781	0.2233	0.3059
法职_庞九林律师	1.7657	0.3397	0.1558	0.3071
徐付群	2.0280	0.5660	0.1199	0.3580
我是西蒙周	1.7190	0.4819	0.1168	0.2801
满分	2.5065	0.8800	0.5885	1.0250
平均分	1.7427	0.2671	0.1664	0.3211
平均得分率	69.53	30.35	28.27	31.33

（一）信息生产

从"信息生产A1"下的二级指标"信息质量B1"和"流程管理B2"来看，得分情况较好的是"流程管理B2"，共有15位专家型微博意见领袖获得满分，说明在信息生产过程中大部分专家型微博意见领袖对内容的审核把关严格，能够杜绝侵权行为的发生。而"信息质量B1"的平均得分率超过60%，其中共有8位专家型微博意见领袖得分超过平均值，处于中等偏上水平。其中，作为科普专家的"@中科大胡不归"以及医疗专家"@北大呼吸发哥"、"@clion_700"分别得到3.4378分（得分率82.84%）、3.2230（得分率77.66%）和3.1935分（得分率76.95%），排名分列前三（见表4）。以科普专家和医疗专家为代表的微博意见领袖发布的疫情信息成为公众了解、预防、治疗新冠肺炎疫情的权威来源，在信息质量上明显优于其他领域的微博意见领袖。

在"信息质量B1"下的7个三级指标中，有19位专家型微博意见领袖在"真实C1"中获得满分，得分情况较好。该指标中只有"@樊建川"在一条有关"新冠肺炎疫情新增确诊病例"的内容中因数据失实而未得到满分。在新冠肺炎疫情期间，面对铺天盖地的信息，专家型微博意见领袖能有效地对发布的消息进行核实，具有较强的专业精神。"权威C2"和"时效C3"以及"全面C4"的指标平均得分差距不大，分别为：0.2325分（平均得分率44.80%）、0.2294分（平均得分率48.70%）和0.2149分（平均得分率51.40%），均属于中等水平。从"时效C3"指标得分情况来看，仅有9位专家型微博意见领袖得分超过平均分，不足总数的1/2，其中有三位日均发博量不足3条。可以看出，专家型微博意见领袖对于内容发布的时效性并不过分强调，作为行业内的权威人物往往更为重视领域内专业信息的解读和传播，不会为了吸引眼球而去高频次地发声和"出镜"。例如"@北大呼吸发哥"，在整个构造周中仅有24条微博内容，且大部分为疫情资讯，作为医疗专家，面对复杂而严峻的新冠肺炎疫情，谨慎发声成为常态。在"权威C2"方面，共有10位专家型微博意见领袖得分超过平均分，达总数的1/2，这说明专家型微博意见领袖在发布内容时注重所引用消息来源的权威性。其中，医疗专家"@北大呼吸发哥""@clion_700"发文所涉及的信源主要为各地方公安机关发布的及时通报、各省（区、市）卫健委当日发布的"新冠肺炎新增疫情情况"以及政府针对疫情防控组织召开的新闻发布会等官方内容，以权威形式公开疫情信息，回应社会关切。媒体人"@徐付群"多次引用《人民日报》、《新华社》和《中央电视台》中播报的疫情防控资讯和新增数据等内容。其中，央视推出的《战疫情特别报道》充分展现出主流媒体的专业性与权威性，通过连线钟南山、李兰娟、张伯礼等权威专家以及一线抗疫工作者让公众了解真实的抗疫情况，满足民众了解官方抗疫内容的需求。作为专家型微博意见领袖，引用权威信源能彰显专业精神与责任担当。另外，该指标得分情况差距较大，有部分专家型微博意见领袖发文没有涉及和引用任何权威信源，得分为0。专家型微博意见领袖在发布内容时没有引用权威信源会降低内容的可信程度，从而削弱自身的权威性和影响力。在"全面C4"指标中，仅有7位专家型微博意见领袖得分超过平均分，不足总数的1/2。在该指标中，不同专业领域中的意见领袖之间得分情况有较大的差距。其中，媒体人"@徐付群"得分为0.4180分，而国际问题专家"@张国庆看天下"得分为0.0418分，得分相差十倍。各领域中专家型微博意见领袖因为专业背景不同，对公共事件的侧重点同样不同。尤其在新冠肺炎疫情期间，与防疫、抗疫有关的消息是当下的新闻主流，是媒体、医疗类专家意见领袖所关注的重点，而国际问题与人文学术等领域对相关热点不够敏感，导致该类意见领袖所能引用的信源有限。"深度C5""原创C6""客观C7"得分均处于较低水平，还有较大进步空间。其中，"原创C6"在7个三级指标中得分率最低，仅有8位专家型微博意见领袖得分超过平均分，不足总数的1/2。在新冠肺炎疫情期间，新闻内容多出自政府召开的新闻发布会或权威媒体的跟踪报道，专家型微博意见领袖多以转载或转发形式进行内容发布，因此原创率偏低。同时，为了避免过多的转载导致内容同质化，一些专家型微博意见领袖选择以娱乐性质的原创内容来分享生活，使得引用信源比例较低，导致"客观C7"得分情况较差。另外，随着新冠肺炎疫情的持续蔓延，相关政务信息层出不穷，为了满足公众对疫情防控内容的碎片化阅读需求，专家型微博意见领袖争分夺秒抢占热点，信息发布在更为快速、精准、真实的同时，造成内容形式单一、篇幅较短以及深度不足。

在"流程管理B2"的三级指标中，"把关信息C8"、"规范广告C9"和"控制侵权C10"得分情况均接近满分，处于较好水平。在"把关信息C8"中，共有18位专家型微博意见领袖账号信用等级为"极好"状态，这说明微博对信息的审核情况逐渐成为专家型微博意见领袖在网络上阳光讨论、积极表达、理性交流的衡量标尺。在"规范广告C9"方面，作为专业领域的权威人士，专家型微博意见领袖对广告发布有严格的限制。部分专家型微博意见领袖通过"爱心口罩"、"公益募捐"以及"爱护野生动物"等公益广告的形式对奋战在抗疫前线的医护人员致敬，为抗击疫情做出贡献。专家型微博意见领袖是专业领域中话语权的象征，具有较高的理性思维与道德素养，能够对所发的微博内容严格把关，不会涉及语言暴力、人肉搜索、恶搞图片或不雅视频等负面、低俗的内容。

表4 "信息生产A1"二级评价指标得分情况

单位：分，%

用户名	信息质量B1	得分率	流程管理B2	得分率
北大呼吸发哥	3.2230	77.66	0.7740	91.06
胥荣东主任医师	2.4679	59.47	0.8500	100
clion_700	3.1935	76.95	0.8436	99.25
急救医生贾大成	2.5586	61.65	0.8307	97.73
樊建川	3.1587	76.11	0.8500	100
陈sir在线	2.5467	61.37	0.8500	100
刘五一	2.6194	63.12	0.8468	99.62
中一在线	2.1926	52.83	0.8500	100
刘仰	2.6388	63.59	0.8500	100
北京郭译仁	2.2842	55.04	0.8500	100
科学未来人	3.0463	73.40	0.8500	100
中科大胡不归	3.4378	82.84	0.8500	100
张颐武	2.2110	53.28	0.8500	100
董藩	2.0416	49.20	0.8500	100
曹景行	2.3464	56.54	0.7740	91.06
张国庆看天下	1.8721	45.11	0.8500	100
刘兴亮	2.4210	58.34	0.8500	100
法职_庞九林律师	2.6723	64.39	0.8500	100
徐付群	3.1955	77.00	0.8500	100
我是西蒙周	2.5790	62.14	0.8500	100
满分	4.15		0.85	
平均分	2.6353		0.8410	
平均得分率	63.50		98.94	

（二）价值引导

"价值引导A2"下的二级指标"塑造共识B3"和"社会监督B4"的

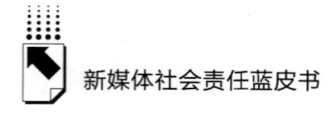

平均得分率为30%，两个指标中得分率超过50%的均只有3位，得分情况较差。在"塑造共识B3"方面，排名第一的是"@clion_700"，得分为2.0560分，接近满分。"@clion_700"作为医疗专家，在新冠肺炎疫情期间更多关注奋战在前线的医护工作者，通过抗疫过程中的具体事例展现医护人员无私奉献和团结协作的精神，树立积极向上的抗疫典型，弘扬社会正能量。此外，在新冠肺炎疫情的冲击下，社会情绪容易产生波动，民众渴望获得真相和安慰来战胜内心的恐慌和焦虑，因此更为关注媒体上的内容，也更容易相信各类网络谣言的传播，从而引发次生舆情。作为专业领域的权威人士，专家型微博意见领袖应当借助自身舆论影响力加强社会监督，努力营造积极向上的抗疫思想氛围，引导舆论朝积极健康的方向发展（见表5）。

表5 "价值引导A2"二级评价指标得分情况

单位：分，%

用户名	塑造共识B3	得分率	社会监督B4	得分率
北大呼吸发哥	0.7029	33.53	1.3478	46.47
胥荣东主任医师	0.1258	6.00	0.2912	10.04
clion_700	2.0560	98.07	1.5775	54.39
急救医生贾大成	1.1850	56.52	0.6378	21.99
樊建川	0.6995	33.37	0.0000	0.00
陈sir在线	0.2674	12.75	0.3077	10.61
刘五一	0.8356	39.86	0.7260	25.03
中一在线	0.4163	19.86	0.4998	17.23
刘仰	0.9313	44.42	0.4553	15.70
北京郭译仁	0.8529	40.68	1.0293	35.49
科学未来人	0.3818	18.21	0.9404	32.42
中科大胡不归	0.3369	16.07	1.2174	41.97
张颐武	0.1662	7.93	1.1905	41.04
董藩	0.2718	12.96	1.0607	36.57
曹景行	0.3236	15.44	0.0000	0.00
张国庆看天下	0.1475	7.04	0.4707	16.23
刘兴亮	0.1894	9.03	0.8226	28.36
法职_庞九林律师	0.7883	37.60	1.1417	39.36
徐付群	1.1667	55.65	2.0494	70.66

续表

用户名	塑造共识 B3	得分率	社会监督 B4	得分率
我是西蒙周	0.4469	21.32	2.2912	78.99
满分	2.0965		2.9005	
平均分	0.6146		0.9029	
平均得分率	29.32		31.13	

在"塑造共识 B3"的三级指标中,"主流价值 C11"和"社会风尚 C12"的得分情况均处于较低水平。"主流价值 C11"中仅有 8 位专家型微博意见领袖得分超过平均分,不足总数的 1/2。总体来看,由于专业领域不同,部分法律、医疗类专家型微博意见领袖在评论社会事件时更注重培育与践行社会主义核心价值观。法律专家"@法职_庞九林律师"以专业法治视角解读疫情期间国家逐步完善的疫情防控法案,从"武汉封城""社区物资配送"等公共话题的讨论中传达"平等、公正、法治"的核心价值;医疗专家"@clion_700"发布抗疫视频致敬每一位恪尽职守、尽职尽责的医护人员,同时呼吁密切接触者开诚布公,不要隐瞒行程,积极配合抗疫工作。人文科普领域的专家型微博意见领袖在此方面做得不够,说明主流价值宣传与微博意见领袖所处的专业背景和职业义务有关。从"社会风尚 C12"来看,仅有 7 位专家型微博意见领袖得分超过平均分,不足总数的 1/2。在抗击新冠肺炎疫情的过程中,部分专家型微博意见领袖通过"#武汉加油#""#我知道你是为了谁#""#共同战疫#"等微博话题进行图文接力,展现和谐、融洽的医患关系,传播抗疫正能量。其中,政府工作者"@刘五一"在微博上开展各类爱心捐献活动,号召社会各界人士捐赠抗疫物资,并在疫情封锁解除后参与"罩你返校平安""战疫助农"等各类公益活动,为乡村师生捐赠口罩以及帮助百姓推广滞销农产品。"@刘五一"通过服务百姓、奉献社会的善举,切实传递社会正能量。整体来看,以学术、科普和评论专家为代表的微博意见领袖在疫情期间多从理性角度对公共事件进行述评,未能充分展现人文关怀,塑造良好社会风尚。

在"社会监督 B4"的三级指标中,"国家治理 C13""社会风险 C14"

"行为失范C15"的平均得分均不足总分的1/3，且得分差距较大，得分情况较差。其中，媒体人"@我是西蒙周"就"疫情防控"与"武汉封城"等现实治理问题发表意见与看法，同时对疫情中出现的"殴打防疫人员"、"拒绝配合隔离"以及"隐瞒接触史"等个人失范行为进行评价，并呼吁有关部门制定相应惩戒措施。后续针对国家在疫情解禁后放开的"地摊经济"政策，"@我是西蒙周"提出了关于解决假冒伪劣产品与维护环境卫生等相关建议。同为媒体人的"@徐付群"侧重关注新冠肺炎疫情引发网络谣言所带来的社会风险问题，例如"新冠源于实验室泄漏""瞒报确诊人数"等。法律专家"@北京郭译仁"针对武汉政府在疫情防控中的被动表现，提出政府应当加大信息公开力度，虚心接受社会监督。其他领域的专家型微博意见领袖也对违法犯罪话题进行了社会监督，如"虐待儿童""教师打人""嫖宿幼女""贪污腐败"等。还有部分专家型微博意见领袖从未参与任何社会话题讨论，未能履行社会监督职责，得分为0。从整体上看，以媒体和法律专家为代表的微博意见领袖在疫情期间能够发挥自身优势，通过敏锐的新闻嗅觉和出色的业务能力准确把握时下热点并积极发声，利用专业知识对民众关心的社会问题进行深刻解读，较好地履行了社会监督职责。但是，部分学者和医疗专家仅专注自身领域的热点内容，对疫情期间可能出现的社会风险缺乏评估，在国家治理和个人行为失范等社会议题上多为跟风转载或转发等表面形式，缺乏以专业视角深层分析，未能充分履行相关社会职责。

（三）文化教育

从"文化教育A3"的二级指标来看，得分情况较好的是"提供娱乐B7"，共有15位专家型微博意见领袖得分率超过70%，而"文化传承B5""传播科教B6"平均得分率均不足20%（分别为17.93%、16.14%），得分情况较差（见表6）。这说明专家型微博意见领袖在提供娱乐方面表现较好，但在弘扬传统文化、传播科教知识方面做得较差。

在"提供娱乐B7"的三级指标"内容丰富性C20"和"内容健康度C21"中，得分情况更好的是"内容健康度C21"，20位专家型微博意见领袖都为满分，这说明专家型微博意见领袖对发布的微博内容把控严格，不会涉及任何不良图片、文字或视频。在"内容丰富性C20"中，平均得分率为42.7%，专家型微博意见领袖在内容健康的前提下适当发布娱乐内容，能够缓解新冠肺炎疫情带来的紧张氛围。

"传播科教B6"的三级指标"教育传播C18"和"科技传播C19"平均得分率分别为21.7%和10.10%。其中，共有7位专家型微博意见领袖在2个三级指标中得分均为0，表现较差。从整体来看，该指标得分情况与专家型微博意见领袖所处专业领域密切相关。急救专家"@急救医生贾大成"在新冠肺炎疫情期间积极普及急救知识，关注病毒防护，得分为满分；科普专家"@中科大胡不归""@科学未来人"就新冠病毒的传播途径进行科普，同时传播医疗科技等相关内容，表现较好。而以媒体、法律及部分医疗专家为代表的微博意见领袖侧重关注民生与社会热点问题，缺乏对教育与科技内容的重视。

在"文化传承B5"中，三级指标"传统文化C16"和"当代文化C17"分别得到0.3061分和0.5904分，距离满分2.6385和2.3615分均有不小差距。其中，"@樊建川"，作为建川博物馆馆长，分享的微博内容大多来自《人民画报》中的历史纪实与书法文化，在构造周内全部103篇微博中，有关内容达55篇，超过微博总数的1/2。媒体人"@曹景行"以当代文学视角对不同建筑风格特点进行解析，通过具体的视听元素传播当代文化。作为专业领域中的知识精英，专家型微博意见领袖未能在弘扬传统文化方面充分发挥带头人作用，没有深入挖掘疫情背后中国优秀传统文化体现的当代价值。

表6 "文化教育A3"二级评价指标得分情况

单位：分，%

用户名	文化传承B5	得分率	传播科教B6	得分率	提供娱乐B7	得分率
北大呼吸发哥	0	0	0	0	0.5693	62.91
胥荣东主任医师	0.2251	9.78	0	0	0.7085	78.29

续表

用户名	文化传承 B5	得分率	传播科教 B6	得分率	提供娱乐 B7	得分率
clion_700	0.3288	14.28	0	0	0.8146	90.01
急救医生贾大成	0.8366	36.33	0.9389	52.25	0.8345	92.21
樊建川	1.5195	65.99	0.2253	12.54	0.7947	87.81
陈sir在线	0.6384	27.73	0.4217	23.47	0.8212	90.74
刘五一	0.3070	13.33	0.1468	8.17	0.7019	77.56
中一在线	0.1791	7.78	0.0905	5.04	0.6754	74.63
刘仰	0.3825	16.61	0.1298	7.22	0.7152	79.03
北京郭译仁	0.3364	14.61	0	0	0.7284	80.49
科学未来人	0.2200	9.55	0.4610	25.65	0.6754	74.63
中科大胡不归	0.4209	18.28	1.2483	69.47	0.6224	68.77
张颐武	0.1138	4.94	0.2185	12.16	0.5760	63.65
董藩	0	0	0.4593	25.56	0.6224	68.77
曹景行	1.2090	52.51	0	0	0.9007	99.52
张国庆看天下	0.5206	22.61	0	0	0.7019	77.56
刘兴亮	0.5731	24.89	0.5960	33.17	0.7284	80.49
法职_庞九林律师	0	0	0.6948	38.66	0.6290	69.50
徐付群	0.2008	8.72	0.1690	9.40	0.6489	71.70
我是西蒙周	0.2443	10.61	0	0	0.7483	82.69
满分	2.3025		1797		0.905	
平均分	0.4128		0.2900		0.7109	
平均得分率	17.93		16.14		78.55	

（四）协调沟通

在"协调沟通A4"的二级指标中，"协调信息B8"平均得分率超过50%，处于中等水平。而"沟通效能B9"得分情况较差，平均得分率超过30%的仅有3位（见表7）。专家型微博意见领袖在关注社会议题时缺乏与民众进行有效沟通和互动。

在"协调信息B8"的三级指标中，"身份多样性C23"得分情况优于"议题公共性C22"。"身份多样性C23"平均得分率为82.5%，共有9位专家型微博意见领袖得分为满分。而在"议题公共性C22"中，仅有9位专家型微博意见领袖得分超过平均分。专家型微博意见领袖在"新冠疫情"、"医疗改革"和"移民政策"等公共议题方面关注较多。尤其在新冠肺炎疫情方面,相关内容涉及政府、媒体、医护以及普通民众,复杂的社会关系较好地体现了身份多样性。另外,专家型微博意见领袖需要加强关注"野生动物保护"、"性别歧视"、"未成年犯罪"以及其他危害公共安全的社会议题。

在"沟通效能B9"的三级指标中,除"平台互动度C26"得分情况处于中等水平外,"平台回复度C27"、"公众参与度C24"和"公众认同度C25"得分情况均较差,且平均得分率均不足20%。专家型微博意见领袖为了获得受众的反馈,大多采用提问、投票以及建立讨论区等形式激发公众互动,但涉及的话题与社会主流议题偏差较大,造成得分情况的两极分化,马太效应明显。其中,"@科学未来人"在构造周内222条微博中回复网友的评论达100条,体现出良好的互动意识,充分拉近与民众的距离,使专家型微博意见领袖的形象更为亲和。但也有部分专家型微博意见领袖没有对网民关心的问题进行的回复,双向互动性较差。"@樊建川"在构造周中平均每条微博能获得128条回复以及603个点赞,其中涉及"报复性消费""疫情下的经济增长""未成年犯罪量刑""移民政策"等公共议题的内容更容易获得民众的反馈。社会事件与公共话题会激发民众的探讨欲和表达欲,从而增加微博的阅读量和评论量。从总体上看,专家型微博意见领袖大多专注耕耘自身领域,不能融合其他交叉领域实现言论碰撞,无法引起情感共鸣,同时互动性较差,没有较好履行沟通职责。因此,专家型微博意见领袖需要加强社会参与感,重视社会敏感事件,以专业视角提供独特看法和意见。

表7 "协调沟通A4"二级评价指标得分情况

单位:分,%

用户名	协调信息B8	得分率	沟通效能B9	得分率
北大呼吸哥	1.5192	92.27	0.9017	26.89
胥荣东主任医师	0.4258	25.86	0.5968	17.80
clion_700	1.4947	90.78	0.7295	21.75

续表

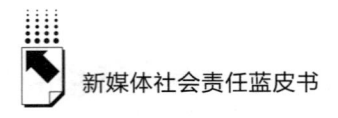

用户名	协调信息 B8	得分率	沟通效能 B9	得分率
急救医生贾大成	0.4566	27.73	0.4875	14.54
樊建川	0.4258	25.86	2.8977	86.41
陈 sir 在线	0.4927	29.92	1.0363	30.90
刘五一	1.0844	65.86	0.3085	9.20
中一在线	0.6329	38.44	0.3116	9.29
刘仰	0.6393	38.83	0.7723	23.03
北京郭译仁	0.8644	52.50	0.1465	4.37
科学未来人	0.9622	58.44	1.6510	49.23
中科大胡不归	0.7911	48.05	0.5207	15.53
张颐武	1.1088	67.34	0.6967	20.78
董藩	0.7911	48.05	0.9595	28.61
曹景行	0.6149	37.35	0.2799	8.35
张国庆看天下	0.4438	26.95	0.1852	5.52
刘兴亮	1.1217	68.13	0.3703	11.04
法职_庞九林律师	1.0110	61.40	0.4871	14.53
徐付群	1.2554	76.25	0.4909	14.64
我是西蒙周	1.1088	67.34	0.2574	7.68
满分	1.6465		3.3535	
平均分	0.8622		0.7044	
平均得分率	52.37		21.00	

四 结论与对策

（一）加强客观性原创深度内容

在四个一级指标中，"信息生产 A1"的总体得分情况最好。其中，"真实 C1"、"把关信息 C8"、"规范广告 C9"和"控制侵权 C10"得分情况最好，均接近满分，但在"深度 C5"、"原创 C6"以及"客观 C7"方面还有较大提升空间。专家型微博意见领袖对于信息的生产与处理最为重视，同时具备较强的专业素养，杜绝侵权内容的发布和违规广告的投放。在突发公共卫生事件中，官方媒体具有绝对话语权，可以通过追踪报道，满足公众对疫情信息的需求，信息来源真实可靠。因此，在面对新冠肺炎疫情所引发的各类社会热点话题时，专家型微博意见领袖需要审核信息来源的真实性，做到谨慎发言，保证消息来源的权威。随着官方媒体的带动，其他传统媒体和新媒体同时关注并迅速跟进报道相关内容，促使消息来源更加全面。随着疫情的不断发展，专家型微博意见领袖为了追求热点满足受众碎片化的阅读需求，保证时效的同时加大转发力度，导致微博内容篇幅过短，缺乏深度，原创率低。因此，作为专业领域的权威人士，专家型微博意见领袖需要整合各方媒体报道，针对公众对疫情的疑惑和反馈，运用自身的专业知识对所涉及的疫情信息进行深入分析，并适当配以图片或视频及链接，形成原创微博。另外，对于发布的内容在叙述策略和话语风格上要注重运用理性思维将专业理论和数据通过感性的语言传达给公众，并结合实际情况给出相应决策的解读与后续发展趋势的预见性描述，从而加强专家型微博意见领袖的原创内容深度。

（二）提升价值宣传加强社会监督

专家型微博意见领袖在"价值引导A2"指标中的得分情况较差，所有三级指标得分情况均不理想，还有较大改进空间。专家型微博意见领袖对主流价值和社会风尚的引导集中体现在疫情中医患关系、公益助农和爱心援助等社会和个人层面，对国家层面的主流价值导向强调较少。在社会监督方面，专家型微博意见领袖侧重关注疫情期间出现的"暴力伤医""诈骗医疗物资"等负面行为以及部分地方官员在面对疫情时表现出的欺上瞒下、知情不报等形式主义与贪污腐败作风问题，缺乏对疫情引发的潜在社会风险进行提前预估与分析。而在国家治理方面，考虑到话题的敏感性，专家型微博意见领袖通常选择避而不谈或较少提起，没有通过正确、有效的途径进行治理策略分析，监督职责履行不到位。因此，在面对以新冠肺炎疫情为例的突发公共卫生事件时，专家型微博意见领袖需要针对民众关注的热点问题，结合自身知识背景及时发帖参与讨论，传递正面声音，引导舆论朝积极健康方向发展。另外，专家型微博意见领袖可以通过跨专业领域实现意见交流，以各自不同视角结合具体问题进行分析，为舆论发展提供新的看法，形成良好的意见循环，从而疏导负面情绪，营造良好舆论氛围。政府部门也要重视专家型微博意见领袖的力量，主动关注其发布的信息与提议，通过开设相关反馈渠道，积极推动与意见领袖的双向沟通。同时，有关部门应当放开相关话题的讨论限制，让意见领袖有充足空间提出针对性与建设性的措施，从而与政府部门协调配合、更好地引导舆论，加强主流价值观的传输，降低潜在的社会风险，减少国家治理问题。

（三）大力推广文化与科教传播

在"文化教育A3"指标中，专家型微博意见领袖在二级指标"文化传承B5"与"传播科教B6"中表现不足，部分专家型微博意见领袖从未发布任何有关文化与科教的内容。在当下的微博场域中，专家型微博意见领袖更多关注社会新闻和领域内的热点事件，对人文科教方面的内容涉及较少，因此，需要通过自身专业知识不断增强文化传播和科教宣传。在面对新冠肺炎疫情时，以医疗、法律和媒体专家为代表的微博意见领袖应当充分利用自己的影响力主动承担疫情防控等应急内容的科普宣传职责，将疫情防控知识和法制宣传教育通过VLOG和直播等新媒体技术的形式展现，把传统文化中的人文精神融入抗疫传播中，凸显传统文化价值。另外，以学者和政务人士为代表的微博意见领袖对于我国抗击新冠肺炎疫情所体现的制度优势需要加强宣传，通过扎根于中国社会文化土壤的伟大制度，向世界各国人民传播中国本土文化，增进我国人民对自身文化的认同和自信。专家型微博意见领袖需要发挥自身的影响力和专业性，肩负起传播科教知识、弘扬传统文化的责任和义务。

（四）加大平台回复力度

"沟通效能B9"下的三级指标"平台回复度C27"的得分情况较差，同时也影响了"公众参与度C24"和"公众认同度C25"。专家型微博意见领袖作为专业领域的话语权威，如果缺少和网民互动会降低自身的凝聚力和号召力，无法正确引导网络舆论朝积极健康的方向发展，因此需要加大平台回复力度，多与网民沟通交流。在新冠肺炎疫情期间，为了形成万众一心的抗疫氛围，有效防止疫情扩散，疏解民众焦虑，专家型微博意见领袖可以通过设置评论区来集中回复网民对疫情防控关心的问题。短视频是当下最流行的内容传播方式，凭借简短精练的视听效果进行沉浸式情感传播，实现深度互动。因此，专家型微博意见领袖可以通过拍摄各种主题的趣味短视频拉近民众之间的距离，用最新颖的内容输出方式吸引年轻用户参与讨论形成情感共鸣，从而提升公众参与度和认同度。为了展现抗疫主题，专家型微博意见领袖可以采用九宫格的方式配图加以文字说明，通过图文结合的方式抓住网民的眼球，提升阅读兴趣使其参与讨论交流。还可以通过设置或参与微博话题，如"#全民抗疫#""#武汉加油#"等，使网民在参与话题讨论的同时提供最新资讯，带动平台整体的互动度和活跃度。另外，专家型微博意见领袖可以定期举行线上活动，通过转发微博或主题征文给参与的网民提供奖励，在促进网民积极参与的同时加强对所发内容的宣传与认同。

参考文献

钟瑛、李秋华：《新媒体社会责任的行业践行与现状考察》，《新闻大学》2017年第1期。

刘媛媛、张璇：《新媒介时代微博意见领袖研究》，《新闻界》2016年第20期。

刘果：《微博意见领袖的角色分析与引导策略》，《武汉大学学报》（人文科学版）2014年第2期。

钟瑛、邵晓：《技术、平台、政府：新媒体行业社会责任实践的多维考察》，《现代传播（中国传媒大学学报）》2020年第5期。

沈嘉悦：《公共危机中专家型微博意见领袖对网民传播意愿的影响研究》，硕士学位论文，上海交通大学，2017。

案 例 篇
The Case Part

B.17
"深度伪造"信息的风险传播与媒体责任治理路径研究

徐明华　罗紫菱*

摘　要： 在智能传播时代，算法作用于内容生产、分发、消费等流程，被广泛应用于机器人写作、AI主播、个性化推荐等多个领域。"深度伪造"作为一种采用了深度学习和卷积神经网络的智能算法技术，能够对图片、视频以及音频内容进行篡改，轻易实现伪造信息或扭曲真实信息的效果。且该技术原始材料易得、技术门槛低以及欺骗性高等特性极易引发隐私泄露、经济损失、谣言泛滥等风险。本文将以哔哩哔哩弹幕视频网和微博平台上"深度伪造"信息为研究样本，结合风险社会理论从信息热度、风险感知、波及范围等角度分析其

---

* 徐明华，华中科技大学新闻与信息传播学院教授，博士生导师，主要研究方向包括国际传播、跨文化传播、形象传播与人工智能技术创新应用等研究；罗紫菱，华中科技大学新闻与信息传播学院硕士研究生。

传播现状，总结可能带来的一系列风险，并尝试提出有效的治理路径。面对"深度伪造"信息泛滥时，应当以媒体力量为核心，协同技术、平台、法规以及公众等多方力量共同担负社会责任，在风险管理的同时，引导技术正向发展，努力实现"科技向善"。

关键词： "深度伪造" 风险社会 治理路径 社会责任

一 研究缘起

在智能传播时代，人工智能技术深刻正嵌入信息传播系统。智能算法作用于内容生产、分发、消费等流程，被广泛应用于机器人写作、AI主播、个性化推荐等多个领域。人工智能技术对信息传播产生了颠覆性的影响，成为智能传播时代中不可或缺的组成成分。"深度伪造"作为一种采用了深度学习和卷积神经网络的智能算法技术，能够对图片、视频以及音频内容进行篡改，轻易实现伪造信息或扭曲真实信息的效果。经由智能算法处理后的信息欺骗性极高，以致普通民众在不明就里的情况下极容易被"深度伪造"信息欺骗甚至主动传播虚假信息。社交媒体信息发布低门槛和快速传播的特性使得经由"深度伪造"处理后的虚假信息能够经由社交网络迅速扩散，造成难以估计的负面的经济、社会乃至政治影响。

正如德国社会学家乌尔里希·贝克（Ulrich Beck）所言，现代社会的风险同时依赖于科学和社会的建构。[①] 区别于传统社会的风险，科学技术的发展与应用是现代社会风险的重要原因。[②] 人工智能技术在社会生活中广泛应用，为人类生活创造了巨大的便利，产生了巨大的经济效益，然而采用了人

[①] 〔德〕乌尔里希·贝克：《风险社会》，何博闻译，译林出版社，2004，第190页。
[②] 许志晋，毛宝铭：《论科技风险的产生与治理》，《科学学研究》2006年第4期。

工智能算法的"深度伪造"技术带来的社会隐患则不容小觑。2021年3月18日，针对近期未履行安全评估程序的语音社交软件和涉"深度伪造"技术的应用，国家互联网信息办公室、公安部指导网信部门、公安机关依法约谈映客、字节跳动、腾讯、去演等11家企业，督促其认真开展安全评估，完善风险防控机制和措施，并对安全评估中发现的安全隐患及时采取有效整改措施，切实履行企业信息内容安全主体责任。[①] "深度伪造"技术已引起国家有关部门的高度重视，然而受限于公众、技术、平台以及法规等多方面因素，相关信息的检测、标注以及管控尚待完善，目前亟待行之有效的治理模式。

哔哩哔哩弹幕视频网和微博分别作为国内重要的原创视频发布平台和社交平台，成为网民发布"深度伪造"信息的首选平台。因此，本研究将以哔哩哔哩弹幕视频和微博平台上的"深度伪造"信息为研究对象，结合个案分析，采用数据挖掘、数据清洗、数据分析与文本分析等方法，综合分析中国互联网平台"深度伪造"信息的具体情况，尝试提出有效的治理模式，并分析公众、平台、政府应当承担的社会责任。

二 文献综述

（一）风险社会与媒体责任

1. 风险社会的特征与媒介风险

在1986年出版的《风险社会》一书中，德国社会学家乌尔里希·贝克首次提出了"风险社会"（Risk Society）概念。风险社会理论认为，随着工业的发展和社会的变化，人类对社会生活和自然进行干预的深度和广度大大

[①] 中华人民共和国国家互联网信息办公室：《国家互联网信息办公室、公安部加强对语音社交软件和涉深度伪造技术的互联网新技术新应用安全评估》，《中国网信网》2021年3月18日，http://www.cac.gov.cn/2021-03/18/c_1617648089558637.htm，最后检索日期：2021年4月28日。

提升，人类的行为及决策成为风险的主要来源，相较于自然风险，人为风险已成为风险结构的主导内容。通过科学技术及现代治理机制，人类成功提高了自身应对风险的能力，但又面临着技术和治理带来的新风险，即技术性风险和制度化风险。正如贝克所言，在严格的科学实践与其助长和容忍的对生活的威胁之间，存在一种隐秘的共谋。①

贝克的风险社会理论自提出以来，在社会学、政治学、管理学等领域产生了巨大的影响，引发了激烈的讨论与争议。英国社会学家吉登斯（Anthony Giddens）与德国社会学家卢曼（Niklas Luhmann）也对风险社会进行了深入研究，成为制度主义风险社会理论的代表人物。后续一些学者对风险社会理论提出了异议或补充，包括贝克本人也通过发表《世界风险社会》《风险社会的理论修正》等文章或著作对风险社会理论做进一步的补充和修正。风险社会理论因为敏锐地把握了社会发展的特征，得到众多学者的支持和认可。相较于传统风险，风险社会具有不可感知性、整体性、自反性、媒介化等主要特征。现代风险不再是人们通过感官可以直接感受到的直接风险，而是潜在的、无法感知的、建构的风险。① 对风险无法直观感知导致民众在面对风险时处在无知或者反应过度的状态，无法正常防范风险。传统风险影响的主要是某些特定的个人和群体，而现代风险则往往是对某些区域的整体性威胁，并且日益表现出一种全球化整体化的趋势。② 区别于传统社会的风险，科学技术的发展与应用是现代社会风险的重要原因。科学技术成为风险的源泉，同时解决风险的资源又需要新的科学技术，而新的科技又会带来新的、更复杂的风险问题。③ 在现代社会中，媒体尤其是各大网络媒体平台成为民众的日常生活中获取信息、表达意见、交流互动的重要渠道，然而社会风险却可能经由媒介产生或放大。正如《网络社会风险论：媒介、技术与治理》中所言，人工智能技术引发的财富马太效应、职业结构失衡

---

① 赵延东：《解读"风险社会"理论》，《自然辩证法研究》2007年第6期。
② 张文霞，赵延东：《风险社会：概念的提出及研究进展》，《科学与社会》2011年第1期。
③ 许志晋，毛宝铭：《论科技风险的产生与治理》，《科学学研究》2006年第4期。

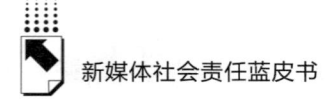

等风险,虚拟现实带来的真实性风险,都是网络技术本身所带来的社会动荡和风险变化。[①] 在风险的传播过程中,媒介可能发挥了忽略风险、误置风险、制造风险、转嫁风险等作用,使得局部的、个体化的风险公开化、扩大化,并进一步政治化、社会化。[②] 处在风险社会中,如何治理现代社会管控媒体风险成为一个重要命题。

2. 风险社会的治理与媒体责任

面对风险更为复杂多变的现代社会,不少学者都在思考治理现代风险的模式,以寻求风险社会的出路。学者们在现代社会风险的治理上具有相似观点,认为风险意识的启蒙、社会理性的反思、政策法规的约束以及媒体平台的参与应当成为治理的重要路径。[③] 民众在面对现代社会的风险时,往往处于盲目状态,识别风险和抵御风险的能力较低。因此对社会整体进行风险意识的启蒙和教育对于缓解社会风险具有重要作用。同时,应当强调社会理论对现代社会发展的反思以及伦理道德对技术、决策、制度的约束。在贝克看来,现代社会的风险同时依赖于科学和社会的建构,科技体制问题的症结,正在于"科学理性"与"社会理性"的断裂。[④] 随着工业的发展,现代社会的进步越来越依靠科学技术的发展,然而这种现代科学技术的高度复杂性和其本身固有的不确定性,使得任何专家都不能完全准确地预测、计算和控制科技发展给人类带来可能的危害而形成的风险。[①] 当面对技术带来的不可控风险时,媒体应当承担起风险预警和风险告知的责任,媒体有责任将事件告知公众,向公众传授有关风险的基本知识,引导公众正确认识风险、规避风险。[⑤] 为了实现让公众形成客观的风险认知,激发他们对风险形成合理的态度和采取理性的行动,除了根据风险本身的性质和风险沟通的具体目标选

---

① 李京丽:《网络社会风险研究的宏观图景与三个核心向——兼评陈华明教授专著〈网络社会风险论:媒介、技术与治理〉》,《新闻界》2020年第2期。
② 马凌:《新闻传媒在风险社会中的功能定位》,《新闻与传播研究》2007年第4期。
③ 刘岩:《风险意识启蒙与反思性现代化——贝克和吉登斯对风险社会出路的探寻及其启示》,《江海学刊》2009年第1期。
④ 〔德〕乌尔里希·贝克著《风险社会》,何博闻译,译林出版社,2004,第86页。
⑤ 丁骋:《重思风险传播背景下的媒体责任》,《青年记者》2011年第2期。

择合适的沟通渠道外，媒体也应该明确自身在风险治理的责任[①]。因此，面临重要的社会决策与科学技术的创新与应用时，将社会理性与科学理性联结起来，从媒介治理、平台管控、政策法规的角度厘清决策制定和技术发展所应当具有的边界，将成为治理风险社会的重要模式。

（二）"深度伪造"与媒体治理

1. "深度伪造"的溯源与概念辨析

"深度伪造"翻译自一个英文组合词"Deepfake"，由人工智能的重要基础技术"深度学习"（deep-learning）和"伪造"（fake）组合而成。"深度伪造"技术使用了"生成式对抗网络"的机器学习模型并借助神经网络技术进行大样本学习，将图片或视频合并叠加到源图片或视频上，进而能够将个人的声音、面部表情及身体动作拼接合成虚假内容，它最常见方式是AI 换脸技术，此外还包括语音模拟、人脸合成、视频生成等[②]。"深度伪造"起源于红迪网（Reddit）在线论坛，2017 年，一名自称为"Deepfakes"的匿名用户，使用深度学习算法以数字方式将名人尤其是女性演员的面孔替换了到色情影片中[③]。其视频内容一经发布引起巨大反响，"深度伪造"技术也受到热烈追捧，一时之间，社交网络上经由"深度伪造"的虚假视频数量呈现急速上升的趋势。

在中国最早引发关注的"深度伪造"视频是 2019 年 3 月，网友上传了一段杨幂"换脸"视频，视频中制作者通过"深度伪造"技术，把杨幂的脸换到朱茵在《射雕英雄传》中饰演的角色黄蓉上，视频内容毫无违和感，

[①] 华智亚：《风险沟通中的媒体责任》，《理论月刊》2013 年第 9 期。

[②] 杨宝升：《警惕深度伪造技术》，《中国军网》2020 年 6 月 19 日，http：//www.81.cn/jfjbmap/content/2020－06/19/content_ 264200.htm，最后检索日期：2021 年 4 月 28 日。

[③] Janko Roettgers，2018，"Porn Producers Offer to Help Hollywood Take Down Deepfake Videos"，Last modified February 21，https：//variety.com/2018/digital/news/ deepfakes－porn－adult－industry－1202705749/.

引发网友热议。①而让"深度伪造"真正火爆是于同年9月上线的号称"仅需一张照片，出演天下好戏"的"ZAO"手机应用程序。"ZAO"正是借助"深度伪造"技术，仅需用户上传一张正脸照，便能生成网络热门表情包或让用户"出演"经典影视片段。②然而，"ZAO"在刷屏朋友圈后不久便被爆出用户隐私协议不规范，存在数据泄露风险等网络数据安全问题，工信部就"ZAO"App网络数据安全问题开展问询约谈并立即下架此产品。③与此同时，"深度伪造"技术并没有停留在"换脸"上，而是被发掘出更多的应用场景。"深度伪造"技术除了能对视频内容进行修改，同样能够对图片、音频等类型的数据进行处理，能够被犯罪团伙利用来模仿他人的音频进行诈骗，造成巨大的经济损失和产生恶劣的社会影响。

"深度伪造"技术作为一种颠覆性的信息篡改技术，正在深入入侵当前的媒介信息环境，关于"深度伪造"的起源及危害已在学界及业界达成共识，关于"深度伪造"的定义与边界正在一步步厘清。Deepfake起源早期，部分学者认为"深度伪造"主要局限于用智能技术对视频进行篡改，May④等人认为"深度伪造"主要是采用智能技术将目标人物面部的图像叠加到视频原人物面部的相应位置，从而创建包含目标人物的视频，使目标人物说一些不曾说过的话，做一些不曾做过的动作，以达到混淆视听的目的。Facebook全球政策管理副总裁Monika⑤则认为一些简单的工具如Photoshop

---

① 李慧博、蒋波：《杨幂"换脸"视频热传 AI 让你想变谁就变谁?》，《人民网》2019年3月1日，http://ent.people.com.cn/n1/2019/0301/c1012-30952608.html，最后检索日期：2021年4月28日。

② 白金蕾：《陌陌换脸应用 ZAO 刷屏，已试水至少7款泛社交产品》，《新京报》2019年8月31日，https://baijiahao.baidu.com/s?id=1643347330971146537&wfr=spider&for=pc，最后检索日期：2021年4月28日。

③ 孙蓟潍：《工信部就"ZAO"App网络数据安全问题开展问询约谈》，《央视网》2019年9月4日，http://m.news.cctv.com/2019/09/04/ARTIa5GM6pPCuC38hB9B2HeH190904.shtml，最后检索日期：2021年4月28日。

④ LONGK, MAY, ZHUQC, "How Will Deepfake Technology Influence National Security: Emergeing Challenges and Policy Implicaitons", *China Information Security*, 10（2019）: pp. 21-34.

⑤ Drew Harwell, 2019, "Top AI Research-ers Race to Detect 'Deepfake' Videos: 'We Are Outgunned'", Last modified June 13 https://www.washingtonpost.com/technol-ogy/2019/06/12/top-ai-researchers-race-detect-deepfake-videos-we-are-outgunned/.

制造出来的虚假视频也可被认为是"深度伪造"。随着"深度伪造"技术被更广泛地应用,"深度伪造"的内涵和外延都被相应扩大。不少学者认为不只是视频内容,采用深度学习技术处理包括文本、图像、音频等数据类型获得的虚假信息都属于"深度伪造"。国内学者陈昌凤也持相同观点,她认为"深度伪造"是指通过自动化的手段,特别是使用人工智能的算法技术,进行智能生产、操纵、修改数据,最终实现媒体传播行为的一种结果。① 因此笔者认为,采用人工智能技术尤其深度学习技术对信息数据进行篡改,都属于"深度伪造"之列。

2. "深度伪造"的原理与传播特性

为了深入分析"深度伪造"的特性,了解其算法逻辑和运作规律。"深度伪造"技术根植于人工智技术中无监督卷积神经网络CNN,无监督卷积神经网络在本质上是一种从输入到输出的映射,它能够学习大量的输入与输出之间的映射关系,而不需要了解任何输入和输出之间的精确的数学表达式,不需要对输入的数据采用人工标注,网络就具有输入输出之间的映射能力。② 上述因素说明用户在使用无监督的卷积神经网络时不需要了解算法的底层逻辑,只要输入原始图片或其他类型数据,便能够获取预期的成果。而"深度伪造"在采用无监督卷积神经网络的基础上,配合使用了GAN即生成对抗网络进行内容篡改。③ 如图1所示,Deepfake使用生成对抗网络(GAN),使得两个机器学习模型即生成器和鉴别器进行了对抗比较。生成器在数据集上进行训练,然后创建伪造的视频,而鉴别器尝试检测伪造视频。生成器不断创建假视频,直到鉴别器无法辨别出伪造的视频,此时"深度伪造"系统将输出伪造后的信息。

在对深度算法进行简单的技术逻辑分析后,可以进一步剖析"深度伪

---

① 陈昌凤、徐芳依:《智能时代的"深度伪造"信息及其治理方式》,《新闻与写作》2020年第4期。
② 梁瑞刚等:《视听觉深度伪造检测技术研究综述》,《信息安全学报》2020年第5期。
③ 暴雨轩、芦天亮、杜彦辉:《深度伪造视频检测技术综述》,《计算机科学》2020年第9期。

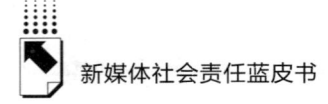

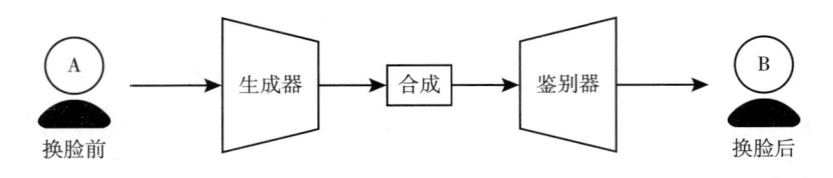

```
    A  ──→  生成器  ──→  合成  ──→  鉴别器  ──→  B
  换脸前                                        换脸后
```

图 1　GAN 对抗神经网络示意图

造"在社交网络上迅速蹿红的成因。其主要源于"深度伪造"无监督卷积神经网络+GAN的模型给"深度伪造"带来了原始数据易得、技术门槛较低、信息欺骗性强等特点。

原始数据易得。"深度伪造"采用的是无监督深度学习网络，因此所需的原始数据无须进行数据标注就能直接输入算法。因此，对于普通民众来说只需要拍摄一张正脸照就能完成原始数据获取的任务，而算法会自动获取人脸特征并进行后续操作。然而，原始数据易得同样意味着"深度伪造"算法被滥用的可能性提高。社交网络平台如微博、微信等成为民众分享自拍的重要渠道，上述照片中不乏满足"深度伪造"输入要求的图片，这些图片极有可能被不法分子利用用于制造虚假信息。普通民众在分享照片的同时可能埋藏下个人图片被用于"深度伪造"进而遭受经济损失或精神伤害的隐忧。

技术门槛较低。相较于PS、PR等传统的图片编辑和视频剪辑软件，Deepfake的使用难度极低，不需要掌握任何图片、音视频处理技巧。Deepfake中所采用的人工智能技术卷积神经网络算法已经取代了人对数据内容进行调整的过程，复杂的工作已经被机器完成。因此"深度伪造"所需要的技术门槛极其低，同时也扩大了该技术使用人群的范围。低门槛信息造假的技术一旦被普通民众掌握，互联网上将有可能出现大量造假信息，网络信息环境将面临巨大的压力。

信息欺骗性高。"深度伪造"算法常采用生成器、鉴别器的相互博弈，因此生成的数据在输出之前已经过了多次迭代。相较于只经过一次的迭代输出数据，"深度伪造"对于数据的篡改变得难以被察觉。未经过专业训练的人，难以察觉出正常视频与"深度伪造"视频之间的差别，因此"深度伪造"视频真假难辨,具有较高的欺骗性。真假难辨的"深度伪造"信息在互联网上传播具有重大危害。一方面,大量不明就里的网民可能会参与到传播"深度伪造"信息的过程中,造成虚假的大面积传播;另一方面,"深度伪造"信息的辨别难度大,对相关信息辟谣可能会需要耗费大量的人力物力,即使耗费大量资源,仍有可能达不到理想的辟谣效果。

3. "深度伪造"的现状与媒体治理

目前关于"深度伪造"的相关研究主要集中于三个方面:计算机科学领域从"深度伪造"信息的检测技术出发优化识别算法和创新检测手段;法学领域从"深度伪造"的立法管制出发研究从政策法规层面实现"深度伪造"的管理;新闻传播学领域则主要从"深度伪造"信息污染舆论环境的角度出发多从个案分析的角度挖掘"深度伪造"信息存在的危害并提出相应的管理措施。新闻传播领域学者关注"深度伪造"可追溯到《2019年传媒伦理问题研究报告》,以杨幂"换脸"朱茵和换脸App"ZAO"的火爆为代表事件,"深度伪造"正式进入大众视线。对于传媒业而言,"深度伪造"编辑"现实"的技术挑战了媒体记录现实和保存图像证据的能力,对真实人物的身份进行了双重或多重化的演绎,对新闻的线索和周期进行了重组,能够带来虚假内容的病毒式传播,扰乱信息秩序,削弱事实核查的效力等一系列严重后果。[①] 陈昌凤和徐芳依则在厘清"深度伪造"内涵和技术特质的基础上,通过分析引起严重负面影响的典型案例和英美相关提案,探究"深度伪造"多利益方共同治理的新模式。[②] 随着4G技术的兴起,短视频平台成为社会公众获取信息的重要途径,然而短视频具有门槛低、传播快、监管难等特征。上述特征易与"深度伪造"技术相结合,使得"深度伪造"短视频大量出现与传播。黎梦兵等人则从监管措施的完善、防伪技术的强化、塑造行业自律及民众素养等角度探讨化解"深度伪造"短视频引发的

---

① 年度传媒伦理研究课题组、刘鹏、方师师:《2019年传媒伦理问题研究报告》,《新闻记者》2020年第1期。
② 陈昌凤、徐芳依:《智能时代的"深度伪造"信息及其治理方式》,《新闻与写作》2020年第4期。

社会信任危机之对策。① 上述研究对"深度伪造"信息在各大新媒体平台进行传播可能带来的一系列危害进行了详细的分析,并尝试从新媒体行业自律、平台信息管理、审核技术完善等媒介治理角度提出相应的治理方案。

在新闻传播领域,"深度伪造"相关研究数量较少,且多采用个案分析的方法对"深度伪造"的危害加以分析,并提出相应的治理手段。因此可以发现上述研究缺乏采用定量分析的方法,通过对平台上的"深度伪造"信息进行采集,进而分析"深度伪造"信息在媒体平台上的真实情况,最后根据发现提出相应的治理措施。因此本研究将以哔哩哔哩弹幕视频网和新浪微博的"深度伪造"内容为例,结合个案分析并采用数据挖掘、数据清洗、数据分析与文本分析等方法,综合分析中国互联网平台"深度伪造"信息的具体情况,最后尝试提出以媒体社会责任担当为核心的有效治理模式,并细化公众、平台、法律等各个主体应当承担的社会责任。

三 研究设计

网民在借由"深度伪造"技术制作视频或图片等信息后,常常将其分享至在 UGC 视频平台和社交媒体平台。哔哩哔哩弹幕视频网以二次元文化内容创作与分享的视频网站起家,逐步发展成为一个涵盖众多领域的全范围在线娱乐平台,并逐渐成为中国重要的原创视频发布平台。微博则作为国内重要的社交平台,具有即时互动、资讯消费等一系列功能。哔哩哔哩弹幕视频网和微博因此成为网民发布和分享"深度伪造"信息的主要平台,所以本研究选取哔哩哔哩弹幕视频网和新浪微博作为主要的研究平台。

以"Deepfake""深度伪造""换脸""AI 换脸"等为关键词,分别在哔哩哔哩弹幕视频网爬取视频链接、视频标题、视频简介、视频标签、观看量、点赞量、收藏量等内容以及在新浪微博爬取博文内容、博文图片、点赞

---

① 黎梦兵、吴勇:《新媒体的社会信任问题研究——基于"深度伪造"短视频视角》,《理论月刊》2020 年第 12 期。

量、收藏量等内容。对原始数据进行数据清洗后，共获得 B 站视频 994 条，新浪微博博文 416 条。在此基础上，结合风险感知理论分别从热度、风险的不可感知性、整体性等角度对 B 站和微博上"深度伪造"信息的基本情况进行简要分析。

四　研究发现

（一）"深度伪造"热度尚存，平台存在明显差异

真正让"深度伪造"走入大众视野的是号称"逢脸造戏"的换脸软件"ZAO"，上线第二天，"ZAO"就位居苹果应用商店的下载排名第一。然而，"ZAO"在刷屏朋友圈后不久，便被爆出其用户协议中存在霸王条款，用户数据存在泄露的风险等问题。工信部就"ZAO"App 网络数据安全问题问询约谈"ZAO"并立即下架此产品，至此，换脸软件"ZAO"的热度迅速消减。国家网信办陆续印发《网络音视频信息服务管理规定》等文，要求网络音视频信息服务提供者和网络音视频信息服务使用者不得利用基于深度学习、虚拟现实等的新技术新应用制作、发布、传播虚假新闻信息。① 上述法规政策在一定程度上对"深度伪造"信息的生产、传播、消费具有抑制作用。如图 2 所示，在新浪微博平台上 416 条"深度伪造"相关博文中，收藏量和评论量小于 10 次的博文占据了绝大部分，评论量在 10～100 次的微博仅有 14 条，而评论量超过 100 次的微博只有 2 条。由此，我们可以发现在如微博等社交媒体上"深度伪造"信息的数量和传播热度均处在较低水平。同时，"深度伪造"视频在视频类平台上的热度却居高不下。高热度意味着高风险，"深度伪造"视频在网络中的大量传播意味谣言丛生、网络受骗、隐私泄露等社会风险的上升。

---

① 国家互联网信息办公室：《网络音视频信息服务管理规定》，中国网信网，2019 年 11 月 29 日，http://www.cac.gov.cn/2019－11/29/c_1576561820967678.htm，最后检索日期：2021 年 4 月 28 日。

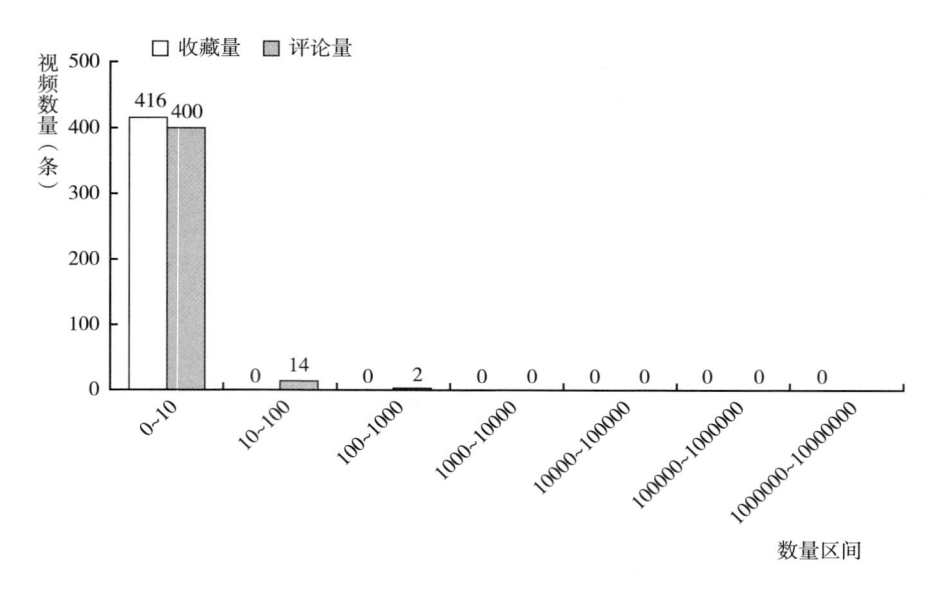

图 2　新浪微博"深度伪造"信息热度图

在哔哩哔哩弹幕视频网上,"深度伪造"视频数量与热度正在缓慢增长。在 964 条 B 站"深度伪造"视频中,视频浏览量所占比例最高的区间是 100~1000,且有少数"深度伪造"视频的浏览量超过 100 万(见图 3)。B 站上"深度伪造"视频的收藏量和弹幕评论数量均值分别为 371.8 和 59.3,微博上"深度伪造"信息的收藏量和评论量均值分别为 0 和 2.5。不难发现,B 站"深度伪造"信息的热度远高于微博。"深度伪造"内容仍存在大量的受众,例如风靡网络的"蚂蚁呀嘿",通过使用一张静态图片通过软件就能生成兼具洗脑音乐和魔性表情的动态视频。截至 2021 年 3 月 4 日,在抖音#蚂蚁呀嘿#相关话题播放总量已超过 29 亿次,特效被 785 万人使用,足见火爆程度。① 上述情况说明"深度伪造"信息热度尚存,仍存在不小的生产数量和信息消费需求,但在各个平台之间存在明显的热度差异。

---

① 孙志成:《播放量 29 亿,785 万人使用,火爆全网的"蚂蚁呀嘿"AI 特效 App 被下架!从登顶到凉凉,只过了 7 天》,每日经济网,2021 年 3 月 4 日,http://www.nbd.com.cn/articles/2021-03-04/1644731.html,最后检索日期:2021 年 4 月 28 日。

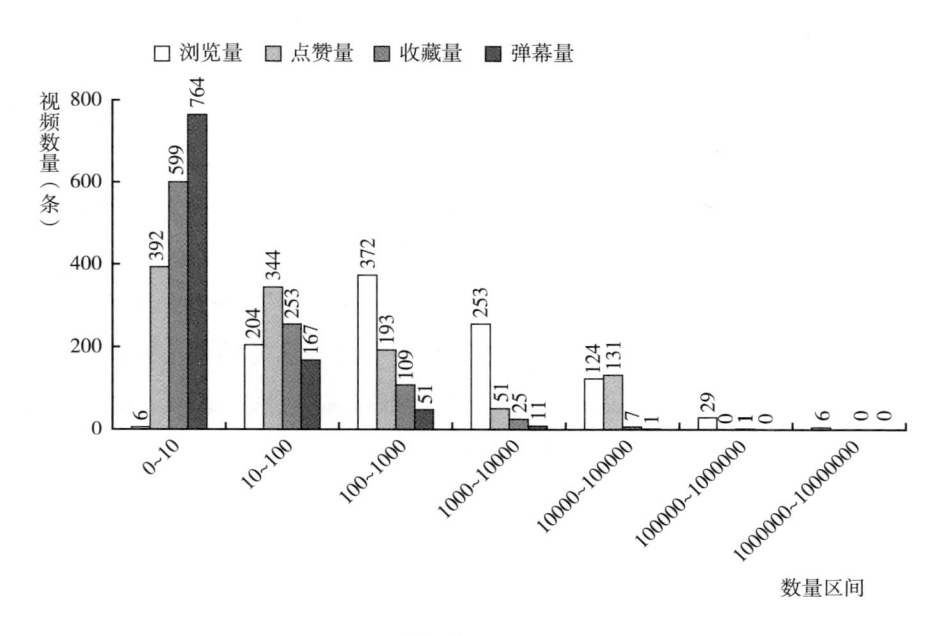

图3　哔哩哔哩弹幕视频网深度伪造视频热度图

（二）"深度伪造"标识有限，网民难以感知风险

经由"深度伪造"技术处理过后的信息欺骗性极高，普通用户难以直接辨别出其真假。在"深度伪造"信息没有被标记的情况下，用户辨别深假信息的能力有限，一方面难以感知到传播"深度伪造"信息的风险并提高防范意识，另一方面极有可能在不知情的情况下传播"深度伪造"信息。因此平台对"深度伪造"信息做出相应的标记，能够有效帮助用户识别"深度伪造"信息并加以防范，防止虚假信息广泛传播。国家互联网信息办公室印发的《网络音视频信息服务管理规定》也强调，网络音视频信息服务提供者和网络音视频信息服务使用者利用基于深度学习、虚拟现实等的新技术新应用制作、发布、传播非真实音视频信息的，应当以显著方式予以标识，不得利用基于深度学习、虚拟现实等的新技术新应用制作、发布、传播

虚假新闻信息。①

"深度伪造"信息的标记一般采用两种方式，一种是采用文字提示，即在博文、视频简介或视频标签中含有"深度伪造""AI换脸""Deepfake"等信息；另一种是直接在图片或视频上予以标记，即在"深度伪造"处理过后的图片或视频上通过水印的方式添加标记。采用文字提示的方式对"深度伪造"信息进行标识在新浪微博平台所占的比例均超过一半，尤其是微博，在416条涉及"深度伪造"信息的博文中仅有13条未采用文字提示（见表1）。使用文字对"深度伪造"信息进行提示，能够使得网民提高防范意识不被"深度伪造"信息所欺骗，却难以遏制经由"深度伪造"制作出来的虚假图片或视频进行传播。有心人士可以将无水印的图片或视频下载，脱离文字提示，将"深度伪造"的图片或者视频不加提示并进行二次传播。上述行为极有可能使得网民难以感知到"深度伪造"的存在并导致虚假信息广泛传播等情况。因此通过在图片或视频上添加水印的方式对"深度伪造"信息进行标记则是更为有效的方式。

表1 新浪微博及哔哩哔哩弹幕视频网"深度伪造"信息文字标记情况

单位：条

"深度伪造"信息文字标识	新浪微博	哔哩哔哩弹幕视频网
有	403	660
无	13	334
总计	416	994

与文字标记情况不同，微博和B站采用水印进行标记的比例则低得多。新浪微博上采用水印进行标记的博文比例不到一般，而B站更是仅有10%左右的视频采用了水印进行标记（见表2）。因此，微博和B站上存在着大量可以下载并用于传播虚假信息的图片与视频，且标记方式极为有

---

① 国家互联网信息办公室：《网络音视频信息服务管理规定》，中国网信网，2019年11月29日，http://www.cac.gov.cn/2019-11/29/c_1576561820967678.htm，最后检索日期：2021年4月28日。

限,仅有文字和水印两种方式,用户难以识别"深度伪造"信息。在风险社会中,技术带来的风险往往是不可直接感知的,"深度伪造"技术带来的风险也是如此。面对"深度伪造"信息可能带来的巨大风险,用户往往因为只关注当下使用该技术进行"换脸"带来的快乐,难以感知到其危害性,因此网络平台作为当下信息传播主要渠道在提示风险方面担负着不可推卸的责任。

表 2　新浪微博及哔哩哔哩弹幕视频网"深度伪造"信息水印标记情况

单位:条

"深度伪造"信息水印标记	新浪微博	哔哩哔哩弹幕视频网
有	153	108
无	263	886
总计	416	994

(三)"深度伪造"应用多元,波及群体范围广泛

"深度伪造"技术在中国的新媒体平台上被应用的领域都非常多元。通过统计 B 站视频的分区,我们可以发现"深度伪造"技术视频涉及了音乐、游戏、影视、搞笑鬼畜、科普、综合、社会等领域,其中占比最高的是搞笑鬼畜领域(见表 3)。在搞笑鬼畜类"深度伪造"视频中,up 们经常将两个名人的脸进行互换或将名人的脸嫁接到搞笑视频来达成鬼畜效果,如 1987 年版《西游记》中孙悟空扮演者六小龄童经常成为 B 站换脸视频的主角等。而占比第二的影视类视频则倾向于将自己或明星的脸置换到影视片段中,最后生成一段具有独特效果的影视片段。B 站"深度伪造"视频中同样存在着不少关于对"深度伪造"进行科普介绍的视频。B 站"深度伪造"科普类视频主要以"深度伪造"的起源、发展以及应用为主要内容,重点论述"深度伪造"可能造成的危害。由此我们可以发现,"深度伪造"技术在新媒体平台的应用领域丰富多元。

表3 哔哩哔哩弹幕弹幕视频网"深度伪造"视频分区

单位：条

视频分区	频次	视频分区	频次
搞笑鬼畜	471	科普	57
影视	144	社会	61
游戏	99	综合	58
音乐	48	其他	56

根据B站"深度伪造"相关视频的简介进行分词和词频统计后，得出其排名前十的高频词。在忽略"视频""新人""跪求""三连""狗头"等B站常用词后，"deepfake"、"youtube"、"制作"、"Deepfake"和"技术"等词的频率均在前十（见表4）。转载或搬运YouTube平台的"深度伪造"视频并上传至B站具有一定的热度。

表4 哔哩哔哩弹幕视频网"深度伪造"视频简介词频表

单位：个

排名	词汇	频次	排名	词汇	频次
1	视频	178	6	跪求	73
2	deepfake	130	7	Deepfake	65
3	新人	87	8	三连	63
4	youtube	80	9	狗头	62
5	制作	74	10	技术	61

根据微博上"深度伪造"信息的博文内容进行分词和词频统计后，可以发现排名前十的关键词包含和"深度伪造"高度相关的词语如"换脸""AI""ai""技术""视频"等词的词频较高，此外词频与两大"深度伪造"事件高度相关。"ZAO""用户""协议"等词的高频出现与"ZAO"刷屏朋友圈后被曝出用户协议存在霸王条款高度相关（见表5）。另一事件是杨幂被换脸到朱茵在《射雕英雄传》中饰演的角色黄蓉上，该视频因换脸后的视频毫无违和感而引发网友热议。由此发现，明星作为公众人物极有

可能成为换脸主角而被侵犯肖像权，而普通民众也有可能因为使用"ZAO"等换脸 App 而留下个人隐私或私人数据被泄露的隐忧。

表5　新浪微博"深度伪造"博文内容词频表

单位：个

排名	词汇	频次	排名	词汇	频次
1	换脸	706	6	用户	96
2	AI	434	7	明星	94
3	视频	262	8	技术	67
4	ZAO	246	9	协议	59
5	ai	183	10	杨幂	58

五　"深度伪造"的风险

现代社会对人类生存构成威胁的大多不是来自自然界的各种灾害，而是源于科技发展的副作用。科学技术在给人类社会发展提供强大动力的同时，也带来了巨大的风险。"深度伪造"的主要技术深度神经网络是人工智能技术的决定性技术，在自然语言处理、图像识别以及算法推荐等领域都发挥了重要的作用，但其衍生品"深度伪造"因具有原始数据易得、技术门槛低、高度欺骗性等技术特性，对现有信息生产系统产生巨大的冲击，使得虚假内容的生产变得简单。针对微博和 B 站上"深度伪造"信息进行分析，可以发现"深度伪造"信息热度尚存，标记比例和方式有限且波及群体范围广泛，因此新媒体平台上的"深度伪造"信息具有不可感知性和整体性等，也对新媒体信息的生产、传播和消费环节构成冲击，产生不可控风险。

（一）信息泄露风险增加

"深度伪造"技术的使用同样伴随着隐私泄露风险的迅速飙升。例如红极一时的换脸 App "ZAO" 在其用户协议中设置了霸王条款，即用户上传的图片，所有权利都无偿地、永久地提供给了"ZAO"，因此使用过该 App 的用户都面临着上传的个人图片被泄露的风险。这些图片包含了用户的面部特征，与"深度伪造"技术结合则极有可能通过人脸识别系统盗取个人信息或转移财产。因此，个人图片信息的泄露意味着用户的肖像权、隐私权以及个人财产受到侵害的风险增加。

（二）催生换脸淫秽视频

"深度伪造"技术起源于制作明星色情视频，因此"深度伪造"技术被广泛使用在客观上催生了换脸淫秽视频产业的发展。南方都市报记者以"明星换脸""换脸""AI"等为关键词在网络检索发现，有卖家出售破解版换脸软件，并打包出售通过换脸软件制作的女明星淫秽视频。[①] 通过"深度伪造"技术制作并出售女星换脸淫秽视频甚至儿童色情视频已经形成一条灰色产业链，大量色情视频被制作并在新媒体平台上传播污染了互联网的信息环境。更让人防不胜防的是普通人也有可能面临着被换脸到色情视频中的风险，这使得普通人面临着巨大的道德伦理风险，面对高度仿真的伪造视频难以辩白，对日常生活造成极大的影响。

（三）新型诈骗手段增多

"深度伪造"技术因其真假难辨、欺骗性高而极容易被犯罪分子用于实施诈骗。在"假靳东"事件中，江西一位年过六旬的女士自称在抖音上结识了靳东，并认定自己陷入了爱情。[②] 实际上，"假靳东"们只是通过剪辑靳东动态素材并加以配音来精心炮制骗局，目的在于诱导信息辨别能力较弱的受害者购买其产品。上述诈骗手段仅仅是采用了剪辑加配音的方式制作视频，其视频漏洞百出，仍有大批受害者上当。更别提当骗术遇上"深度伪

[①] 吴佳灵：《争议中的"深度伪造"：技术门槛低，AI换脸淫秽视频打包卖》，《南方都市报》，2021年3月23日，https://www.sohu.com/a/456981837_161795，最后检索日期：2021年4月28日。

[②] 宋心蕊、赵光霞：《"假靳东"上热搜，明星"伪装者"背后隐藏着什么?》，人民网，2020年10月14日，http://media.people.com.cn/n1/2020/1014/c40606-31890793.html，最后检索日期：2021年4月28日。

造"技术，假使连信息素养较高的年轻人都难辨真假的"深度伪造"视频被大批量制作并在互联网上传播，更多的网民尤其是低学历群体将可能成为新型诈骗手段的受害者。

（四）"深度伪造"新闻泛滥

"深度伪造"技术的泛滥同时存在消解社会信任的风险。一直以来，视频都被视为真实性的基本标准，与容易失真的照片形成鲜明对比。"深度伪造"视频技术的发展将破坏我们对视频作为事件记录的信任。[①]"深度伪造"技术门槛极低，加上社交网络传播信息的速度飞快，被篡改的信息可能在网络上飞速传播，容易造成社会民众的误解，甚至对国家安全产生影响。

六 治理路径

现代社会科技风险问题的产生根源，可以归结为现代社会的"科学理性"与"社会理性"的断裂。"深度伪造"技术也深陷这种科技风险中，因此从加快识别技术研发、提升民众辨别能力、强化平台管控手段以及细化法律管理条例等方面入手，在"科技善用"理念的指导下，倡导个人、平台、社会、政府等多方协同合作的治理路径，达到创新与价值的平衡。

（一）加快识别技术研发

目前关于"深度伪造"的监测技术是各大社交媒体平台以及科研人员正在大力研发攻克的难题。"深度伪造"技术在生成视频时已经采用了生成器和鉴别器的双重功能，因此从技术上来鉴别视频的真伪具有一定难度。部分科技公司提出可以通过添加数字水印的方法来鉴别"深度伪造"的信息。阿里安全图灵实验室提出了一种基于 EfficientNet 的双流网络检测框架的检测

---

① 王禄生，2021，《论"深度伪造"智能技术的一体化规制——从"杨幂换脸视频"谈起》，东方法学，https://doi.org/10.19404/j.cnki.dffx.20191029.001，最后检索日期：2021年4月28日。

方法，标注简单，并能帮助神经网络更好地学习人脸特征，在检测 Deepfake 类假视频上平均准确率在 99% 以上。受限于技术难度、应用范围、检测数量等多方面原因，上述检测方法均未在互联网平台得到广泛应用。因此通过识别技术来鉴别图片和音频内容是否经过"深度伪造"方面仍然处于起步阶段，亟待研究者们提出识别率高且应用范围广泛的鉴别技术。

（二）提升公众辨别能力

在"深度伪造"技术的治理中，公众未能有效发挥监督作用，甚至在一定程度上推动了"深度伪造"信息在互联网平台上的传播。一方面，公众对于"深度伪造"的危害认识并不全面，因此在观看可能为被篡改的视频时并没有保持警惕的态度，甚至主动生产"深度伪造"视频。另一方面，公众的普遍信息素养较低，难以识别出经"深度伪造"的信息，且容易传播此类信息，造成较大的社会影响。因此，我们应当向公众普及"深度伪造"信息的特点、危害及鉴别方式，让公众在警惕"深度伪造"信息的同时，充分发挥公众监督的力量，有效地缓解"深度伪造"信息在新媒体平台泛滥的风险。

（三）强化平台管控手段

新媒体平台上遍布着深假信息容易对平台建立健康的信息生态环境产生负面影响，因此各大新媒体平台都在着力强化从平台的层面加强"深度伪造"信息的管控。从B站和微博平台"深度伪造"标记情况，可以发现新媒体平台上"深度伪造"信息的标记比例较低和标记方式单一，且信息的标记主要依赖信息发布者的自觉添加，平台主动标记的情况较少。然而对"深度伪造"信息进行标记对于提高用户警惕，降低深假信息的传播具有重要作用。因此平台应当努力丰富对"深度伪造"进行标记的手段，如对涉嫌"深度伪造"的信息添加人工审核环节、采用警示符号标记深伪信息等。在加强深伪信息标记的同时，平台应当合理限制"深度伪造"信息的下载和二次传播，避免深假信息在扩散过程中被当成真实信息传播。

（四）细化法律管理条例

面对"深度伪造"的隐藏风险，中国有关部门发布了相应的法律法规对"深度伪造"进行监管。2019年11月，国家网信办等部门联合印发《网络音视频信息服务管理规定》，该规定明确网络音视频信息服务提供者基于深度学习、虚拟现实等新技术新应用上线具有媒体属性或者社会动员功能的音视频信息服务，或者调整增设相关功能的，应当按照国家有关规定开展安全评估；不得利用基于深度学习、虚拟现实等的新技术新应用制作、发布、传播虚假新闻信息；应当建立健全辟谣机制，发现网络音视频信息服务使用者利用基于深度学习、虚拟现实等的虚假图像、音视频生成技术制作、发布、传播谣言的，应当及时采取相应的辟谣措施。① 同年12月，国家网信办印发《网络信息内容生态治理规定》，明确网络信息内容服务使用者和网络信息内容生产者、网络信息内容服务平台不得利用深度学习、虚拟现实等新技术新应用从事法律、行政法规禁止的活动。② 2021年1月起正式实施的《民法典》第1019条第1款明确规定不得利用信息技术手段伪造等方式侵害他人的肖像权、不得任意处理他人的私密信息，将AI换脸纳入肖像权的保护范围。上述法律法规在治理"深度伪造"过程中均发挥了重要作用，关于"深度伪造"信息在生产、发布、传播、消费过程仍然需要关于各个行为主体的权利、责任与处罚的详细法律条规。

"深度伪造"作为一种人工智能技术的延伸，方便了虚假信息生产的同时加大了其检测难度，对人类社会产生了不可预估的风险。在科学技术的治理中，应当保持科学技术与社会的双向建构关系，科学技术在改变社会生活的同时，必须符合社会的理性要求。面对"深度伪造"时，其治理模式应

---

① 国家互联网信息办公室：《网络音视频信息服务管理规定》，中国网信网，2019年11月29日，http：//www.cac.gov.cn/2019-11/29/c_1576561820967678.htm，最后检索日期：2021年4月28日。

② 国家互联网信息办公室：《网络信息内容生态治理规定》，中国网信网，2019年12月20日，http：//www.cac.gov.cn/2019-12/20/c_1578375159509309.htm，最后检索日期：2021年4月28日。

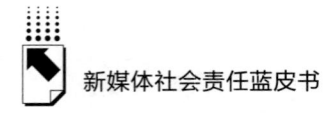

当协同技术、平台、法规以及公众等多方力量,在风险管理的同时,引导"深度伪造"技术正向发展,努力实现"科技向善"。

参考文献

曹建峰:《深度伪造技术的法律挑战及应对》,《信息安全与通信保密》2019年第10期。

董才生:《论吉登斯的信任理论》,《学习与探索》2010年第5期。

韩鸿、彭璟:《论智媒时代社交媒体的社会责任——对2016美国大选中Facebook假新闻事件的反思》,《新闻界》2017年第5期。

石婧、常禹雨、祝梦迪:《人工智能"深度伪造"的治理模式比较研究》,《电子政务》2020年第5期。

田虹、姜雨峰:《网络媒体企业社会责任评价研究》,《吉林大学社会科学学报》2014年第1期。

〔德〕乌尔里希·贝克:《世界风险社会》,吴英姿、孙淑敏译,南京大学出版社,2004。

〔德〕乌尔里希·贝克、刘宁宁、沈天霄:《风险社会政治学》,《马克思主义与现实》2005年第3期。

〔德〕乌尔里希·贝克、郗卫东:《风险社会再思考》,《马克思主义与现实》2002年第4期。

王禄生:《论"深度伪造"智能技术的一体化规制》,《东方法学》2019年第6期。

徐明华、冯亚凡:《社会计算视域下传播学研究的嬗变与反思》,《现代传播(中国传媒大学学报)》2017年第12期。

邢勇:《微博的自媒体特征及社会责任建构》,《中国出版》2012年第7期。

张涛:《后真相时代深度伪造的法律风险及其规制》,《电子政务》2020年第4期。

庄友刚:《风险社会理论研究述评》,《哲学动态》2005年第9期。

B.18
电商平台企业社会责任履行现状分析与对策研究
——以淘宝、京东、拼多多为例

于婷婷 孔 锐*

摘 要： 随着互联网的成熟与普及，线下生活不断向线上转移，电子商务平台已经成为网民购物的重要途径。虽然当前平台拥有强大的商业实力与社会影响力，但电子商务平台的社会责任履行现状备受争议。本文以淘宝、京东、拼多多三大国内主流电商平台为主要分析对象，总结出当前电商平台普遍存在竞价排名、用户数据泄露、消费主义意识形态建构等内容管理与平台管理乱象。并基于以上共性问题以及电商行业实际发展情况，提出技术赋能弥合平台管理漏洞、外在监督加强行业约束、企业提高自律意识自觉履行责任的三方协同共建、同向发力的核心路径,共同致力于电商系统与社会系统之间的良性互动与发展。

关键词： 电商平台 企业社会责任 数据管理 专利侵权 协同共建

一 研究背景

随着互联网的不断成熟，网络平台不断深耕，线上生活不断向纵深化方

---

* 于婷婷，华中科技大学新闻与信息传播学院副教授、研究生导师，研究方向为品牌传播、新媒体与社会；孔锐，华中科技大学新闻与信息传播学院2020级硕士研究生。

向发展以期为用户提供全方位的服务。第47次《中国互联网络发展状况统计报告》（以下简称《报告》）显示，截至2020年12月，我国网民规模已达到9.89亿，较2020年3月增长8540万，互联网普及率达70.4%。自2013年起，我国已连续八年成为全球最大的网络零售市场。截至2020年12月，我国网络购物用户规模达7.82亿，较2020年3月增长7215万，占网民整体的79.1%。

电商平台因其即时性、交互性等互联网平台属性受到广泛关注。相较于传统实体企业，电商平台组织形式有所不同，用户覆盖面更广，利益相关者更多，商业实力与社会影响力也更大。因此，电商平台依据自身平台特性自觉承担社会责任有其重要的社会以及商业意义，在责任范围界定和实践路径等方面也具有复杂性与特殊性。

近年来，国内几大电商平台的社会实践引发关注，其中，既有在行业中起到良好示范作用，助力国家及社会发展的情况，如在新冠肺炎疫情蔓延期间，来自全球捐赠的医疗物资，通过菜鸟这条绿色通道得以免费运送至国内；京东物流从各地抽调配送机器人驰援武汉进行"无接触配送"，实现智能配送常态化。但近几年来，平台数据及内容管理不当、人性化意识不强、涉嫌垄断等也为公众所诟病。

与此同时，当前国内学界对于电商平台的社会责任分析较少，研究重点主要放在企业社会责任的合法性以及企业社会责任与企业商业价值的相关性方面，对于当前电商平台存在的典型问题与背后的关键动因以及推动其商业利益与社会效益有效统一的现实路径研究较少。

因此，在此现实与理论背景下，本次研究以阿里巴巴、京东、拼多多等国内主流电子商务平台为研究对象，对电商平台的社会责任履行情况进行批判性思考。文献分析、案例分析与行业调查数据显示，电商平台占据较大市场份额，其社会责任意识淡薄以及社会责任履行不足正在加剧平台与用户之间地位的不对称。此外，头部电商平台也在不断挤压平台商家的利益增长空间，恶化商家以及中小型电商平台的发展环境，使得电商巨头与中小型电商之间马太效应加剧。总之，电子商务平台的社会责任履行问题不仅是行业亟待解决的商业问题，更是当前需要关注的社会议题。

二　研究综述

（一）企业社会责任的发展历程与理论演变

当前，对于企业是否应该承担社会责任这一议题在学界仍存在争议，在法律领域，企业是否应承担社会责任，承担社会责任的范围和边界也存在争论。

在 1916 年，国外学者 Clark 提出与企业社会责任（Corporate Social Responsibility，CSR）相关的思想，他认为企业社会责任的核心思想就是企业应该自愿地履行慈善责任，即社会责任源于自愿的慈善行为。[①] 在他看来，自愿履责是企业社会责任的核心与关键。1923 年，英国学者欧利文·谢尔顿（Oliver Sheldon）首次提出"企业社会责任"的概念。基于管理学的视角，谢尔顿认为企业社会责任是指企业经营者在企业运营的过程中同时满足公司内部人群的需求与企业自身发展、企业外部的社会人群需求，这种社会责任包含一定意义上的道德因素。

自 20 世纪 50 年代受到社会责任思潮的影响，企业社会责任从欧美发达国家兴起并逐渐扩展到全球。此后，西方学术界对于企业是否应当承担社会责任以及企业的社会责任是否应有政策和法律上的规定性展开讨论。随着企业社会影响力的不断扩大，企业社会责任的合法性也不断得到确立，并逐渐形成了企业社会责任基本内容维度、企业社会责任的影响因素、企业社会责任的影响效应以及企业社会责任综合评价的研究脉络体系。[②]

[①] Clark J M, "The Changing Basis of Economic Responsibility", *Journal of Political Economy* 24.3（1916）：pp. 209 – 229.

[②] MATTEN D, MOON J, "Reflections on the 2018 Decade Award：The Meaning and Dynamics of Corporate Social Responsibility", *Academy of Management Review* 45（2020）：pp. 7 – 28.

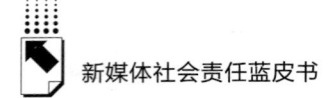

我国虽然没有像欧美国家对企业社会责任关注较早，但自企业社会责任相关理论引入中国以来，我国对其重视程度及研究近年来逐渐增加。早在1999年，刘俊海教授就在《公司的社会责任》[①]一书中将企业社会责任这一概念引入我国学界的视野当中。2007年沈洪涛、沈艺峰所著的《公司社会责任思想起源与演变》[②]依托大量的理论文献，对公司社会责任的起源及演变的发展史进行整理，梳理了企业社会责任的历史沿革。

随着社会各主体对企业社会责任的关注度逐渐提高，企业社会责任的相关政策和法律也逐渐规范化和体系化，相关学术研究也在不断深入。对于企业社会责任的政策与法律规定最早可追溯到2005年《公司法》以及2013年十八大。2005年《公司法》第5条第1款将"企业必须承担社会责任"作为原则性条款明确规定。2013年党的十八大十八届三中全会《中共中央关于全面深化改革若干重大问题的决定》中首次明确出现"企业社会责任"这一词汇，这在一定程度上表明企业社会责任已经被提到政策高度。

在互联网时代背景下，社交媒体的发展也在进一步推动企业社会责任的变革，重塑媒体与企业社会责任建设之间的关系。朱鹤提出，未来世界最成功的企业将是那些最具有社会责任感的企业，企业如果运用社交媒体来表现自己的企业社会责任，不仅能够传播公司与品牌的良好印象，也能更正面影响消费者的购买行动。[③] 钱钰和任利成从社交媒体视角，运用结构方程模型的方法，对企业社会责任的发展，以及企业社会责任沟通与品牌忠诚度之间的关系进行实证研究。研究表明，企业社会责任对消费者的忠诚度有正向影响作用，企业社会责任沟通在研究模型中有中介作用[④]。对于构建媒体与企业社会责任的良性互动关系，刘海龙与任锋娟进一步提出，把媒体作为最重要的利益相关者，让媒体成为企业社会责任战略的参与者，要重视新媒体等

---

① 刘俊海：《公司的社会责任》，法律出版社，1999。
② 沈洪涛、沈艺峰：《公司社会责任思想起源与演变》，上海人民出版社，2007。
③ 朱鹤：《社交媒体时代企业社会责任实践面临的机遇与挑战》，《新闻世界》第2015年第1期。
④ 钱钰、任利成：《企业社会责任与品牌忠诚度关系研究——基于社交媒体视角》，《管理观察》2018年第16期。

重要举措。①

笔者以"企业社会价值"为关键词在中国知网进行检索,共搜索到 29539 条结果,研究领域主要集中于法学、经济学。在传媒领域,对于企业社会责任的研究多集中在企业责任与品牌资产、品牌价值等关系的实证研究。通过文献总结发现,企业履行社会责任有其重要的社会意义,在社会责任的具体履行方面的政策与法律规定较少,更多的是依靠企业自身的自觉性与主动性。

(二)电商平台的社会责任发展与理论演变

近年来,电商平台飞速发展,以淘宝、京东为代表的电子商务平台聚集了从大型连锁品牌到中小微企业等多主体商户网络,覆盖了从食品、服饰到科技数码类等不同面向的产品领域。并且,在大数据、云计算等技术的赋能下,借助短视频、直播等形式,平台不断优化使得线上生活不断向纵深化方向发展,在用户的日常生活中发挥着重要作用。

《电子商务法》第 9 条第 2 款对电商平台界定如下:本法所称电子商务平台经营者,是指在电子商务中为交易双方或者多方提供网络经营场所、交易撮合、信息发布等服务,供交易双方或者多方独立开展交易活动的法人或者非法人组织。②《电子商务法》第二节专门针对电子商务平台经营者应当与不应当进行的平台管理操作做出政策与法律方面的规定。

笔者以"电商社会责任"为关键词在 CNKI 进行检索,共有 78 篇相关文献。自 2018 年起,对于电商平台社会责任的相关研究文献大幅增加,以阿里巴巴、苏宁易购、京东等为典型电商平台代表进行案例分析,研究学科主要以贸易经济、企业经济为主。

纪春礼和杨萍运用事件研究法分析了电子商务企业社会责任对企业价值的影响,揭示出我国电子商务企业社会责任与企业价值之间的关系。实证结

---

① 刘海龙、任锋娟:《构建媒体与企业社会责任的良性互动关系》,《青年记者》2017 年第 23 期。
② 《中华人民共和国电子商务法》,https://baike.so.com/doc/24057385 - 24640666.html,最后检索时间:2021 年 6 月 30 日。

果表明，电子商务企业社会责任的缺失会给企业带来负面影响，电子商务企业社会责任履行程度越好，以企业股票累积超额收益所体现的企业价值也越高。①

根据已有的文献资料，学界对电商平台经营者应承担的社会责任从不同维度进行界定。史璇和江春霞围绕互联网"独角兽"企业对社会责任认知、履行和表达存在的问题进行分析，并结合卡罗尔社会责任金字塔理论，从经济、法律、绿色生态以及文化伦理及社会价值观四个方面提出互联网"独角兽"企业应承担社会责任的具体内容。②林怡婷认为，在企业社会责任的区分视角下，企业社会责任包括一般性社会责任和特殊社会责任。电商平台经营者特有的社会责任包括以下内容：发挥平台的技术优势，承担监管职责；正视平台的信息掌控者角色，重视数据安全；利用平台号召力，发挥平台带动公益行动的优势。③彭珂从与传统行业对比的角度出发，对电子商务平台主体需承担的社会责任进行分析，提出对比传统企业，电商平台应承担保护环境、纳税信息上报、信息保护、消费者保护、积极参与公益慈善等特殊责任。④

对于平台履行社会责任的范式，朱晓娟与李铭认为电子商务平台企业履行社会责任主要包括以下两种方式：一是电子商务平台利用自身资源，由企业直接履行的社会责任；二是电子商务平台利用自身的影响力，引导具有关联性的企业、非营利组织甚至普通用户共同解决与其有关联的社会问题⑤。辛杰和屠云峰认为，平台企业应打造基于共同的平台责任生态圈，让不同的

---

① 纪春礼、杨萍：《电商平台企业的社会责任与企业价值相关性研究——基于阿里巴巴、京东和聚美优品的实证分析》，《经济与管理》2016年第4期。
② 史璇、江春霞：《互联网"独角兽"企业社会责任的履行及治理》，《理论探讨》2019年第4期。
③ 林怡婷：《电商平台经营者社会责任的内容与实现机制研究》，载上海市法学会《上海法学研究》集刊（2020年第11卷 总第35卷）——民法典文集，上海人民出版社，2020。
④ 彭珂：《电子商务平台主体的社会责任》，载上海市法学会《上海法学研究》集刊（2020年第11卷 总第35卷）——民法典文集，上海人民出版社，2020。
⑤ 朱晓娟、李铭：《电子商务平台企业社会责任的正当性及内容分析》，《社会科学研究》2020年第1期。

社会主体在平台责任生态圈进行自组织的交互，最终实现可持续的社会价值创造模式，从而实现平台责任生态圈、公益供给方、公益需求方三方共赢的局面。①

通过以上分析可以看出，目前我国对于电商平台承担社会责任多集中在法学与经济学领域，通过实证研究证实电商平台承担社会责任的重要性，以及相较于传统线下企业其社会责任的独特性，并根据网络环境的特性提出电商平台履行社会责任的路径。

三 电商平台乱象

当前电子商务平台已经不是简单的线上售货平台，而是形成了一个集购物、分享、社交等功能于一体的交互式平台。以淘宝 App 为例，淘宝形成了以头部网红直播带货、达人推荐、买家秀为链条的纵向生态圈，用户点击进入平台即进入了一个"种草—购买—分享"的虚拟社群，虚拟社区是一个由品牌建立，用户与品牌共同打造的持续内容生产与平台维护的价值共创机制。

第二届中国互联网企业社会责任高峰论坛发布的《2020 中国互联网企业社会责任研究报告》聚焦电子商务、医疗健康、网络教育、网络安全、人工智能、社交平台等 18 个细分领域，从"社会价值""产品/服务责任""企业家责任""责任管理""企业公益""负面影响"六个维度设置具体指标，评价互联网企业的社会责任发展现状，重点考察了疫情期间互联网企业的社会责任表现。从各互联网行业社会责任指数平均得分来看，电子商务、医疗健康、网络教育位列前三名，而电子商务行业的前三名是阿里巴巴（淘宝、天猫）、苏宁易购、京东。

作为电子商务平台的行业代表，阿里巴巴、京东等传统电商平台以及

---

① 辛杰、屠云峰：《如何撬动社会资源——平台企业社会责任履践新范式》，《清华管理评论》2020 年第 12 期。

拼多多这几大近几年商业规模迅速扩大的新兴电商平台的社会责任履行情况，对整个电商平台的发展起到重要的示范作用。根据调查结果，虽然近年来电商平台的社会责任指数有提高，但几大主流平台中频频出现的各种乱象与平台漏洞也不断暴露在公众视野中，平台出现的典型问题需要进行总结。

（一）典型电商平台概况

淘宝平台由阿里巴巴集团于2003年5月创建，目前已经形成包括C2C、分销、拍卖、直供、众筹、定制等多种电子商务模式在内的综合性零售商圈。2021年2月2日，阿里巴巴（BABA.NYSE/09988.HK）公布了2021财年第三季度财报（2020年9月1日至12月31日），财报显示，在用户数方面，截至2020年12月31日，12个月期间中国零售市场年度活跃消费者增加2200万，达到7.79亿人。2020年12月，中国零售市场移动月活跃用户相较于当年9月增加2100万人，达到9.02亿人。

京东中国的综合网络零售商，是中国电子商务领域受消费者欢迎和具有影响力的电子商务网站之一。其发展大致经过了三个主要阶段，2001~2006年，京东全面转向线上，致力于打造线上平台；2007~2014年，京东在多轮融资下上市，逐渐发展为全品类综合性电商公司，致力于打造自建物流、仓储体系；自2005年起，京东不断完善自营、配送、售后、仓储链条式闭环产业链，凭借其自有的物流体系，京东次日达也成为平台优势之一，与此同时，借助技术的助力，京东在智能物流、无人零售等方面也处于行业前列。除了3C、图书、家电、日用百货购销之外，还包括互联网金融、第三方支付、网游、第三方配送等领域，京东正在向全业态电子商务迈进。

作为电商平台的黑马，"拼多多"成立于2015年9月，并于2018年7月在美国上市，相比于阿里巴巴、京东等传统电商巨头用10年时间完成上市目标，拼多多用不到3年的时间成为业界现象级电商平台，并在红海中塑造了一种全新的电商模式，其本质是以移动端社交媒体平台（软件）为载体的电子商务交易行为，即社群电商①或社交电商。网经社将社交电商定义为零售电商的一个分支，狭义上是指借助社交网站、微博、社交媒介、网络媒介的传播途径，通过社交互动等手段来进行商品的购买和销售行为②。拼多多以一种去中心化的传播机制，在"碎片化"传播时代，通过用户口碑以及借助用户微信群、朋友圈强关系网络进行产品信息生产与传播以及品牌形象建构，以"拼"为核心的新消费业态，正由中国消费市场传导至流通侧和供给侧。在2020年，拼多多市值年内最大涨幅达330.92%，成为中国公司市值增长的第一名。在当前的电子商务平台中，拼多多的市场占有率以及社会影响力不断扩大。

（二）电子商务平台典型乱象表现

通过相关报道以及文献分析，淘宝、京东、拼多多等电商平台目前最广受争议的问题主要集中在以下几点。

1. 内容管理乱象

（1）竞价排名。在信息海量化的互联网环境中，搜索服务成为用户高效精准获得商品信息的关键。为了获得更高频次的曝光度，加大商品与用户的信息接触面，不少商家采取竞价购买广告位的形式进行商品宣传，然而平台为获得竞价收入，对搜索算法进行过度干预，以致造成搜索结果过度离题的情况。

2020年，8月18日上午，国内首例消费者因检索服务状告电商平台违约案在杭州市互联网法院开庭审理。大学生小赵原打算上淘宝买个冰箱，当她输入"国美冰箱"词条进行搜索后却发现，排名前三的，都不是该品牌冰箱。小赵认为，用户对平台检索结果具有一定的信赖，并对检索服务存在期待。虽然电子商务平台可以根据经营需求对算法进行优化并调整权重，但

---

① Chia Y L, Ku Y C, "The Power of A Thumbs-up: Wille-commerce Switch to Social Commerce", *Information & Management* 55.3（2018）: pp. 340 – 357.
② 网经社：《2020年度中国社交电商市场数据报告》，https://www.100ec.cn/zt/2020sjdsbg/，最后检索时间：2021年6月30日。

最重要的还是向用户提供所需要的可靠信息。她认为，淘宝此举实际违背了用户订立合同的初衷，构成违约。因此，她将淘宝告上了法院，要求淘宝支付违约金1元。虽然一审宣判驳回原告全部诉求，但竞价排名影响用户实际有效信息获取的情况确实存在，在降低用户平台体验感的同时也在拉低平台形象，引发法律纠纷。

（2）信息真实性难以保证。国内电商专业消费调解平台"电诉宝"（315.100EC.CN）2021年2月受理的全国75家电商真实海量用户投诉案例大数据显示，拼多多、淘宝、京东位于投诉量最高的前三位，其中全国网购用户投诉问题类型最典型的体现在商品质量、虚假促销以及网络售假等问题。

2019年中国电商用户遭遇网购权益问题类型调查显示（见图1），40.4%的电商用户遭遇商品与宣传不符权益问题，26.3%的电商用户遭遇物流服务差权益问题，14.0%的电商用户遭遇客服服务差问题。

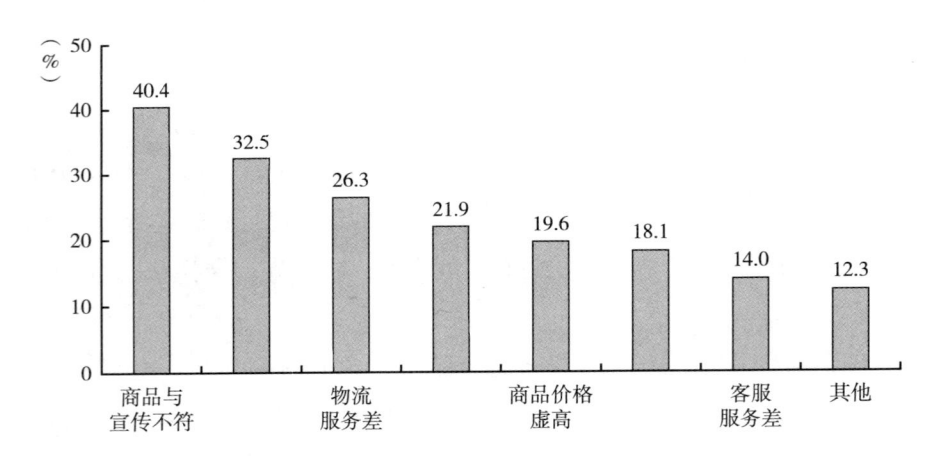

图1　2019年中国电商用户遭遇网购权益问题类型调查

资料来源：iiMedia Research（艾媒咨询）。

作为电商平台的基础，即使在主流线上交易平台，商品的真伪以及商品信息的参差不齐依然是最典型的问题。以化妆品电商产业为例，进货渠道透明度不足、平台监管不严，使得某些电商企业以次充好，以低价倾销的方式打压对手。不仅使得消费者真假难以辨别，其合法利益受到损害，也使得整个行业呈现劣币驱逐良币的现象。此外，线上交易平台还存在一些不法商贩为了能够谋取利益，而进行直接造假的行为，在降低消费者信任的同时，也在扰乱正常的市场秩序，不利于有序、健康的市场交易规则的形成。

2. 平台管理

（1）数据泄露与大数据杀熟。近年来，随着大数据、云计算等新媒体技术的成熟，在技术赋能下平台的运行与通过大数据分析获得更加全面的用户画像，准确捕捉用户需求，从而进行精准推送。比如在淘宝平台上搜索某一物品之后，系统会记录用户的搜索痕迹，通过分析行为数据推测其消费偏好，在淘宝首页会不断推送相关内容，随着用户接触与使用频率的提升，平台的推送也将更为精准。

近年来，互联网行业频频出现用户数据过度搜集、用户信息泄露以及电商、互联网金融等应用平台窃取用户隐私事件。2021年3月，证券时报记者潜入了多个数据交易千人QQ群，来自各行各业的用户隐私数据被贩卖现象触目惊心。不时有人在群里喊单，"出一手GM（股民）、WD（网贷）、BJ（保健）信息，拼多多、淘宝、京东一手网购数据，需要数据的联系我……"这些数据按照行业划分被明码标价。而在整个数据交易链条中，黑客、内鬼、爬虫软件开发商、料商、清洗者、买家等寄生于此，催生出一个规模庞大的数据交易黑市。

"大数据杀熟"成为近几年广泛关注的事件，尽管"大数据杀熟"具有很强的隐蔽性，但还是有越来越多的消费者发现自己在不知情的情况下已经被"杀熟"。

（2）专利侵权。随着我国电子商务平台的迅速发展，电商平台完成的商品交易量呈逐年上升态势，与之而来的专利侵权案件也逐渐增多。早在2016年，浙江就成立了中国电子商务领域专利执法维权协作调度（浙江）中心，主要工作就是处理电子商务平台上产生的各种纠纷，互联网上的专利侵权案件也在其工作范围之内。作为我国首家电商专利执法调度中心，该中心旨在通过建立全国各省知识产权执法主体与浙江省内电子商务平台之间的协作机制，以解决电商专利侵权跨省执法的痛点。

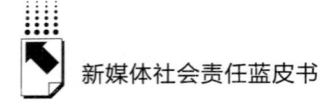

我国针对网络专利侵权的司法实践中已经适用了避风港规则中"通知—移除"模式，但法院在具体问题的把握上仍存在困难。

（3）刷单行为屡禁不止。刷单是指电商经营者有偿招募网络水军假扮买家进行虚假网上交易，并填写虚假的网络好评以提高电商商家的排名、销量和信誉，吸引真实买家下单的行为，后逐渐发展为一条完整的产业链。

百度指数对淘宝刷单平台从 2011 年到 2021 年的统计数据显示（见图2），从 2015 年底起，淘宝刷单平台的整体发展呈下降态势，目前已基本回落到 2013 年的水平。

随着电商平台的稽查力度逐渐增大，淘宝刷单情况也逐渐减少，尤其是销售过亿的商家。然而，很多新入驻的店铺为了初始销量，在了解淘宝降权规则后，通过利用全国不同的 IP 地址，追加评价，一单多刷等方式，利用平台规则漏洞进行刷单行为。第一财经 315 特辑中揭露电商平台中的乱象：平台对刷单现象睁一只眼闭一只眼。有业内人士表示，MCN 机构、主播跟商家签的不是实际销售额，而是表面 GMV（成交金额）。因此刷单即使退单对平台也不会造成影响，反而能够做大量的资金流水，使得平台对刷单行为疏于管理。

（4）直播带货乱象横生。疫情的突发加速了直播带货的火爆，在一定程度上弥补了线下消费的不足，也成为新的经济业态增长点。2021 年发布的投诉举报统计表显示，12315 平台在全国范围内共受理"直播"投诉举报 2.55 万件，其中"直播带货"的诉求占比近八成，几乎是绝大部分投诉的主要来源，相较于往年同比增长 357.74%。

其中，虚假宣传、数据造假、售后缺位成为直播售货的典型问题。辛巴卖假燕窝、李佳琦卖不粘锅现场粘锅、汪涵直播带货翻车、李雪琴数据注水……头部主播直播"翻车"，各种带货神话吸引明星融入直播间试水带货。在直播行业的野蛮生长背后，是整个行业因缺乏有效监管以及合理规制与引导而带来的诸多乱象。在关注直播带货频频"翻车"的同时，其背后乱象问题也亟待解决。

（5）行业垄断。在互联网领域，垄断行为并非新现象，从京东起诉天

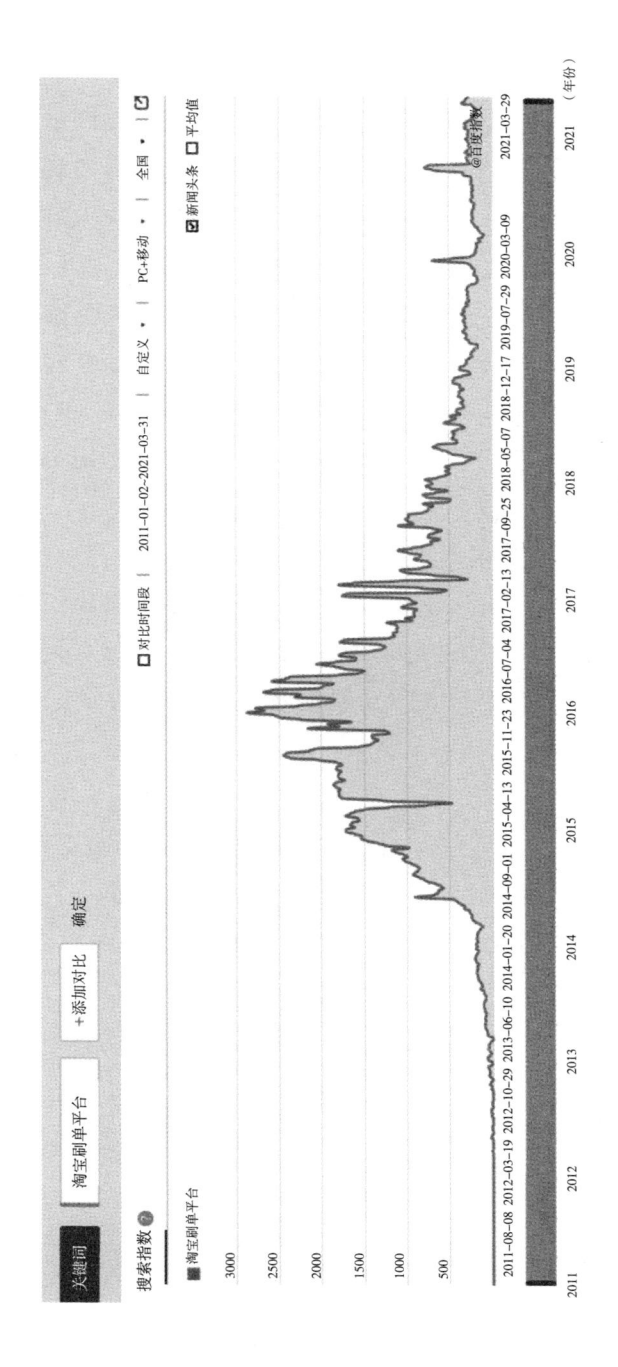

图 2　2011~2021 年淘宝刷单平台统计数据

资料来源：百度指数对淘宝刷单平台从 2011 年到 2021 年的统计数据。

猫逼迫商户"二选一"行为，到饿了么起诉美团逼迫商户"二选一"行为，互联网市场行业垄断现象是中国线上经济发展亟须解决的问题。

2020年12月，市场监管总局依据《反垄断法》对阿里巴巴集团控股有限公司（以下简称阿里巴巴）在中国境内网络零售平台服务市场滥用市场支配地位行为进行立案调查。调查结果显示，自2015年起，阿里巴巴就滥用其市场支配地位，对平台商家实行"二选一"要求，这一行为排除、限制了中国境内网络零售平台服务市场的竞争，妨碍了商品服务和资源要素自由流通，影响了平台经济创新发展，侵害了平台内商家的合法权益，损害了消费者利益，构成《反垄断法》第17条第1款第（四）项禁止"没有正当理由，限定交易相对人只能与其进行交易"的滥用市场支配地位行为。①

2021年4月10日，国家市场监管总局对阿里巴巴"二选一"垄断行为做出行政处罚，罚款182.28亿元。该案开出了我国反垄断的最大罚单，是我国平台经济领域第一起重大典型的垄断案件，标志着平台经济领域反垄断执法进入了新阶段，更是开启了中国互联网领域反垄断的新纪元，引发热议。

3. 狂欢式消费主义意识形态

随着Z世代逐渐成为消费主力军，传统的消费观念也在不断受到颠覆，电商平台在传播商品信息，提供交易平台的同时也在不断塑造新一代消费群体的消费观念。电商平台除打造各种购物节之外，如"双十一购物狂欢节""3·8日女神节"等，2021年各电商平台扎堆推出如天猫开心夜、京东沸腾夜、快手真心夜等618电商晚会，通过借势营销、饥饿营销等各种营销手段不断刺激平台用户的虚假消费欲望，使其在"买买买"的洗脑式口号以及banner旗帜广告下参与一场场网络狂欢，在电商平台引领与平台用户狂欢式参与中建构起购物节消费神话。

---

① 《市场监管总局依法对阿里巴巴集团控股有限公司在中国境内网络零售平台服务市场实施"二选一"垄断行为做出行政处罚》，https://www.163.com/money/article/G7797S2000258105.html，最后检索时间：2021年6月30日。

在后疫情时代，平台用户的消费观念转变，受疫情影响的购买欲望在"双十一"得到释放。受前期疫情影响消费习惯发生大幅改变以及直播电商的快速发展，2020年"双十一"，平台用户消费热情空前高涨，截至11月12日零点，天猫销售额已达4982亿元。自"双十一"购物狂欢节建构以来，"双十一"期间销售额呈持续高增长态势。在一次次平台建构的非理性消费观念下，用户对于商品的符号价值以及网络狂欢的参与感远远超过对于商品本身实用价值的诉求，背离了绿色消费、理性消费的消费观念。

四　背后成因

从系统论的视角来看，电商平台这一商业系统作为社会系统的一部分，其商业生态乱象横生的背后是消费者、平台运营商、传播技术与政府监管部门以及社会发展现状等多方未能完全发挥其主体职能，主体之间未形成有效良性互动的结果。本文将从以下几个方面对电子商务平台未能完全履行社会责任的原因进行分析。

（一）从消费者角度来看，网络安全教育不足，平台建设参与度不够

当前，我国虽未发生如Facebook等平台大规模用户数据泄露事件，但目前数据泄露以及数据过度收集问题在我国屡见不鲜。并且，由于我国当前互联网高速发展，而网络用户的媒介素养以及普遍公民网络安全教育相对滞后，所以我国当前平台用户维权意识以及相关知识了解不足，自我保护意识不够。李彦宏在谈到数据保护和用户隐私保护的重要性时表示，中国人更开放，对隐私问题没有那么敏感。"如果用隐私来交换便捷性或者是效率的话，很多情况下，他们是愿意这么做的。"① 为了获得线上平台提供的服务，

---

① 《李彦宏谈大数据：中国人不敏感 愿意用隐私换便利》，新浪网财经频道，http：//finance.sina.com.cn/meeting/2018-03-26/doc-ifysqfnf8646820.shtml，最后检索时间：2018年3月26日。

平台用户不得不让渡部分个人隐私和数据以便平台生成更为精准的用户画像，实现更为精准的推送。

其次，消费者在交易规则、售后服务等平台建设方面参与度不足也使得其在实际的交易过程以及维权过程中处于劣势地位。在线上购物过程以及平台运行中，电商平台运营商作为交易规则的制定者，联结了买家和卖家，掌握了过多的主动权，而用户在交易规则的制定方面往往是缺位状态，这客观上为消费者寻求救济增加了难度。在电子商务平台交易的情境下，网络交易的虚拟性、跨时空的特征，买方与卖方之间存在着信息鸿沟，同时，线上交易相对于传统交易多了配送环节，导致产品安全链延长，这使得消费者处于高度不确定的风险之中。

（二）从电商平台来看，对利益过度诉求，缺乏可持续发展的价值理念

部分电商企业认为没有必要承担社会责任，尤其是中小型电商平台，认为社会责任费用是企业是一项不必要开支，无法产生及时有效的经济收益，影响企业的投资与发展。2018年，电商平台拼多多遭遇大量商家上门维权，双方一度发生肢体冲突。事件发生之后，拼多多CEO黄峥表示，他逐渐意识到一个问题：拼多多已经变成了一家受公众关注的公司，要承担更多的责任，包括与公众沟通的责任。目前，公司已发展3年时间，用户数量已超过3亿。

另外，电商平台缺乏可持续发展意识，将企业自身发展与社会整体发展割裂。作为社会系统的重要组成，企业的生存与发展离不开社会系统的支持。一方面，企业需要享受社会提供的公共服务与安全保障，通过在社会中广泛招募劳动力，以获取资本和生产资料。另一方面，企业在运营过程中会存在有意甚至是恶意损害社会利益的情况，如非法排污、不正当竞争、恶意营销等，也存在因企业从事生产经营活动而产生不可避免的结果，如化工企业合理排污、造成劳动者损伤等。

从利益相关者理论出发，"企业拒绝承担社会责任，是自毁形象和商誉

的愚蠢行为,在市场竞争中,将不可避免地失去未来和长远利益"。① 所以,电商平台在履行社会责任的时候需要关注各类利益相关者的需求,形成自己的自律机制。

(三)从第三方来看,监管缺位与法律认定的复杂性使平台缺乏约束力

电商平台在21世纪创造出全新的商业生态模式,法律的滞后性和谦抑性给予了这一新兴业态野蛮生长的空间。其在极大拉动经济增长的同时也给社会造成许多安全隐患:购销类平台上的售假行为,包括拼多多在内的众多电商平台对入驻商家的资格审核往往流于形式,疏于把关,使得平台入驻商家鱼龙混杂。

"通知—删除"这一规则是为避免网络服务提供者承担严格责任而制定,在其履行了有限的法定义务后,不对第三方侵权行为承担损害赔偿责任,是网络服务提供者的责任避风港。该规则设定的目的在于明确免责条件,为网络服务提供者的行为提供合理的指引,明晰其行为的空间。与《侵权责任法》的规定相比,《电子商务法》中的"通知与移除"规则虽然细化了程序设计、加重了法律责任、确立了救济制裁保障机制,但被引入网络环境中的专利侵权纠纷案件后,逐渐脱离其原有立法本意,网络环境的复杂性使得灰色地带较多,增加了法律认定的复杂性。这进而被演变为权利人恶意打击竞争对手、谋求不正当利益的工具,而《电子商务法》新增的"反通知+15日静默期"规定无疑更加剧了这一情形。

除电商平台履责范围的认定复杂,"避风港"原则的适用范围界定模糊,也是当前电商企业逃避社会责任的重要原因之一。《侵权责任法》第36条第2款、第3款排除了网络服务提供者的事前审查义务,被视为我国的"避风港原则"。但因相关法律条款未对网络服务提供者的范围进行具体界定,造成了电商平台在私法领域适用"避风港原则",在公法领域则依然要履行审查义务的悖论。

---

① 胡鸿高:《论企业社会责任》,《东方法学》2008年第1期。

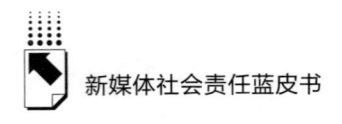

（四）从社会发展现状来看，消费观念在社会快节奏与网民情感焦虑裹挟中畸形生长

随着代际变迁、时间碎片化，信息量密集的深度内容成为时间更加宝贵的城市中产人群的刚需。在快节奏的生活中，为了降低获取有效信息的时间获取成本，消费者愿意让渡部分个人数据及私人领域使得平台可以捕捉其消费需求，并为这种增值服务买单。为了获得更为精准的用户画像，实现利益的最大化，电商平台的平台属性决定了其能够掌握大量数据和个人隐私，并可能会存在过度挖掘用户数据侵犯用户隐私的行为。

此外，网民倾向于在网购过程中转移与释放在快节奏生活下的情感焦虑，在此背景下，电商平台建构诸如"双十一"购物节"女神节"等狂欢神话，在借势营销、情感营销等多种手段下点燃用户的消费热情。在一场场平台的宣传与刺激下，用户逐渐超出对商品本身使用价值的诉求，转而形成将狂欢式购买充当情感焦虑的"转换器"与"减压阀"。为了获得经济效益的最大化，平台致力于探求最大限度唤起用户的购买欲的有效方式，忽视消费主义意识形态在社会风气中的形成并蔓延。

淘宝商城系统（天猫）于2009年11月11日开始了第一场"双十一"营销活动，虽然当时参加的店家总数和营销幅度比较有限，但销售额远超预期的实际效果。自此"双十一"成为每年淘宝的必备活动，并逐渐席卷各个平台。阿里巴巴官方数据显示，2009年"双十一"销售额为0.5亿元，截至11月11日24点，2020年天猫"双十一"全球狂欢季期间的成交额突破4982亿元，累计成交额过亿的品牌超过450个。

五　多维度同频共振同向发力

（一）技术加持：弥补平台技术漏洞，保障买卖双方互利共赢

引入新技术加强对平台店铺的管理，使平台中店铺以及商品信息保持最

大限度的真实性与可靠性。在店铺准入环节，电商平台需要对商家设置明确的准入规则并严格执行，如果商家的相关信息不完善或不真实，则不能够进行平台入驻。在店铺运营期间中，电商平台应及时关注商家的销售及服务状况，建立相应的信用评级标准，使平台用户更加放心。需要严查商品服务信息，这一环节可建立店铺信息数据库，将店铺信息以及产品信息与数据库资料进行对比，采用主动防御检查、生物识别、人工智能取证等技术措施，检测和规避各种隐蔽的诈骗手段及行为。有很多商家为了实现自身经济利益最大化，在平台上发布虚假信息进行虚假宣传，导致宣传内容与实际商品信息并不相符。在这种情况下，电商平台应将商家列入信用评级考察，并主动要求商家对于产品信息进行及时更改，对产品信息进行系统介绍，尽可能让消费者多了解商品的真实情况。

电商企业还应积极利用大数据、云计算等互联网技术为消费者提供更为个性化、人性化的线上服务，以维护用户的合法权益，带来良好的平台购物体验。在线上问题答疑、售后等环节增加服务意识，提高用户满意度。同时在用户数据采集方面，平台应增加数据采集的透明度，将数据采集的范围和程度告知用户，并自觉尊重与维护用户的被遗忘权。用户发现平台管理者有违反法律、行政法规的规定或者双方的约定处理其个人信息的行为，有权请求信息处理者及时删除相关数据。

（二）外在监督：增强参与意识，进行社会监管与法律政策约束

电子商务领域的行业协会应在履行社会责任方面起到促进作用。由于行业协会自身具有引领召集作用，可以多多举办相关的行业研讨会、高端论坛等。相关部门以及行业专家可建立健全信用信息共享体系，以解决因消费者信息不对称造成的法益侵害风险，从机制预防以及畅通维权渠道等方面减少消费者因平台售假造成的法益侵害，解决我国目前监管机制存在的滞后性问题。

结合电商平台特点，相关部门在制定法律法规时应注意理论原则与电商实际发展情况相结合，在借鉴实体企业社会责任以及规制机制的基础上，逐

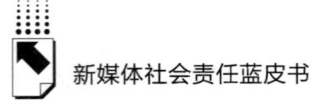

步建立和完善适用于互联网场域平台经营者的税收征管、经营准入等各个环节的法律法规，通过《反不当竞争法》《消费者保护法》等引导电商行业规范化发展。

2020年10~12月，由市场监管总局牵头，中央宣传部、工业和信息化部等14家网络市场监管部际联席会议制度成员单位联合发布《关于印发2020网络市场监管专项行动（网剑行动）方案的通知》（见表1）。从2017年开始，联席会议成员单位每年联合开展网剑行动，通过多部门协同联动，着力规范网络市场经营秩序。

表1 2018~2020年网络市场监管专项行动（网剑行动）方案

年份	重点工作	具体要求
2018年	规范网络经营主体资格，保障网络经营活动的可追溯性	督促网络交易平台按照《网络交易管理办法》《网络食品安全违法行为查处办法》《网络餐饮服务食品安全监督管理办法》《医疗器械网络销售监督管理办法》等规章要求登记备案，对平台内经营者的经营资格进行审查、登记、公示
	严厉查处制售侵权假冒伪劣网络商品行为，探索建立生产、流通、消费全链条监管机制	严惩生产、销售不符合强制性标准的产品，伪造产地、厂名、质量标志，篡改生产日期，在网售商品中掺杂、掺假，以假充真、以次充好，或者以不合格商品冒充合格商品等违法行为
	整治互联网不正当竞争行为，维护公平竞争的市场秩序	以市场混淆等违法行为为重点，推动执法办案工作。着力治理网络失信问题，严厉打击通过组织恶意注册、虚假交易、虚假评价、合谋寄递空包裹等方式，帮助其他经营者进行虚假或者引人误解的商业宣传
	坚持正确宣传导向，加大对网络虚假宣传、虚假违法广告打击力度	严肃查处网络上具有不良影响、妨碍社会公共秩序和公序良俗的广告和信息，加大对包括医疗、药品、食品、保健食品等与人民群众生命财产安全密切相关的重点热点领域执法力度
	规范网络合同格式条款，严厉打击其他网络违法违规行为	督促网络交易平台完善与平台内经营者、消费者之间的格式合同，修正不公平格式条款，采用显著方式提请合同相对人注意与其有重大利害关系的格式条款
2019年	着力规范电子商务主体资格，营造良好准入环境	依法查处电子商务经营者违反《电子商务法》第15条规定的信息公示义务的行为。监督电子商务经营者依法办理市场主体登记，规范电子商务主体资格，加强对社交电商、跨境电商经营者的规范引导

续表

年份	重点工作	具体要求
2019年	严厉打击网上销售假冒伪劣产品、不安全食品及假药劣药,营造放心消费环境	以食品(含保健食品)、药品、电子产品、汽车配件、家具家装、家庭日用品、儿童用品、服装鞋帽以及劳动防护安全帽等社会反映集中、关系健康安全的消费品为重点,加强监管执法和刑事司法,以大要案为突破口,组织开展集中打击,坚决守住人民生命健康和安全的底线
	严厉打击不正当竞争行为,营造公平竞争的市场环境	按照《反不正当竞争法》《电子商务法》等相关规定,严厉打击网络虚假宣传、刷单炒信、违规促销、违法搭售等行为
	深入开展互联网广告整治工作,营造良好广告市场环境	以社会影响大、覆盖面广的门户网站、搜索引擎、电子商务平台为重点,突出移动客户端和新媒体账户等互联网媒介,针对医疗、药品、保健食品、房地产、金融投资理财等关系人民群众身体健康和财产安全的虚假违法广告,加大案件查处力度,查办一批大案要案
	依法打击其他各类网络交易违法行为,有效净化网络市场环境	落实《电子商务法》《网络安全法》《消费者权益保护法》《价格法》《网络购买商品七日无理由退货暂行办法》等相关规定,畅通消费投诉举报渠道,保护消费者知情权和选择权,加大对不正当价格行为、不公平格式条款、不依法履行七日无理由退货义务等侵害消费者权益行为的打击力度
	强化网络交易信息监测和产品质量抽查,营造良好消费环境	不断强化监管技术应用,探索应用网络交易信息监测的新方式,完善监测监管流程,有效发现网络交易违法线索。重点关注网络集中促销期、节假日等重要时间节点,开展网络市场定向监测和产品质量抽检,及时发现风险,发挥部门失信联合惩戒作用,实施全网警示
	落实电子商务经营者责任,营造诚信守法经营环境	督促电子商务经营者特别是平台经营者履行法定责任和义务。监督电子商务经营者履行消费者权益、知识产权、个人信息保护等方面的义务,依法承担产品和服务质量责任,严格落实网络销售商品修理更换退货责任
2020年	落实电商平台责任,夯实监管基础	按照《电子商务法》等法律法规要求,依法督促电子商务平台落实平台责任;规范电子商务经营主体,集中整治非法主体互联网应用
	重拳打击不正当竞争行为,规范网络市场竞争秩序	按照《反垄断法》《反不正当竞争法》《电子商务法》等法律规定,严厉打击排除、限制竞争及妨碍、破坏其他经营者合法提供的网络产品或者服务正常运行行为,依法查处电子商务平台经营者对平台内经营者进行不合理限制或者附加不合理条件等行为

续表

年份	重点工作	具体要求
2020年	集中治理网上销售侵权假冒伪劣商品,守住安全底线	以食品(含保健食品)、药品、医疗器械、防疫用品、化妆品、儿童用品、服装鞋帽、家居家装、汽车及配件等舆情热点、社会反映集中、关系公众生命健康安全的产品为重点,开展集中整治,强化线上线下联合监管和信息共享,严惩违法犯罪行为
	严厉打击野生动植物及其制品非法交易行为,保护野生动植物资源和公共卫生安全	严肃查处通过微博、微信、视频网站、直播平台等网络社交平台,发布、直播和恶意传播、转发违法猎捕、杀害、吃食、加工、虐待和利用野生动物及制品的视频和网络直播行为;加大野生动植物及其制品交易监管力度,全面禁止网上非法野生动植物交易
	强化互联网广告监管,维护互联网广告市场秩序	集中整治社会影响大、覆盖面广的门户网站、搜索引擎、电子商务平台、移动客户端和新媒体账户等互联网媒介上发布违法广告行为,曝光一批大案要案
	依法整治社会热点问题,营造良好网络市场环境	规范"直播带货"等网络经营活动秩序,依法惩处"直播带货"等领域违法犯罪行为;加强二手物品网络交易平台监管,依法打击借众筹名义实施非法集资、诈骗等违法犯罪行为,依法整治社会热点问题
	依法查处其他网络交易违法行为,保护消费者合法权益	

资料来源:节选自历年网络市场监管专项行动(网剑行动)方案的通知。

此外,作为社会的瞭望塔以及党和政府、人民的耳目喉舌,媒体应该积极履行环境监测的聚能,在正确认识自身影响力的情况下,做出有社会价值意义的报道。并且,媒体各平台应该开放渠道收集公众的消息,进行核实之后予以曝光,保障公民的表达权,自觉维护公民合法权益。

(三)电商平台:加强自律意识,自觉履行社会责任

外在力量的监督与约束,终究不如平台的自组织性更加有效。一个企业的行为和每个职员的行为都息息相关,但更为重要的是自上而下的管理机制。电商行业相关组织机构应积极推进诚信教育,强化问责机制,自觉维护商业伦理,要让社会责任理念贯穿于电商企业运营过程中。

平台经营者作为信息的实际掌控者，掌握店铺、用户等各个平台参与主体的信息与数据，因此应当合理利用在信息、数据、网络等领域的能力优势来践行社会责任。一方面，既要发挥信息的巨大经济价值和社会价值，同时也要为个人数据安全保驾护航。另一方面，电子商务平台经济的特点决定了平台运营商掌握着大量的关于平台内参与者的数据信息，这些数据对于相关市场监督机构和税收征管机构有着不可或缺的重要性。因此，电子商务平台主体所掌握的信息资源应当恰当地使用，除了配合必要的行政以及符合法律规定的特殊需要外，不得擅自泄露商家的信息。

电商平台企业占据有利的渠道竞争优势以及丰富的用户数据，具有一定的准公共性，因此需要履行一定行政化的社会责任，更多地协助行政机关履行职能。在此次新冠肺炎疫情中，电商平台就利用其平台优势以及强大的运输网络积极承担物资分发与配送工作。这一行为不仅体现出企业积极承担社会责任的意识，更使得电商平台在网民心中建构了良好的品牌形象，提升平台在互联网电商红海中的品牌竞争力。

六　结语

电子商务平台因其较大的市场占有率以及社会影响力在社会发展中具有重要地位，电商平台的发展以及社会责任的践行不仅事关健康有序的商业生态，在推动社会发展方面也具有深远的社会意义。电商平台对传播渠道等公共资源的占据以及用户数据的收集也使得其具有一定的公共性与社会性，积极承担社会责任是平台的义务和应有之义。探索电商平台的高质量履职路径对于电商平台良好的形象建构也具有重要意义。在多维度综合管控之下，电商平台可以主动引导商家诚信经营，形成良好的平台秩序，进而推动整个电商市场健康发展。电商平台在享受社会环境赋予发展机遇获得经济效益的同时，应自觉承担起对员工、消费者、环境的责任，承担起推动社会可持续发展的责任，承担起社会责任传播的责任，在多方协同共治下共建风清气正的网络交易空间，推动社会系统更加良性的发展。

参考文献

黄群慧、钟宏武、张蒽：《中国企业社会责任研究报告（2018）》，社会科学文献出版社，2018。

楼建波、甘培忠主编《企业社会责任专论》，北京大学出版社，2009。

李伟阳：《基于企业本质的企业社会责任边界研究》，《中国工业经济》2010 年第 9 期。

宁利峰：《计算机网络安全技术在电子商务中的应用》，《科技创新与应用》2019 年第 4 期。

王勇、冯骅：《平台经济的双重监管：私人监管与公共监管》，《经济学家》2017 年第 11 期。

肖红军：《平台化履责：企业社会责任实践新范式》，《经济管理》2017 年第 3 期。

肖红军、李平：《平台型企业社会责任的生态化治理》，《管理世界》2019 年第 4 期。

易凌、罗俊杰等：《企业社会责任及其立法研究》，科学出版社，2015。

周学峰、李平主编《网络平台治理与法律责任》，中国法制出版社，2018。

Archie B. Carroll：" Social Issues in Management Research"，*Business & Society* 33.1（1994）.

Keith Davis：" The Case for and against Business Assumption of Social Responsibilities"，*The Academy of Management Journal* 16.2（1973）.

B.19 "艾滋病"媒介归因对受众的污名化感知影响研究[*]

廖少康 张雯[**]

摘　要： 逐渐炽盛的防艾宣传报道为健康传播学界带来了艾滋病的健康传播研究这一学术热点。受众对艾滋感染者的污名源于对疾病本身的恐惧，而恐惧又因不够了解导致。因此，媒体在构建有关艾滋病的公共议题时应当肩负更多的社会责任，积极发挥议程设置功能向受众塑造一个有利于艾滋病疫情防控、消弭歧视和污名的拟态环境。"归因"是个人对认知对象选择采取某种行为的主要心理过程，媒体主动揣摩受众在接收信息时的归因心理对有效设置防艾报道议程具有重大意义。本研究以解决"受众的污名化感知从何而起又该如何化解"这一问题为导向，通过选取国内几家具有影响力与代表性的传统媒体以艾滋病为主题的微博报道为样本，探究其在构建涉艾议题报道框架时出现的归因控制因素与受众的污名化感知间的关系，从而为媒体发挥引导与纠偏作用寻找更好的途径。

关键词： 艾滋病　污名化　归因控制　框架

---

[*] 本文为2020年中南财经政法大学"部校共建"新闻学院科研创新团队项目"健康风险信息回避行为发生机制及传播对策研究"（项目号为：2020-2-2-05）的阶段性成果。

[**] 廖少康，北京外国语大学国际新闻与传播学院硕士研究生；张雯，博士，中南财经政法大学新闻与文化传播学院硕士生导师、副教授，主要研究方向为风险传播、健康传播和网民行为。

一 研究背景

以艾滋病预防为龙头的疾病预防是健康传播学界的重要研究议题。艾滋病的科普宣传即是将最新的艾滋病医学研究成果转化为大众的健康知识，通过受众态度和行为的转变以降低艾滋病患病率和死亡率。[①] 截至2019年底，我国报告艾滋病存活感染者96.3万人。艾滋病的感染率能持续处于低流行水平与艾滋病的科普宣传不无关系。但是，性传播成为现今主要感染途径，新的防控形势又给防艾科普宣传提出了新挑战，即我国艾滋病疫情已不再集中于吸毒人员等高危易感染人群中，而是在逐渐向一般人群扩散的过程中变得更加隐秘、分散。因此，尽管整体疫情处于低流行水平，减少新增感染病例的难度却增大了。

凝聚社会共识，化解认识误区是防艾科普宣传的重要任务，而其核心则是化解艾滋病的道德误区，即"污名化"。关于艾滋病，中国有各式各样的疾病隐喻，例如"谈艾色变""爱滋病""艾莫能助"等，这些隐喻或多或少地显示出大众在艾滋病认识当中存在着的一些道德误区。具体而言，从最初被认为是"同性恋瘟疫"的定式断定，到"性乱"与"生活糜烂"的偏见认知，再到感染渠道多元化之后以道德判断为原点对艾滋感染者形成的等级划分，即"因卖血、输血等途径感染的无辜人群"，以及"因吸毒、卖淫、同性等等途径感染的罪有应得者"[②]，通过性传播途径而感染的艾滋感染者一直处于一种泛道德化审判下的被歧视处境。此外，艾滋病的健康传播是一种涉及疾病隐喻之下的身份认同以及跨文化传播冲突等多方面社会问题的公共危机[③]，这些公共危机由此也引发了大众对艾滋病一些其他的道德误区。例如，异性恋群体出于对自身的身份认同而产生的"同性恋瘟疫"误

[①] 解菲：《"健康传播"传播健康——浅谈健康传播学在中国的发展》，《今传媒》2009年第10期。

[②] 单波：《跨文化传播的问题与可能性》，武汉大学出版社，2010。

[③] 罗慧：《艾滋病意义生产的媒体传播偏向及其修正策略》，《国际新闻界》2014年第5期。

解；因为"艾滋病毒源于非洲"的说法造成的对非洲族裔的种族偏见以及由于艾滋病目前的不可治愈性而将其直接与死亡相等同的"恐艾"行径。种种对疾病以及患病人群的污名引发了艾滋病易感者、病毒携带者和患者们羞于检测、消极就诊、隐瞒病情甚至打击报复等行为倾向。

在对艾滋感染者认识的道德误区抑或是污名背后，人们的归因控制心理起到至关重要的作用。我国媒体在防艾知识误区的科普宣传中应当视疫情防控新形势而改变，同时也应注重化解各种道德误区和污名，这就需要了解受众之所以做出相关判断的心理动机，从而对症下药，优化自身的科普宣传策略。

受众对艾滋感染者为何感染的归因过程即对其感染责任的判断过程。目前人们表现出的对因输血而意外感染的艾滋感染者的同情与对因其他原因（如高危性行为和吸毒）感染的艾滋感染者的排斥和歧视形成了鲜明对比，这说明了受众对感染责任的判断会影响其对待艾滋感染者时的行为选择。而在责任判断这一过程中可能导致的对艾滋感染者的污名化又会反过来助长艾滋病疫情的蔓延。污名化给艾滋感染者带来的耻辱感会阻碍其对自身艾滋病情的自我披露、检测和治疗等积极行为，也会影响到预防艾滋病的社会动员和艾滋感染者的心理健康和社会关系。

社会关系在中国社会中至关重要。然而，如果受众不愿与艾滋感染者互动，他们就会被孤立并被剥夺这些重要的联系。社会支持能够缓解艾滋感染者的痛苦，但由于污名化的存在，他们可能无法获得这种社会支持，并且从他人的消极反应中体会到的耻辱感可能内化进而影响心理健康。这种内化的耻辱感极易成为感染者隐瞒病情、消极就医甚至恶意传染的心理动机，无疑会对艾滋疫情防控带来阻碍。

出于对感染的恐惧，对疾病的严重性和感染责任的判断，人们更有可能排斥那些他们认为是严重的、具有传染性的却可控的疾病。因此，除了对一种严重传染疾病的恐惧心理之外，对感染责任的判断也可能在艾滋病的污名化中起到推波助澜的作用。归因分析可以揭示人们对艾滋感染者的反应，揭示对感染原因的认知如何影响责任判断，以及责任判断如何影响人们对艾滋

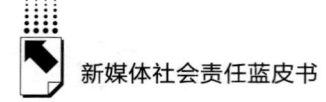

感染者的态度和行为反应。

本研究计划将人际归因模型应用于人们对艾滋感染者的社会反应,意在探究作为意见领袖的媒体在与艾滋病相关的博文中是否有污名化倾向。如果有,又存在哪些污名化传播因素?其受众对艾滋感染者的态度和行为倾向又会受到怎样的影响?具体来说,研究测试了感染病毒的责任是否会影响人们与患者进行个人互动的意愿,以及帮助理解责任判断如何影响中国艾滋感染者的情绪和行为反应,这对我国当前的艾滋病疫情防控具有十分重要的意义。

二 理论基础

(一)洞穴之魅:污名

古希腊哲学家柏拉图在对认知世界和真实世界的思辨中提出了著名的"洞穴隐喻",其象征性地指出若个体在不断接受某种经折射后的影像信息后会构筑起一个不同于客观真实世界的主观世界,即认知世界,并与真实世界相混淆。同样,受众在对艾滋病即其感染者这一具体认知对象上也存在一个洞穴,即他们对艾滋病的主观认知。在这一受众主观认知的塑造过程中,媒体的作用至关重要,其报道呈现的信息即是"洞穴隐喻"中所比喻的投射在认知主体脑海里的影像。而该受众认知与客观现实的偏差则在于因科普宣传缺位而造成的知识误区和因贬低他人的心理倾向而出现的道德误区,即污名。媒体涉艾议题报道中应该充分发挥其"祛魅"作用,其一方面指弥补受众知识层面的不足之处,另一方面即化解受众的污名化感知。

通过媒体历年来大力度的防艾知识科普,受众对于艾滋病的知识误区在不断地被化解,而在科普知识不断深入的当下却出现了一种"知行相悖"[①]的现象——目前处于低流行水平的艾滋疫情防控态势中出现了更加隐秘、分

---

① 刘斌志、何冰冰:《青少年艾滋病易感的虚拟机制与网络社会工作技术》,《青年发展论坛》2020年第3期。

散的新特点。受众的污名化感知是造成该现状的主要原因，若在受众认知的"洞穴"中充斥着污名化的认识，除了阻碍其接受正确的防控知识之外，该类认识还可能成为一种加剧疫情隐秘和分散化扩散的带有类似于"他律性欲望主义"色彩的"魅惑"。因此，媒体涉艾报道的"祛魅"作用越来越应当体现在去除"魅惑"的努力上，即一种消弭受众污名化感知的报道转向。

从词源上看，污名一词的英文"stigma"源自希腊，古希腊人原本用该词语来指代某人身体上的记号。运用符号学的二分法分析该词，"身体记号"是其"能指"，"污名"则是其"所指"，即其言外之意。"stigma"之所以与"污名"的意指联系起来，是因为只有当公民做出了违反城邦公序良俗的越轨行为时身上才会被标注该记号，公众则会选择尽量避免与其接触。由此一来，"stigma"一词逐渐达成了能指与所指的统一，形成了完整词义并留用至今。

欧文·戈夫曼（E. Goffman）首次对"污名"进行了概念化和系统论述。对于人际间意见、态度和认知不和谐统一的情况，持异议者之间互相说服是解决方法之一，而另一种方法则是直接粗暴地令持异议者与自身不可比。因此，伴随着歧视与辱骂，一种用以解释他人低人一等、他人代表危险的污名意识形态应运而生。污名实质上由社会定义，而被污名化的群体在社会交往中遭受的污名又会不断被识别和强化。[①] 戈夫曼在其著作《污名：受损身份管理札记》中将污名分为三类：第一种是与身体残疾有关的污名；第二种是可以从精神错乱、吸毒上瘾、酗酒、同性恋、自杀未遂等行为中推断出来的与个人性格缺点相关的污名；第三种是与种族、民族和宗教相关的污名。然而，关于产生污名的原因、过程和作用，戈夫曼没有进行深入分析。[②] 在戈夫曼看来，"污名"是一种用来令他人与自己不可比的意识形态。

---

① 〔美〕欧文·戈夫曼：《污名——受损身份管理札记》，宋立宏译，商务印书馆，2009。
② 姚星亮、黄盈盈、潘绥铭：《国外污名理论研究综述》，《国外社会科学》2014年第3期。

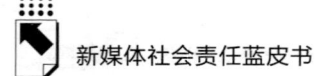

学者雅各比①将污名和刻板印象的概念相关联，认为污名会发展成为刻板印象的标签，提出了"污名——标签"的框架。社会对不同群体产生的不同期待是刻板印象的结果，而在该框架下，歧视便是污名的结果。

更有一些学者②认为，污名因可感知的威胁而起，通过污名化的过程，群体将被区分成带有明显身份认知界限的"我们"和"他们"，带有威胁属性的人被分类成外群体。对于身份认知为"我们"的内群体而言，通过贬低外群体的某些特质，污名成为一种可以保护他们自身安全，维护其优势群体权益的手段。

污名会催生导致重大的社会和政策后果的风险，这是由于人们对污名化了的人物或环境的典型反应就是嫌恶、恐惧、回避。③ 基于以上文献中关于污名这一概念的定义与阐释，本研究中污名的定义为，将带有威胁属性的人划分为"外群体"，并贴上与"内群体"不可比的标签的歧视行为。就涉艾议题报道具体而言，其受众的污名化态度即指，将艾滋感染者视为"外群体"并贴上与自身所处的非感染者的"内群体"不可比的标签的歧视行为。

（二）受众心理：归因控制

剖析受众的心理动机对于提升媒体传播效果具有重要意义。为有效化解受众对艾滋病的污名化感知，媒体在设置传播议题时应该主动把握其背后的心理动机。

社会心理学派中的"一致理论"认为人们试图以自己看来有意义及合理的方式组织其认知世界。再根据韦纳（B. Weiner）的社会动机理论，人们会下意识地寻找某一负面结果发生的原因，如果事件发生原因是可以控制的，那么引发该事件的人就会被判断为应当对负面结果承担责任。如此一

---

① Jacoby, A., Snape, D. & Baker, G., "Epilepsy and Social Identity: the Stigma of A Chronic Neurological Disorder", *The Lancet Neurology*, 4 (2005), pp. 171 – 178.
② Gilbert, D. T., Fiske, S. T. & Lindzey, G., *The Handbook of Social Psychology* (USA: Oxford University Press, 1998), pp. 504 – 533.
③ 全燕：《基于风险社会放大框架的大众媒介研究》，华中科技大学博士学位论文，2013，第32页。

来，受众便构筑起其对艾滋病及其感染者相关认知的心理机制。在该心理机制的作用下，这些对责任的判断会引起愤怒情绪和减少同情，进而导致更多的忽视甚至惩罚，而有利于解决负面结果的社会帮助和关怀则处于缺位状态。这种人际归因模型在许多研究中得到支持，这类研究考察了人们面对失败、受辱、染病、犯罪等负面事件时的反应，指出责任判断会影响受众的情绪和行为，并上升至政策和社会活动层面，包括福利保障、平权运动、慈善募捐、疾病预防、公共教育等领域。例如，1988年韦纳等人的一项研究[1]指出，人们被认为对自身行为上的污点（如艾滋病和吸毒）负有更大的责任。该研究中，受访者对那些行为有污点的人表现出更大的愤怒和更少的同情以及较少的提供个人帮助和慈善捐款的意愿。但是，如果行为上的污点被描述为不可控的（例如因输血而意外导致的艾滋病感染、因疼痛治疗而沾染的毒瘾），受访者则表现出了更强的同情心以及提供帮助意愿。

当前大多数应用归因分析的研究都是在西方进行的，然而研究受众与艾滋感染者的互动交往的意愿对帮助理解艾滋病在中国的污名化也特别重要。在责任判断对后续行为反应的影响方面也发现了文化差异，许多跨文化考察归因效应的研究都集中在行为结果上。一些跨文化的研究已经测试了归因心理在人们在面对被污名化的疾病时的起到的作用。在一项研究中，雇主认为因自身行为导致了健康问题（如酗酒或滥用药物）的人对他们的健康状况负有更大的责任。[2] 这些责任推论可以预测雇主雇用员工的态度。研究还发现，与美国雇主相比，中国雇主更加看重在这类健康问题上人们所承担的责任，并表现出更大的担忧。这些责任判断会影响人们的后续行动，例如有意地回避病人。此类讳莫如深的态度又会导致关于疾病心照不宣的污名化。反过来，疾病的污名化又会对预防、公众教育和反歧视等方面的政策造成消极

---

[1] Weiner, B., Perry, R. P. & Magnusson, J., "An Attributional Analysis of Reactions to Stigmas", *Journal of Personality and Social Psychology*, 55 (1988), pp. 738-748.
[2] Corrigan, P. W., Tsang, H. W. H., Shi, K., Lam, C. S. & Larson, J., "Chinese and American Employers' Perspectives Regarding Hiring People with Behaviorally Driven Health Conditions: The Role of Stigma", *Social Science & Medicine*, 71 (2010), pp. 2162-2169.

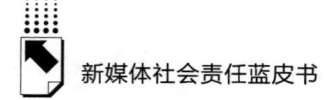

影响。

对艾滋感染者的指责程度取决于人们对其是如何被感染的归因心理假设。在中国这样的集体主义社会中，人们对为自身感染负有很大责任的艾滋感染者的反应可能特别消极，因为这被认为会给家庭带来耻辱。艾滋感染者的家庭成员很可能会一起受到指责和排斥，感染病毒的责任可能会被推及与感染者关系密切的人身上，因为关系密切的人也被认为有义务阻止感染行为的发生。

大多数应用归因分析的研究没有区分责任的不同类型。海德（F. Heider）根据结果是否可以预见来区分责任的大小。这些责任在当下的研究中被定义为可控责任（即人们清楚地知道某种行为的后果却任其发生）和不可控责任（即人们不知道行为的后果是什么）。因此，对艾滋感染者来说，可控责任的判定相比不可控责任的判定会对其个人生活和社会关系带来更强的影响。如果一个艾滋感染者被判断为已经预见到感染的风险，人们很可能对其表现出更多的负面情绪和行为反应。然而大多数归因研究并没有比较可控责任和不可控责任带来的效果。探讨人们就可控责任或不可控责任的判断对艾滋感染者反应的影响，将为区分责任判断效果提供实证支持，并对造成中国艾滋感染者污名化现象的因素有更加深入的了解。

（三）议题构建：框架理论

受格里高利·贝特森（Gregory Bateson）提出的"元传播"这一该概念的启发，欧文·戈夫曼将"框架"理论引入社会学和传播学的视域，框架就是关于元传播的内容，是传播者向受众传递符号去理解规则的具体表现。① 他在其1974年出版的著作《框架分析》中特别强调了框架对赋予社会生活意义的作用，其中提到，"人们是将日常生活的现实图景纳入框架之中，以便对社会情景进行理解与反映。人们借助于框架来识别和理解事件，

---

① 辛艾松：《风险沟通视域下暴恐议题的媒介建构》，西北大学硕士学位论文，2016，第15页。

对生活中出现的行为赋予一定的意义，否则这些行为和事件就没有任何意义①"。在国内的框架研究中，学者臧国仁将框架解释为："人们或组织对事件的主观解释与思考结构②"，他还将框架在新闻传媒中的作用机制归纳为新闻报道对社会现实进行筛选而产生不同意义的选择机制以及被选择的现实经过不同的规则排序后产生不同意义的重组机制。③

显然，国内媒体在艾滋病议题的报道宣传活动中同样存在框架，结合上述框架的定义，媒体在艾滋病议题上的框架即媒体对目前国内艾滋病防控形势的主观解释与思考结构，媒体对艾滋病疫情现实进行选择筛选抑或是对现实进行重组而产生不同意义，但媒体的报道框架仍应该将新闻的真实性和客观性摆在首要位置。面对作为公共卫生事件的艾滋病疫情防控，媒体应以身作则承担更多的社会责任，其主要表现在对艾滋病防控知识的科普宣传和以解决问题而非以责任归咎为导向的在化解歧视与污名方面所做的努力上，而这离不开媒体涉艾报道中归因框架的建构。

同时，媒体在构建受众对艾滋病的风险认知上也同样存在框架。雷恩等学者将媒体报道中的风险话语体系划分为风险事态议题和风险反思议题④。依据该划分，艾滋病的事态议题报道作为涉艾风险沟通的初级层次，主要致力于提供基本的艾滋事实态势以及防控知识，包括提供感染的可能性、危害性和可控性等方面的科普信息，其目的是满足受众的防艾基本信息需求。而艾滋病的反思议题报道则是涉艾风险沟通的高级层次，更多关注艾滋病风险沟通中多元主体的话语和意见表达，强调为各个主体的公开对话和表达提供话语空间，其目的是以多元主体的意见激发受众反思和讨论，为消弭污名化感知，促成对艾滋感染者理解关怀提供一个有利于疫情防控的良好舆论环境。

---

① 孙彩芹：《框架理论发展35年文献综述——兼述内地框架理论发展11年的问题和建议》，《国际新闻界》2010年第9期。
② 臧国仁：《新闻媒体与消息来源》，三民书局，1999，第32页。
③ 乔珂：《艾滋病风险议题的媒体建构》，兰州大学硕士学位论文，2020，第6页。
④ 陈潇潇：《全球变暖风险的国际媒介建构》，武汉大学博士学位论文，2010。

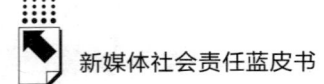

本文后续将所选媒体的博文样本数据就"议题框架"划分为"事态议题"和"反思议题"两类,以作为对三家所选媒体描述性统计下的一个类目,目的在于探讨不同定位、目标受众的媒体在构建涉艾议题框架时的差异。

三 研究方法

内容分析法是客观进行定量分析的方法,研究者可以根据不同变量,系统化处理大量的非结构性资料。① 本文作为需要分析大量文本资料从而得出有效结论的实证研究,还结合文本分析法进行定性分析。

(一)研究假设

了解中国受众关于艾滋病和艾滋感染者的认识以及他们对感染者如何感染的归因能够帮助理解艾滋病的污名化现象;人们对艾滋病毒感染可控性的认识也会影响他们对艾滋感染者的态度以及提供帮助的意愿,进而影响相关有利于帮扶艾滋感染者和疫情防控的政策和社会活动。

本研究计划采用包含不同归因因素的博文样本和不同态度的评论样本之间数据量差异的卡方分析检验以探讨媒体在涉艾报道中的归因因素对受众态度的影响,以及通过对三家不同媒体的描述性统计分析探讨其在构建涉艾议题框架时的差异。

基于理论基础部分的污名和归因控制理论,笔者做出以下两个假设。

假设一:媒体对报道中事件主体感染艾滋病的归因与受众态度之间存在关联。当报道中存在归因时,可控责任比不可控责任更容易导致污名化现象。若媒体博文中缺乏对感染原因的解释,即无归因,也容易导致污名化现象。

---

① 周玲:《媒体微博抑郁症污名化传播研究》,上海外国语大学硕士学位论文,2020,第18页。

假设二：媒体在报道中呈现暴力、加害他人的病患形象时，艾滋感染者行为的危险程度与受众对艾滋病的态度之间存在联系。当艾滋感染者存在故意传染的伤人行为时，则报道更容易导致受众的污名化态度。

（二）样本选择

新浪微博作为传统媒体向新媒体转型的首要阵地，也是我国现目前最大的网络舆论平台之一，为各种意见主体提供了可实现互动的发声渠道，且数据样本易于保存和获取。

《人民日报》作为中国共产党中央委员会机关报有着广大的群众基础，对于媒体而言即拥有广泛的受众群体，其法人微博拥有超过 1 亿的粉丝数，在全国乃至世界范围内具有十分强大的影响力，党报身份赋予其强效的权威性又令其在疾病议题构建中必须主动承担更多的社会责任。《新京报》作为综合类大型城市日报的杰出代表，在新闻活动中能够展现出不同于全国性大报的视角，其法人微博拥有超 4000 万的粉丝，影响力亦不容小觑。定位于"专注时政与思想"，近年来《澎湃新闻》依靠诸多高品质的独家报道收获了受众的青睐和信任，其受众群体也在不断"破圈"和扩充，微博粉丝数已达到 2700 万。

三家媒体在微博上都拥有广大受众群体，都具有十足的影响力，基于媒介自身定位和目标受众的差异，三者的博文和评论样本又能相互补充，利于还原中国涉艾议题报道中媒体和受众的作为与反应。因此，本文选取《人民日报》、《新京报》以及《澎湃新闻》这三家各具代表性和影响力的媒体在其官方新浪微博账号近五年（2016～2020 年）来发布的以艾滋病为报道主题的博文以及相应博文下方的用户评论为研究样本。

样本获取阶段，首先于三家媒体各自的官方微博主页中以"艾滋病"为关键词搜索，得到内容涵盖该关键词的博文。随后运用大数据爬取工具获得三家媒体自 2016～2020 年的相关博文以及评论样本。

样本选择标准要求博文样本与艾滋病的报道主题联系紧密且每篇博文下方至少存在 100 条用户评论。评论样本选择每篇博文样本下方评论区按热度排序的前30条一级评论，即受众对博文的直接评论，且与博文明显关联，态度清晰无歧义。

经人工筛选后，博文样本共计100篇。其中，三家媒体的博文样本数量分布较为均匀，《澎湃新闻》的博文样本数量最多，共有39篇，占比39%；《新京报》博文样本数为34篇，占比34%；《人民日报》博文样本数为27篇，占比27%。评论样本共计2903条，其中《人民日报》评论样本776条，《新京报》评论样本971条，《澎湃新闻》评论样本1156条（见表1）。

表1　媒体博文样本 & 评论样本数量分布

媒体			博文样本	评论样本
媒体	《人民日报》	计数	27	776
		占比(%)	27	27
	《新京报》	计数	34	971
		占比(%)	34	33
	《澎湃新闻》	计数	39	1156
		占比(%)	39	40
合计		计数	100	2903
		占比(%)	100	100

（三）类目建构

在文本分析阶段，研究将获取的样本进行定性编码以构建后期的对比分析类目。其中博文样本依据"归因控制"以及"行为描述"两类范畴进行编码并按照"议题框架"分为"事态议题"和"反思议题"两类；评论样本以评论者是否污名化艾滋病或艾滋感染者为依据进行编码。类目建构完成后，笔者根据研究数据结果展开详细分析。

1. 媒体涉艾报道中的归因控制

本研究以韦纳的社会动机理论为基本依据建立归因模型，借由海德根据结果是否可以预见而将归因过程分为可控责任和不可控责任的两类划分作为归因模型的编码依据。在《人民日报》、《新京报》及《澎湃新闻》三家媒体的博文样本中是否存在对艾滋感染者感染原因的归因叙述,若存在归因叙述,感染者清楚地知道某种行为的后果却任其发生,则视为其负有可控责任;感染者因无法预见行为后果而意外感染,则被视为其负有不可控责任。据此,研究将博文样本分为可控($=1$)、不可控($=2$)和无归因($=3$)三类。

2. 媒体对艾滋感染者的行为描述

基于对艾滋感染者常见的诸如有行为异常失控、有暴力或报复倾向等刻板印象,若感染者在明知存在高危风险的情况下与他人进行例如共用针头、无保护性行为等不安全接触时,则视其存在故意传染的伤人行为。本研究关注博文样本中是否有对艾滋感染者伤害他人行为的描述,将样本分为存在伤害他人行为($=1$)和不存在伤害他人行为($=2$)两类。

3. 媒体的涉艾议题框架

在《人民日报》、《新京报》及《澎湃新闻》的博文样本中,以满足受众的防艾基本信息需求为目标的样本为"事态议题";以表达多元主体意见从而激发受众的反思和讨论为目标的样本"反思议题"。

4. 受众对艾滋病及其感染者的态度

按照理论基础部分对污名的定义,本文所选三家媒体的评论样本中,"非污名化"态度指评论包含了支持理解或者客观中立两种态度;"污名化"态度指评论者只基于自身刻板印象而贬低、歧视艾滋感染者。本研究将代表受众态度的评论样本分为"非污名化"($=1$)与"污名化"($=2$)两类。

(四)样本数据编码及分析

在对样本的编码阶段,博文样本和评论样本的编码过程不尽相同。博文样本数为100篇,对其编码主要依靠笔者本人进行。

出于减少主观性误差干扰和提高编码效率的考虑,仅对主观性较强、样本数量较大的2903条评论样本采用建立机器学习分类模型的方法进行编码。在机器学习模型创建训练阶段,训练集数据与测试集数据间的最优比率约为3∶7,因此本研究以简单随机抽样的方法从三家媒体各取8篇博文,即对总

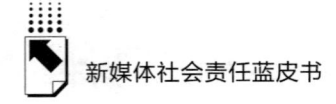

共24篇博文其下的702条评论进行人工标注后作为训练集数据创建机器学习模型。待该机器学习模型创建并训练完毕后，导入全部2903条评论样本进行高效地编码分类。

对评论样本数据的具体操作步骤如下。

（1）分别对三家媒体的博文样本进行简单随机抽样，各抽取出8篇博文。对每篇博文所对应的评论样本进行人工编码标注，汇总后共计702条作为建立机器学习模型的训练集数据。

（2）于百度AI平台创建名为"受众态度"的文本分类模型，导入上一步的702条数据后，经AI平台自行检验与筛选，保留适合训练的数据共计563条作为实际的训练集数据并开始训练。

（3）"受众态度"模型训练结果准确率为79.3%，效果较为理想。

（4）创立python语言环境引用"受众态度"模型API后导入《人民日报》《新京报》《澎湃新闻》三家媒体的评论样本进行文本分类处理。

（5）依据模型对每条评论文本就"1"（非污名化）或"2"（污名化）的分类分别给出的置信度，选择置信度较高的标签作为该条评论样本的最终编码。

（6）共计处理2903条受众对艾滋感染者态度的评论样本，其中编码为"1"即"非污名化"态度的评论共1319条，占比45.4%；编码为"2"即"污名化"态度的评论共1584条，占比54.6%。

本文评论样本均来自每篇博文样本下方的前30条微博用户评论，因而可以期望从博文样本和评论样本之间体现出媒体内容与受众态度之间的相关性。本研究共爬取100篇博文样本以及经人工筛选后的2903条评论样本，通过对博文样本和评论样本不同类目编码之间的进行统计学方法检验来总体展现媒体内容与受众态度之间的关系。

在样本分析阶段，研究主要应用统计学软件SPSS作为分析工具进行卡方检验（$chi\text{-}square\ test$）以探究媒体艾滋病议题的报道中可能存在的会加剧污名化的归因控制因素与受众态度之间的关系。卡方检验依据统计样本实际观测值和理论观测值之间的偏离程度的基本原理来比较两个或两个以上样本间的关联程度，本研究适合采用卡方检验。

四 研究发现

(一)媒体的归因控制:可控责任或无归因更易导致受众污名化态度

表2显示,媒体的感染归因与受众对艾滋病的态度之间存在显著的相关性($\chi^2 = 220.26$,$P < 0.05$)。针对受众对艾滋病的态度,本研究发现,当博文样本中将感染归因为可控责任抑或是无归因时,受众评论更多地呈现对艾滋病及其患者的污名化态度(表3显示,在归因为可控责任和无归因的博文样本中,分别有65.0%和56.6%的评论样本出现了受众对艾滋病即其患者的污名化评论)。相对而言,当博文样本中将感染归因为不可控责任时,受众评论更多呈现对艾滋病及其患者的非污名化态度(表3显示,在归因为不可控责任的博文样本中,68.2%的评论样本出现了受众对艾滋病即其患者的支持理解抑或是客观中立的非污名化评论)。

表2 媒体归因控制与用户态度交叉制表

				态度		合计
				1 非污名化	2 污名化	
归因控制	1 可控		计数	517	960	1477
			期望计数	671	806	1477
			占比(%)	35.0	65.0	100.0
	2 不可控		计数	505	236	741
			期望计数	337	404	741
			占比(%)	68.2	31.8	100.0
	3 无归因		计数	297	388	685
			期望计数	311	374	685
			占比(%)	43.4	56.6	100.0
合计			计数	1319	1584	2903
			期望计数	1319	1584	2903
			占比(%)	45.4	54.6	100.0

表3 媒体归因和受众态度分析的卡方检验

	值
Pearson's Chi-squared	220.26
df	2
p-value	<0.001

综上，媒体对于感染艾滋病的归因与受众对艾滋病的态度之间存在联系：当媒体对感染进行归因时，可控责任比不可控责任更容易导致受众评论对艾滋病及其患者的污名；当媒体报道中忽略对感染原因的解释也容易引起污名化现象，假设一被证明成立。

（二）媒体的行为描述：伤人行为极易导致受众的污名化态度

表5显示，媒体关于艾滋感染者的伤害行为描述与受众对艾滋病的态度之间存在显著相关性（$\chi^2 = 206.98$，$P < 0.05$）。针对受众对艾滋病的态度，研究发现，当媒体报道中体现了艾滋感染者存在伤人行为的内容时，受众呈现显要的污名化态度（根据表4，70.8%关于艾滋感染者伤人行为的内容会导致受众的污名化态度）。当报道中未呈现艾滋感染者存在伤人行为的内容时，受众的非污名化态度占多数（根据表4，56.3%的不存在伤人行为内容的报道为艾滋感染者获取了非污名化的态度）。

表4 艾滋感染者伤人行为 * 受众态度交叉制表

			态度		合计
			1	2	
			非污名化	污名化	
伤人行为	1 存在	计数	341	826	1167
		期望计数	530	637	1167
		占比(%)	29.2	70.8	100.0
	2 不存在	计数	978	758	1736
		期望计数	789	947	1736
		占比(%)	56.3	43.7	100.0
合计		计数	1319	1584	2903
		占比(%)	45.4	54.6	100.0

表5　艾滋感染者伤人行为和受众态度分析的卡方检验

	值
Pearson's Chi-squared	206.98
df	1
p-value	<0.001

综上，媒体关于艾滋感染者伤人行为的叙述与受众对艾滋病的态度之间存在联系。存在伤人行为的报道与不存在伤人行为的报道相比更容易引起受众对艾滋病的污名，假设二验证成立。

（三）媒体报道的数量差异：总体报道思想与差异化定位共同作用

根据表6显示，《人民日报》《新京报》《澎湃新闻》三家媒体在本研究构建的不同类目下发布的博文数量存在明显差异。通过对媒体总体博文样本量在不同类目之间的数量分布差异和不同媒体博文样本数量在不同类目下的差异的分析可以得出以下结论。

表6　媒体博文样本数量类目分布

			议题框架		归因控制			伤人行为	
					有				
			事态	反思	可控	不可控	无	有	无
媒体	《人民日报》	计数	22	5	13	5	9	12	15
		占比(%)	49	9	26	19	38	30	25
	《新京报》	计数	17	17	15	9	10	10	24
		占比(%)	38	31	30	35	42	25	40
	《澎湃新闻》	计数	6	33	22	12	5	18	21
		占比(%)	13	60	44	46	20	45	35
合计		计数	45	55	50	26	24	40	60
		占比(%)	100	100	100	100	100	100	100

1. 媒体的总体报道思想：反思倾向、好归因、持谨慎态度

从三家媒体在"议题框架"、"归因控制"和"行为描述"三个主要类

目的总体博文数量分布来看，在总共100篇博文样本中，"议题框架"类目下"事态议题"共45篇，"反思议题"共55篇；"归因控制"类目下"有归因"共76篇，其中"可控"50篇，"不可控"26篇，"无归因"共24篇；"行为描述"类目下"有伤人行为"共40篇，"无伤人行为"共60篇。由此可以看出，媒体在构建涉艾议题时，事态议题和反思议题数量相当，但后者相对较多；媒体在涉艾报道中存在较多的归因控制因素，即更倾向于呈现艾滋感染者感染原因的内容，其中大多数艾滋感染者负有可控责任；媒体"无伤人行为"的涉艾报道较多。

事态议题报道主要用以满足受众的基本防艾信息需要和化解其知识误区；反思议题报道主要通过传递多元主体意见以激起受众反思讨论，促进不同主体间的理解关怀，化解对艾滋的道德误区，为社会整体防艾工作创造有利的舆论条件。媒体事态议题报道主要体现出通过提供最新防艾信息促进社会成员们普及和运用防艾健康知识的"下沉式动员"倾向；媒体反思议题则通过提倡不同主体间的友好平等交流而化解污名，提供关怀帮助的"上升式号召"倾向。从以上总体博文数量分布特点可以看出，我国媒体在持续注重化解艾滋知识误区为主要目标的科普宣传的同时也逐步意识到构建以化解道德误区为目标的反思议题的重要性，并呈现向后者的积极转向。媒体在防艾报道中"下沉式动员"和"上升式号召"两种倾向并举才能高效地发挥其传播"祛魅"作用。

在归因控制类目下博文样本分布的数量总体差异特征体现出媒体在涉艾报道中存在较多的归因控制因素，究其原因，媒体呈现艾滋感染者的感染原因可以迎合受众下意识的归因心理，并满足其阅读该报道时的自我认同心理以达成警示效果。一定程度上，媒体为警示受众而主动寻求归因能对艾滋防控起到良好助推作用，但是媒体也应该准确把握劝服理论中"诉诸恐惧"这一途径的适用程度以及归因因素与污名化感知间的关系，以避免其他由恐惧带来的负面效果和污名的扩散。

最后，在媒体的涉艾报道中大部分并未包含有关艾滋感染者伤人行为的信息。通过对媒体行为描述和污名化感知之间的相关性检验，我们得知若报道中涵盖了艾滋感染者存在伤人行为的内容，那么受众会呈现极大的污名化态度，并伴随激进情绪出现"后真相"状态。该种"情绪先行，理智置后"的"后真相"状态对促进多元主体沟通理解，消弭道德误区极为不利，反而还容易陷入受众污名化感知与感染者过激行为间的恶性循环。因此，媒体在坚持各新闻原则的首要前提下，面对存在伤人行为的艾滋感染者的事件时应当积极发挥把关作用，主动寻求意见"前馈"，以谨慎客观的态度进行报道。从样本数量分布来看，我国媒体在面对艾滋感染者伤人行为报道时的态度较为谨慎。

2. 媒介的差异化定位：议题框架选择及归因控制的依据

在对同一媒体不同类目下博文样本数量的横向比较和对同一类目下不同媒体博文样本数量的纵向比较中可以发现不同媒体间也存在明显差异。事态议题框架《人民日报》使用最多，《澎湃新闻》使用最少，反思议题框架下两者情况恰好相反，即《澎湃新闻》使用反思议题框架最多，《人民日报》使用最少，而《新京报》两种框架使用较平均；《新京报》"无伤人行为"的涉艾报道最多，《澎湃新闻》"有伤人行为"的报道最多；三家媒体的共同特点均为在报道中较多地呈现了艾滋感染者负有可控责任的内容，其中《澎湃新闻》在其报道中最多地呈现了"可控"和"不可控"的内容，且其发布的"无归因"报道最少。

《人民日报》作为中共中央机关报拥有最为广大的受众基础，其目标受众也为全国上下各族人民群众，严肃的政治性和广泛的群众性要求其在选择把关报道内容时应采取客观准确和为人民服务的态度。在对与公共卫生健康事业密切相关的艾滋疫情防控信息的传达上，《人民日报》较其他媒体能够率先掌握一手关键信息并及时发布，以最快满足受众的防艾基本信息需求，因而其涉艾报道多为事态议题框架。但同时，《人民日报》依旧需要弥补其在防艾反思议题报道上的缺位，有效发挥其在化解艾滋病污名上的巨大作用。

《澎湃新闻》作为我国传统媒体向新媒体成功转型的代表，除了树立新媒体运作思维模式和创立融媒体产品矩阵等因素之外，最为重要的是《澎湃新闻》在其"专注时政与思想"的精准定位上依靠大量高品质的深入报道赢得了大批受众的青睐，其主要目标受众为生活在城市地区、收入水平在中等及以上、受教育程度较高的人群。"思辨"是《澎湃新闻》新闻报道的一个显著特色，因而在其涉艾议题报道中较多地使用了反思议题框架以引发受众讨论，促成多元意见主体间的沟通交流，此举充分体现了《澎湃新闻》在化解艾滋病污名上所做的努力。同时，依靠其专业务实的新闻调查团队，《澎湃新闻》能够发布较多的高品质的调查报道以深入涉艾事件主体的生活之中，从而在其报道中会较多地体现归因控制的内容。

作为综合类大型城市日报，《新京报》的报道能够呈现不同于全国性大报的、带有鲜明地域特色的视角，其驻足地域也能更多地关注到小人物的故事。《新京报》在为其受众传达该地区的防艾信息和转达各大全国性媒体的防艾事态议题报道的同时，也会发布带有自身地域特色的独家反思议题报道，因此其在"事态议题"和"反思议题"两种框架的使用上较为平均，体现了其在涉艾议题报道中对其他媒体报道进行吸纳与补足的突出特征。

综上，从媒体总体博文样本量在不同类目之间的数量分布差异可以较为宏观地展现出目前我国媒体涉艾报道的一些总特征和总体报道思想；而不同媒体博文样本数量在不同类目下的差别则体现了媒体差异化定位对其报道数量和内容的影响。总之，我国媒体的涉艾报道是防艾总体报道思想和自身差异化定位共同作用的产物。

五 反思及建议

本研究讨论了《人民日报》、《新京报》和《澎湃新闻》三家媒体在微博平台对艾滋病议题的建构中存在哪些易导致受众污名化艾滋病及其患者现象的因素，并分析了博文样本中的污名因素与评论样本中受众态度的关系。本研究发现，所选的三家媒体在各自艾滋病报道议题构建中的"归因控制"和"行为描述"两大因素与受众的污名化感知显著相关。具体而言，在"归因控制"因素上，媒体报道若将感染原因归因为可控责任抑或是缺少归因则容易导致受众对艾滋及其感染者的污名;在"行为描述"因素上,媒体对艾滋感染者伤人行为的报道极易引起受众的污名化态度。同时,在对媒体间博文样本不同类目下样本数量的描述性统计中发现我国媒体的涉艾报道是防艾总体报道思路和自身差异化定位共同作用的产物。

以下内容将从艾滋疫情现状下污名化感知对受众自身及艾滋感染者的伤害作用反思、媒体社会责任和减少污名化感知的可行措施两方面做具体讨论。

(一)艾滋疫情现状反思:污名化感知与感染扩散间的恶性循环

现目前,我国艾滋疫情呈现了更加隐秘、分散的特点。究其原因,受众对艾滋病的污名化感知与艾滋病毒感染扩散之间存在一种潜在的恶性循环机制难辞其咎。由受众污名化感知构筑的整体舆论环境会导致艾滋病毒的传播途径更加隐秘、分散从而不利于疫情防控,造成感染扩散,而感染扩散又进一步加剧污名化感知并使其根深蒂固。长此以往,污名化感知与感染扩散之间便形成了一个范围不断扩大的恶性循环,其恰好与隐秘、分散的特点相契合。污名化感知对这一恶性循环机制的主体两端,即对受众自身和艾滋感染者均存在极大危害。

1. 污名化感知对受众的危害:罹患"冷酷世界症候群"

由于媒体涉艾议题报道中污名因素的存在以及传播纠偏作用的缺位,受众对艾滋病的认识易成为一个被污名化感知充斥着主观印象的"洞穴",抑或是一个不断被污名化感知束缚并加厚的"茧房",从而排斥正确、积极的防艾知识和态度。媒体应当警惕受众在持续不断的污名化感知影响下可能出现的罹患"冷酷世界症候群"的情况,即受众在被其自身污名化感知不断浸没的过程中失去对艾滋病的敏感度和对艾滋感染者的同情心,抑或是对艾滋疫情整体防控秉持绝对的悲观态度以及丧失安全感,甚至有可能出现因对艾滋危害感到麻木而寻求一系列过激行为带来的刺激感受的现象。当公众丧失对待传染疾病时应具备的敏感和警觉态度,转而以冷漠甚至戏谑的态度对待艾滋病时,其自身也将承受巨大的感染风险。此外,身患"冷酷世界症

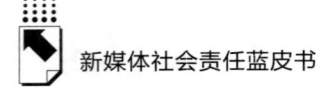

候群"的受众也会对艾滋疫情整体防控、关怀艾滋感染者等社会工作造成破坏。

2. 污名化感知击破"约哈里之窗"：艾滋感染者过激行为的心理成因

媒体在涉艾议题报道中鲜有直接的媒介暴力因素，但是在以微博为例的新媒体平台上，受众评论会直接呈现在报道博文的下方，由受众的污名化感知充斥的评论区往往会演变成产生媒介暴力的摇篮。尽管媒体在报道中试图以"传播纠偏"为目的设置议程，但是其议程设置和把关的过程与影响受众感知之间存在"时滞"，因而存在于博文评论区的污名化感知一时难以消退，而渴望获取艾滋相关信息的艾滋感染者则难免首先承受这些污名化感知的消极影响，因为其同样也是污名化感知信息的受众。这类由污名化感知信息演变而成的媒介暴力是刺激艾滋感染者做出过激行为的潜在因素。

大众传播中的污名化感知易导致艾滋感染者在其现实人际关系中出现过激行为，"约哈里之窗"理论可以解释该现象背后的心理成因。由美国心理学家约瑟夫·卢夫特（Joseph Luft）和哈瑞·英汉姆（Harry Ingham）共同提出的"约哈里之窗"理论主要用以分析信息传播对人际关系的作用，其用四个分别表示不同个人信息披露程度和他人信息获知程度的方格表明人际传播中信息流动的地带和状况。该理论指出，人们在人际交往过程中的自我表露程度各不相同，只有扩大自我"开放区域"，缩小"未知区域"，才能增强人际间的信息交流互动，促进个人对自身和他人的了解和社会的协调进步。在"约哈里之窗"的四个方格中，"秘密区域"方格中的信息为传播各方的"我"均认为不能公开的纯私人信息，除了隐私，还包括不愿意暴露的"我"的弱点。① 在人际交往中，各主体应该保护自身和尊重他人的"秘密区域"。然而在被污名化感知充斥的信息交流中，艾滋感染者的"秘密区域"不断遭受着污名和歧视因素的侵扰，"约哈里之窗"的一角被污名化感知演化而成的媒介暴力击碎。如此一来，破碎的"约哈里之窗"便成为艾滋感染者以消极或者激进的态度应对人际交往的心理动机。

---

① 董璐：《传播学核心理论与概念》，北京大学出版社，2016，第5页。

消除污名有助于理解和关怀艾滋感染者，保护其"秘密区域"不受破坏，从而促使其积极接受治疗并参与社会生活，有效减少隐瞒或恶意报复行为的发生。

（二）媒体减少受众污名化感知的可行措施

媒体作为天然的意见领袖，在人的社会化与规训的过程中起着至关重要的作用。在艾滋病风险议题的建构中，媒体难免会对某一事件当事人感染艾滋病毒的原因进行报道，其目的在于以实例警醒受众，但此外也给受众营造了感染艾滋是因为无视或违背了媒体的规训而遭受的惩罚的观念。在国内目前的艾滋病防控教育中，"防艾知识进校园"活动的发展起步时间较晚，早期大多数受众关于艾滋病防控知识的获取并不是来自学校教育而是借由媒体报道来知悉。因此，媒体既是教育者也是监督者、惩戒者，类似一个在防控艾滋的"全景敞视监狱"里的狱卒。媒体在就感染原因是否可控的报道中隐含了一个价值判断的过程，若感染原因被"宣判"为可控，便极容易给受众带来"罪有应得"的印象，接踵而至的便是对病毒及病患的污名。因此，媒体应当具备归因控制因素与受众污名化感知之间存在显著相关性的认识并在其涉艾报道中谨慎使用归因控制因素。

我们也更应关注媒体在消弭受众的污名化感知时能够起到的强大的"向心效果"，即媒体通过努力设置议题，散布和加固共同文化和集体意识来促进社会成员间的融合团结以强化社会控制。关于媒体如何在真实性和客观性的首要报道原则下积极设置议题，发挥舆论引导作用以消除受众的污名化感知，本研究建议如下。

1. 建立病理认知，提倡人文关怀

媒体在呈现与艾滋病相关的新闻时，应该提供准确的事实报道和病症归因，借助可靠的信源优先建立起受众对艾滋病的真实病理的认知。对于媒体从业人员受自身专业水平限制而可能导致医疗报道出现偏差甚至失实的现象，为最大限度地保证报道客观准确，媒体应适当邀请医学领域的专家分析艾滋感染者的行为倾向。

据前文分析，艾滋感染者若存在伤人行为，其极易导致受众的污名化态度，媒体对伤人事件背后原因的深入挖掘比单一呈现该事件更具积极意义。对于艾滋感染者而言，感染艾滋是一种痛苦，通过社会的一同努力积极寻求救治才是最为迫切的事宜，而不是在各种污名化的疾病隐喻下让痛苦不断延续，进而造成更大的不幸。因此，今后媒体报道中应该更多地涉及对艾滋感染者生存现状的公共反思，倡导人文关怀。

2. 耦合反馈前馈，构建回路系统

反馈即信息接收者在收到信息后将其所做反应以信息化的方式传送回信息发出者的过程，抑或是所传回的信息本身。对传播者而言，反馈可以检验其传播效果，并利用反馈信息来调整和规划传播行为。在反馈的分类上，可依据反馈的对传播效果的强化或减弱作用分别划分为正反馈和负反馈两类。反馈对传播系统的控制和稳定起着决定性的作用，反馈是控制论的核心问题。就媒体微博涉艾报道的传播过程而言，信息接收者的反馈即是博文下方评论区里受众的直接评论。媒体在设置议程时，最大化地发挥其"祛魅"作用和控制作用，需要注重分析受众的反馈信息，即受众评论。依据本研究此前对受众评论的分类，可将受众评论分为"非污名化"评论和"污名化"评论，前者为有利于巩固增强媒体议程设置效果的正反馈信息，而后者则为负反馈信息。媒体在进行涉艾议程的报道后需要进一步分析和把握评论信息，并在必要时对评论进行"把关"以起到正反馈作用。

前馈这一概念由反馈衍生而来，依据控制论的解释，其意指在控制系统发生偏差之前尽可能地预测信息并采取相应措施。施拉姆最早在传播学中引入了前馈这一概念，他提出媒体在进行大众传播之前先对受众进行调查研究以了解受众的构成、心理、信息需求，从而"对症下药"，改进传播方式、加强传播效果。参照前馈的概念，媒体在设置防艾报道议程之前应该具备准确的目标受众定位并对传播效果预期做出一定假设。此外，从前期报道议程中得到的受众反馈信息也是进行后期议程设置的重要前馈来源。因此，媒体应当同时注重反馈和前馈，将前馈回路和反馈回路耦合起来，构成前馈—反馈系统，该系统能达到更好的控制效果。①

依据上述的控制论中"反馈"与"前馈"的重要概念，媒体设置防艾议程时应当善于从此前的报道中汲取经验，主动从受众评论中提取有价值的反馈信息并作为下一次议程设置的前馈信息参考，从而达成反馈回路与前馈回路的耦合，以实现前馈—反馈系统的控制效果最大化。

3. 把握归因因素，适度诉诸恐惧

美国实验心理学家霍夫兰（Carl Hovland）在其劝服效果研究中所提出的"诉诸恐惧"的方法会有效影响受众态度的转变。媒体涉艾议题报道中对艾滋感染者感染原因进行归因叙述实为一种能起到"警钟效果"的"诉诸恐惧"的途径，其对劝服受众避免接触艾滋易感染途径具有积极的效果，从而实现媒体涉艾议题报道的根本目的——遏制艾滋病的进一步扩散流行。

然而，依据本研究结论，媒体涉艾报道中的归因控制因素与受众的污名化感知存在一种显著相关的关系，媒体在报道中运用归因因素诉诸恐惧的同时应当注意避免加剧受众污名化感知的后果。对此，媒体在诉诸恐惧时应把握好恐惧程度与受众态度转变间的关系以优化在报道中设置归因因素的传播策略。贾尼斯（L. Janis）指出"诉诸恐惧"和受众态度改变之间呈一种倒"U"形曲线关系，即过多或过少的恐惧信息都只能导致少量的态度转变，只有中等程度的恐惧信息才能致使受众态度最大限度地转变。

依据该倒"U"形曲线关系，媒体涉艾报道应在适度原则下设置归因因素，并诉诸中等程度的恐惧信息以在最小化引起受众污名感知的前提下最大化发挥影响受众态度转变的劝服效果。

4. 创建互动符号，共塑意义空间

媒体在涉艾议题报道中大多只能通过文字来潜在地影响受众感知，而受众仅通过文字信息难以意识到自身污名化感知可能带来的消极后果。为消弭受众的污名化感知，媒体应当积极塑造一个和受众共通的意义空间，即把媒体对污名化感知危害的警醒思考转化为一个易于受众理解和接受的意义符

---

① 王雨田：《控制论、信息论、系统科学与哲学》，中国人民大学出版社，1986，第52~53页。

号。依据米德（H. Mead）的象征性互动理论，媒体可以创建一系列能够激发受众对自身污名化感知危害产生警醒反思的互动符号，并通过该系列符号达成媒体与受众之间的意义交换，以促成媒体与受众关于污名化感知危害的共通理解。例如，除了仅限于文字内容为主的涉艾议题报道之外，现目前媒体可以通过搭建包含图像、影音等丰富互动符号的多媒体矩阵来多维度地创立与受众共通的意义空间，以弥补单一的文字符号在创立共通意义理解时的不足。

值得一提的是，媒体在运用多媒体矩阵下的多元化互动符号塑造共通意义空间时，并不能忽视传统文字符号在意义沟通方面的作用。相反，媒体应当更加注重文字符号在多元化互动符号中的主导作用。因此，媒体不能疏忽以文字表达为主的涉艾议题报道，而更应审慎地使用自身传播材料和内容，规避报道文章中可能会出现的"指认不当""二元价值判断""刻板印象"等语言误用现象。

5. 推进业态转型，扩散线下影响

依据罗杰斯（M. Rogers）的创新扩散理论，在受众的信息获知阶段，大众传播渠道更具效力；而受众的劝服阶段和意见转变阶段更容易受到人际传播渠道的影响。尽管媒体在构建涉艾议题上发挥化解知识误区和道德误区的"祛魅"作用时分别存在事态议题和反思议题两种框架，但是这两类框架中对受众产生影响的信息均来自大众传播渠道，因而为化解污名化感知而设置的反思议题难以高效地对受众产生劝服效果。结合近年来各个媒体经营模式的创新案例，媒体对自身业态的转型探索也可以与其在信息传播渠道的拓展相结合。例如，媒体在与之受众开展线下交流活动的商业模式探索上，可以借助此类线下活动拓展出的人际传播渠道来达成此前大众传播渠道无法实现的传播效果。相比大众传播，人际传播渠道中的信息更容易在受众的劝服和意见转变阶段发挥作用，同时线下活动更有利于发挥意见领袖对于改变受众认知的作用。

媒体可以在近年来的业态改革创新中积极探寻提升自身传播效果的方法路径，线下经营业务的拓展热潮便为其扩散线下传播影响力提供了契机。因此，在涉艾议题报道上，媒体可以依托线下活动中创造的人际传播渠道更加有效地化解受众的污名化感知。

六 研究局限及未来展望

本研究仍旧存在一定的局限性。首先，本文所选择的作为研究样本的媒体报道主要来源于传统媒体，而如今自媒体议程设置的功能也日益强大，若增加自媒体的研究样本能够更加全面地展现和分析媒体在构建涉艾报道框架上的作用。其次，本研究所构建的类目相对简单，具体表现在关于单个变量类目建构的分析中。例如本文只以媒体报道中是否存在归因控制为标准构建类目，而并未对感染途径做具体区分，因为即使感染者都是在可控的情况下感染艾滋病毒，各种不同的具体感染途径对受众态度的影响效果也可能各不相同。再次，本文只选取了文字样本进行研究，没有包含视频和图片以及其他更多的内容呈现形式。传播是多种媒介手段共同影响、相互作用而建立的一个矩阵，以微博为代表的社交媒体平台的一个典型特点是文字、图片和视频等多种媒介共存。因此，只采集文字作为研究样本显得太过单一。最后，本研究未对受众进行合理的划分，这是本文考虑最为不周之处。如果基于分众理论考虑到微博用户群体的特殊性，本研究将更为严谨。

有关艾滋病的疾病污名研究一直是受国际关注的热门健康传播议题，学界对艾滋病去污名化的努力也取得了一定成果，促进了社会对患病弱势群体的正视和理解，但化解歧视和污名依旧任重道远。在当前状况下，学界应该更加深入和细致地研究讨论影响艾滋病污名形成的各类因素，并基于研究提出合理有效的解决方法。今后研究者们可以关注医药领域的专业媒体在构建艾滋病议题时的作为，新媒体环境下各类自媒体对艾滋病议题的建构也值得关注。

参考文献

解菲：《"健康传播"传播健康——浅谈健康传播学在中国的发展》，《今传媒》2009年第10期。

单波：《跨文化传播的问题与可能性》，武汉大学出版社，2010。

罗慧：《艾滋病意义生产的媒体传播偏向及其修正策略》，《国际新闻界》2014年第5期。

刘斌志、何冰冰：《青少年艾滋病易感的虚拟机制与网络社会工作技术》，《青年发展论坛》2020年第3期。

〔美〕欧文·戈夫曼：《污名——受损身份管理札记》，宋立宏译，商务印书馆，2009。

姚星亮、黄盈盈、潘绥铭：《国外污名理论研究综述》，《国外社会科学》2014年第3期。

全燕：《基于风险社会放大框架的大众媒介研究》，华中科技大学博士学位论文，2013。

辛艾松：《风险沟通视域下暴恐议题的媒介建构》，西北大学硕士学位论文，2016。

孙彩芹：《框架理论发展35年文献综述——兼述内地框架理论发展11年的问题和建议》，《国际新闻界》2010年第9期。

臧国仁：《新闻媒体与消息来源》，三民书局，1999。

乔珂：《艾滋病风险议题的媒体建构》，兰州大学硕士学位论文，2020。

陈潇潇：《全球变暖风险的国际媒介建构》，武汉大学博士学位论文，2010。

周玲：《媒体微博抑郁症污名化传播研究》，上海外国语大学硕士学位论文，2020。

董璐：《传播学核心理论与概念》，北京大学出版社，2016。

王雨田：《控制论、信息论、系统科学与哲学》，中国人民大学出版社，1998。

Jacoby, A., Snape, D. & Baker, G., "Epilepsy and Social Identity: the Stigma of A Chronic Neurological Disorder", *The Lancet Neurology*, 4 (2005).

Gilbert, D. T., Fiske, S. T. & Lindzey, G., *The Handbook of Social Psychology* (USA: Oxford University Press, 1998).

Weiner, B., Perry, R. P. & Magnusson, J., "An Attributional Analysis of Reactions to Stigmas", *Journal of Personality and Social Psychology*, 55 (1988).

Corrigan, P. W., Tsang, H. W. H., Shi, K., Lam, C. S. & Larson, J., "Chinese and American Employers' Perspectives Regarding Hiring People with Behaviorally Driven Health Conditions: The Role of Stigma", *Social Science & Medicine*, 71 (2010).

Abstract

This report is the annual analysis report of the "new media social responsibility" research panel of Huazhong University of Science and Technology from 2020 to 2021, which is organized and compiled by the Journalism and information communication School of Huazhong University of Science and Technology and China Network Communication Society.

This report takes "new media social responsibility" as the theme, and makes a systematic and comprehensive investigation on the major new media platforms in China from 2020 to 2021 through "new media Social Responsibility Evaluation Index System 3.0". The 2021 social responsibility blue book still focuses on the new problems, new phenomena and new trends of China's new media development in the past two years. These three new aspects include: first, Novel coronavirus pneumonia as a global emergency brings new research problems for the new media communication and social responsibility performance. Second, in Novel coronavirus pneumonia history dissemination scene, there are new phenomena such as county leaders live-stream shopping, health code dissemination, fear of rumor spread and so on. Third, based on the development of new media in past two years, the report has included the the benchmark effect research objects such as the national mainstream VLOG news, the county level convergence media center and the government Douyin in discussion.

The general report takes media trust as the theoretical research point, and analyzes the historical evolution, the performances of difference types, existing problems and trust reconstruction, which is the theoretical background of the latter three parts.

In the evaluation section uses "new media Social Responsibility Evaluation Index System 3.0" to make an empirical evaluation and theoretical analysis on six typical new media platforms. The evaluation objects include: local news websites, national mainstream media VLOG news, mainstream media microblog, county-level financial media center, short video platform and audio platform. Among them, the mainstream media VLOG news, county level convergence media center and audio platforms are all the newest research objects in evaluation section. The quantitative analysis results of the evaluation section comprehensively present the current situation of social responsibility of new media in 2020 – 2021, and according to the communication characteristics of different types of platforms, propose the optimization scheme of social responsibility.

The thematic section analyzes the typical phenomena, hot topics and focus groups in the new media industry in 2020 – 2021, includes: 1) typical phenomena, such as the power and responsibility identification and clarification mechanism of Internet rumors under the premise of presumption of innocence in the context of Novel coronavirus pneumonia epidemic; the formation, harm and governance of Internet rumors in public health emergencies. 2) Hot topics, such as health code as an example to analyze the social construction of epidemic tracking technology; discussion the privacy policy of epidemic prevention and control mobile application from the perspective of information life cycle; news moral judgment and ethical responsibility under the effect of death reminder; health WeChat official account for female health communication and so on. 3) Key groups, such as the social responsibility evaluation and governance of expert microblog opinion leaders; the representation, influence and development strategy of barrage community; the operation logic and social responsibility evaluation of "County Chief Douyin" government short video and so on.

The case section selects three typical cases in recent years. Taking Deepfake information, Taobao, Jingdong, Pinduoduo E-business platforms, and AIDS media attribution as research objects, the risk communication, media responsibility, corporate social responsibility and audience stigmatization are discussed.

Keywords: New Media; Social Responsibility; Evaluation Index System; Empirical Study; Novel Coronavirus Pneumonia

Contents

I General Report

B.1 Research on New Nedia Trust (2021): Origin, Type and
Construction of Trust   *Zhong Ying, Lu Heqiu and Zhu Xue* / 001
1. The Classification and Trust Type of New Media   / 002
2. The Construction of New Mainstream Media Credibility   / 006
3. The Trust Remodeling of Service New Media   / 012
4. The Quantitative Evaluation of Social Responsibility
   of New Media   / 015

Abstract: Due to the rapid development of new media technology and industry, the past research on media trust has not applied to the current pluralistic new media environment, while COVID-19 has highlighted the issue of trust in new media. As the internal requirement of the construction of new media social responsibility, new media trust brings new problems to the performance of its social responsibility. In this context, what changes have taken place in the trust origin of new media compared with the credibility of traditional media, and in this process, the trust forms of different types of new media, the problems and the trust construction of users have become the focus of new media trust research. In terms of Social Responsibility Evaluation of new media, the performance of social responsibility of new media in 2020-2021 is in the upper middle level, with the average score of 3.416982 and the score rate of 68.33%, which is significantly better than that of 2.496563 and 49.93% in 2019. Specifically, the score rate of the four first level indicators from high to low was information production (81.34%), value guidance (57.19%), culture and education (54.27%) and coordination and communication (54.18%). The quantitative analysis results of this report comprehensively present the current situation of social responsibility of new media in 2020 −2021, and according to the communication characteristics of different types of platforms, put forward the optimization scheme of social responsibility.

Keywords: New Media; Credibility of Media; Media Trust

Ⅱ The Evaluation Part

B.2 Empirical Analysis of Local News Website Responsibility Fulfillment based on Social Responsibility Theory

Wang Jing, Tan Xiangyi / 021

Abstract: Local news website is one of the network media with the highest page view rate among all the information media today. It is of great significance to study the social responsibility it bears. On the basis of empirical data, this paper uses qualitative and quantitative methods to construct an indicator system for the social responsibility of news websites, and carries out a comprehensive assessment of their social responsibility undertaking. The results show that the overall level of local news websites in the implementation of social responsibility is good, but there are still five problems, such as ineffective guidance of social trends, vulgar content information. This paper discusses the effective ways to improve the implementation of social responsibility of local news websites on this basis.

Keywords: Local news websites; Social responsibility; Quantification evaluation

B.3 Social responsibility analysis and evaluation of VLOG news of national news websites

Li Qingqing, Liu Lifang, Wang Hailiang and Zhou Jinwei / 038

Abstract: As the latest form of news dissemination, VLOG News has rapidly grown into a popular news content. The National News Website is an important carrier of news dissemination and public opinion supervision in China, The VLOG News content dissemination of the National News Website can represent the fulfillment of its social responsibility. The results show that VLOG News of the National News Website performs its social responsibility well: The information quality is good, the process management is strict and standard, the mainstream value and the cultural inheritance display diversification. However, there are still some problems, such as social supervision needs to be improved, science and technology communication needs to be strengthened, platform interaction has a long way to go.

Keywords: National News Website; VLOG News; Social Responsibility

B.4 Social Responsibility and Evaluation of Mainstream Media Microblog in the era of Mobile Social Communication

Chen Ran, Feng Xinye / 058

Abstract: This paper focuses on the social responsibility of mainstream media microblog in the mobile social era, selects 20 representative microblog accounts as the evaluation objects, evaluates the current situation of social responsibility performance of mainstream media microblog in 2020, and discusses the future development of mainstream media microblog based on the current media ecology and the era mission of mainstream media. On the whole, the current mainstream media microblog in China can better fulfill its social responsibility in communication activities, especially a few head media microblogs play an important role in demonstration and guidance, but the existing problems can not be underestimated. Some media microblogs lack the constructive news idea of problem orientation in news reports, science communication lacks the media consciousness of scientific value guidance, and the coordination of communication and value guidance fails to produce the ideal communication effect. A few media microblogs become the disseminator and producer of false news because they ignore the verification and verification. In the face of the discourse competition in the news field, the community conflict under the circle communication mechanism, the irrational spread under the relationship empowerment, and the loss of trust in the post epidemic era, the mainstream media microblog needs to rethink its own functional value and responsibility, become the authoritative interpreter of hot topics, the active actor of trust reconstruction, and the practice pioneer of Constructive News concept. Mainstream media microblog should play a greater role in the process of social governance.

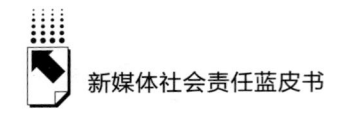

Keywords: Mainstream media; Media microblog; Social responsibility; Media convergence; Social governance

B.5 Evaluation of Social Responsibility of County-level Financial Media Centers in the COVID -19

Huang Lina, Liu Lifang and Guo Dimeng / 074

Abstract: In this paper, 20 public WeChat accounts of county-level financial media centers were selected as the research objects, and the social responsibility performance of county-level financial media centers during the COVID - 19 epidemic was evaluated through the new media social responsibility evaluation index system. The analysis results showed that Pudong released the highest score, Beijing Haidian and Xiangfang released the second place, and the lowest three were Jinjiang release, Shihe today and DachengWuchang. The political attribute of the county financial media center makes each WeChat official account score full marks in the index of authenticity and content health. There was a small gap in the index of controlling infringement, behavior anomie and the publicity of the issue, while there was a large gap in the index of comprehensive, public recognition and public participation. Many county-level financial media centers have problems of insufficient originality and insufficient interaction with audiences in content production, resulting in the score of originality and platform response degree being 0. As an integrator of regional media and a key link of news and public opinion work, county-level financial media centers should do a good job in the production of original content, provide high-quality regional information content to meet the daily information needs of the local public, and at the same time improve the level of user interaction, maintain user relations, so as to continuously improve their overall development.

Keywords: County-level Financial Media Center; WeChat Public Account; Social Responsibility; COVID-19

B.6 Empirical Study on Social Responsibility of Short Video Platforms　　　　　　　　*Li Jia, Xu Yang and Liu Xuwen* / 092

Abstract: With the upgrading of mobile Internet technology and the popularization of intelligent terminals, short video as a new information carrying mode is developing rapidly. Its fast transmission speed, the user base, the wide range of topics and content and other advantages are more and more obvious, has become one of the new media frequently used by the public. In this study, 15 short video platforms were selected and a total of 2100 short videos were selected as samples within a 14-day monitoring period. With reference to the evaluation index system of social responsibility, the actual practice of social responsibility of short video platforms was comprehensively evaluated from four dimensions of information production, value guidance, culture education, and coordination and communication. The results show that the average comprehensive score of social responsibility of the 15 short video platforms is 2.5842, and the average score rate is 51.68%, indicating that there is still a large room for improvement in the overall level of social responsibility of China's short video platforms. In addition, short video platforms also show significant differences in different social responsibility indicators. The overall performance of social responsibility fulfillment of the short video platform is not outstanding enough and the function realization is not ideal enough. This study intends to propose strategies to improve the social responsibility of short video platforms from the three dimensions of government, platform and user.

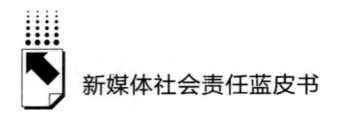

Keywords: Short Video; Social Responsibility; Communication Management

B.7 Research on the New Media Social Responsibility of Online Audio Platform　　　　　　　　　　　*Yan Yan, Fan Mengjuan* / 116

Abstract: From the theoretical perspective of new media social responsibility, this paper investigates the social responsibility of ten network audio broadcast platforms through content analysis. The research found that the social responsibility score of the top audio platform is high, and the characteristic audio platform also has some highlights in social responsibility. Himalaya FM had the maximum score and Maoer FM had the minimum score. Combined with the results of this study, it is suggested that the audio platform's social responsibility risk countermeasure.

Keywords: Online Audio Platform; Social Responsibility; Risk Countermeasure

Ⅲ　The Thematic Part

B.8 Operation Logic and New Media Social Responsibility of "County Mayor Douyin" Government Affairs Short Video
　　　　　　　　　　　　　　　　　Zeng Runxi, Yang Can / 133

Abstract: Serving social governance of new era is an important social responsibility for new media. Government affairs short video featuring county-level officials has quietly risen, bringing new opportunities for primary-level governance and rural revitalization. The study takes "County Mayor Douyin" as the research object, uses content analysis to evaluate its content production and account operations, and analyzes its new characteristics and trends. The study found that, compared with other government affairs Douyin, the character of "County Mayor Douyin" is mainly the county chief themselves; the content themes are mostly tourism promotion and poverty alleviation; the video scenes are mainly real shots of leisure life; the short vedios mainly construct regional identity and spread local culture. At the same time, "County Mayor Douyin" generally has problems such as fuzzy positioning, lack of operation and management, resulting in limited coverage and influence, and it presents the pattern of difference sequence. The emergence of "County Mayor Douyin" is the result of a joint transformation of user demands, platform ecology, and grassroots government. Essentially, it is a technology-driven and media-enabled government service transformation. It is also the new media that actively fulfills its social responsibilities and provides a new form of communication between the government and the public.

Keywords: Government Affairs Short Video; Rural Revitalization; New Media Social Responsibility

B.9 Behavior Responsibility and Clarify Mechanism of Rumors in Healthy Emergency in the Premise of innocence presumption
Deng Xiujun, Pan Deyin / 153

Abstract: Healthy emergency always leads to tremendous damage and influence, therefore, online rumors generated and communicated. The cognizance and clarify of the online rumors of healthy emergency must obey the principle of innocence presumption and information transparency, set different cognizance and clarify mechanism for the different responsibility subject. In the process of rumors cognizance, normal internet users have no responsibility to prove the truth of speech, people Slandered by rumors need to provide evidence to prove the false speech, users who publish the speech need to testify the truth and innocence of themselves. The authorities and regulators need to announce the false factors before cognizance a speech to be rumors and publishing the real background before clarify the rumors.

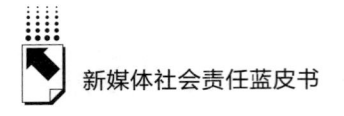

Keywords: Healthy Emergency; Online Rumors; Innocence Presumption; Responsibility; Clarify

B.10 Research on the governance of Internet rumors in public health emergencies: A Case study of Novel Coronavirus Pneumonia Epidemic　　　　　　　　　*Yu Xiucai, Cen Tian* / 172

Abstract: In recent years, online rumors of public health emergencies have emerged one after another, especially after the outbreak of the Novel coronavirus pneumonia. If they are not controlled, they will affect social stability and cause negative effects. This article takes the Novel coronavirus pneumonia online rumors as an example, using literature research, case analysis and content analysis methods to collect a total of 100 Novel coronavirus pneumonia-related online rumors on the China Internet Joint Rumor Fighting Platform, and select 60 valid samples from them for in-depth analysis. Explore the rules and characteristics of the spread of online rumors of the new crown pneumonia, briefly summarize the harm caused by the online rumors of the Novel coronavirus pneumonia, summarize the specific practice of the Chinese government in handling rumors in the early stage of the epidemic, and further summarize the common strategies of the Chinese government to respond to online rumors in public health emergencies. On this basis, find out the existing problems in the governance of network rumors in our country, and put forward corresponding optimized governance suggestions in response to the current problems in the governance of network rumors in our country.

Keywords: Public Health Emergencies; Internet Rumors; Governance

B.11 Social Construction of Epidemic Tracking Technology:
A Case study of health code　　　*Liu Rui, Hu Tingting* / 195

Abstract: During the new crown pneumonia epidemic, the health code was used to track the social movement of at-risk groups and became a data infrastructure for the governance of social order in the context of the normalization of the epidemic. This study uses critical technical discourse analysis methods to study how epidemic tracking technology is constructed and institutionalized, and how cultural, political, and economic structural factors affect the "invention", acceptance, and acceptance of health codes in Chinese society. Use and embed in people's daily life. Studies have found that the health code is an accidental technical artifact with multiple factors that work together. However, it has also experienced a long accumulation of technology. The QR code, global geographic positioning information system and cloud computing are integrated on the smart phone, which is the health code. The production provides technical conditions. The government, platform and society have jointly constructed a domestication network of health codes. The government dominates the knowledge production and discourse expression of the health code, and uses its own authority to make the use of the health code a social system. The platform provides resources to maintain the operation of the health code, such as bandwidth, algorithms, management, and API interfaces, and ensures the innovation and stability of the health code through software design and market strategies, and assumes the social responsibility of the platform.

Keywords: Domesticated Network; Digital Justice; SCOT; Discourse Analysis

B.12 Text Analysis of Privacy Policies of 15 Mobile Applications for COVID −19 Prevention and Control: Based on Information Lifecycle Theory
　　　　　　　　　　　Xu Jinghong, Hou Tongtong and Yang Bo / 218

Abstract: Based on information lifecycle theory, the paper analyzes the privacy policies of 15 mobile applications and mini apps, which are closely related to COVID-19 prevention and control. In information created stage, when users have not produced data yet, most mini apps lack of privacy policies and the posting locations are not obvious compared with apps, which make users find it inconvenient. After users' data creating, there are still some problems in next four stage, including information collecting, storing, sharing and using. Most applications are incomplete in their descriptions of information collection rules, retention time, data sharing, cross-border transmission issues, and users' information control rights.

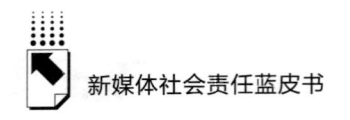

Keywords: Information Lifecycle; Mobile Applications; Privacy Policy; Text Analysis

B.13 Discussion on News Moral Judgment and Ethical Responsibility
Niu Jing, Hou Jingnan / 242

Abstract: Journalists need to make more moral judgments in reporting tragedies and deaths. Based on the terror management theory, this research explores the influence of the mortality salience effect on journalists' ethical concept and moral judgment. It found that the subjects under the mortality salience would judge the unethical behavior in news coverage more harshly, and the mortality salience will make the subjects have a lower moral relativism tendency, which used the controlled experiment to investigate the students majoring in Journalism and Communication. The results indicate that in the face of death threats, media work that adhere to high ethical standards tends to receive more acclaim, which can prompt journalists to make more rigorous judgments of moral values and assume the communication ethical responsibility.

Keywords: Mortality Salience Effect; Moral Judgment; News Ethics; Moral Relativism

B.14 Content Analysis on WeChat official accounts:

A Female Health Perspective *Liu Juan, Song Tingting / 262*

Abstract: Women's health is an important issue in health communication. With the development of social media such as WeChat, health WeChat official accounts have gradually become the main channel for dissemination of health information, and played an important role in promoting women's health. This research took health WeChat official accounts "Health Times", "Dingxiang Doctor" and "Maimai Health" as study samples, constructing categories based on two evaluation index systems of WeChat official accounts social responsibility and health communication effect. And found the differences in information production and release, health information and guidance, public reading and interaction, as well as social responsibility evaluation scores among the three accounts. . Also, this paper summarizes the problems of female health communication on health WeChat official accounts and gives corresponding solutions.

Keywords: Health WeChat official account; female health communication; "Health Times"; "Dingxiang doctor"; "Maimai health"

B.15 The Development of Barrage Community in China:

Characterization, Influence and Standard Governance

Liu Qiong, Ma Wenting and Han Wenpei / 282

Abstract: As a new way of interaction and communication, barrage has given birth to the barrage communities with the characteristics of youth subculture. The barriers to entry, the mix of communicator and receivers, the unique language style and the culture of "teasing" distinguish the barrage communities from other online communities. The communication of barrage communities has multiple values, which not only reflects the emotional needs and value demands of individuals, but also has a profound impact on the production of media content, the inheritance of traditional culture and the dissemination of mainstream ideology. However, there are also some negative influences in its development: Guichu videos "mock everything", UGC constantly touches the copyright boundary, inferior barrage text destroys the ecology of public opinion and language environment, Internet populism gathers destructive force. Given that, this paper tries to standardize and promote the sustainable and healthy development of the barrage communities by perfecting laws and regulations, constructing the mechanism of the combination of dredging and blocking, establishing self-regulatory organizations and popularizing media literacy education.

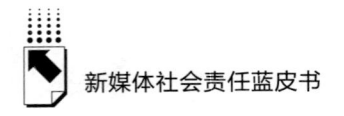

Keywords: Barrage communities; Characterization; Multiple values; Negative influence; Standard governance

B.16 Evaluation and Governance of Social Responsibility of Professional Microblog Opinion Leaders

Lu Heqiu, Yi Zhicheng / 302

Abstract: This study takes 20 typical professional microblog opinion leaders in different fields as the observation objects, makes a quantitative statistical analysis of 2808 microblog contents, and investigates the social responsibility performance of professional microblog opinion leaders. The study found that there is still room for improvement in the social responsibility performance of professional microblog opinion leaders. The average social responsibility score of the selected professional microblog opinion leaders is 2.4972 (the average score rate is 49.95%), which is less than half of the total score. Among them, professional microblog opinion leaders scored well in "information production A1", but there is still room for improvement in the performance of social responsibility in "value guidance A2", "cultural education A3" and "coordination communication A4".

Keywords: Professional; Microblog Opinion Leader; Social Responsibility

IV The Case Part

B.17 Research on the Risk Communication of "Deepfake" Information and the Governance Path of Media Responsibility   *Xu Minghua, Luo Ziling* / 326

Abstract: In the era of intelligent communication, algorithms are applied to content production, distribution, consumption processes and so on. They are widely used in many fields such as robotic writing, AI anchors, and personalized recommendations. As an algorithm that uses Deep Learning and Convolutional Neural Networks, "Deepfake" can tamper with pictures, videos, and audio content to easily forge or distort information. Moreover, the characteristics of the technology such as easy availability of original materials, low technical threshold, and high deceptiveness can easily lead to risks such as privacy leakage, economic loss, and spread of rumors. This paper had taken "Deepfake" information on the Bilibili and the Weibo as the research samples under the guidance of the risk society theory to analyze the current communication characters from the perspectives of information popularity, risk perception, and the spread of information. Finally, this paper concludes a series of potential risks caused by "Deepfake", and tries to propose an effective solution. In the face of the proliferation of "Deepfake" information, media forces, as the core, should cooperate with multiple forces such as technology, platforms, regulations, and the public to shoulder social responsibility together. Under the risk management, they should promote development of technology and strive to achieve "technology for good".

Keywords: Deepforgery; Risk Society; Problem Solution; Social Responsibility

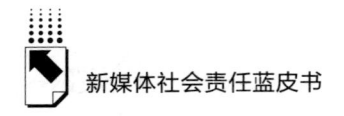

B.18 Analysis of the E-commerce Platform Corporates Social Responsibility Fulfillment and Countermeasures

Yu Tingting, Kong Rui / 349

Abstract: With the maturity and popularization of the Internet, offline life continues to shift to online, and e-commerce platforms have become an important way for netizens to shop. Although the current platform has strong commercial strength and social influence, the status quo of fulfilling social responsibilities of e-commerce platforms has been controversial. This article takes Taobao, JD.com, and Pinduoduo as the main analysis objects, and concludes that the current e-commerce platforms generally have content management and platform management chaos, such as bidding rankings, user data leakage, and consumerist ideological construction. And based on the above common problems and the actual development of the e-commerce industry, we propose a core path of three-party collaboration and co-construction of technology empowerment to bridge platform management loopholes, external supervision to strengthen industry constraints, and companies to enhance self-discipline and consciously fulfill their responsibilities. Jointly commit to the virtuous circle and development of the e-commerce system and the social system.

Keywords: Electronic business platform; Corporate Social Responsibility; Data management; Patent infringement; Co-construction

B.19 The impact of media attribution on perceived stigma of AIDS

Liao Shaokang, Zhang Wen / 373

Abstract: The increasing coverage of AIDS prevention has brought the study of AIDS to the academic field of health communication. The stigma against people living with HIV stems from fear of the disease itself, and the fear is caused by a lack of understanding. Therefore, the media should shoulder more social responsibilities when constructing public issues related to AIDS, and actively play the agenda-setting function to create a pseudo-environment conducive to AIDS prevention and eliminate stigma for the audience. Attribution is the main psychological process in which individuals choose certain behaviors for cognitive objects. It is of great significance for the media to positively figure out the attributional psychology of the audience when they receive information to effectively set the agenda of AIDS prevention reports. The purpose of this study is to solve the question "Where do the stigmatized perceptions of the audience start and how to resolve it?" This study analyzes several domestic influential traditional media's AIDS-correlated reports on Sina Weibo as samples, probe into the relations between attribution and the stigmatized perceptions of audience when constructing the framework of AIDS-correlated reports, so as to find better ways for media to guide and rectify the audience.

Keywords: AIDS; Stigma; Attribution; Framework

社会科学文献出版社

皮 书

智库报告的主要形式
同一主题智库报告的聚合

❖ 皮书定义 ❖

皮书是对中国与世界发展状况和热点问题进行年度监测,以专业的角度、专家的视野和实证研究方法,针对某一领域或区域现状与发展态势展开分析和预测,具备前沿性、原创性、实证性、连续性、时效性等特点的公开出版物,由一系列权威研究报告组成。

❖ 皮书作者 ❖

皮书系列报告作者以国内外一流研究机构、知名高校等重点智库的研究人员为主,多为相关领域一流专家学者,他们的观点代表了当下学界对中国与世界的现实和未来最高水平的解读与分析。截至2021年,皮书研创机构有近千家,报告作者累计超过7万人。

❖ 皮书荣誉 ❖

皮书系列已成为社会科学文献出版社的著名图书品牌和中国社会科学院的知名学术品牌。2016年皮书系列正式列入"十三五"国家重点出版规划项目;2013~2021年,重点皮书列入中国社会科学院承担的国家哲学社会科学创新工程项目。

中国皮书网

（网址：www.pishu.cn）

发布皮书研创资讯，传播皮书精彩内容
引领皮书出版潮流，打造皮书服务平台

栏目设置

◆ 关于皮书
何谓皮书、皮书分类、皮书大事记、
皮书荣誉、皮书出版第一人、皮书编辑部

◆ 最新资讯
通知公告、新闻动态、媒体聚焦、
网站专题、视频直播、下载专区

◆ 皮书研创
皮书规范、皮书选题、皮书出版、
皮书研究、研创团队

◆ 皮书评奖评价
指标体系、皮书评价、皮书评奖

◆ 皮书研究院理事会
理事会章程、理事单位、个人理事、高级
研究员、理事会秘书处、入会指南

◆ 互动专区
皮书说、社科数托邦、皮书微博、留言板

所获荣誉

◆ 2008年、2011年、2014年，中国皮书网均在全国新闻出版业网站荣誉评选中获得"最具商业价值网站"称号；
◆ 2012年，获得"出版业网站百强"称号。

网库合一

2014年，中国皮书网与皮书数据库端口合一，实现资源共享。

中国皮书网

权威报告·一手数据·特色资源

皮书数据库
ANNUAL REPORT(YEARBOOK) DATABASE

分析解读当下中国发展变迁的高端智库平台

所获荣誉

- 2019年，入围国家新闻出版署数字出版精品遴选推荐计划项目
- 2016年，入选"'十三五'国家重点电子出版物出版规划骨干工程"
- 2015年，荣获"搜索中国正能量 点赞2015""创新中国科技创新奖"
- 2013年，荣获"中国出版政府奖·网络出版物奖"提名奖
- 连续多年荣获中国数字出版博览会"数字出版·优秀品牌"奖

成为会员

通过网址www.pishu.com.cn访问皮书数据库网站或下载皮书数据库APP，进行手机号码验证或邮箱验证即可成为皮书数据库会员。

会员福利

- 已注册用户购书后可免费获赠100元皮书数据库充值卡。刮开充值卡涂层获取充值密码，登录并进入"会员中心"—"在线充值"—"充值卡充值"，充值成功即可购买和查看数据库内容。
- 会员福利最终解释权归社会科学文献出版社所有。

社会科学文献出版社 皮书系列
卡号：679611971673
密码：

数据库服务热线：400-008-6695
数据库服务QQ：2475522410
数据库服务邮箱：database@ssap.cn
图书销售热线：010-59367070/7028
图书服务QQ：1265056568
图书服务邮箱：duzhe@ssap.cn

S 基本子库
SUB DATABASE

中国社会发展数据库（下设 12 个子库）

整合国内外中国社会发展研究成果，汇聚独家统计数据、深度分析报告，涉及社会、人口、政治、教育、法律等 12 个领域，为了解中国社会发展动态、跟踪社会核心热点、分析社会发展趋势提供一站式资源搜索和数据服务。

中国经济发展数据库（下设 12 个子库）

围绕国内外中国经济发展主题研究报告、学术资讯、基础数据等资料构建，内容涵盖宏观经济、农业经济、工业经济、产业经济等 12 个重点经济领域，为实时掌控经济运行态势、把握经济发展规律、洞察经济形势、进行经济决策提供参考和依据。

中国行业发展数据库（下设 17 个子库）

以中国国民经济行业分类为依据，覆盖金融业、旅游、医疗卫生、交通运输、能源矿产等 100 多个行业，跟踪分析国民经济相关行业市场运行状况和政策导向，汇集行业发展前沿资讯，为投资、从业及各种经济决策提供理论基础和实践指导。

中国区域发展数据库（下设 6 个子库）

对中国特定区域内的经济、社会、文化等领域现状与发展情况进行深度分析和预测，研究层级至县及县以下行政区，涉及省份、区域经济体、城市、农村等不同维度，为地方经济社会宏观态势研究、发展经验研究、案例分析提供数据服务。

中国文化传媒数据库（下设 18 个子库）

汇聚文化传媒领域专家观点、热点资讯，梳理国内外中国文化发展相关学术研究成果、一手统计数据，涵盖文化产业、新闻传播、电影娱乐、文学艺术、群众文化等 18 个重点研究领域。为文化传媒研究提供相关数据、研究报告和综合分析服务。

世界经济与国际关系数据库（下设 6 个子库）

立足"皮书系列"世界经济、国际关系相关学术资源，整合世界经济、国际政治、世界文化与科技、全球性问题、国际组织与国际法、区域研究 6 大领域研究成果，为世界经济与国际关系研究提供全方位数据分析，为决策和形势研判提供参考。

法律声明

"皮书系列"(含蓝皮书、绿皮书、黄皮书)之品牌由社会科学文献出版社最早使用并持续至今,现已被中国图书市场所熟知。"皮书系列"的相关商标已在中华人民共和国国家工商行政管理总局商标局注册,如LOGO( )、皮书、Pishu、经济蓝皮书、社会蓝皮书等。"皮书系列"图书的注册商标专用权及封面设计、版式设计的著作权均为社会科学文献出版社所有。未经社会科学文献出版社书面授权许可,任何使用与"皮书系列"图书注册商标、封面设计、版式设计相同或者近似的文字、图形或其组合的行为均系侵权行为。

经作者授权,本书的专有出版权及信息网络传播权等为社会科学文献出版社享有。未经社会科学文献出版社书面授权许可,任何就本书内容的复制、发行或以数字形式进行网络传播的行为均系侵权行为。

社会科学文献出版社将通过法律途径追究上述侵权行为的法律责任,维护自身合法权益。

欢迎社会各界人士对侵犯社会科学文献出版社上述权利的侵权行为进行举报。电话:010-59367121,电子邮箱:fawubu@ssap.cn。

社会科学文献出版社